«El origen y triunfo del ego moderno es quizás el an ▮▮▮
de la cultura occidental escritos por un protestante duranц ▮▮ ▮▮▮▮▮▮
entender el estremecimiento social, cultural y político que estamos viviendo, compra este
libro y léelo porque lo vale. Muy recomendable».

Bruce Riley Ashford, profesor de Teología y Cultura, Seminario teológico
Southeastern Baptist; coautor, *The Gospel of Our King* [El evangelio de nuestro rey]

«Carl Trueman tiene el extraño don de fusionar las profundas percepciones sociales
de Philip Rieff, Christopher Lasch o Augusto Del Noce con la fe cristiana vital y un
estilo maravillosamente atractivo. El Salmo 8 describe la pregunta central de toda época,
incluida la nuestra: "¿Qué es el hombre?". Al explicar el desarrollo del yo moderno y
los retos que plantea a la identidad y la felicidad humanas, Trueman da sentido a un
mundo fragmentado. Este libro es una lectura esencial para cualquiera que se preocupe
por sostener la fe cristiana en una cultura que cambia rápidamente».

Charles J. Chaput, arzobispo emérito de Filadelfia

«Este es un brillante libro de Carl Trueman que ayuda a la iglesia a entender por qué
la gente cree que la diferencia sexual es una cuestión de elección psicológica. De hecho,
Trueman muestra cómo la historia que contamos sobre los valores normalizados LGBTQ+
es falsa y tonta. Con sabiduría y claridad, Trueman guía a los lectores a través de la obra de
Charles Taylor, Philip Rieff, los poetas románticos británicos y los filósofos continentales
para trazar la historia del individualismo expresivo desde el siglo XVIII hasta el presente. El
rechazo de la *mimesis* (encontrar la excelencia imitando algo más grande que uno mismo)
por la *poiesis* (encontrar la autenticidad inventándose a uno mismo bajo sus propios términos), además de la soldadura del movimiento romántico de la expresión sexual como un
bloque de construcción de la liberación política, da paso al movimiento moderno LGBTQ+
como si fuera una señal. Este libro revela lo importante que es para los cristianos distinguir
la virtud y la señal de la virtud. La primera te hace valiente; la segunda te convierte en un
complaciente de hombres, lo cual es una línea difícil de seguir en un mundo en el que
quedan tan pocos hombres de verdad a los que complacer».

Rosaria Butterfield, ex profesora de inglés de la Universidad de Syracuse; autora
de *The Gospel Comes with a House Key* [El evangelio viene con la llave de la casa]

«Los modernos, especialmente los cristianos, se preguntan cómo ha llegado nuestra
sociedad a este extraño momento en el que se ridiculiza casi todo lo que creían nuestros
abuelos sobre el yo y la sexualidad. Esta genealogía de la cultura, escrita con claridad y
elegancia, nos ayudará a todos a entender cómo hemos llegado a donde estamos, para
que podamos trazar nuestro propio futuro con más claridad y confianza. Este libro es
una lectura obligada para los cristianos y para todos aquellos que se sienten perturbados
por la dictadura del relativismo que nos rodea».

Gerald R. McDermott, ex catedrático anglicano de la escuela *Beeson Divinity*

«Carl Trueman es un magnífico profesor. Agudo, perspicaz y lúcido, este libro es el digno
fruto de la erudición y la perspicacia. Pero más que un maestro, Trueman tiene también
la voz de un profeta. Dice la verdad con maestría, con poder. Al aportar claridad sobre
cómo hemos llegado a nuestro actual desierto como cultura, Trueman nos ayuda a entender nuestros caminos torcidos y nos orienta para seguir rectamente el camino del Señor».

Adeline A. Allen, profesora asociada de Derecho, escuela *Trinity Law*

«Esta es una obra sorprendente. Combinando el comentario social con una perspicaz historia de las ideas, así como agudos análisis filosóficos y teológicos, Carl Trueman nos ha dado lo que es, sin duda, el relato más accesible e informado del yo moderno y de cómo este ha moldeado e informado las batallas culturales del primer cuarto del siglo XXI. Se trata de un diagnóstico imparcial y minuciosamente elaborado de lo que aflige a nuestra época actual. Este libro es una lectura esencial para todos los creyentes religiosos serios que sienten, con razón, que el suelo se mueve, que los misioneros del yo moderno no se contentan con permitir a los creyentes practicar su fe en paz, sino que ven a estos creyentes y a sus instituciones como objetivos de colonización y asimilación involuntaria. Por esta razón, todo presidente de un colegio o universidad confesional debería leer más de una vez *El origen y triunfo del ego moderno*».

Francis J. Beckwith, profesor de Filosofía y Estudios de la Iglesia-Estado y director asociado del programa de posgrado en Filosofía, Universidad de Baylor

«Quienes busquen una lectura ligera que les permita evadir las preocupaciones del mundo no encontrarán su libro preferido en *El origen y triunfo del ego moderno*. Pero este volumen recompensará ampliamente a los lectores a los que no les importe reflexionar sobre temas importantes (aunque a veces desagradables). Los cristianos se han visto sorprendidos por la rapidez con la que las costumbres culturales han cambiado a su alrededor, pero Carl Trueman demuestra que los pensadores radicales llevan mucho tiempo sentando las bases de esta evolución. Los lectores deberían seguir hasta el final: los últimos párrafos son los mejores».

David VanDrunen, profesor Robert B. Strimple de Teología Sistemática y Ética Cristiana, Seminario Westminster de California

«Las habilidades de Carl Trueman como historiador intelectual brillan en este profundo y lúcido libro. *El origen y triunfo del ego moderno* tiene que ser leído por cualquiera que quiera entender nuestras actuales destemplanzas culturales».

R. R. Reno, Editor, *First Things* [Primeras cosas]

«Carl Trueman ha escrito un excelente libro: ambicioso en su alcance, pero circunspecto en sus afirmaciones y templado, incluso caballeroso, en su tono. *El origen y triunfo del ego moderno* resultará indispensable para ir más allá de la superficialidad de las interpretaciones moralistas y liberacionistas hacia una comprensión más profunda, y debería ser lectura obligatoria para todos los que realmente deseen comprender los tiempos que vivimos o estén preocupados por el futuro de la humanidad. Espero que reciba el amplio número de lectores que merece».

Michael Hanby, profesor asociado de Religión y Filosofía de la Ciencia, Instituto Pontificio Juan Pablo II de Estudios sobre el Matrimonio y la Familia de la Universidad Católica de América

«Nuestra cultura no se levantó simplemente una mañana y decidió rechazar las costumbres sexuales que han mantenido unida a la civilización durante años. La revolución sexual que ha derrocado los supuestos humanos y teleológicos básicos en los últimos 60 años tiene una historia. Con la habilidad de un historiador intelectual, la paciencia y la humildad de un maestro, y la caridad y la convicción de un pastor cristiano, Carl Trueman nos ofrece este necesario libro. No podemos responder adecuadamente a nuestros tiempos a menos que entendamos cómo y por qué nuestros tiempos se definen tal como son. La obra de Trueman es un gran regalo para nosotros en nuestra continua lucha por vivir en el mundo pero no ser del mundo».

John D. Wilsey, profesor asociado de Historia de la Iglesia y Filosofía, Seminario Teológico Bautista del Sur; autor de *God's Cold Warrior* [El guerrero frío de Dios] y *American Exceptionalism and Civil Religion* [Excepcionalismo estadounidense y religión civil]

EL ORIGEN Y EL TRIUNFO

del EGO MODERNO

Prólogo por Rod Dreher

EL ORIGEN Y EL TRIUNFO
del EGO MODERNO

Amnesia cultural, individualismo expresivo
y el camino a la revolución sexual

CARL R. TRUEMAN

B&H
ESPAÑOL
NASHVILLE, TN

El origen y el triunfo del ego moderno: Amnesia cultural, individualismo expresivo y el camino a la revolución sexual

Copyright © 2022 por Carl D. Trueman
Todos los derechos reservados.
Derechos internacionales registrados.
B&H Publishing Group
Nashville, TN 37234

Diseño de portada e ilustración: Spencer Fuller, FaceOut Studios.
Images sourced from Adrian Balzer / Stocksy, Nicole Mason / Stocksy,
Igor Madjinca / Stocksy, LiliGraphie / Shutterstock
Director editorial: Giancarlo Montemayor
Editor de proyectos: Joel Rosario
Coordinadora de proyectos: Cristina O'Shee

Clasificación Decimal Dewey: 128
Clasifíquese: IDENTIDAD (PSICOLOGÍA) / UNO MISMO

Las citas bíblicas marcadas NBLA se tomaron de la Nueva Biblia de las Américas (NBLA), Copyright © 2005 por The Lockman Foundation. Usadas con permiso.

Toda dirección de internet contenida en este libro se ofrece solo como un recurso. No implica una aprobación o un respaldo por parte de B&H Publishing Group. Además, B&H no respalda el contenido de estos sitios.

ISBN: 978-1-0877-5468-0

Impreso en EE. UU.

1 2 3 4 5 * 25 24 23 22

Para
Matt y Gwen Franck
y
Fran y Suann Maier

*No hay nada en esta tierra que deba
ser más atesorado que la verdadera amistad.*

TOMÁS DE AQUINO

Índice

Prólogo

Rod Dreher

En su discurso del Premio Templeton de 1983, Aleksandr Solzhenitsyn ofreció esta breve explicación de por qué todos los horrores del comunismo soviético se cumplieron: «Los hombres han olvidado a Dios; por eso ha pasado todo esto».[1]

Esta respuesta es también una explicación válida para las crisis que envuelven al Occidente hoy en día, incluida la caída generalizada de la fe, la desintegración de la familia, la pérdida del propósito comunitario, la erotomanía, la eliminación de los límites entre hombres y mujeres y un espíritu general de destrucción demoníaca que niega el carácter sagrado de la vida humana. Porque los hombres han olvidado a Dios, también han olvidado al hombre; por eso todo esto ha sucedido.

Tenemos que profundizar más. Las *formas* en que los hombres han olvidado a Dios importan. Tenemos que entender *cómo* y *por qué* han olvidado a Dios si vamos a diagnosticar esta enfermedad y producir una vacuna, incluso una cura. Desafortunadamente, la mirada de la mayoría de los cristianos no parece penetrar en la superficie de la posmodernidad. Muchos consideran el colapso moralmente, como si la marea pudiera retroceder con una reafirmación robusta de la doctrina cristiana y el rigor ético.

---

1. Aleksandr Solzhenitsyn, «"Men Have Forgotten God": Aleksandr Solzhenitsyn's 1983 Templeton Address», *National Review*, 11 de diciembre de 2018, https://www.nationalreview.com/2018/12/aleksandr-solzhenitsyn-men-have-forgotten-god-speech/.

¡Felicidades por las reafirmaciones robustas de la ortodoxia doctrinal y el rigor ético! Pero no es suficiente. Los cristianos comunes necesitan, desesperadamente, una comprensión más profunda y holística de la condición moderna y posmoderna. Es el agua en la que nadamos, el aire que respiramos. No hay escapatoria, pero podemos descubrir cómo vivir en ella y a través de ella sin perder nuestra fe. Sin embargo, cualquier solución cristiana propuesta a la crisis de la modernidad fracasará si no aborda las causas centrales del Gran Olvido.

Algunos pensadores seculares han producido análisis que son un regalo no apreciado para la iglesia en esta era poscristiana. El difunto sociólogo y crítico Philip Rieff (1922-2006) fue un judío agnóstico que entendió con una percepción inusual cómo la psicologización de la vida moderna, y su manifestación en la revolución sexual, era la píldora venenosa que estaba matando nuestra religión y, por lo tanto, nuestra civilización. La prosa de Rieff, sin embargo, no es fácil de leer. Hace algunos años, mientras trabajaba en mi libro *La opción benedictina,* le pedí a mi amigo Carl Trueman, que comparte mi visión de la importancia de Rieff y que es un pensador y escritor de una lucidez impresionante, que escribiera un libro sobre Rieff que explicara a los laicos por qué necesitamos sus ideas para construir una defensa.

Trueman ha escrito ese libro, lo estás sosteniendo en tus manos, pero nos ha dado algo mucho más valioso que un manual sobre Philip Rieff. De hecho, *El ascenso y triunfo del ser moderno* es una guía indispensable de cómo y por qué los hombres han olvidado a Dios. El *tour de force* de Trueman analiza las raíces de la crisis en el pensamiento y la escritura de hombres como Jean-Jacques Rousseau, Karl Marx, Friedrich Nietzsche y Sigmund Freud, los sospechosos habituales, se podría decir, pero también tiene en cuenta figuras como los poetas ingleses del siglo XIX, que enseñaron a las élites a pensar y sentir de maneras radicalmente diferentes.

Para cuando el lector llegue a la conclusión del libro, que explica por qué el transgenerismo no es simplemente una rama peculiar de la política de identidad, sino más bien la expresión suprema del espíritu de la modernidad, el lector comprenderá por qué el fenómeno *trans* ha sido tan fácilmente aceptado por los contemporáneos, y por qué los esfuerzos de la iglesia para resistirlo y la revolución sexual de la que forma parte han sido tan débiles e ineficaces.

El libro de Trueman no es de ninguna manera una polémica cristiana conservadora estándar contra la modernidad. Tampoco es una exhortación pietista a la oración, al estudio y a la vida sobria, de la que tenemos innumerables ejemplos. Más bien, es una sofisticada búsqueda y análisis de la historia cultural por un maestro brillante que no solo es un cristiano ortodoxo, sino también un pastor que entiende las necesidades reales del rebaño y que, a diferencia de tantos intelectuales, puede escribir de manera excepcional. No puedo enfatizar suficiente lo práctico que es este libro y lo útil que será para los pastores, ministros y cristianos intelectualmente comprometidos de todas las denominaciones.

Muchos libros cristianos buscan explicar la iglesia al mundo moderno. Pero en estas páginas, Carl Trueman explica la modernidad a la iglesia, con profundidad, claridad y fuerza. El significado de *El origen y triunfo del ego moderno*, que llega a esta hora tardía, es difícil de exagerar.

En su discurso del Premio Templeton de 1983, Solzhenitsyn también dijo:

> El mundo de hoy ha alcanzado un estado que, si se hubiera descrito a siglos anteriores, habría suscitado el grito: «¡Este es el apocalipsis!». Sin embargo, nos hemos acostumbrado a este tipo de mundo; incluso nos sentimos como en casa en él.[2]

---

2. Solzhenitsyn, «Men Have Forgotten God».

Sí, incluso los cristianos. El papel profético de Carl Trueman es revelar a la iglesia de hoy cómo sucedió eso, para que incluso ahora, podamos arrepentirnos y, al hacerlo, encontremos formas de mantener la verdadera luz de la fe ardiendo en esta oscuridad presente, que no la comprende.

Prefacio

Cada libro que he escrito ha implicado incurrir en deudas significativas con numerosas personas, y ninguna más que esta. Rod Dreher planteó la idea en su columna en el *American Conservative* de que alguien debería escribir una introducción al pensamiento de Philip Rieff, y Justin Taylor en Crossway se enteró de esto y me preguntó si estaría dispuesto a hacerlo. El entusiasmo de Rod de que yo dijera que sí cerró el trato. Lo que comenzó como una idea para un modesto libro introductorio se ha transformado en algo mucho más ambicioso, pero sin Rod y Justin, este trabajo nunca se habría escrito. Por supuesto, me siento honrado de que Rod haya aceptado escribir el prólogo.

Este es el cuarto libro que he publicado con Crossway y, una vez más, la experiencia ha sido encantadora para mí. Todo el equipo merece agradecimiento, especialmente David Barshinger, Darcy Ryan, Lauren Susanto y Amy Kruis.

Hice gran parte de la investigación para el libro durante una estadía de un año en la Universidad de Princeton durante 2017-2018, donde fui el William E. Simon Fellow en Religión y Vida Pública en el Programa James Madison. Fue sin duda el punto culminante de mi vida académica y estaré eternamente agradecido con los profesores Robert P. George y Bradford P. Wilson por concederme tal privilegio y a Debra Parker, Ch'nel Duke, Evelyn Behling y Duanyi Wang, cuyo arduo trabajo hizo que el año fuera tan agradable. También estoy en deuda con todos los becarios de Madison 2017-2018. Siempre sentí que era, por mucho, la persona más tonta en la sala durante las discusiones del martes que Robby y Brad presidieron, pero me gusta pensar que al final salí un poco menos tonto que cuando llegué por primera vez. La presentación del capítulo 3 a los becarios y de una sinopsis del libro a un seminario de pregrado, presidido por mi querido amigo y compañero madisoniano John Wilsey, también fueron muy importantes para formar mis opiniones sobre los temas relevantes.

Numerosos amigos han ofrecido críticas reflexivas de secciones del libro: Nathan Pinkoski dio de su tiempo cuando ambos estábamos en Princeton para ayudarme a comprender mejor a Alasdair MacIntyre y luego amablemente leyó y comentó sobre la sección MacIntyre del manuscrito. Matt Franck y Adeline Allen compartieron generosamente su experiencia en derecho constitucional. Cualquier defecto en el producto final es, por supuesto, mi culpa.

También estoy agradecido al arzobispo Charles Chaput y Fran Maier no solo por su amabilidad personal y amistad hacia mí, sino también por presentarme el trabajo de Augusto Del Noce a través de un seminario impartido por Carlo Lancelotti en la Arquidiócesis de Filadelfia.

Varias de las ideas que aparecen en el libro se probaron por primera vez en conferencias y discusiones. Estoy agradecido a Patrick Berch, David Hall, Todd Pruitt, Mike Allen, Scott Swain, Scott Redd, Chad Vegas, Reformed Theological Seminary, Southwestern Baptist Theological Seminary, Princeton University y Grove City College por proporcionar lugares para probar algunos de mis argumentos. Aimee Byrd dirigió mi atención a alguna literatura importante. Rosaria Butterfield proporcionó información fascinante sobre cómo era estar en la comunidad LGBTQ+. Además, también estoy agradecido con Rusty Reno, Matt Schmitz, Julia Yost y Ramona Tausz por permitirme involucrarme con el tipo de temas culturales en el núcleo de este libro a través del sitio web y la revista *First Things.* Julia y Ramona merecen un agradecimiento particular por demostrar constantemente que nunca he sido editado sin mejoras. Ryan T. Anderson, Serena Sigilitto y R. J. Snell también han sido muy amables al permitirme publicar en *Public Discourse,* otro lugar maravilloso para refinar argumentos y teorías flotantes. También debo agradecer a Ryan y Serena por el permiso para reutilizar material sobre Rieff para los capítulos 1 y 2 que aparecieron por primera vez en *Public Discourse.*

Al final de mi beca en Princeton, tuve el gran placer de ocupar un puesto en Grove City College. Estoy agradecido al presidente Paul J. McNulty por alentar mi trabajo y a Paul Kengor, Jeff Trimbath y Robert Rider, del Instituto para la Fe y la Libertad, por proporcionarme asistentes de investigación. Lorenzo Carrazana realizó un gran trabajo durante el curso 2018-2019. Luego, en el verano de 2019, Kirsten Holmberg se hizo cargo y proporcionó correcciones y comentarios verdaderamente sobresalientes sobre una serie de capítulos centrales. Es bueno tener un asistente estudiantil que no tenga miedo de ofrecer críticas inquisidoras del trabajo de su profesor.

Como siempre, Catriona proporcionó un ambiente hogareño maravilloso y toleró mi ensoñación académica mucho más allá del llamado del deber. Es un hombre verdaderamente bendecido quien tiene una compañera de vida como ella.

Finalmente, dedico este libro, con gratitud, a cuatro queridos amigos: Matt y Gwen Franck, y Fran y Suann Maier.

Carl R. Trueman
Colegio Grove City
Pensilvania
Agosto 2019

Introducción

¿Por qué este libro?

Los orígenes de este libro se encuentran en mi curiosidad sobre cómo y por qué una declaración en particular ha llegado a ser considerada coherente y significativa: «Soy una mujer atrapada en el cuerpo de un hombre». Mi abuelo murió en 1994, hace menos de 30 años y, sin embargo, si alguna vez hubiera escuchado esa frase pronunciada en su presencia, tengo pocas dudas de que se habría echado a reír y lo habría considerado un galimatías incoherente. Sin embargo, hoy en día es una frase que muchos en nuestra sociedad consideran no solo significativa, sino tan significativa que negarla o cuestionarla de alguna manera es revelarse como necio, inmoral o sujeto a otra fobia irracional. Y aquellos que piensan que es significativo no se limitan a los veteranos de los seminarios universitarios sobre teoría *queer* o posestructuralismo francés. Son personas comunes con poco o ningún conocimiento directo de las filosofías críticas posmodernas cuyos defensores se pavonean a lo largo de los pasillos de nuestros centros de aprendizaje más sagrados.

Y, sin embargo, esa frase lleva consigo un mundo de suposiciones metafísicas. Toca la conexión entre la mente y el cuerpo, dada la prioridad que otorga a la convicción interna sobre la realidad biológica. Separa el género del sexo, dado que abre una brecha entre los cromosomas y cómo la sociedad define ser hombre o mujer. Y en su conexión política con la homosexualidad y el lesbianismo a través del movimiento LGBTQ+, se basa en nociones de derechos civiles y de libertad individual. En resumen, pasar del pensamiento común del mundo de mi abuelo al de hoy exige una serie de cambios clave en las creencias populares en estas y otras áreas. Es la historia de esos cambios —o, tal vez mejor, el trasfondo de esos cambios— lo que busco abordar en capítulos posteriores.

En el corazón de este libro se encuentra una convicción básica: la llamada revolución sexual de los últimos 60 años, que culminó en su último triunfo, la normalización del transgenerismo, no puede entenderse adecuadamente hasta que se establezca en el contexto de una transformación mucho más amplia en la forma en que la sociedad entiende la naturaleza de la identidad humana.[1] La revolución sexual es tanto un síntoma como una causa de la cultura que ahora nos rodea dondequiera que miremos, desde las comedias hasta el congreso. En resumen, la revolución sexual es simplemente una manifestación de la revolución más grande del *yo* que ha tenido lugar en Occidente. Y es solo a medida que llegamos a comprender

---

1. Soy consciente de que las personas LGBTQ+ se oponen al término *transgenerismo* como indicando una negación de la realidad de las personas transgénero y por lo tanto como un término peyorativo. Sin embargo, lo uso en este libro para señalar las suposiciones filosóficas subyacentes que deben considerarse correctas si la afirmación de una persona de ser transgénero debe verse como coherente. Si es legítimo que los teóricos y defensores LGBTQ+ usen términos como *cisgénero* para referirse a la ideología que subyace a la oposición al movimiento transgénero, entonces también es legítimo usar *transgenerismo* para referirse a la ideología que la sustenta. Para el significado y uso de *cisgénero* como término, ver Erica Lennon y Brian J. Mistler, «Cisgenderism», *Transgender Studies Quarterly* 1, nos. 1–2 (2014): 63-64, https:// doi.org/10.1215/23289252-2399623. También vale la pena señalar que el término *transgenerismo* fue utilizado por grupos transgénero en la década de 1970: ver Cristan Williams, «Transgender», *Transgender Studies Quarterly* 1, nos. 1–2 (2014): 232-234, https://doi .org/10.1215/23289252-2400136. La anatematización del término es un buen ejemplo de cómo un grupo utiliza el lenguaje para privilegiar su propia posición y deslegitimar la de sus críticos, una acusación generalmente dirigida a los conservadores, pero claramente no al monopolio de un lado en particular.

ese contexto más amplio que podemos comprender realmente la dinámica de la política sexual que ahora domina nuestra cultura.

Tal afirmación necesita no solo justificación (esa es la tarea del resto de este libro), sino también aclaración sobre el significado de los términos empleados para hacerla. Si bien muchos lectores probablemente tienen cierta comprensión de lo que se entiende por *revolución sexual*, la idea del *yo* puede resultar algo más elusiva. Sí, probablemente todos hemos oído hablar de la revolución sexual, y sin duda nos consideramos a nosotros mismos un yo. Pero ¿qué quiero decir exactamente con estos términos?

La revolución sexual

Cuando utilizo el término revolución sexual, me refiero a la transformación radical y continua de las actitudes y comportamientos sexuales que ha ocurrido en Occidente desde principios de la década de 1960. Varios factores han contribuido a este cambio, desde el advenimiento de la píldora hasta el anonimato de Internet.

Los comportamientos que caracterizan la revolución sexual no son inéditos: la homosexualidad, la pornografía y el sexo fuera de los límites del matrimonio, por ejemplo, han sido perennes resistentes a lo largo de la historia humana. Lo que marca la revolución sexual moderna como distintiva es la forma en que ha normalizado estos y otros fenómenos sexuales. Por lo tanto, no es el hecho de que la gente moderna mire el material sexualmente explícito mientras que las generaciones anteriores no lo hicieron lo que constituye la naturaleza revolucionaria de nuestros tiempos. Es que el uso de la pornografía ya no tiene las connotaciones de vergüenza y estigma social que alguna vez tuvo e incluso ha llegado a ser considerado como una parte normal de la cultura dominante. La revolución sexual no representa simplemente un crecimiento en la transgresión rutinaria de los códigos sexuales tradicionales o incluso una modesta expansión de los límites de lo que es y no es un comportamiento sexual aceptable;

más bien, implica la abolición de tales códigos en su totalidad. Más que eso, ha llegado en ciertas áreas, como la de la homosexualidad, a requerir el repudio positivo de las costumbres sexuales tradicionales hasta el punto de que la creencia o el mantenimiento de tales puntos de vista tradicionales ha llegado a ser visto como ridículo e incluso un signo de grave deficiencia mental o moral.

La evidencia más obvia de este cambio es la forma en que el lenguaje se ha transformado para servir al propósito de hacer ilegítimo cualquier disidencia del consenso político actual sobre la sexualidad. La crítica a la homosexualidad es ahora *homofobia;* la del transgenerismo es *transfobia.* El uso del término *fobia* es deliberado y efectivamente coloca tal crítica de la nueva cultura sexual en el ámbito de lo irracional y apunta hacia una intolerancia subyacente por parte de aquellos que sostienen tales puntos de vista. Como destaco en el capítulo 9, este tipo de pensamiento subyace incluso a las decisiones de la Suprema Corte. También es evidente en los artefactos de la cultura popular: hoy en día no es necesario decirle a nadie que una película con el título *Virgen a los 40* es una comedia. La idea misma de que alguien llegue a la edad de 40 años sin experiencia en relaciones sexuales es inherentemente cómica debido al valor que la sociedad ahora le da al sexo. Ser sexualmente inactivo es ser una persona menos que completa, ser obviamente insatisfecho o extraño. Los viejos códigos sexuales del celibato fuera del matrimonio y la castidad dentro de él se consideran ridículos y opresivos, y sus defensores malvados, tontos o ambos. La revolución sexual es realmente una revolución que ha puesto patas arriba el mundo moral.

La naturaleza del ser

El segundo término que necesita aclaración es el del yo. Todos tenemos una conciencia de ser un yo. Fundamentalmente esto se conecta con nuestro sentido de individualidad. Soy consciente de que soy yo y no, digamos, George Clooney o Donald Trump. Pero en este libro uso el término para significar algo más que un simple nivel básico de autoconciencia. Para mí, ser un *yo* en el sentido en que estoy usando el término aquí implica una comprensión de cuál es el propósito de mi vida, de lo que constituye la buena vida, de cómo me entiendo a mí mismo —mi *yo*— en relación con los demás y con el mundo que me rodea.

En este contexto, y como queda muy claro en capítulos posteriores, estoy profundamente en deuda con el trabajo del filósofo canadiense Charles Taylor, particularmente como se encuentra en su libro *Fuentes del yo: La construcción de la identidad moderna.*[2] En ese trabajo, Taylor destaca tres puntos de importancia en el desarrollo moderno de lo que significa ser un *yo*: un enfoque en la interioridad, o la vida psicológica interna, como decisiva para lo que creemos que somos; la afirmación de la vida ordinaria que se desarrolla en la era moderna; y la noción de que la naturaleza nos proporciona una fuente moral interna.[3] Estos desarrollos se manifiestan de muchas maneras. Lo más significativo para mi argumento en este libro es que conducen a una priorización de la psicología interna del individuo, incluso podríamos decir «sentimientos» o «intuiciones», para nuestro sentido de quiénes somos y cuál es el propósito de nuestras vidas. Para dar un salto adelante, el transgenerismo proporciona un excelente ejemplo: las personas que piensan que son una mujer atrapada en el cuerpo de un hombre realmente están haciendo que sus convicciones psicológicas internas sean absolutamente decisivas para quienes son; y en la medida en que, antes de «salir al mundo», han negado públicamente esta realidad interior, en esa medida han tenido una existencia no auténtica. Por esta razón el lenguaje de «vivir una mentira» a menudo aparece en los testimonios de las personas transgénero.

---

2. Charles Taylor, *Sources of the Self: The Making of the Modern Identity* (Cambridge, MA: Harvard University Press, 1989).

3. Taylor, *Sources of the Self*, x.

Otra forma de abordar el asunto del *yo* es preguntarse qué es lo que hace feliz a una persona. ¿Se encuentra la felicidad al enfocarse en el exterior o en el interior? Por ejemplo, ¿la satisfacción laboral se encuentra en el hecho de que me permite alimentar y vestir a mi familia? ¿O se encuentra en el hecho de que las mismas acciones involucradas en mi trabajo me traen una sensación de bienestar psicológico interno? La respuesta que doy habla elocuentemente de lo que considero el propósito de la vida y el significado de la felicidad. En resumen, es indicativo de cómo pienso de mí mismo.

Para volver a mi declaración anterior, de que la revolución sexual es una manifestación de una revolución mucho más profunda y más amplia de lo que significa ser un *yo*, mi punto básico ahora debe ser claro: los cambios que hemos presenciado en el contenido y el significado de los códigos sexuales desde la década de 1960 son síntomas de cambios más profundos en la forma en que pensamos sobre el propósito de la vida, el significado de la felicidad y lo que realmente constituye el sentido de las personas de quiénes son y para qué son. La revolución sexual no causó la revolución sexual, ni tampoco la tecnología como la píldora o Internet. Esas cosas pueden haberlo facilitado, pero sus causas son mucho más profundas, en los cambios en lo que significaba ser un ser humano auténtico y realizado. Y esos cambios se remontan mucho antes de la década de los 60.

Cómo pensar claramente sobre la revolución sexual

Habiendo definido los términos básicos de la discusión, quiero destacar un par de errores típicos que los individuos, particularmente aquellos que están comprometidos con puntos de vista religiosos fuertes, pueden cometer al abordar un tema como la revolución sexual. Dada la naturaleza contenciosa de tales temas, y a menudo las convicciones profundamente personales que implican, hay una tendencia a hacer una de dos cosas. Primero, uno puede enfatizar tanto un principio universal y metafísico con el que está comprometido, sin entender los detalles de lo que está analizando. En segundo lugar, uno puede preocuparse tanto por los detalles sin ver el significado del contexto más general.

Para ilustrar el primer punto, en la enseñanza de la historia a menudo comienzo mis cursos haciendo a los estudiantes la siguiente pregunta: «¿Es la declaración "Las Torres Gemelas cayeron el 11/9 debido a la gravedad" verdadera o falsa?». La respuesta correcta, por supuesto, es que es cierto, pero como mis estudiantes se dan cuenta rápidamente, esa respuesta en realidad no explica nada de importancia sobre los trágicos eventos de ese día. Para hacer eso con cualquier grado de adecuación, uno necesita abordar otros factores, desde la política exterior estadounidense hasta el surgimiento del Islam militante. El punto que estoy haciendo al hacer la pregunta es simple: la ley universal de la gravedad explica por qué todo en general cae hacia la tierra, pero no explica ningún incidente específico de tal caída con ningún grado de adecuación.

Aquellos que se aferran a grandes esquemas de la realidad pueden tender a pensar de esta manera. El cristiano podría sentirse tentado a declarar que la razón de la revolución sexual fue el pecado. Las personas son pecaminosas; por lo tanto, inevitablemente rechazarán las leyes de Dios con respecto a la sexualidad. El marxista podría declarar que la razón de la Revolución Rusa fue la lucha de clases. Los ricos explotan a los pobres; por lo tanto, los pobres inevitablemente se levantarán en rebelión. En el marco de cada sistema de creencias, la respuesta es cierta, pero en ninguno de los dos casos son tan contundentes las declaraciones como para ser capaces de explicar los detalles de los eventos en cuestión: ¿por qué la revolución sexual ha legitimado hasta ahora la homosexualidad, pero no el incesto?, por ejemplo. O ¿por qué la revolución obrera ocurrió en Rusia y no en Alemania? Para responder a esas preguntas, necesitamos abordar cuestiones específicas de contexto.

Este enfoque también se manifiesta de maneras más sutiles y matizadas. Hay una tendencia entre los conservadores sociales a culpar al individualismo expresivo por los problemas que consideran que actualmente ejercen presión sobre el orden occidental liberal, particularmente cuando se manifiesta en el caos de la política de identidad. La dificultad con esta afirmación es que el individualismo expresivo es algo que nos afecta a todos. Es la esencia misma de la cultura de la que todos formamos parte. Para decirlo sin rodeos: ahora todos somos individuos expresivos. Así como algunos eligen identificarse por su orientación sexual, así la persona religiosa elige ser cristiana o musulmana. Y esto plantea la pregunta de por qué la sociedad considera que algunas opciones son legítimas y otras irrelevantes o incluso inaceptables. La respuesta a esto no se encuentra simplemente repitiendo la frase «individualismo expresivo», sino mirando el desarrollo histórico de la relación entre la sociedad en general y la identidad individual.

Pero hay un problema opuesto a la tentación que presentan los esquemas explicativos demasiado generalizados que también se debe evitar. Esa es la tendencia a tratar los síntomas de forma aislada. Esto es más difícil de articular, pero la velocidad de la transformación de las costumbres sexuales en las últimas dos décadas proporciona un buen ejemplo. Muchos cristianos se sorprendieron de la rapidez con la que la sociedad pasó de una posición en la que a principios de la década de 2000 la mayoría de las personas se oponían ampliamente al matrimonio homosexual a una en la que, para 2020, el transgenerismo está en camino a normalizarse. El error que cometieron tales cristianos fue no darse cuenta de que las condiciones sociales y culturales más amplias y subyacentes hacían que tanto el matrimonio gay como la ideología transgénero fueran primero plausibles y luego normativos y que estas condiciones se han desarrollado durante cientos de años. Por lo tanto, ya están muy profundamente arraigados y ellos mismos son una parte intuitiva de la vida. La aceptación del matrimonio gay y el transgenerismo son simplemente los últimos resultados, los síntomas más recientes, de patologías culturales profundas y establecidas desde hace mucho tiempo.

El principio básico es este: ningún fenómeno histórico individual es su propia causa. La Revolución Francesa no causó la Revolución Francesa. La Primera Guerra Mundial no causó la Primera Guerra Mundial. Todo fenómeno histórico es el resultado de una amplia variedad de factores que pueden variar desde lo tecnológico hasta lo político y lo filosófico. Sin el desarrollo de la tecnología atómica, no pudiera haber habido ninguna bomba lanzada sobre Hiroshima. Sin la Segunda Guerra Mundial, no hubiera habido razón para lanzar una bomba sobre Hiroshima. Y sin una cierta filosofía de guerra, no hubiera habido justificación para lanzar una bomba sobre Hiroshima.

Es lo mismo con la revolución sexual. Tiene un contexto, una revolución más amplia en la forma en que se entiende el *yo*, y emerge de una matriz histórica específica. Los desarrollos en la tecnología, en la filosofía y en la política son solo tres de los factores que sirven para hacerlo posible, plausible y, finalmente, real. También sirven para darle forma decisiva y ayudar a explicar por qué ha tomado la forma que tiene actualmente. No puedo dar una explicación exhaustiva de este contexto causal, pero lo que ofrezco en este libro es un relato de los cambios intelectuales, y su impacto popular, que han facilitado la revolución en las prácticas sexuales y el pensamiento que ahora domina aspectos clave de la plaza pública.

El argumento

La parte 1 de este libro expone en dos capítulos algunos de los conceptos básicos que posteriormente utilizo para explorar la narrativa histórica. De particular importancia aquí son las ideas de tres filósofos de la condición moderna: Philip Rieff, Charles Taylor y Alasdair MacIntyre. Rieff desarrolló algunos conceptos muy útiles —el triunfo del hombre terapéutico, psicológico, la anticultura y la muerte— que utilizo en varios puntos a lo largo de las partes 2 y 3. Taylor es extremadamente útil para comprender cómo ha surgido la noción moderna del yo expresivo y cómo esto se conecta con la política más amplia de la sociedad. Sus contribuciones sobre la naturaleza dialógica del yo, sobre la naturaleza de lo que él llama «el imaginario social» y sobre la política del reconocimiento, permiten responder a la pregunta de por qué ciertas identidades (por ejemplo, LGBTQ+) disfrutan de un gran prestigio hoy en día, mientras que otras (por ejemplo, los conservadores religiosos) están cada vez más marginadas. Finalmente, MacIntyre es útil porque en una serie de libros que comenzaron a principios de la década de 1980, ha argumentado repetidamente que el discurso ético moderno se ha roto porque se basa en última instancia en narrativas inconmensurables y que las afirmaciones de verdad moral son realmente expresiones de preferencia emocional. Estas ideas son extremadamente útiles para comprender tanto la naturaleza infructuosa como la retórica polarizadora extrema de muchos de los grandes debates morales de nuestro tiempo, sobre todo los que rodean asuntos de sexo e identidad.

La parte 2 del libro analiza algunos desarrollos importantes en los siglos XVIII y XIX —comenzando con el pensamiento de Jean-Jacques Rousseau—, examina la contribución de una serie de figuras asociadas con el Romanticismo, y termina con la discusión de las ideas de Friedrich Nietzsche, Karl Marx y Charles Darwin. El punto central aquí es que con la era de Rousseau y el Romanticismo surgió una nueva comprensión del yo humano, una centrada en la vida interior del individuo. Este pensamiento encuentra su corolario crítico significativo en una visión de la sociedad/cultura como opresiva. En Percy Bysshe Shelley y William Blake en particular, este aspecto de la cultura se identifica sobre todo con los códigos sexuales cristianos de la sociedad y particularmente con el estatus normativo del matrimonio monógamo de por vida.

Esta sospecha sobre la sociedad/cultura recibe un poder adicional y una profundidad filosófica en el trabajo de Nietzsche y Marx, quienes de diferentes maneras argumentan que la historia de la sociedad es una historia de poder y opresión y que incluso nociones como la naturaleza humana son construcciones diseñadas para reforzar y perpetuar esta subyugación. De hecho, junto con Darwin, asestan golpes letales, filosófica y científicamente, a las ideas de que la naturaleza tiene un significado intrínseco y que los seres humanos tienen un significado especial o una esencia que determina cómo deben comportarse. En manos de Nietzsche, Marx y Darwin, el mundo pierde su teleología innata. Estos tres eliminan efectivamente los fundamentos metafísicos tanto para la identidad humana como para la moralidad, dejando a esta última, como Nietzsche se complace en señalar, una cuestión de mero gusto y juegos de poder manipuladores. Los románticos fundamentaron la ética en la estética, en el cultivo de la empatía y la simpatía, confiando en que una naturaleza humana universal y compartida proporcionaba una base firme para ello. Nietzsche ve tales argumentos desde el gusto como un medio manipulador por el cual los débiles subyugan a los fuertes, y Marx los ve como un medio de opresión por parte de la clase dominante. Por lo tanto, las bases para rechazar la moral tradicional, tanto filosófica como científica, están en su lugar a finales del siglo xix. Con el enfoque genealógico de Nietzsche a la moralidad y el materialismo dialéctico de Marx, también se han sentado las bases para una visión iconoclasta del pasado, para ver la historia como una historia de opresión y para convertir a sus víctimas en los verdaderos héroes de la narrativa.

Si la parte 2 trata de la psicologización del yo, la parte 3 trata de la sexualización de la psicología y la politización del sexo. La figura central aquí es la de Sigmund Freud. Es Freud, más que cualquier otra figura, quien hizo plausible la idea de que los humanos, desde la infancia en adelante, sean en el núcleo seres sexuales. Son nuestros deseos sexuales los que en última instancia son decisivos para lo que somos. Y esta creencia dio forma a la propia teoría de la civilización de Freud: la sociedad/cultura es el resultado de un intercambio entre los impulsos sexuales anárquicos de los seres humanos y la necesidad de que vivan juntos en comunidades. Cuando el pensamiento de Freud es apropiado por ciertos pensadores marxistas, sobre todo Wilhelm Reich y Herbert Marcuse, el resultado es una mezcla embriagadora de sexo y política. La Nueva Izquierda que emerge de esta síntesis ve la opresión como una categoría fundamentalmente psicológica y los códigos sexuales como sus instrumentos primarios. Por lo tanto, se establece el trasfondo teórico y retórico de la revolución sexual.

La parte 4 se involucra con una serie de diferentes áreas de la sociedad contemporánea para demostrar cuán profundamente los desarrollos conceptuales de las partes 2 y 3 han llegado a transformar la cultura occidental moderna. En el capítulo 8, esbozo el ascenso a la prominencia de lo erótico con ejemplos tanto de la alta cultura, en forma de surrealismo, como de la cultura pop, en forma de pornografía. Mi conclusión es que el triunfo de lo erótico no implica simplemente una expansión de los límites del comportamiento sexual aceptable o de las nociones de modestia, sino que en realidad requiere la abolición de tales en su totalidad. En el capítulo 9, abordo tres áreas particulares de relevancia, la sentencia de la Suprema Corte sobre el matrimonio homosexual, la ética de Peter Singer y la cultura de protesta en los campus universitarios. Sostengo que cada uno es una función de la revolución más amplia del yo que describo en las partes 2 y 3. Luego, en el capítulo 10, abordo la historia del movimiento LGBTQ+, argumentando que no es el resultado de afinidades intrínsecas compartidas por sus componentes, sino una alianza de conveniencia histórica y política arraigada en una iconoclasia sexual compartida. También argumento que revela cada vez más la inestabilidad inherente del proyecto más amplio de la revolución sexual, como se desprende del conflicto actual que el transgenerismo ha precipitado entre las feministas.

En conclusión, ofrezco algunas reflexiones sobre los posibles futuros que podríamos tener que enfrentar, desde las dificultades planteadas por el transgenerismo y las perspectivas de libertad religiosa hasta las formas en que la iglesia debe prepararse para los desafíos que se avecinan.

Lo que este libro no es

Antes de pasar al cuerpo principal del argumento, son necesarios tres comentarios adicionales para aclarar mi propósito por escrito. En primer lugar, este libro no pretende ser un relato exhaustivo de cómo la actual comprensión normativa del yo ha surgido y llegado a dominar el discurso público. Al igual que con todos los relatos históricos, la narrativa y el análisis que presento aquí son limitados y provisionales. Indico en la conclusión que otros factores juegan en la configuración de la identidad moderna y la revolución sexual, sobre todo los asociados con los desarrollos en la tecnología. Tales cosas están más allá del alcance de este libro, pero siguen siendo relevantes para los fenómenos que busco describir. Mi tarea aquí es limitada: demostrar cuántas de las ideas que ahora informan tanto el pensamiento consciente como las intuiciones instintivas de los hombres y mujeres occidentales tienen profundas raíces históricas y una genealogía coherente que ayuda a explicar por qué la sociedad piensa y se comporta de la manera en que lo hace. Quiero ayudar al lector a ver que los debates sobre la sexualidad que dominan cada vez más nuestra plaza pública deben establecerse en un contexto mucho más amplio y profundo de lo que normalmente reconocemos, y que todos nosotros estamos hasta cierto punto implicados. Por lo tanto, es principalmente una historia que revela el trasfondo intelectual de la revolución moderna en la autonomía con el fin de mostrar *que* las ideas de figuras clave que se remontan a siglos atrás han llegado a

impregnar nuestra cultura en todos los niveles, desde los pasillos de
la academia hasta las intuiciones de hombres y mujeres comunes; no
es un relato exhaustivo de *cómo* esas ideas llegaron a hacerlo.

En segundo lugar, este libro no es un lamento por una edad de
oro perdida o incluso por el lamentable estado de la cultura tal como
la enfrentamos ahora. El lamento es popular en muchos círculos
conservadores y cristianos, y yo mismo me he entregado a él varias
veces. Sin duda el grito ciceroniano «¡O tempora! ¡O mores!» tiene
su atractivo terapéutico en un tiempo terapéutico como el nuestro,
ya sea como una forma de seguridad farisaica de que no somos como
los demás, como los del movimiento LGBTQ+, o como un medio
para convencernos de que tenemos el conocimiento especial que nos
permite estar por encima de los pequeños encantamientos y placeres
superficiales de esta era actual. Pero en términos de acción positiva,
el lamento ofrece poco y entrega menos. En cuanto a la noción de
alguna edad de oro perdida, es realmente muy difícil para cualquier
historiador competente ser nostálgico. ¿Qué tiempos pasados fueron
mejores que el presente? ¿Una era anterior a los antibióticos cuando
el parto o incluso cortes menores podrían provocar septicemia y
muerte? ¿Los grandes días del siglo xix cuando la iglesia era culturalmente poderosa y el matrimonio era entre un hombre y una
mujer de por vida, pero los niños pequeños trabajaban en fábricas y
barrían chimeneas? ¿Quizás la Gran Depresión? ¿La Segunda Guerra
Mundial? ¿La era de Vietnam? Cada época ha tenido su oscuridad
y sus peligros. La tarea del cristiano no es quejarse del momento en
que vive, sino comprender sus problemas y responder adecuadamente
a ellos.

En tercer lugar, he escrito este libro con el mismo principio en
mente que he tratado de encarnar en el aula durante más de un
cuarto de siglo: mi tarea como historiador es primero explicar una
acción, una idea o un evento en contexto. Solo cuando se ha hecho
ese trabajo duro puede el maestro pasar a cualquier tipo de crítica.

Si bien no puedo afirmar que siempre haya alcanzado este ideal en todo lo que he dicho o escrito, me parece que dar una cuenta precisa de los puntos de vista de los oponentes, por muy desagradables que uno pueda considerarlos, es vital, y nunca más que en nuestra era de insultos baratos de Twitter y calumnias casuales. No hay nada que ganar refutando a un hombre de paja. En los relatos que doy de, entre otros, Rousseau, los románticos, Nietzsche, Marx, Darwin, Freud, la Nueva Izquierda, el surrealismo, Hugh Hefner, Anthony Kennedy, Peter Singer, Adrienne Rich, Judith Butler y el activismo LGBTQ+, por lo tanto, he tratado de ser lo más cuidadoso y desapasionado posible. Algunos lectores pueden encontrar esto extraño, dada mi disidencia personal de gran parte de lo que cada uno representa. Pero la veracidad no es opcional. Mi esperanza es que he representado los puntos de vista de estos grupos e individuos de tal manera que, si leyeran este libro, podrían negarse a mis conclusiones, pero al menos reconocerse a sí mismos en mi relato de su pensamiento. Todos los historiadores deben mucho a los sujetos de sus investigaciones.

Lo que ofrezco aquí es esencialmente un prolegómeno a las muchas discusiones que los cristianos y otros necesitan tener sobre los temas más apremiantes de nuestros días, particularmente a medida que se manifiestan en la variedad de formas en que la revolución sexual nos afecta: personalmente, culturalmente, legalmente, teológicamente, eclesiásticamente. Mi objetivo es explicar cómo y por qué una cierta noción del yo ha llegado a dominar la cultura de Occidente, por qué este yo encuentra su manifestación más obvia en la transformación de las costumbres sexuales y cuáles son y pueden ser las implicaciones más amplias de esta transformación en el futuro. Comprender los tiempos es una condición previa para responder adecuadamente a los tiempos. Y comprender los tiempos requiere un conocimiento de la historia que ha llevado hasta el presente. Este libro pretende ser una pequeña contribución a esa tarea vital.

Parte 1

ARQUITECTURA DE LA REVOLUCIÓN

1

Reimaginando el ser

Ves, pero no observas.

SHERLOCK HOLMES, *UN ESCÁNDALO EN BOHEMIA*

Observé en la introducción que el argumento subyacente de este libro es que la revolución sexual, y sus diversas manifestaciones en la sociedad moderna, no pueden tratarse de forma aislada, sino que deben interpretarse como la manifestación social específica, y quizás más obvia, de una revolución mucho más profunda y amplia en la comprensión de lo que significa ser un *yo*. Mientras que el sexo puede ser presentado hoy como poco más que una actividad recreativa, la sexualidad se presenta como lo que se encuentra en el corazón mismo de lo que significa ser una persona auténtica. Esa es una afirmación profunda que, podría decirse, no tiene precedentes en la historia. Cómo se llega a esta situación es una historia larga y complicada, y solo puedo abordar algunos de los aspectos más destacados de la narrativa relevante en un solo volumen. Incluso antes de intentar hacerlo, primero es necesario establecer una serie de conceptos teóricos básicos que proporcionen un marco, un conjunto de lo que podríamos describir como principios arquitectónicos, para estructurar y analizar las personalidades, los eventos y las ideas que juegan en el surgimiento del *yo* moderno.

En esta tarea, los escritos de tres analistas de la modernidad son particularmente útiles: Charles Taylor, el filósofo; Philip Rieff, el sociólogo psicológico; y Alasdair MacIntyre, el ético.[1] Si bien los tres tienen diferentes énfasis y preocupaciones, ofrecen relatos del mundo moderno que comparten ciertas afinidades importantes y también proporcionan información útil para comprender no solo cómo piensa la sociedad occidental moderna, sino también cómo y por qué ha llegado a pensar de la manera en que lo hace. En este capítulo y en el siguiente, por lo tanto, quiero ofrecer un esbozo de algunas de sus ideas clave que ayudan a establecer el escenario para la interpretación de nuestro mundo contemporáneo ofrecido en el relato posterior de cómo ha surgido el concepto del yo psicologizado y sexualizado moderno.

El imaginario social

Volviendo a las preguntas que planteé en la introducción: ¿cómo ha llegado a triunfar en Occidente la actual mentalidad altamente individualista, iconoclasta, sexualmente obsesionada y materialista? O, para plantear la pregunta de una manera más apremiante y específica, como lo hice anteriormente, ¿por qué la frase «Soy una mujer atrapada en el cuerpo de un hombre» tiene sentido no solo para aquellos que se han sentado en seminarios posestructuralistas y de teoría *queer*, sino además para mis vecinos, para las personas con las que me cruzo en la calle, para los compañeros de trabajo que no tienen una inclinación política particular y que son felizmente inconscientes de la desagradable jerga y los conceptos arcanos de Michel Foucault y sus innumerables epígonos e imitadores incomprensibles? La afirmación es, después de todo, emblemática de una visión de la personalidad que ha prescindido casi por completo de la idea de cualquier autoridad más allá de la

---

1. MacIntyre se examina en el capítulo 2.

convicción personal y psicológica, una noción extrañamente cartesiana: creo que soy una mujer, por lo tanto soy una mujer. ¿Cómo se convirtió una idea tan extraña en la moneda ortodoxa común de nuestra cultura? Para hacer algún intento de abordar el tema, es apropiado tomar nota de un concepto útil desplegado por el filósofo canadiense Charles Taylor en su análisis de cómo piensan las sociedades, el del *imaginario social*. Taylor es interesante porque es un filósofo cuyo trabajo también se relaciona con temas históricos y sociológicos más amplios. En *La era secular*, ofrece un análisis importante de la forma en que la sociedad moderna en general —y no solo las clases intelectuales— se ha alejado de estar impregnada por la fe cristiana y religiosa hasta el punto de que estas ya no son el defecto para la mayoría de las personas, sino que en realidad son bastante excepcionales. En el curso de su argumento, introduce la idea del imaginario social para abordar la cuestión de cómo las teorías desarrolladas por las élites sociales podrían estar relacionadas con la forma en que la gente común piensa y actúa, incluso cuando tales personas nunca han leído a estas élites ni han pasado algún tiempo reflexionando conscientemente sobre las implicaciones de sus teorías. Así es como define el concepto:

> Quiero hablar de «imaginario social» aquí, en lugar de teoría social, porque hay diferencias importantes entre los dos. De hecho, hay varias diferencias. Hablo de «imaginario» (i) porque estoy hablando de la forma en que la gente común «imagina» su entorno social, y esto a menudo no se expresa en términos teóricos, se lleva en imágenes, historias, leyendas, etc. Pero también es el caso de que (ii) la teoría es a menudo la posesión de una pequeña minoría, mientras que lo interesante en el imaginario social es que es compartida por grandes grupos de personas, si no por toda la sociedad. Lo que lleva a una tercera diferencia: (iii) el imaginario social es ese entendimiento común que hace posibles prácticas comunes, y un sentido de legitimidad ampliamente compartido.[2]

---

2. Charles Taylor, *A Secular Age* [La era secular] (Cambridge, MA: Belknap Press de Harvard University Press, 2007), 171–172. Taylor ha dedicado un libro entero a discutir el

Como Taylor lo describe aquí, el imaginario social es un concepto algo amorfo precisamente porque se refiere al sinfín de creencias, prácticas, expectativas, normativas e incluso supuestos implícitos que los miembros de una sociedad comparten y que dan forma a su vida cotidiana. No es tanto una filosofía consciente de la vida como un conjunto de intuiciones y prácticas. En resumen, el imaginario social es la forma en que las personas piensan sobre el mundo, cómo lo imaginan, cómo actúan intuitivamente en relación con él, aunque eso no es enfáticamente para convertir el imaginario social simplemente en un conjunto de ideas identificables.[3] Es la totalidad de la forma en que vemos nuestro mundo, para darle sentido y para dar sentido a nuestro comportamiento dentro de él.

Este es un concepto muy útil precisamente porque tiene en cuenta el hecho de que la forma en que pensamos sobre muchas cosas no se basa en una creencia consciente o en una teoría particular del mundo a la que nos hemos comprometido. Vivimos nuestras vidas de una manera más intuitiva que eso. El hecho de que «Soy una mujer atrapada en el cuerpo de un hombre» tenga sentido para Joe Smith probablemente tenga mucho menos que ver con que él esté comprometido con una comprensión elaborada de la naturaleza del género y su relación con el sexo biológico que con el hecho de que parece intuitivamente correcto afirmar a alguien en su identidad elegida y parece hiriente no hacerlo, por extraños que puedan haber parecido los detalles de esa autoidentificación a las generaciones anteriores. Quizás podríamos decir que, visto desde este ángulo, el imaginario social es una cuestión de gusto social intuitivo. Y la cuestión de cómo se forman los gustos y las intuiciones del público en general es la cuestión de cómo el imaginario social llega a tomar la forma que toma.

concepto: *Modern Social Imaginaries* [Imaginarios sociales modernos] (Durham, NC: Duke University Press, 2004).

3. «El imaginario social no es un conjunto de ideas; más bien, es lo que permite, a través de proporcionar sentido, las prácticas de una sociedad». Taylor, *Modern Social Imaginaries*, 2.

A veces, como señala Taylor, las teorías de la élite se infiltran en estos imaginarios.[4] Por ejemplo, las ideas de Lutero sobre la autoridad de la iglesia llegaron a apoderarse de la imaginación popular en Sajonia del siglo XVI y más allá a través de innumerables folletos populares y grabados en madera diseñados para tener un impacto en la gente común. Y se podría añadir que a veces las teorías de la élite tienen una afinidad con elementos del imaginario social existente que las refuerza, que les proporciona un lenguaje por el cual pueden expresarse o justificarse o que las transforma. La política de identidad sexual podría ser un buen ejemplo, por la cual el sexo fuera del ideal del matrimonio heterosexual monógamo siempre ha ocurrido, pero solo recientemente se ha vuelto mucho más fácil realizar transacciones (con el advenimiento de la anticoncepción barata y eficiente). También ha pasado de ser principalmente personal en importancia a ser también político, dados los debates que giran en torno al aborto, el control de la natalidad y los asuntos LGBTQ+. La forma en que esto ocurrió es bastante simple de discernir: primero, estaba el comportamiento promiscuo; luego estaba la tecnología para facilitarlo, en forma de anticoncepción y antibióticos; y, a medida que la tecnología permitía a los sexualmente promiscuos evitar las consecuencias naturales de sus acciones (embarazos no deseados, enfermedades), las razones que justificaban el comportamiento se volvieron más plausibles (y los argumentos en contra se volvieron menos), y por lo tanto el comportamiento en sí se volvió más aceptable.

Cualquier relato de la revolución sexual y de la revolución subyacente en la comprensión del yo, de la cual la revolución sexual es simplemente la última iteración, por lo tanto, no debe simplemente tener en cuenta las ideas de la élite cultural, sino que también debe mirar cómo se han formado las intuiciones de la sociedad en general. Las ideas en sí mismas son solo una parte de la historia. La noción

---

4. Taylor, *A Secular Age* [La era secular], 172.

del yo que hace que el transgenerismo sea plausible ciertamente tiene sus fundamentos teóricos y filosóficos. Pero también es el producto de fenómenos culturales mucho más amplios que han dado forma a las intuiciones de aquellos que son felizmente inconscientes de sus diversos orígenes intelectuales y suposiciones metafísicas.

Mímesis y poiesis

Un segundo elemento útil en la obra de Taylor que conecta con el imaginario social y al que recurriremos es la relación entre *mímesis* y *poiesis*. En pocas palabras, estos términos se refieren a dos formas diferentes de pensar sobre el mundo. Una visión mimética considera que el mundo tiene un orden dado y un significado dado y, por lo tanto, ve a los seres humanos como necesarios para descubrir ese significado y conformarse a él. *Poiesis*, a modo de contraste, ve el mundo como mucha materia prima a partir de la cual el individuo puede crear significado y propósito.

Las dos obras principales de Taylor, *Fuentes del yo* y *La era secular,* son narraciones que cuentan la historia del movimiento en la cultura occidental desde una visión predominantemente mimética del mundo a una que es principalmente poiética. Varios asuntos caracterizan este cambio. A medida que la sociedad se aleja de una visión del mundo como poseedora de un significado intrínseco, también se aleja de una visión de la humanidad como si tuviera un fin específico y dado. La teología se atenúa así, ya sea la de Aristóteles, con su visión del hombre como un animal político y su comprensión de la ética como una función importante de eso, o la del cristianismo, con su noción de que la vida humana en esta esfera terrenal debe ser regulada por el hecho de que el destino final de la humanidad es la comunión eterna con Dios.

Una vez más, la historia de este cambio no es simplemente una que se pueda contar en términos de grandes pensadores y sus ideas. Es cierto que individuos como René Descartes y Francis Bacon sirvieron para debilitar el significado de la conexión entre lo divino y lo creado, y por lo tanto de una comprensión teleológica de la naturaleza humana, que se encuentra en el pensamiento de un pensador como Tomás de Aquino.[5] Pero para que una visión poiética de la realidad eclipse lo mimético en el imaginario social, otros factores deben estar en juego.

Para hacer más claro este punto, podríamos reflexionar sobre la naturaleza de la vida en la Europa medieval, una sociedad predominantemente agraria. Dado que la tecnología agrícola era entonces, según los estándares actuales, relativamente primitiva, la agricultura dependía completamente de la geografía y las estaciones. Estos fueron dados; mientras que el agricultor araba el suelo y dispersaba la semilla, no tenía control sobre el clima, control mínimo sobre el suelo y, por lo tanto, comparativamente poco control sobre si sus esfuerzos tendrían éxito. Eso bien podría haber significado para muchos que no tenían control sobre la vida o la muerte: estaban completamente a merced del medio ambiente.

En un mundo así, la autoridad del orden creado era obvia e inevitable. El mundo era lo que era, y el individuo necesitaba conformarse a él. Sembrar semillas en diciembre o cosechar cultivos en marzo estaba condenado al fracaso. Sin embargo, con el advenimiento de una tecnología agrícola más avanzada, esta autoridad dada del medio ambiente se atenuó cada vez más. El desarrollo del riego significó que el agua podía ser movida o almacenada y luego utilizada cuando fuera necesario. Un mayor conocimiento de la ciencia del suelo y fertilizantes y pesticidas significaba que la tierra podía ser manipulada para producir más y mejores cultivos. Más controversialmente, el reciente desarrollo de la genética ha permitido la producción de alimentos que son inmunes a ciertas condiciones o parásitos. Podría continuar, pero el punto es claro: ya sea que consideremos que ciertas

---

5. Taylor, *A Secular Age*, 97-99.

innovaciones son buenas o malas, la tecnología afecta de manera profunda la forma en que pensamos sobre el mundo e imaginamos nuestro lugar en él. El mundo de hoy no es el lugar objetivamente autoritario que era hace 800 años; pensamos en ello mucho más como un caso de materia prima que podemos manipular por nuestro propio poder para nuestros propósitos.

Esto tiene un significado mucho más amplio que asuntos como la agricultura. El desarrollo del automóvil y luego de la aeronave sirvió para destruir la autoridad anterior del espacio geográfico. Si la distancia es en última instancia una cuestión de tiempo, entonces la distancia de Filadelfia a Londres hoy es menor que la de Filadelfia a Chicago hace apenas 200 años. Y una vez que las telecomunicaciones modernas y la tecnología de la información entraron en escena, la situación se alteró aún más radicalmente, y eso por las invenciones humanas. Si hubiera emigrado a los Estados Unidos en 1850, bien podría haber dicho adiós para siempre a mis familiares y amigos que se fueron a Inglaterra. Hoy en día, no solo puedo hablar con ellos cuando lo desee, incluso puedo verlos en mi teléfono o computadora cada vez que quiera.

A esto hay que añadir los desarrollos en tecnología médica. Una vez más, las viejas autoridades han sido desafiadas y encontradas con faltas. Las enfermedades que en épocas pasadas eran intratables ya no son sentencias de muerte. Lo que una vez fueron infecciones mortales pueden ser despachadas como tantas trivialidades debido a los antibióticos. El parto ya no representa el grave riesgo para la salud de las mujeres que era rutinario en edades más tempranas. Y todos estos desarrollos han servido para debilitar la autoridad del mundo natural y persuadir a los seres humanos de su poder.

Al decir esto, no estoy haciendo una evaluación de la tecnología como buena o mala. Claramente puede ser ambas cosas. El punto que estoy señalando es que todos vivimos en un mundo en el que es cada vez más fácil imaginar que la realidad es algo que podemos manipular de acuerdo con nuestras propias voluntades y deseos, y no algo a lo que necesariamente requerimos conformarnos o aceptar pasivamente. Y este contexto más amplio hace intuitivas, por ejemplo, aquellas afirmaciones filosóficas de Friedrich Nietzsche, en las que los seres humanos están llamados a trascenderse a sí mismos, a convertir sus vidas en obras de arte, a ocupar el lugar de Dios como autocreadores y los inventores, no los descubridores, de significado. Pocas personas han leído a Nietzsche, pero muchos piensan intuitivamente de manera nietzscheana sobre su relación con el mundo natural precisamente porque el mundo altamente tecnológico en el que vivimos ahora, un mundo en el que la realidad virtual es una realidad, hace que sea tan fácil hacerlo. La autocreación es una parte rutinaria de nuestro imaginario social moderno.

Y esa es simplemente otra forma de decir que esto también es un componente significativo de cómo imaginamos nuestras identidades personales, nuestro *yo*. Una vez más, volviendo a esa afirmación que destaqué en la introducción —«Soy una mujer atrapada en el cuerpo de un hombre»— tal afirmación es plausible solo en un mundo en el que la forma predominante de pensar es poiética en lugar de mimética. Y un mundo poiético es aquel en el que el propósito trascendente se derrumba en lo inmanente y en el que el propósito dado colapsa en cualquier propósito que elija crear o decidir por mí mismo. La naturaleza humana, se podría decir, se convierte en algo que los individuos o las sociedades inventan para sí mismos.

Philip Rieff y la naturaleza de la cultura

Philip Rieff, el difunto profesor de sociología en la Universidad de Pensilvania, es significativo para este estudio debido a su aplicación de la psicología a los patrones y las patologías del cambio cultural en los últimos 100 años. En su libro *The Triumph of the Therapeutic* [El triunfo de la terapéutica] (1966), Rieff utilizó a Sigmund Freud como su punto de partida para una teoría de la cultura que luego procedió a explicar examinando el trabajo de pensadores posteriores, como Carl Jung, D. H. Lawrence y Wilhelm Reich. Rieff tomó como básico el argumento de Freud de que la civilización era el resultado de la sublimación del deseo sexual de una manera que dejaba a los seres humanos perennemente descontentos pero notablemente creativos, y desarrolló esta noción en una amplia teoría de la cultura y un medio para criticar los cambios que vio desarrollarse a un ritmo rápido a mediados del siglo xx.[6] Leer el libro de Rieff hoy es una experiencia fascinante, principalmente porque las afirmaciones que hace sobre la dirección de la sociedad, y las implicaciones que esto tendría para la forma en que las personas llegarían a pensar de sí mismas, son tan sorprendentemente proféticas que es muy difícil descartar su marco analítico subyacente. La obra tiene una cualidad profética que es probable que impresione a cualquier lector que esté dispuesto a perseverar a través de su estilo de prosa bastante opaco.[7]

El enfoque de Rieff hacia la cultura se caracteriza por una serie de ideas. Lo más importante es su noción de que las culturas se definen principalmente por lo que prohíben. Este es un concepto básicamente freudiano: si los tabúes sexuales impulsan la civilización, entonces la civilización se define realmente en su base por una idea negativa, por ese comportamiento que denuncia y renuncia como inaceptable. Esto a su vez tiene implicaciones institucionales: la vitalidad de una cultura depende de la autoridad de aquellas instituciones que imponen o inculcan estas renuncias y así las comunican de una generación a la siguiente. Como lo expresa Rieff:

---

6. La expresión más famosa de Freud de este argumento es su monografía. *Civilization and Its Discontents* [La civilización y sus descontentos], trans. James Strachey (New York: W. W. Norton, 1989). Para una mayor discusión de la teoría de Freud, ver el cap. 6.

7. Rieff no fue el único en criticar a la sociedad moderna como terapéutica. Leszek Kołakowski también vio esencialmente la misma patología como distintiva de la era contemporánea, aunque la etiquetó como «la cultura de los analgésicos». Ver *The Presence of Myth* [La presencia del mito], trad. Adam Czerniawski (Chicago: University of Chicago Press, 1989), 83-109.

Una cultura sobrevive principalmente [...] por el poder de sus instituciones para atar y desatar a los hombres en la conducción de sus asuntos con razones que se hunden tan profundamente en el yo que se entienden común e implícitamente.[8]

Esto se conecta con el segundo aspecto importante de la cultura para Rieff: la cultura, al menos históricamente, dirige al individuo hacia afuera. Es en las actividades comunitarias donde los individuos encuentran su verdadero ser; el verdadero yo en las culturas tradicionales es, por lo tanto, algo que se da y se aprende, no algo que el individuo crea para sí mismo. Esta visión nos permite conectar el pensamiento de Rieff con el de Charles Taylor de una manera constructiva, a través de la afinidad que existe entre el concepto del hombre psicológico de Rieff y el concepto de Taylor del individuo expresivo.

El hombre psicológico y el individualismo expresivo

Rieff describe la dirección externa de la cultura tradicional de la siguiente manera: «La cultura es otro nombre para un diseño de motivos que dirigen el yo hacia afuera, hacia aquellos propósitos comunitarios en los que solo el yo puede ser realizado y satisfecho».[9] Este es un punto importante: la cultura dirige a los individuos hacia afuera. Es mayor y anterior al individuo y participa en su formación. Aprendemos quiénes somos al aprender a conformarnos a los propósitos de la comunidad más grande a la que pertenecemos. Esto es

---

8. Philip Rieff, *The Triumph of the Therapeutic: Uses of Faith after Freud*, ed. 40 aniversario (1966; repr., Wilmington: ISI Books, 2006), 2. Si bien la discusión de las instituciones está más allá del alcance de este libro, vale la pena señalar aquí que el mundo en el que vivimos ahora se caracteriza por lo que el sociólogo Zygmunt Bauman ha llamado «liquidez», un estado de cambio y flujo constante. Dada esta liquidez, Rieff aquí señala un problema importante que las sociedades contemporáneas enfrentan ahora: si las culturas dependen de instituciones fuertes, entonces cuando esas instituciones se debilitan o se arrojan al caos, esas culturas también se debilitan o se arrojan al caos. Ver Zygmunt Bauman, *Liquid Modernity* [Modernidad líquida] (Cambridge: Polity, 2000); además Zygmunt Bauman y Carlo Bordoni, *State of Crisis* [Estado de crisis] (Cambridge: Polity, 2014).

9. Rieff, *Triumph of the Therapeutic*, 3.

de gran importancia para entender a Rieff, ya que es este énfasis en la cultura como aquella que dirige al individuo hacia los propósitos comunitarios lo que subyace a su esquematización de la historia humana en términos de tipos representativos, figuras que él considera que encarnan el espíritu de su época. También nos permite entender por qué Rieff estaba convencido de que su (y ahora nuestra) época representaba algo dramático e innovador en la historia cultural.[10]

Primero, argumenta Rieff, estaba la cultura del hombre político, del tipo establecido como un ideal en el pensamiento de Platón y Aristóteles. A diferencia del hombre idiota (literalmente, el hombre privado), el hombre político es el que encuentra su identidad en las actividades en las que se dedica en la vida pública de la *polis*. Aristóteles, en su *Política* y *ética nicomáquea,* ofrece quizás la descripción clásica del hombre político. Asiste a la asamblea, frecuenta el Areópago, está profundamente inmerso en lo que se podría llamar la vida cívica comunitaria. Ahí es donde él es quien es; la actividad dirigida hacia el exterior de la vida política es donde encuentra sentido de sí mismo.

Eventualmente, el hombre político dio paso al segundo tipo principal, el del hombre religioso. El hombre de la Edad Media era precisamente una persona así, alguien que encontraba su sentido primario en su participación en actividades religiosas: asistir a misa, celebrar días de fiesta, participar en procesiones religiosas, ir en peregrinaciones. Los *Cuentos de Canterbury* de Chaucer es una representación clásica de este tipo de cultura. ¿Quiénes son los personajes del libro? Obviamente, cada uno tiene su propia existencia y profesión individual, sobre todo, son peregrinos que encuentran su sentido de

10. Rieff primero desarrolla el siguiente esquema en *Freud: The Mind of the Moralist* [Freud: La mente del moralista] (New York: Viking, 1959). Un resumen útil se proporciona en su ensayo «Reflections on Psychological Man in America» [Reflexiones sobre el hombre psicológico en Estados Unidos], en Rieff, *The Feeling Intellect: Selected Writtings* [El intelecto de los sentimientos: Escritos seleccionados], ed. Jonathan B. Imber (Chicago: University of Chicago Press, 1990), 3-10.

identidad en un contexto comunitario mientras participan en un viaje motivado por la religión a Canterbury. También podría agregar que gran parte de la forma en que se estructura la sociedad medieval, desde el dominio de sus edificios eclesiásticos hasta el calendario litúrgico, que marca el tiempo en términos religiosos, apunta hacia la religión como la clave de la cultura durante este tiempo.

En el esquema histórico de Rieff, el hombre religioso fue finalmente desplazado por un tercer tipo, lo que él llama el hombre económico. El hombre económico es el individuo que encuentra su sentido en su actividad económica: el comercio, la producción, la fabricación de dinero. El propio Rieff veía al hombre económico como una categoría inestable y temporal, y dadas las perceptivas observaciones de Karl Marx sobre la forma dramática en que el capitalismo revoluciona constantemente los medios de producción de la sociedad, esto parecería ser una suposición razonable. Y el hombre económico da paso así al último jugador en el escenario histórico, el que Rieff denomina «hombre psicológico», un tipo caracterizado no tanto por encontrar identidad en actividades dirigidas hacia el exterior como era cierto para los tipos anteriores, sino más bien en la búsqueda interna de la felicidad psicológica personal.

Como marco histórico, el esquema de Rieff es demasiado simplista. La idea de que uno puede trazar la historia humana a través del ascenso y la caída de estos cuatro tipos distintos de seres humanos es descabellada en el mejor de los casos. Para empezar, el desarrollo del apóstol Pablo del concepto de la voluntad es lo que facilita el surgimiento de la narrativa psicológica interna como un medio para reflexionar sobre el yo. En el siglo IV, el heredero intelectual de Pablo, Agustín, produjo las *Confesiones,* la primera gran obra occidental de autobiografía psicológica, que indica la existencia de la vida entendida en términos de espacio mental interior mucho antes de Freud. Y uno apenas puede mirar a la Edad Media o a la era moderna temprana y abstraer cuidadosamente lo religioso de lo político o, de hecho, lo psicológico: Martín Lutero es solo el ejemplo más obvio de esta complejidad. Era un fraile agustino cuya vida habría girado en torno a las observancias religiosas y, sin embargo, cuya angustia introspectiva jugó un papel clave en el nacimiento de la Edad Moderna. Sin embargo, si el esquema histórico se simplifica en gran medida, la importancia del aumento de las categorías psicológicas como el factor dominante en la forma en que los occidentales piensan de sí mismos y de quiénes se consideran a sí mismos es sin duda una visión persuasiva. No necesitamos estar de acuerdo con Rieff en cómo la sociedad llegó a ser dominada por lo terapéutico para estar de acuerdo con él en que tal dominación surgió en la última parte del siglo xx y actualmente no muestra signos de disminuir.

De hecho, al caracterizar la era moderna como la del hombre psicológico, Rieff hace un punto muy similar al de Charles Taylor en su comprensión del ser humano: que las categorías psicológicas y un enfoque interno son las características distintivas de ser una persona moderna. Esto es a lo que Taylor se refiere como *individualismo expresivo,* que cada uno de nosotros encuentra su significado dando expresión a sus propios sentimientos y deseos. Para Taylor, este tipo de yo existe en lo que él describe como una cultura de *autenticidad,* que define de la siguiente manera:

> La comprensión de la vida que surge con el expresivismo romántico de finales del siglo xviii, que cada uno de nosotros tiene su propia forma de realizar nuestra humanidad, y que es importante encontrar y vivir la propia, en lugar de rendirse a la conformidad con un modelo que se nos impone desde fuera, por la sociedad, o la generación anterior, o la autoridad religiosa o política.[11]

Este cambio hacia el hombre psicológico y hacia el individualismo expresivo es de gran alcance en sus implicaciones, como sostengo en capítulos futuros. Taylor, por ejemplo, lo ve con razón como la

---

11. Taylor, *A Secular Age*, 475.

base de la revolución del consumidor que tuvo lugar después de la Segunda Guerra Mundial.[12] En este punto, simplemente vale la pena señalar que implica una forma muy diferente de pensar y relacionarse con el mundo que nos rodea.[13]

Tomemos, por ejemplo, el tema de la satisfacción laboral, algo que es significativo para la mayoría de los adultos. Mi abuelo dejó la escuela a los quince años y pasó el resto de su vida laboral como trabajador de chapa en una fábrica en Birmingham, el corazón industrial de Inglaterra. Si se le hubiera preguntado si había encontrado satisfacción en su trabajo, existe una clara posibilidad de que ni siquiera hubiera entendido la pregunta, dado que realmente refleja las preocupaciones del mundo psicológico del hombre, al que no pertenecía. Pero si lo entendiera, probablemente habría respondido en términos de si su trabajo le dio el dinero para poner comida en la mesa de su familia y zapatos en los pies de sus hijos. Si lo hiciera, entonces sí, habría afirmado que su trabajo lo satisfacía. Sus necesidades eran las de su familia, y al permitirle satisfacerlas, su trabajo le dio satisfacción. Mi abuelo era, en todo caso, un hombre económico *rieffiano* cuya producción económica y los resultados de eso para los demás (es decir, su familia) eran clave para su sentido de sí mismo. Si me hacen la misma pregunta, mi instinto es hablar sobre el placer que me da la enseñanza, sobre la sensación de realización personal que siento cuando un estudiante aprende una nueva idea o se entusiasma con algún concepto como resultado de mis clases. La diferencia es

---

12. Taylor, *A Secular Age*, 474.

13. Roger Scruton señala el cambio en la comprensión del *yo* en relación con las formas de danza. Comenta sobre las formas anteriores de baile y observa que la música típicamente en vivo, los pasos formales que necesitaban ser aprendidos, y un significado o placer derivaban de que el individuo fuera parte de un todo coordinado, un grupo social. Por lo tanto, tal baile era profundamente social, y las formas en que el individuo expresaba su identidad eran comunitarias. Él contrasta esto con lo moderno, estilo baile de discoteca, en el que el individuo simplemente —para usar la frase coloquial— hace lo suyo. El primero, dice, implica bailar *con* otros, este último *en* otros (que, por cierto, también ha implicado una sexualización del propósito del baile en consonancia con la sexualización de la sociedad). «Dancing Properly» [Bailando correctamente], en *Confessions of a Heretic: Selected Essays* [Confesiones de un hereje: Ensayos seleccionados] (Widworthy UK: Notting Hill Editions, 2016), 50-64.

marcada: para mi abuelo, la satisfacción laboral era empírica, dirigida externamente y no relacionada con su estado psicológico; para mí y las generaciones posteriores, el tema del *sentimiento* es central.

Rieff ve dos reversiones históricas que subyacen a este nuevo mundo del hombre psicológico. La primera es una transformación de la comprensión de la terapia. Tradicionalmente, el papel del terapeuta en cualquier cultura dada era permitir al paciente comprender la naturaleza de la comunidad a la que pertenecía. Entonces, en un mundo religioso, la tarea del terapeuta religioso, el sacerdote, era capacitar a los individuos en los rituales, el lenguaje, las doctrinas y los símbolos de la iglesia por los cuales podrían participar en la comunidad. Estas son las cosas que promueven el compromiso con la comunidad, que es anterior y más importante que cualquier individuo en particular.[14]

Este punto de vista depende de una comprensión de la comunidad en general como un bien positivo para aquellos individuos que la constituyen. Eso, como observo en las partes 2 y 3, es una idea que ha sido objeto de una fuerte crítica, comenzando en el siglo XVIII con Jean-Jacques Rousseau, quien consideraba a la comunidad como un obstáculo para la plena expresión del individuo auténtico, un punto que fue recogido y expresado artísticamente por los románticos. En Freud, la fuente intelectual de Rieff y admirador de Rousseau (aunque complementa a Rousseau con la visión mucho más oscura de la naturaleza que se encuentra en el Marqués de Sade), la noción de la comunidad como un bien también se pone bajo presión y es calificada significativamente. Una lectura caritativa de su teoría cultural permite que la comunidad reprimida que tenemos sea, en

---

14. Ver, por ejemplo, los comentarios de Rieff sobre la iglesia medieval: «En la Edad Media, esta tradición [de terapia] se institucionalizó en una civilización eclesiástica, con las funciones terapéuticas reservadas a los funcionarios de las iglesias [...]. En última instancia, es la comunidad la que cura. La función del terapeuta clásico es comprometer al paciente con el sistema de símbolos de la comunidad, lo mejor que pueda y por cualquier técnica que se sancione (por ejemplo, ritual o dialéctica, mágica o racional)». *Triumph of the Therapeutic*, 57.

el mejor de los casos, simplemente preferible al caos sanguinario que ofrece la alternativa. Para Marx y para Nietzsche (aunque por razones muy diferentes), la comunidad actual necesita ser derrocada para que la humanidad alcance su máximo potencial. Y una vez que tenemos la fusión del pensamiento de Marx y Freud en figuras como Wilhelm Reich y Herbert Marcuse, la comunidad tal como existe ahora se vuelve no simplemente represiva, sino también opresiva y necesita un cambio revolucionario específicamente en términos de sus códigos sexuales. En resumen, el impulso básico de gran parte del pensamiento moderno sirve para romper la idea del individuo como alguien cuyos mejores intereses son servidos por ser educado para ajustarse a los cánones y protocolos de la sociedad. Y esa es la base intelectual para la primera reversión, por la cual la terapia deja de servir al propósito de socializar a un individuo. En cambio, busca proteger al individuo del tipo de neurosis dañinas que la sociedad misma crea a través de su asfixia de la capacidad del individuo simplemente para ser ella misma.

Esto conduce a la segunda reversión. En los mundos del hombre político, religioso y económico, el compromiso se dirigía externamente a aquellas creencias, prácticas e instituciones comunales que eran más grandes que el individuo y en las que el individuo, en la medida en que se conformaba o cooperaba con ellos, encontraba significado. El antiguo ateniense estaba comprometido con la asamblea, el cristiano medieval con su iglesia y el obrero de la fábrica del siglo xx con su sindicato y club de trabajadores. Todos ellos encontraron su propósito y bienestar al estar comprometidos con algo fuera de sí mismos. En el mundo del hombre psicológico, sin embargo, el compromiso es ante todo con uno mismo y está dirigido interiormente. Por lo tanto, el orden se invierte. Las instituciones externas se convierten en efecto en los servidores del individuo y su sentido de bienestar interior.

De hecho, podría seguir ahondando en este punto: las instituciones dejan de ser lugares para la formación de individuos a través de su escolarización en las diversas prácticas y disciplinas que les permiten ocupar su lugar en la sociedad. En cambio, se convierten en plataformas para el rendimiento, donde a los individuos se les permite ser su auténtico yo, precisamente porque son capaces de dar expresión a quiénes son «por dentro». Rieff caracteriza los valores de la sociedad moderna y de la persona en tales términos:

> La reticencia, el secreto, el ocultamiento de sí mismo se han transformado en problemas sociales; una vez que fueron aspectos de la civilidad, cuando el gran formulario occidental resumido en la frase del credo «Conócete a ti mismo» alentó la obediencia a los propósitos comunitarios en lugar de la sospecha de ellos.[15]

Para tales seres en un mundo así, las instituciones como las escuelas y las iglesias son lugares donde uno va a actuar, no a ser formado, o, tal vez mejor, donde uno va a ser formado por la actuación.[16]

Esto ayuda a explicar en parte la preocupación en los últimos años por hacer del aula un «lugar seguro», es decir, un lugar donde los estudiantes no van a estar expuestos a ideas que puedan desafiar sus creencias y compromisos más profundos (parte de lo que tradicionalmente se consideraba el papel de la educación), sino que deben afirmarse y tranquilizarse. Si bien los comentaristas hostiles reprueban esta tendencia como la causada por la hipersensibilidad de una generación de «copos de nieve», en realidad es el resultado de la lenta pero constante psicologización del *yo* y el triunfo de las categorías terapéuticas dirigidas hacia adentro sobre las filosofías

---

15. Rieff, *Triumph of the Therapeutic*, 17.

16. Yuval Levin ha establecido recientemente este punto: «Hemos pasado, en términos generales, de pensar en las instituciones como moldes que dan forma al carácter y los hábitos de las personas a verlas como plataformas que permiten a las personas ser ellas mismas y mostrarse ante un mundo más amplio». *A Time to Build: From Family and Community to Congress and the Campus: How Recommitting to Our Institutions Can Revive the American Dream* (New York: Basic Books, 2020), 33-34.

educativas tradicionales dirigidas hacia afuera. Lo que obstaculiza la expresión externa de mis sentimientos internos, lo que desafía o intenta falsificar mis creencias psicológicas sobre mí mismo y, por lo tanto, perturbar mi sentido de bienestar interior, es por definición dañino y debe ser rechazado. Y eso significa que las instituciones tradicionales deben transformarse para ajustarse al yo psicológico, no al revés.

Esto también podría describirse, utilizando la terminología de Taylor, como el triunfo del individualismo expresivo y de la poiesis sobre la mímesis. Si la educación ha de permitir que el individuo simplemente sea él mismo, sin obstáculos por la presión externa para ajustarse a cualquier realidad mayor, entonces el individuo es el rey. Puede ser quien quiera ser. Y rechazando la noción de cualquier autoridad o significado externo al que la educación debe ajustarse, el individuo simplemente se hace el creador de cualquier significado que pueda haber. Las llamadas verdades «externas» u «objetivas» son simplemente construcciones diseñadas por los poderosos para intimidar y dañar a los débiles. Derrocarlos y, por lo tanto, derrocar la noción de que hay una gran realidad ante la que todos somos responsables, ya sea la de la *polis,* la de alguna religión o la de la economía, se convierte en el propósito central de las instituciones educativas. No deben ser lugares para formar o transformar, sino lugares donde los estudiantes puedan desempeñarse. El triunfo de lo terapéutico representa el advenimiento del individuo expresivo como tipo normativo del ser humano y de la relativización de todo significado y verdad al gusto personal.

Dos preguntas clave

Si, como sostengo en capítulos futuros, es cierto que ahora vivimos en un mundo en el que las necesidades terapéuticas del hombre psicológico de Rieff se encuentran en el centro de la vida, entonces tal vez sería posible ofrecer una explicación de por qué la identidad humana se ha vuelto tan plástica y afirmaciones como «Soy un hombre atrapado en el cuerpo de una mujer» tienen sentido. Si la vida psicológica interna del individuo es soberana, entonces la identidad se vuelve tan potencialmente ilimitada como la imaginación humana. Sin embargo, esto aún dejaría algunas preguntas sin resolver, preguntas que tienen una urgencia particular en nuestro clima político actual. ¿Por qué, por ejemplo, la política de la identidad sexual se ha vuelto tan feroz que cualquier disidencia de la última ortodoxia es recibida con desprecio y, a veces, incluso con acciones legales? Un momento de reflexión parecería sugerir que este es, al menos en la superficie, un fenómeno bastante extraño. ¿Qué importa, para tomar prestada una frase que se usa en el debate sobre el matrimonio gay en torno al caso de la Suprema Corte de *Obergefell v. Hodges*, 576 US ___ (2015), lo que la gente hace en privado? ¿Por qué mi acuerdo o desacuerdo con lo que los adultos consienten a puerta cerrada debería ser de gran importancia pública? Si dos hombres tienen una relación sexual en la intimidad de su dormitorio, mi desacuerdo con tal comportamiento no les vacía los bolsillos ni les rompe las piernas, como diría Thomas Jefferson. Entonces, ¿por qué el desacuerdo con las costumbres sexuales actuales debería considerarse de alguna manera inmoral e intolerable en la esfera pública en general?

Tales preguntas pasan por alto un punto importante. Si fuera solo la actividad sexual lo que estuviera en cuestión, las pasiones probablemente no serían tan profundas. Pero aquí está en juego mucho más que códigos de comportamiento. Al abordar el comportamiento que ha llegado a la prominencia a través de la revolución sexual, en realidad no estamos hablando tanto de prácticas como de identidades. Y cuando hablamos de identidades, lo que está en juego público y político es increíblemente alto y plantea un conjunto de problemas completamente diferente.

Anticipando el argumento de capítulos posteriores, para los revolucionarios sexuales que siguen la línea de Wilhelm Reich y Herbert Marcuse —por ejemplo, la pensadora feminista Shulamith Firestone— la respuesta sobre por qué la disidencia de la revolución sexual debe ser erradicada es una simple liberación política. La naturaleza opresiva de la sociedad burguesa se basa en códigos sexuales represivos que mantienen a la familia nuclear patriarcal como norma. Mientras este estado de cosas se mantenga, no puede haber una verdadera liberación, política o económica. Romper los códigos sexuales es, por lo tanto, una de las principales tareas emancipadoras del revolucionario político. Pero pocas personas han leído a Reich, Marcuse o Firestone. Menos aún tal vez acepten la metanarrativa marxista-freudiana en la que descansa su visión politizada del sexo. Pero algunas de las ideas de estos pensadores y estas filosofías son ahora parte del imaginario social más amplio de Occidente y se han convertido en la ortodoxia intuitiva de gran parte de la sociedad (por ejemplo, que la opresión es principalmente una categoría psicológica impuesta a través de códigos de sexo y género). Eso es parte del mundo del hombre psicológico o individualismo expresivo, donde la autenticidad personal se encuentra a través de la realización pública de los deseos internos. Y como los deseos internos más poderosos de la mayoría de las personas son de naturaleza sexual, la identidad misma ha llegado a ser considerada como fuertemente sexual en su naturaleza.

Sin embargo, aquí llego a un fenómeno importante que requiere que califique la noción del yo moderno simplemente como el hombre psicológico o el individuo expresivo: incluso ahora en nuestro mundo sexualmente libertario, ciertos tabúes sexuales permanecen en su lugar, siendo la pedofilia quizás la más obvia. No todas las expresiones de individualidad, no todos los comportamientos que provocan un sentido de felicidad psicológica interna para el agente, se consideran legítimos. Ya sea que un individuo dado lo note o no, la sociedad todavía se impone a sus miembros y moldea y acorrala su comportamiento.[17]

Ahora, si bien podríamos esperar y orar para que cosas como la pedofilia y el incesto sigan siendo tabú, no podemos estar seguros de que tal sea el caso porque los códigos sexuales han cambiado tan dramáticamente en las últimas décadas y, como argumento en el capítulo 9, los motivos sobre los cuales uno podría montar un argumento convincente contra ellos ya han sido admitidos por nuestra cultura. Sin embargo, incluso si los tabúes sexuales actuales descansan sobre fundamentos legales y filosóficos muy inestables, revelan algo importante que debe tenerse en cuenta cuando hablamos de identidad construida psicológicamente: no todas las identidades psicológicas se consideran legítimas, porque la sociedad no permitirá la expresión de cada forma particular de deseo sexual y, por lo tanto, no todas las minorías sexuales disfrutan de la protección de la ley o del *ethos* cultural general.

Y entonces llego a dos preguntas clave que deben responderse: ¿por qué es importante que la identidad sea reconocida públicamente? Y ¿por qué es obligatorio el reconocimiento público de algunas identidades y de otras es prohibido? Hay dos partes en esta respuesta, una extraída de Rieff (la actitud analítica) y otra extraída de Taylor (la importancia y la naturaleza del reconocimiento).

La actitud analítica

A primera vista, los conceptos de hombre psicológico o individualismo expresivo no parecen en sí mismos ofrecer una respuesta a la pregunta de por qué el reconocimiento público de la validez de identidades particulares es importante o de por qué ciertas identidades se

---

17. Hay alguna evidencia de que las actitudes hacia la pedofilia podrían estar cambiando. Ver Dorothy Cummings McLean, «TEDx Speaker: "Pedophilia Is an Unchangeable Sexual Orientation", "Anyone" Could Be Born That Way», 18 de julio de 2018, www.lifesitenews.com /news/tedspeakerpedophiliaisan unchangeablesexualorientationanyonecouldb.

vuelven respetables y otras no. Por ejemplo, uno podría argumentar fácilmente que el individualismo expresivo realmente solo requiere libertad para que yo sea quien creo que soy, siempre y cuando eso no interfiera con la vida de los demás. Si me declaro gay, parecería que mientras eso no me impida tener un trabajo, votar, recibir una educación o aprovechar las necesidades de la vida, hay pocas razones para que quiera algo más. ¿Por qué necesitaría que mis vecinos afirmaran mi homosexualidad como algo bueno? Para usar un ejemplo de la repostería: el Sr. Bun, un panadero cristiano, puede no estar dispuesto a hacer un pastel para mi boda gay, pero me venderá sus productos horneados en general e incluso me recomendará un panadero que cumplirá con los requisitos de mi boda. Su política sobre los pasteles de boda no me hará morir de hambre ni aun requerirá que viaje grandes distancias para aprovechar los productos horneados. ¿Por qué tal tolerancia amistosa de mi homosexualidad no debería ser suficiente? Seguramente una situación en la que mi identidad es tolerada por otros de una manera que me permita llevar a la práctica mis asuntos diarios parecería ser un estado razonable, ¿no es así?

Sin embargo, la historia de la revolución sexual, o tal vez mejor, de la identidad, claramente no se ha desarrollado de esa manera. De hecho, precisamente un escenario como el descrito anteriormente condujo a uno de los casos más polémicos y divisivos de la Suprema Corte de los últimos años.[18] Es claramente indiscutible que la mera tolerancia de las identidades sexuales que rompen con la norma heterosexual no ha demostrado ser una opción aceptable para los revolucionarios sexuales. Nada menos que la plena igualdad ante la ley y el pleno reconocimiento de la legitimidad de ciertas identidades sexuales no tradicionales por parte de la sociedad en general ha surgido como la ambición del movimiento LGBTQ+. No es suficiente que pueda comprar un pastel de bodas en algún lugar de la ciudad.

---

18. Masterpiece Cakeshop, Comisión de Derechos Civiles de Colorado, 584 U.S. ___ (2018).

Debo poder comprar un pastel de bodas de todos y cada uno de los panaderos de la ciudad que hacen pasteles de bodas. ¿Por qué es este el caso?[19]

Podríamos construir una respuesta a esta pregunta sobre un aspecto de la definición de Philip Rieff de la cultura tradicional: que normalmente dirige el yo hacia afuera, a propósitos comunitarios en los que puede encontrar satisfacción, pero esta dirección se ha invertido claramente en la era del hombre psicológico. La satisfacción y el significado, la autenticidad, ahora se encuentran con un giro hacia adentro, y la cultura se reconfigura con este fin. De hecho, ahora debe servir al propósito de satisfacer mis necesidades psicológicas; no debo adaptar mis necesidades psicológicas a la naturaleza de la sociedad, ya que eso crearía ansiedad y me haría no auténtico. La negativa a hornearme un pastel de bodas, por lo tanto, no es un acto coherente con el ideal terapéutico; de hecho, es todo lo contrario, un acto que me causa daño psicológico.

Por lo tanto, hay una dimensión social externa en mi bienestar psicológico que exige que otros reconozcan mi identidad interna y psicológica. Todos como individuos todavía habitamos los mismos espacios sociales, todavía interactuamos con otros individuos, por lo que estos otros individuos deben ser coaccionados para ser parte de nuestro mundo terapéutico. Por lo tanto, la era del hombre psicológico requiere cambios en la cultura y sus instituciones, prácticas y creencias que afectan a todos. Todos ellos necesitan adaptarse para reflejar una mentalidad terapéutica que se centra en el bienestar psicológico del individuo. Rieff llama a esta característica social la actitud *analítica*.

Una vez que la sociedad comienza a manifestar la actitud analítica, hay, para tomar prestada una frase de Nietzsche, una transvaloración

---

19. Para un análisis de cómo el movimiento LGBTQ+ ha progresado de las demandas de tolerancia a las demandas de igualdad, ver Darel E. Paul, *From Tolerance to Equality: How Elites Brought America to Same-Sex Marriage* (Waco, TX: Baylor University Press, 2018).

de los valores.[20] Lo que antes se consideraba bueno llega a ser considerado como malo; lo que antes se consideraba saludable viene a ser considerado enfermedad. El giro hacia el yo psicológico es fundamentalmente iconoclasta con respecto a los códigos morales tradicionales, ya que ahora se consideran parte del problema en lugar de la solución. El énfasis en lo que podríamos llamar el «derecho a la felicidad psicológica» del individuo también tendrá algunos efectos prácticos obvios. Por ejemplo, el lenguaje se volverá mucho más controvertido que en el pasado, porque las palabras que causan «daño psicológico» se volverán problemáticas y necesitarán ser vigiladas y suprimidas. Usar epítetos raciales o sexuales peyorativos deja de ser un asunto trivial, en cambio, se convierte en un acto extremadamente grave de opresión. Esto explica por qué tanta indignación en la plaza pública ahora se dirige a lo que podríamos llamar crímenes del habla. Incluso el discurso de odio del neologismo habla de esto. Si bien las generaciones anteriores podrían haber visto el daño al cuerpo o la propiedad como las categorías más graves de delitos, una era altamente psicologizada otorgará una importancia cada vez mayor a las palabras como medios de opresión. Y esto representa un serio desafío a uno de los fundamentos de la democracia liberal: la libertad de expresión. Una vez que el daño y la opresión se consideran principalmente categorías psicológicas, la libertad de expresión se convierte en parte del problema, no en la solución, porque las palabras se convierten en armas potenciales. La comprensión de Rieff

---

20. Nietzsche planeó cuatro libros bajo el título general de «Una transvaloración de los valores», aunque solo uno, *El Anticristo*, se completó. En este libro, ataca la moralidad del cristianismo (y su expresión en la obra de Immanuel Kant), exigiendo que la muerte metafísica de Dios requiere una revisión exhaustiva (rechazo) de la moral tradicional. Como declara en el cap. 47, «lo que nos distingue no es que no reconozcamos a Dios, ni en la historia ni en la naturaleza ni detrás de la naturaleza, sino que encontremos que lo que ha sido reverenciado como Dios no es "divino" sino lamentable, absurdo, dañino, no simplemente un error, sino un *crimen contra la vida* […]. Negamos a Dios como Dios». *Twilight of the Idols and The Anti-Christ*, trad. R. J. Hollingdale (London: Penguin, 2003), 174-175. El punto de Nietzsche es que las afirmaciones de códigos morales trascendentes son opresivas del individuo y niegan la vida verdadera.

de la situación actual se acerca mucho a la ofrecida por Reich y Marcuse, quienes vieron la opresión como un fenómeno principalmente psicológico y la demolición de los códigos sexuales y el envío de la libertad de expresión como elementos necesarios de la revolución política, incluso cuando, a diferencia de ellos, Rieff lamenta estas realidades como significando la muerte de la cultura en lugar de los dolores de parto de la utopía liberada que se avecina.

Sin embargo, el enfoque de Rieff todavía deja abierta la pregunta apremiante de por qué algunas identidades son aceptables y su aceptación es obligatoria y forzada, mientras que otras identidades no disfrutan de tal privilegio. Quien tiene un fetiche por los pies seguramente sufre daño psicológico cuando se le niega el derecho a proclamar sus inclinaciones en público y recibir aclamación e incluso protección legal por hacerlo. Sin embargo, pocos o nadie pelea por su causa. ¿Por qué no? Parecería tener tanto derecho a ser una minoría sexual marginada como cualquier persona en el movimiento LGBTQ+. Y ningún panadero de pasteles está siendo demandado por negarse a hornear pasteles que glorifican el incesto o el Ku Klux Klan. Una vez más, ¿por qué no? Rieff ciertamente ofrece un marco plausible para comprender la naturaleza psicológica de la opresión en el mundo terapéutico, pero no nos permite discernir por qué algunas identidades marginales ganan aceptación general y otras permanecen (al menos en el presente) sin aceptación.

Charles Taylor y la política del reconocimiento

La pregunta de por qué algunas identidades encuentran aceptación y otras no es simplemente una versión de la pregunta de cómo se forma la identidad en primer lugar. Gran parte de este libro se centra en el surgimiento del yo psicológico. El giro a la epistemología en la Ilustración y el trabajo de hombres como Rousseau llevó a un énfasis en la vida interior como caracterización de la persona auténtica. Sin embargo, antes de abordar la narrativa histórica del surgimiento del yo plástico, psicológico y expresivo moderno, es necesario señalar que, para todo giro psicológico hacia el interior del hombre, la identidad personal individual no es en última instancia un monólogo interno conducido de forma aislada por una autoconciencia individual. Por el contrario, es un diálogo entre seres autoconscientes. Cada uno de nosotros nos conocemos a nosotros mismos como conocemos a otras personas.

Un ejemplo simple de por qué es importante entender esto es proporcionado por la famosa idea de Descartes de que, en el acto de dudar de mi propia existencia, tengo que reconocer que existo sobre la base de que tiene que haber un «yo» que dude.[21] Tan plausible como suena, una pregunta clave que Descartes no se hace es: ¿qué es exactamente este «yo» que está dudando? Cualquiera que sea el «yo», es claramente algo que tiene una facilidad con el lenguaje, y el lenguaje en sí mismo es algo que típicamente implica la interacción con otros seres lingüísticos. Por lo tanto, no puedo necesariamente otorgar al «yo» el privilegio de la autoconciencia antes de su compromiso con los demás. El «yo» es necesariamente un ser social.[22]

Sobre la base de esta visión básica en sus análisis del surgimiento del yo moderno, Charles Taylor ha hecho mucho para mostrar que el individualismo expresivo es un fenómeno social que emerge a través de la naturaleza dialógica de lo que significa ser una persona. Como él lo expresa:

> Uno es un yo solo entre otros yoes. Un yo nunca puede ser descrito sin referencia a quienes lo rodean.[23]

21. Ver René Descartes, *Discourse on Method; and, Meditations on First Philosophy*, Donald trans. A. Cress (Indianapolis: Hackett, 1993).

22. Este es el argumento de Charles Taylor en *The Language Animal* (Cambridge, MA: Belknap Press de Harvard University Press, 2016). Para la crítica de Taylor a Descartes, con especial atención a la naturaleza esencialmente monológica del yo que asume su filosofía, ver esp. 64-65.

23. Charles Taylor, *Sources of the Self: The Making of the Modern Identity* (Cambridge, MA: Harvard University Press, 1989), 35.

En otra parte, ofrece un resumen más elaborado, aunque aún sucinto, de su posición:

> La característica general de la vida humana que quiero evocar es su carácter fundamentalmente dialógico. Nos convertimos en agentes humanos plenos, capaces de comprendernos a nosotros mismos y, por lo tanto, de definir una identidad, a través de nuestra adquisición de ricos lenguajes humanos de expresión [...]. Quiero tomar el «lenguaje» en un sentido amplio, abarcando no solo las palabras que hablamos, sino también otros modos de expresión por los que nos definimos, incluidos los «lenguajes» del arte, del gesto, del amor y similares. Pero somos inducidos a estos intercambiando con otros. Nadie adquiere los idiomas necesarios para la autodefinición por sí mismo. Se nos presentan a través de intercambios con otros que nos importan.[24]

Taylor está aquí señalando el hecho de que quienes creemos que somos está íntimamente conectado con aquellos con quienes nos relacionamos: familiares, amigos, compañeros de trabajo. Cuando se me pregunta quién soy, por ejemplo, no respondo señalando mi código de ADN o generalidades como mi género. Por lo general, me definiría en relación con otras personas y otras cosas: el hijo de John, el esposo de Catriona, un profesor en Grove City College, el autor de un libro en particular. Las circunstancias influirían en el contenido específico, pero la respuesta probablemente tocaría mi relación con los demás.

Esto también se relaciona con otro punto: la necesidad humana de pertenecer. Si nuestras identidades están moldeadas por nuestra conexión e interacción con otros, entonces la identidad también surge en el contexto de la pertenencia. Tener una identidad significa que estoy siendo reconocido por los demás.

Deambular por una ciudad y ser ignorado por todos los que encuentro me llevaría comprensiblemente a preguntarme si no me

---

24. Charles Taylor, *The Malaise of Modernity* (Concord, ON: Anansi, 1991), 32-33.

consideraban una persona o quizás una persona indigna de reconocimiento. Si todos los que encuentro me tratan como si no valiera nada, probablemente terminaré sintiendo que no valgo nada.

La práctica Amish de evitar el rechazo proporciona un ejemplo de esto. Cuando alguien ha cometido algún acto que contradice o desafía dramáticamente las prácticas de la comunidad, entonces puede ser rechazado. En casos extremos, esto puede significar que es completamente ignorado por la comunidad Amish. De esta manera, la identidad de la comunidad se mantiene negando la membresía práctica al transgresor. La persona deja de ser reconocida como Amish por otros Amish. Mientras ese individuo continúa existiendo, su identidad dentro de la comunidad Amish es borrada efectivamente.[25]

La identidad individual es, por lo tanto, verdaderamente un diálogo: la forma en que una persona piensa de sí misma es el resultado de aprender el idioma de la comunidad para poder ser parte de esta. También explica la necesidad humana básica de pertenecer: la idea del hombre rousseauesco, aislado de la naturaleza, que vive solo y para sí mismo, puede ser superficialmente atractiva, pero un momento de reflexión indicaría lo extraño, si no completamente absurdo, que sería.[26] De hecho, llevar a cabo un experimento mental de este tipo es probable que induzca una especie de vértigo intelectual precisamente porque gran parte de quiénes somos y cómo pensamos de nosotros mismos está ligado a las personas con las que interactuamos. Eliminarlos de la imagen es, en cierto sentido, eliminarnos a nosotros mismos, al menos a nosotros mismos tal como nos conocemos. Una vez más, si pregunto cómo sería ser yo si hubiera nacido no en Dudley, Inglaterra, de padres ingleses, sino más bien en Delhi de una madre y un padre indios, la pregunta es realmente imposible

---

25. Ver «Why Do the Amish Practice Shunning?», *Amish America*, consultado el 14 de febrero de 2019, http://amishamerica.com/whydotheamishpracticeshunning/.

26. Sobre Rousseau, ver el capítulo 3.

de responder por una razón muy simple: entonces no habría sido yo, sino alguien completamente diferente.

Esta dimensión dialógica de la identidad también apunta a otro aspecto de la identidad moderna. Hay, sin duda, un profundo deseo en el Occidente moderno de autoexpresión, de actuar en público de una manera consistente con lo que uno siente o piensa que es en el interior. Esa es la esencia de la autenticidad, como señalaré en el pensamiento de Rousseau en el capítulo 3. Es también la idea de autenticidad la que domina la imaginación cultural contemporánea. Sin embargo, el deseo de pertenecer a un todo más grande, de encontrar la unidad con los demás, también es característico del yo moderno. Podríamos notar un ejemplo comparativamente trivial de esto: la adolescente que se viste de una manera particular para expresar su individualidad y, sin embargo, al mismo tiempo termina usando más o menos la misma ropa que cualquier otro miembro de su grupo de amigos. Su ropa es a la vez un medio de autoexpresión y un medio para encontrar la unidad con un grupo más grande al mismo tiempo.

La propia actitud de Taylor hacia este tema tiene sus raíces en su apropiación del pensamiento del filósofo alemán del siglo XIX G. W. F. Hegel. Frederick Neuhouser resume el enfoque de Taylor hacia Hegel en términos que hacen obvia la relevancia de este último:

> [El argumento de Taylor es] que la filosofía social de Hegel intentó satisfacer dos aspiraciones que nos legaron la Ilustración y sus sucesores románticos: la aspiración a la autonomía radical y a la unidad expresiva con la naturaleza y la sociedad.[27]

En resumen, Hegel es útil porque es el filósofo clave que luchó con el problema de la identidad en la era moderna: cómo conectar la aspiración de expresarse como individuo y ser libre con el deseo de ser uno con (o pertenecer a) la sociedad en su conjunto. ¿Cómo puedo

---

27. Frederick Neuhouser, prefacio a Charles Taylor, *Hegel and Modern Society* (Cambridge: Cambridge University Press, 2015), vii.

ser simultáneamente yo mismo y pertenecer a un grupo social más grande? Aquí es donde el pensamiento de Hegel es de gran relevancia contemporánea.

Hegel comienza la sección más famosa de su *Fenomenología del Espíritu,* sobre la relación entre amo y esclavo, con la siguiente declaración: «La autoconciencia existe en y para sí misma cuando, y por el hecho de que, existe así para otro; es decir, solo existe en ser reconocido».[28] Lo que Hegel quiere decir con esto es que la autoconciencia se encuentra solo en una forma completamente desarrollada donde dos de tales autoconciencias se reconocen mutuamente como reconociéndose mutuamente. Esa es una forma bastante enrevesada y poco elegante de decir que un ser humano es más autoconsciente cuando sabe que otras personas la están reconociendo como un ser autoconsciente.

Un ejemplo trivial podría ayudar a dilucidar aún más esta idea. Los niños a menudo juegan deportes de equipo improvisados en el patio de la escuela durante el recreo. Por lo general, los capitanes de equipo, normalmente un par de niños con un liderazgo más fuerte, se turnan para seleccionar jugadores para su equipo. El momento de ser seleccionado a menudo le da al elegido una emoción, un sentimiento de satisfacción y, quizás más negativamente, de superioridad en relación con aquellos que aún no han sido elegidos. Ese es un momento de ser *reconocido,* de ser percibido como valioso y, lo que es más importante, de saberse a sí mismo como reconocido. Uno imagina que esta experiencia es algo diferente de la de, digamos, un Jack Russell Terrier cuyo amo llega a casa después del trabajo y lo llama para que se siente en su regazo. El Jack Russell Terrier bien puede estar emocionado por el regreso de su amo y por el hecho de que ha sido reconocido por él, pero a diferencia del niño elegido para el equipo en el patio del recreo, carecerá de la autoconciencia

---

28. G. W. F. Hegel, *Phenomenology of Spirit*, trad. A. V. Miller (Oxford: Oxford University Press, 1977), 111.

necesaria para reflexionar sobre el hecho de que ha sido reconocido. Podríamos describir la reacción del Jack Russell Terrier como simplemente instintiva.

Esta idea —que la identidad requiere el reconocimiento de otro— es una visión vital del tema que estoy explorando en este libro. También apunta hacia la forma en que la identidad puede convertirse en polémica. El propio Hegel señala este conflicto en su capítulo sobre la dialéctica de la esclavitud-amos.[29] En una reunión de dos autoconciencias primitivas, el reconocimiento de otra autoconciencia requiere apartarse de uno mismo o negarse a uno mismo. La forma suprema de esta dinámica es que la autoconciencia de uno llega a dominar al otro totalmente, a negarlo por completo. Es decir, si conozco a otra persona, la mejor manera en que mi existencia puede ser reconocida por él es que luche con él y lo mate. El reconocimiento se convierte así en una lucha de vida y muerte. Pero debido a que la muerte también es algún tipo de pérdida desde el punto de vista del vencedor (una vez que la otra persona está muerta, no puede darme el reconocimiento que deseo), la vida real significa que se mantiene una situación comprometedora, mediante la cual una persona llega a ocupar una posición superior a la otra que aún permanece viva. Se establece así una jerarquía de amo y esclavo, mediante la cual el más fuerte recibe del más débil el reconocimiento que desea.

Volviendo al ejemplo del patio de recreo, uno ve esta forma jerárquica de reconocimiento en juego en la selección de equipos. El hecho de que los equipos sean elegidos por los líderes indica que varios de los niños son reconocidos como tales por el resto. Los capitanes son capitanes porque los otros niños los reconocen como sus superiores de alguna manera. Por lo tanto, el reconocimiento siempre está en relación potencial con la jerarquía y, por esta razón, con la lucha y el conflicto potenciales. Una vez más, los patios de recreo

---

29. Hegel, *Phenomenology of Spirit*, 111-119.

proporcionan un buen ejemplo, el del acosador de la escuela. El acosador es aquel que establece su papel dominante en una jerarquía particular mediante el uso del poder para subyugar a los más débiles. El reconocimiento que le otorgan es vital para su propia conciencia, pero se extrae de los demás de una manera que los niega en algún grado significativo, de modo que saben que están por debajo de él en la jerarquía del poder, que de alguna manera son «menos» que él.

Claramente, la naturaleza dialógica de la identidad crea la posibilidad de tensión no solo entre los individuos, sino también entre los deseos del individuo y las preocupaciones de la comunidad y, por supuesto, entre una comunidad y otra. Hegel era consciente de esto, y forma una parte importante de su comprensión de la cultura política del estado moderno.[30] Y aquí es donde el tema se complica. También es donde podemos comenzar a construir una respuesta a la pregunta de por qué solo ciertas identidades parecen gozar de legitimidad y privilegio social generalizado. Para decirlo de otra manera, ayuda a explicar por qué algunas identidades encuentran reconocimiento en la sociedad mientras que otras no.

Aquí es útil señalar un concepto que Taylor extrae de Hegel, el de *Sittlichkeit*. Este término no puede ser capturado por una sola palabra en inglés (ni en español), por lo que Taylor conserva el alemán original en su obra, pero ofrece esta explicación de su significado preciso:

> *Sittlichkeit* se refiere a las obligaciones morales que tengo con una comunidad continua de la que formo parte. Estas obligaciones se basan en normas y usos establecidos, y es por eso que la raíz etimológica en *Sitten* es importante para el uso de Hegel. La característica crucial de *Sittlichkeit* es que nos ordena lograr lo que ya es. Esta es una forma paradójica de decirlo, pero de hecho la vida común que es la

30. «El total desarrollo de la autoconciencia, según Hegel, solo se encuentra cuando dicho reconocimiento es mutuo, de hecho, cuando dos (o más) autoconciencias "se *reconocen* ellas mismas como mutuamente reconociéndose", como, por ejemplo, en el Estado constitucional moderno». Stephen Houlgate, *An Introduction to Hegel: Freedom, Truth and History*, 2nd ed. (Oxford: Blackwell, 2005), 68.

base de mi obligación *sittlich* ya existe. Es en virtud de que es un asunto continuo que tengo estas obligaciones; y mi cumplimiento de estas obligaciones es lo que lo sostiene y lo mantiene. Por lo tanto, en *Sittlichkeit* no hay brecha entre lo que debería ser y lo que es, entre *Sollen* y *Sein*.[31]

Lo que esto significa es que la sociedad misma es una comunidad ética. Lo que implica es que el individuo encuentra su autoconciencia en ser reconocido por esa sociedad, y esto ocurre porque se está comportando de acuerdo con las convenciones de esa sociedad. En resumen, existe la necesidad de que el individuo expresivo sea uno con la comunidad expresiva.

Podemos reformular esta idea usando una analogía con el lenguaje. Para que las personas sean conscientes de sí mismas y se expresen a los demás, necesitan poder hablar el idioma de la comunidad a la que pertenecen o a la que desean hablar, usar su vocabulario y seguir sus reglas gramaticales y sintácticas. Por supuesto, son los individuos los que usan el idioma, pero el lenguaje no es algo que inventen para sí mismos. Si ese fuera el caso, no sería un idioma en el sentido comúnmente entendido de la palabra. Más bien, es algo previo a ellos y que tienen que aprender. Además, es a medida que los individuos usan el lenguaje que tanto el lenguaje tiene realidad como su existencia se sostiene.

Una vez más, un ejemplo trivial deja claro este punto. Cualquiera que haya viajado alguna vez a un país donde no podía hablar el idioma nativo y la población local no podía hablar el del viajero sabrá la frustración personal que esto implica. Tal persona está alienada de la sociedad en la que se encuentra y no puede ser una parte adecuada de la comunidad. Es solo a medida que el viajero adquiere el idioma local que es capaz de dar expresión a su identidad personal

---

31. Taylor, *Hegel and Modern Society*, 81. Ver también la discusión en Craig Browne y Andrew P. Lynch, *Taylor and Politics: A Critical Introduction* (Edinburgh: Edinburgh University Press, 2018), 70-72.

de una manera que es reconocida por los lugareños y que le permite en cierto sentido pertenecer.

Lo que es vital notar es que el reconocimiento es, por lo tanto, un fenómeno social. Es importante para mí que se reconozca mi identidad, pero el marco y las convenciones tanto para expresar mi identidad como para que esa identidad sea reconocida son socialmente construidos, específicos del contexto en el que me encuentro. El soldado romano se viste de cierta manera y es reconocido por la población como quién y qué es porque se viste con un uniforme en particular. Usar ese uniforme hoy podría indicar nada más que el hecho de que uno va a una fiesta de disfraces. En el peor de los casos, podría ser una señal de locura. Ciertamente no significará que uno sea reconocido como el miembro valiente de una unidad militar. Y lo mismo con otras formas de vestimenta y comportamiento. Es posible que deseemos expresarnos, pero normalmente lo hacemos de maneras que son sancionadas por la sociedad moderna en la que vivimos.

Cuando se aplica a la cuestión de la identidad, específicamente el tipo de identidades que la revolución sexual ha traído a su paso, podríamos concluir que aquellas que se consideran legítimas, resumidas por el acrónimo LGBTQ+, son legítimas porque son reconocidas por la estructura moral más amplia, el *Sittlichkeit,* de nuestra sociedad. La estructura moral intuitiva de nuestro imaginario social moderno prioriza el victimismo, ve el yo en términos psicológicos, considera los códigos sexuales tradicionales como opresivos y negadores de la vida, y otorga una prima al derecho del individuo a definir su propia existencia. Todas estas cosas participan en legitimar y fortalecer a aquellos grupos que pueden definirse en tales términos. Capturan, se podría decir, el espíritu de la época. Esto ayuda a explicar por qué estas identidades son reconocidas y otras no. Los pedófilos, por ejemplo, actualmente no son persuasivos como clase victimizada, dado que aparecen más como victimarios, por muy iconoclastas que sean con respecto a los códigos sexuales tradicionales. Los hombres homosexuales, sin embargo, como adultos que consienten, no son vistos como victimarios y pueden recurrir a una larga historia de marginación social y victimización. Por lo tanto, pueden reclamar un derecho al reconocimiento, un reconocimiento que está relacionado con otro aspecto de la imaginación moral moderna, el de la dignidad.

La cuestión de la dignidad

Uno de los temas subyacentes de este libro, siguiendo a Rieff, Taylor y MacIntyre, es que el hombre psicológico y el individualismo expresivo dan forma a la comprensión dominante de lo que significa ser un *yo* humano en la era actual. Sin embargo, dado el argumento de la sección anterior, que estas sean las nociones controladoras del yo exige que la sociedad misma incorpore ciertos supuestos. Para que el individuo expresivo reciba reconocimiento, los supuestos del individualismo expresivo deben ser los supuestos de la sociedad en su conjunto. Para que el individuo sea rey, la sociedad debe reconocer el valor supremo del individuo.

Taylor argumenta que el centro de este pensamiento es el cambio de una sociedad basada en la noción de honor a la basada en la noción de dignidad.[32] El primero se basa en la idea de una jerarquía social dada. Al señor feudal medieval se le debía honor por sus vasallos simplemente en virtud de su nacimiento. El mundo en el que vivía lo consideraba intrínsecamente superior a los que estaban por debajo de él. Lo mismo se aplicaba a los samuráis en Japón. Su posición en la jerarquía social significaba que eran automáticamente considerados superiores a aquellos que se sentaban por debajo de ellos en la jerarquía. El sistema de clases inglés conserva vestigios de esta idea, y el sistema de castas hindú es quizás su encarnación más obvia en la era moderna.

---

32. Ver Charles Taylor, «The Politics of Recognition», en *Philosophical Arguments* (Cambridge, MA: Harvard University Press, 1997), 225-256.

Este marco para el reconocimiento ha sido efectivamente demolido por dos acontecimientos dramáticos. En primer lugar, los cambios tecnológicos y económicos han roto a lo largo de los siglos las viejas estructuras jerárquicas de la sociedad. Dar una explicación exhaustiva de este proceso está más allá del alcance de este estudio, pero vale la pena señalar brevemente una serie de factores que han fomentado este cambio. En segundo lugar, ciertos desarrollos intelectuales han demostrado ser letales para las formas tradicionales y jerárquicas.

El auge de la tecnología es claramente importante para la demolición de viejas jerarquías, cambiando la relación de los seres humanos con su entorno y transformando las relaciones económicas entre los individuos. El auge del industrialismo y la importancia del capital en el siglo XIX en Inglaterra, por ejemplo, significó que la nobleza tradicional dejó de ser tan importante social y políticamente como lo había sido una vez. El poder llegó a residir no tanto en la propiedad de las haciendas tradicionales sino en el dinero, en el capital, en lo que podía invertirse en las fábricas, y en la producción y distribución de bienes. Este cambio también impulsó el crecimiento de las ciudades y en muchos lugares transformó a las poblaciones locales a través de la emigración y la inmigración de una manera que subvirtió las jerarquías locales tradicionales. También podría agregar que el tipo de habilidades que la tecnología exigía, y aún exige, llegó a favorecer a los jóvenes, que pudieron aprender y adaptarse más fácilmente. Solo hay que mirar cómo la industria de la tecnología de la información actual a menudo está dominada por tipos jóvenes, librepensadores y emprendedores para ver cómo incluso las jerarquías anteriores (pero aún relativamente recientes) del mundo de los negocios se han atenuado e incluso se han vuelto superfluas. Las rígidas jerarquías sociales que encarnaban y hacían cumplir los códigos de honor se han hecho poco prácticas e inverosímiles en la sociedad capitalista moderna, como Karl Marx y Friedrich Engels observaron hace mucho tiempo en el *Manifiesto del Partido Comunista.*[33]

Como se señaló anteriormente, el asalto a las jerarquías no fue simplemente el resultado de las cambiantes condiciones tecnológicas y económicas. Los desarrollos intelectuales en los siglos XVII y XVIII también resultaron letales para las viejas formas jerárquicas. Por ejemplo, si bien la epistemología de Descartes podría no parecer a primera vista tener un gran significado político, efectivamente movió al sujeto conocedor individual al centro. Y este movimiento seguramente encontró su expresión psicológica más elocuente en la obra de Rousseau, para quien la sociedad y la cultura eran los problemas, las cosas que corrompían al individuo y le impedían ser verdaderamente auténtico. Dado que las jerarquías de las sociedades honoríficas serían ejemplos precisamente del tipo de convenciones corruptoras que el igualitario Rousseau habría considerado con desdén, la noción clara es que todos los seres humanos son creados intrínsecamente iguales. Como Rousseau lo expresó al comienzo de *The Social Contract* [El contrato social]: «El hombre nace libre y en todas partes está encadenado». Y la implicación de este pensamiento es que, por lo tanto, todos los seres humanos poseen la misma dignidad.[34]

Las ideas clave de Rousseau fueron recogidas y reforzadas por los románticos posteriores: el individuo es más auténtico antes de ser moldeado (y corrompido) por la necesidad de ajustarse a las convenciones sociales. Así, en los siglos XVII y XVIII, la identidad se vuelve hacia el interior, un movimiento que es fundamentalmente antijerárquico en sus implicaciones. La estructura de la sociedad ya no se considera que refleje la superioridad intrínseca o inferioridad de individuos particulares y grupos particulares. De hecho, afirmar

---

33. Para Marx y Engels, ver el capítulo 5.

34. Jean-Jacques Rousseau, *The Social Contract and Other Later Political Writtings*, ed. and trans. Vencedor Gourevitch, *Cambridge Texts in the History of Political Thought* (Cambridge: Cambridge University Press, 1997), 41.

que la estructura real de la sociedad refleja la superioridad o inferioridad intrínseca de los individuos representa un problema moral muy significativo que debe superarse de alguna manera. Y si tales jerarquías buscan manifestarse mediante la concesión o retención del reconocimiento, entonces esa cuestión en particular debe abordarse con urgencia. La igual dignidad relativiza la importancia de las circunstancias externas. Como se señaló anteriormente, las jerarquías son el producto de la sociedad y, por lo tanto, son corruptoras. Son las que hacen que el individuo no sea auténtico.

Esta confluencia de condiciones materiales cambiantes, prácticas sociales y económicas, y desarrollos intelectuales sirvió para romper las viejas jerarquías de la Europa medieval y moderna temprana y allanó el camino para una visión más igualitaria de la humanidad. Y este es un desarrollo de importancia crítica porque va al corazón mismo de la cuestión del reconocimiento, ya que cambia fundamentalmente los términos de la naturaleza dialógica de la identidad personal. En el pasado, la identidad de una persona venía de fuera, el resultado de estar establecida dentro de una jerarquía social fija. Tal vez se podría decir que pertenecer, o ser reconocido, era, por lo tanto, una cuestión de comprender el lugar de uno en esa jerarquía social preexistente en la que había nacido. Uno simplemente tenía que aprender a pensar y actuar de acuerdo con su posición dentro de esa jerarquía. Por ejemplo, el campesino tenía que entender su lugar en relación con el señor. De lo contrario, el campesino se rebelaría contra el orden social, y esto supondría medidas punitivas contra él por parte del señor. El señor tenía que actuar para reafirmar la importancia del orden jerárquico dado. Esto era exactamente lo que representaba la noción de honor.

El resultado neto del colapso de las jerarquías tradicionales es que las nociones de honor ya no dan forma al patrón de compromiso social y, por lo tanto, de reconocimiento en la sociedad actual. Ese papel lo desempeña ahora la noción de dignidad, que todos y cada uno de los seres humanos poseen no en virtud de su condición social, sino simplemente por ser humanos. Este concepto igualitario lo cambia todo en teoría y, como por ende viene a cambiarlo todo en la práctica, casi inevitablemente implica conflicto, ya que nos lleva de vuelta a ese punto importante sobre el *Sittlichkeit* de la sociedad: ¿cómo entiende la sociedad la identidad y qué rango de identidades considera legítimas? Si he de ser reconocido y si he de pertenecer, entonces tiene que haber congruencia entre esa realidad social y mi realidad personal. Y a veces esa conformidad debe realizarse a través del conflicto, por el cual la ética de un grupo o época es derrotada conscientemente por la de otro u otra.

Para tomar un ejemplo, en 1954 la Suprema Corte de los Estados Unidos dictaminó en el caso *Brown v. Board of Education of Topeka*, 347 US 483 (1954), que la segregación de niños blancos y afroamericanos en las escuelas públicas era inconstitucional. El lenguaje de la sentencia ofrece información sobre la importancia del reconocimiento:

> Separar [a los niños afroamericanos] de otros de edad y calificaciones similares únicamente debido a su raza genera un sentimiento de inferioridad en cuanto a su estatus en la comunidad que puede afectar sus corazones y mentes de una manera que es poco probable que se deshaga.[35]

Dos cosas son dignas de mención aquí. En primer lugar, está el lenguaje psicológico: la segregación escolar genera *sentimientos* de inferioridad en los niños afroamericanos. El juicio está operando claramente dentro de un mundo en el que el giro psicológico con respecto a la autonomía ha golpeado raíces profundas. Esto enfáticamente no es una crítica en este punto, simplemente una observación.

---

35. Texto disponible en «Brown v. Board of Education of Topeka, 347 US 483 (1954)», *Justia*, consultado el 22 de febrero de 2019, https://supreme.justia.com/cases/federal/us/347/483/.

Uno de los grandes problemas con «separados pero iguales» que considera el Tribunal Supremo son los efectos psicológicos nocivos que tiene. Y la Suprema Corte claramente ve esto como un criterio legítimo para un fallo legal, un punto que ofrece información sobre el tipo de cultura en la que operan los jueces.

En segundo lugar, existe en este juicio la naturaleza del reconocimiento (o falta de él) que representa la segregación: genera sentimientos de *inferioridad*. Y seguramente es obvio por qué este debería ser el caso. A pesar de toda la retórica de «separados pero iguales» que los defensores de la segregación habían utilizado, está bastante claro que la negación blanca de la integración a los afroamericanos representó una negativa a reconocerlos como poseedores de la misma dignidad. Esta negación del reconocimiento constituyó una declaración en términos de prácticas sociales de que la comunidad afroamericana era inferior a la de los blancos, que no estaba a la altura de los criterios necesarios para ser reconocida. La única manera de rectificar esta situación era, por lo tanto, legislar la integración y, por lo tanto, exigir que las instituciones educativas otorgaran a la comunidad afroamericana el reconocimiento necesario para la plena igualdad, no simplemente ante la ley, sino además a través de la ley en el *Sittlichkeit* del Estados Unidos moderno.

Esta observación es importante para permitirnos entender por qué, por ejemplo, en una sociedad donde la sexualidad es fundamental para la identidad personal, la mera tolerancia de la homosexualidad está destinada a convertirse en inaceptable. La cuestión no es simplemente despenalizar el comportamiento; eso ciertamente significaría que los actos homosexuales fueron tolerados por la sociedad, pero los actos son solo una parte del problema general. El verdadero problema es el reconocimiento, el reconocimiento de la legitimidad de quién la persona cree que es en realidad. Eso requiere algo más que la mera tolerancia; requiere igualdad ante la ley y reconocimiento por la ley y en la sociedad. Y eso significa que aquellos que se nieguen a otorgar tal reconocimiento serán los que se encuentren en el lado equivocado tanto de la ley como de las actitudes sociales emergentes.

La persona que se opone a la práctica homosexual está, en la sociedad contemporánea, en realidad objetando la identidad homosexual. Y la negativa de cualquier individuo a reconocer una identidad que la sociedad en general reconoce como legítima es una ofensa moral, no simplemente una cuestión de indiferencia. La cuestión de la identidad en el mundo moderno es una cuestión de dignidad. Por esta razón, los diversos casos judiciales en Estados Unidos relacionados con la provisión de pasteles y flores para bodas gay no son en última instancia sobre las flores o los pasteles. Se trata del reconocimiento de la identidad gay y, según los miembros de la comunidad LGBTQ+, del reconocimiento que necesitan para sentirse miembros iguales de la sociedad.

Por esta razón, la apropiación por parte de la comunidad LGBTQ+ del lenguaje de los derechos civiles de las décadas de 1950 y 1960 no puede entenderse como un movimiento simple y cínico para apropiarse de la historia del sufrimiento de una comunidad con el fin de avanzar en las ambiciones políticas de otra. Es cierto que recurrir al lenguaje de «Jim Crow» y la segregación proporciona una poderosa munición retórica para la causa LGBTQ+ y, de hecho, hace que la crítica pública de sus demandas políticas sea muy, muy difícil. Sin embargo, el movimiento de derechos civiles de la década de 1950 y el movimiento de derechos de identidad sexual de la actualidad se basan en premisas diferentes, incluso antitéticas. La primera está basada en una noción de dignidad según una naturaleza humana universal, y la segunda en el derecho soberano de autodeterminación individual. Pero sí comparten esto en común: representan demandas para que la sociedad reconozca la dignidad de individuos particulares, identidades particulares y comunidades particulares en las prácticas sociales, las actitudes culturales y, por lo tanto, la legislación.

Reflexiones finales

Los diversos conceptos esbozados en este capítulo presentan facetas de la narrativa general que ocuparán la sección histórica de este libro. Un elemento central para entender el mundo en el que vivimos es la idea del imaginario social. Este concepto destaca que los tremendos cambios que estamos presenciando pueden interpretarse a través de una variedad de lentes. Primero, es importante entender que la mayoría de nosotros no pensamos en el mundo de la manera en que lo hacemos porque hemos razonado desde los primeros principios hasta una comprensión integral del cosmos. Más bien, generalmente operamos sobre la base de intuiciones que a menudo hemos absorbido inconscientemente de la cultura que nos rodea. En segundo lugar, necesitamos entender que nuestro sentido de lo que somos es intuitivo y está profundamente entrelazado con las expectativas —éticas y demás— de la sociedad en la que estamos ubicados. El deseo de ser reconocido, de ser aceptado, de pertenecer es una necesidad humana profunda y perenne, y ningún individuo establece los términos de ese reconocimiento o pertenencia por sí mismo. Ser un yo es estar en una relación dialógica con otros yoes y, por lo tanto, con el contexto social más amplio.

Esa observación plantea entonces la cuestión de la naturaleza y el origen de las expectativas e intuiciones que constituyen el imaginario social. Aquí de gran importancia son tanto el surgimiento de una imagen del mundo como carente de significado y autoridad intrínsecos como la noción de que el significado que posee debe, por lo tanto, primero ser puesto allí por nosotros como agentes humanos creativos. Si bien puede parecer descabellado relacionar, por ejemplo, la base de certeza de Descartes en su conciencia de sus propias dudas con las afirmaciones de un activista transgénero contemporáneo de que el sexo y el género son separables, de hecho, ambos representan un enfoque psicológico de la realidad. Cómo el mundo se mueve de uno a otro es una historia larga y complicada, pero los dos están conectados. Y uno no tiene que haber leído a Descartes, o Judith Butler, para pensar intuitivamente sobre el mundo en términos para los cuales proporcionan la justificación teórica.

Rieff y Taylor tienen razón al ver al hombre psicológico y al individuo expresivo como el resultado de un largo proceso histórico y como los tipos normativos en esta era actual. El individuo psicologizado y expresivo que es la norma social hoy en día es único, sin precedentes y singularmente significativo. El surgimiento de tales yoes es un asunto de importancia central en la historia de Occidente, ya que es tanto un síntoma como una causa de las muchas cuestiones sociales, éticas y políticas que enfrentamos ahora. Para usar otro de los conceptos descritos anteriormente, esta nueva visión del yo también refleja y facilita un alejamiento distinto de una visión mimética del mundo como poseedora de un significado intrínseco a una poiética, donde la responsabilidad del significado recae en el yo humano como agente constructivo. Pero antes de pasar a la narrativa de cómo surgió esta nueva comprensión del yo, y por qué se inclina tan fuertemente en una dirección sexual, necesitamos esbozar algunas de las otras patologías que dan forma a nuestra cultura contemporánea. De hecho, necesitamos entender por qué Rieff describe nuestra situación actual no como una cultura sino más bien como una anticultura.

2

Reimaginando nuestra cultura

«¿Contra qué te estás rebelando?». «¿Qué tienes?».

MARLON BRANDO, *EL SALVAJE*

En el capítulo anterior introdujimos una serie de conceptos que son de ayuda para pensar en el estado actual de la cultura occidental. La idea del imaginario social es útil para resaltar el hecho de que la mayoría de nosotros no reflexionamos conscientemente sobre la vida y el mundo tal como vivimos en él, sino que pensamos y actuamos intuitivamente de acuerdo con la forma en que instintivamente imaginamos que el mundo es. Esa visión está moldeada por el entorno en el que vivimos, y ese entorno también establece los términos por los cuales los seres humanos pueden ser reconocidos por los demás, la forma en que cada uno de nosotros llega a satisfacer esa profunda necesidad humana de pertenencia. Cada yo individual se constituye en diálogo con otros yo y con las expectativas generales de la cultura en la que vive.

Esto todavía deja abierta una serie de preguntas importantes. ¿Por qué, por ejemplo, nuestra cultura tiene esta forma ética particular? Podríamos ser más específicos: ¿por qué nuestro imaginario social hace que el sexo sea un marcador tan básico de identidad, y las actitudes hacia el sexo una prueba tan fundamental para el reconocimiento? ¿Por qué el público aparentemente necesita conocer la orientación sexual de las estrellas de cine o su posición ante el matrimonio homosexual, cuando ninguno de los dos es particularmente relevante en cuanto a su competencia técnica para ejercer su profesión? ¿Por qué es tan importante educar incluso a los niños de primaria en la taxonomía de las preferencias sexuales? No siempre ha sido así.

Estas preguntas específicas se abordan en capítulos posteriores. Pero el argumento de esos capítulos se encuaderna mejor en el contexto de una respuesta previa a otra pregunta: ¿cuáles son las patologías de nuestro momento cultural que han proporcionado el contexto para tales guerras culturales sobre sexo e identidad? Una vez más, Philip Rieff y Charles Taylor son útiles aquí, al igual que el filósofo moral católico Alasdair MacIntyre.

El Occidente moderno como cultura del tercer mundo

A pesar de la naturaleza amplia y algo simplista de su relato de la evolución histórica de los seres humanos desde el hombre político en adelante, Philip Rieff ha demostrado ser muy profético en su análisis del hombre psicológico y la sociedad terapéutica a la que pertenece. Pero su contribución a la comprensión de la cultura moderna no termina ahí. De hecho, es discutible que la sociedad terapéutica es simplemente la manifestación específica de un tipo más general de cultura que describe en su trilogía posterior *Orden Sagrado/Orden Social.*[1] Aquí introduce los términos *primer, segundo* y *tercer* mundo, aunque no usa esta terminología para expresar lo que normalmente pretende el tercer mundo: países en desarrollo de África, Asia y

---

1. Los tres volúmenes de Philip Rieff, *Sacred Order/Social Order* (Charlottesville: University of Virginia Press, 2006-2008), son vol. 1, *My Life among the Deathworks: Illustrations of the Aesthetics of Authority*, ed. Kenneth S. Piver; vol. 2, *The Crisis of the Officer Class: The Decline of the Tragic Sensibility*, ed. Alan Woolfolk; y vol. 3, *The Jew of Culture: Freud, Moses, and Modernity*, ed. Arnold M. Eisen y Gideon Lewis-Kraus.

América del Sur. Su interés no es ni geográfico ni económico. Más bien, utiliza este lenguaje para referirse al tipo de cultura que encarnan las sociedades.

Como veremos en el capítulo 6, Sigmund Freud creía que la cultura/civilización era el resultado de las prohibiciones. La cultura esencial de una sociedad está determinada por las cosas que prohíbe y cómo las prohíbe. Esos interdictos (para usar el término favorito de Rieff) reprimen los instintos humanos, instintos que se subliman en otras actividades: arte, política, etc.[2] También es importante señalar que Freud consideraba que la religión desempeñaba un papel importante en la justificación y aplicación de este sistema de represión. Para él, la religión era una ilusión, algo cuyo propósito no estaba tanto en su valor de la verdad como en su función social de proporcionar una razón autoritaria trascendente y sobrenatural, una que estaba más allá y detrás de este mundo natural tal como lo conocemos, para estos interdictos.[3]

Rieff, retomando estos puntos, considera que el orden social —aquel que encarna los valores morales de la sociedad, la esencia de la civilización— se basa en última instancia en un orden sagrado. O al menos él ve que este ha sido el caso hasta hace poco. Es la pérdida de esta justificación extrínseca de los códigos morales lo que es tan catastrófico para la sociedad en general, la narrativa de tal pérdida (al menos al nivel del discurso intelectual) es el tema de las partes 2 y 3 de este libro.

Según Rieff, el primer y segundo mundo justifican su moralidad apelando a algo trascendente, más allá del mundo material.[4] Los primeros mundos son paganos, pero eso no significa que carezcan de códigos morales arraigados en algo más grande que ellos mismos.

---

2. La declaración clásica de Freud de esta idea es su ensayo *Civilization and Its Discontents*, trad. James Strachey (New York: W. W. Norton, 1989).

3. El argumento de Freud sobre este punto se puede encontrar en su libro *The Future of an Illusion*, trad. James Strachey (New York: W. W. Norton, 1989).

4. Rieff, *Deathworks*, 4, 12.

Sus códigos morales se basan en mitos. Podríamos pensar en Licurgo, legendario gobernante de Esparta, cuyas leyes recibieron autoridad al recibir la aprobación del oráculo en Delfos. Por muy intrínsecamente sabias o pragmáticamente beneficiosas que pudieran haber sido sus leyes, fue el mito sagrado, el sello de aprobación sobrenatural, lo que les dio su verdadera autoridad. Para cualquier espartano que cuestionara por qué las leyes estipulaban las cosas que hacían, la respuesta de Licurgo no habría sido un simple «porque lo digo». Más bien, habría sido «porque el oráculo de Delfos los ha sancionado». La apelación es a un orden, un orden sagrado, más allá de los arreglos sociales y las conveniencias pragmáticas de la sociedad espartana. Rieff caracteriza tal mundo como uno donde el destino es la idea controladora. No es Dios como un ser trascendente quien está a cargo, sino que sigue siendo una fuerza anterior al orden natural y más allá del control de meros hombres y mujeres.[5]

Los segundos mundos son aquellos mundos que se caracterizan no tanto por el destino como por la fe. El ejemplo obvio aquí es el cristianismo.[6] La fe cristiana dio forma a las culturas de Occidente de una manera incalculablemente profunda. Los códigos de la ley estaban enraizados en la voluntad de Dios revelada en la Biblia. La teoría de la ley de Aquino construye todo su edificio moral sobre el carácter de Dios mismo. Los conceptos de justicia y misericordia fueron moldeados por la enseñanza de la Biblia. Nuestros tribunales de justicia todavía reflejan ese pensamiento hasta cierto punto: los testigos en el estrado tradicionalmente deben colocar sus manos sobre un texto sagrado (típicamente la Biblia) y jurar decir la verdad. La idea de que ellos y, de hecho, todo el procedimiento, son en cierto sentido responsables ante lo sagrado se muestra dramáticamente en las mismas acciones que rodean los asuntos de la sala del tribunal.

---

5. Rieff, *Deathworks*, 49.
6. Rieff, *Deathworks*, 5, 12.

Debido a ello, el primer y segundo mundo tienen una estabilidad moral y, por lo tanto, cultural, porque sus fundamentos se encuentran en algo más allá de sí mismos. Para decirlo de otra manera, no tienen que justificarse con base en sí mismos. Los terceros mundos, a modo de marcado contraste con el primer y segundo mundo, no arraigan sus culturas, sus órdenes sociales, sus imperativos morales en nada sagrado. Tienen que justificarse, pero no pueden hacerlo sobre la base de algo sagrado o trascendente. En cambio, tienen que hacerlo sobre la base de sí mismos. La inestabilidad inherente de este enfoque debería ser obvia. Los niños que preguntan a sus padres por qué tienen que comer sus verduras antes de poder disfrutar del postre de helado pueden ser persuadidos por la respuesta «porque yo lo digo» simplemente por la jerarquía aceptada a la que pertenecen. Pero cuando alcanzan cierta edad y comienzan a cuestionar la validez de la jerarquía, entonces esa respuesta ya no tendrá un peso significativo. La orden deja de tener autoridad cuando la jerarquía que presupone deja de tener autoridad. El punto de Rieff es que los terceros mundos han abandonado la noción de un orden sagrado, por lo que los interdictos del primer y segundo mundo dejan de tener cualquier plausibilidad porque carecen de cualquier justificación más allá de sí mismos. Rieff expresa este pensamiento de la siguiente manera:

> La cultura y el orden sagrado son inseparables, el primero es el registro del segundo como una expresión sistémica de la relación práctica entre los seres humanos y el aspecto sombrío de la realidad tal como se vive. Ninguna cultura se ha conservado a sí misma sin un registro del orden sagrado. Allí, las culturas no han sobrevivido. La tercera noción cultural de una cultura que persiste independientemente de todos los órdenes sagrados no tiene precedentes en la historia humana.[7]

---

7. Rieff, *Deathworks*, 13.

El punto central de Rieff aquí es que el abandono de un orden sagrado deja a las culturas sin ningún fundamento.[8] La cultura sin orden sagrado tiene, por lo tanto, la tarea —para Rieff, la tarea imposible— de justificarse a sí misma solo por referencia a sí misma. Por lo tanto, la moralidad tenderá hacia una cuestión de simple pragmatismo consecuencialista, con la noción de lo que son y no son resultados deseables que están siendo moldeados por las distintas patologías culturales de la época.

Charles Taylor tiene un concepto paralelo al tercer mundo en lo que él llama el *marco inmanente*. Las edades anteriores se caracterizaron por un marco trascendente, una creencia de que este mundo estaba bajo la autoridad de una realidad que trascendía su mera existencia material. Los terceros mundos de Rieff son los mundos del marco inmanente de Taylor, donde este *mundo* es todo lo que hay, por lo que el discurso moral no puede encontrar su justificación ni arraigar su autoridad en nada que se encuentre más allá de él.

Taylor describe de manera práctica el significado cultural del cambio de un marco de referencia trascendente a uno inmanente:

Al principio, se considera que el orden social nos ofrece un modelo de cómo las cosas, en el ámbito humano, pueden unirse para nuestro beneficio mutuo, y esto se identifica con el plan de la Providencia, lo que Dios nos pide que realicemos. Pero es en la naturaleza de un orden inmanente autosuficiente que se puede prever sin referencia a Dios; y muy pronto el plan apropiado se atribuye a la Naturaleza.[9]

Por lo tanto, Taylor ve el paso del segundo al tercer mundo de Rieff como algo gradual, por lo que la idea de Dios se convierte lentamente en una hipótesis innecesaria. Y Rieff ve este movimiento

---

8. Leszek Kołakowski hace una observación similar sobre la importancia del concepto de lo sagrado para mantener la estabilidad moral de la sociedad; ver «La venganza de lo sagrado en la cultura secular», en *Modernity on Endless Trial* (Chicago: University of Chicago Press, 1990), 63-74.

9. Charles Taylor, *Secular Age* (Cambridge, MA: Belknap Press de Harvard University Press, 2007), 543.

como uno de importancia cultural catastrófica y como encarnando, o conduciendo a, patologías culturales distintas y dañinas. Como se ha señalado, el cambio del primer al segundo mundo no interrumpe la lógica fundamental de la cultura: los códigos éticos están arraigados en algún tipo de orden sagrado, y las culturas todavía se definen por lo que prohíben. Pero el hecho de que los terceros mundos no construyan sus códigos morales sobre un orden sagrado hace que sus culturas sean profundamente volátiles, sujetas a confusión y susceptibles de colapsar.

Quizás podamos ver este punto más claramente tomando un ejemplo específico: el aborto. La prohibición del aborto realmente depende de la noción de persona. ¿Es un embrión una persona con potencial o una persona potencial? Cuando la personalidad es vista como algo conectado a lo sagrado y trascendiendo lo meramente material —digamos, como la posesión de un alma o de la imagen de Dios— entonces el embrión es una persona con potencial y protegida en, digamos, el orden sagrado cristiano porque posee la imagen de Dios desde el momento de la concepción. Que a las seis semanas no pueda valerse por sí misma o incluso separarse del cuerpo de su madre y sobrevivir es irrelevante, porque tales factores materiales son realmente incidentales a la noción central de persona y deben establecerse en el contexto de una metafísica basada en un orden sagrado.

Sin embargo, una vez que se elimina el orden sagrado, la cuestión del estado del embrión es mucho más controvertida. Decir que un embrión es una persona se convierte en una afirmación arbitraria cuando las cosas que normalmente asociamos con la personalidad a través de nuestra experiencia cotidiana de ella —un grado de existencia independiente, la capacidad de autorreflexión, la capacidad de actuar con intención hacia el futuro, etc.— están aparentemente ausentes. Lo que una persona es, o no es, en el tercer mundo es un tema de debate, como lo ha demostrado el trabajo de Peter Singer, a pesar de los intentos de argumentar desde la ley natural separado del orden sagrado, ya que tales argumentos dependen de una metafísica previa de la naturaleza y no pueden justificarse simplemente sobre la base de la naturaleza.[10]

Ahora bien, si la personalidad se ha convertido en un asunto controvertido en el que no hay acuerdo, entran en juego otros criterios para determinar la legitimidad del aborto. En la cultura terapéutica, estos tienden a resolverse en la simple cuestión de si dar a luz al niño será propicio para el bienestar mental de la madre, en sí mismo un concepto altamente subjetivo para el cual no se pueden proporcionar criterios objetivos reales. ¿Quién va a desmentir a la mujer embarazada que afirma que tendrá un colapso si da a luz, y por qué motivos lo harían? Por lo tanto, lo que una vez fue considerado anatema en el segundo mundo se convierte en una cuestión de indiferencia moral en el tercero. O podríamos ir aún más lejos: dada la prioridad de la salud de la madre, tal vez el aborto en muchos casos se convierta en un imperativo moral.[11]

Lo que es cierto sobre el aborto se puede extrapolar a otras áreas. En nuestra sociedad contemporánea, la moralidad sexual se ha convertido en gran medida en una cuestión de consideraciones pragmáticas: «¿Esto me hará feliz? ¿Cómo puedo atenuar los riesgos? ¿Daña el bienestar psicológico de otra persona?». Y debido a que estas medidas siempre están cambiando y con frecuencia son subjetivas, no proporcionan un marco estable para la ética. La anticoncepción minimiza el riesgo de embarazo no deseado, facilitando así el sexo como recreación sin necesidad del contexto de una relación estable a largo plazo. Los condones reducen la propagación de enfermedades de transmisión sexual y, por lo tanto, permiten el «sexo seguro» en

---

10. Para más información sobre Peter Singer, ver «Ivy League Ethics», pág. 315, cap. 9.

11. También vale la pena señalar en este contexto la confusión que existe en la ley en relación con el niño en el útero. En California en 2004, Scott Peterson fue condenado por los asesinatos de su esposa, Laci, y su hijo por nacer en 2002. Que tales casos puedan ser procesados con éxito es interesante en una nación donde el aborto es legal y, por lo tanto, el niño en el útero no goza de protección absoluta si la madre desea interrumpir el embarazo.

la comunidad gay. El consentimiento mutuo se mueve al centro de las discusiones sobre lo que es y no es un comportamiento sexual aceptable. Y esto, a su vez, ejerce una gran presión incluso sobre los tabúes sexuales más arraigados. ¿Por qué debería prohibirse el incesto si es entre adultos que consienten y no hay riesgo de concepción?

Para unir dos hilos del pensamiento de Rieff, estas culturas del tercer mundo son en realidad solo culturas terapéuticas, las culturas del hombre psicológico: el único criterio moral que se puede aplicar al comportamiento es si conduce a la sensación de bienestar en los individuos afectados. La ética, por lo tanto, se convierte en una función del sentimiento. Una vez más, también podemos establecer conexiones con el individualismo expresivo de Charles Taylor: las culturas del tercer mundo/marco inmanente están preocupadas por la autoactualización y la realización del individuo porque no hay un propósito mayor que pueda justificarse en ningún sentido autoritario en última instancia.

Un punto importante para tener en cuenta es que las tres culturas —primera, segunda y tercera— pueden existir simultáneamente en la misma sociedad. Esta es la razón por la que la sociedad a menudo se siente como una zona de batalla cultural: consiste en grupos de personas que simplemente piensan en la estructura moral del mundo de maneras completamente incompatibles. Las culturas del tercer mundo operan con un marco narrativo que es inconmensurable con las otras dos. El bautista del sur que cree que el matrimonio está definido por la Biblia para reflejar la relación de Cristo con Su Iglesia inevitablemente va a estar en conflicto con el secularista que piensa que el matrimonio es un arreglo social diseñado para la conveniencia y la felicidad de las partes contratantes y que no durará más de lo que es propicio para esos fines. Más significativamente, el bautista del sur no va a tener ninguna base sobre la cual pueda argumentar su caso con un habitante de un tercer mundo en el que los dos puedan estar de acuerdo. En pocas palabras, no hay un terreno común en el que los habitantes del tercer mundo puedan entablar un diálogo significativo con los del primero o segundo. No reconocen ninguna autoridad trascendente por la cual la moral y el comportamiento puedan ser justificados o juzgados. Más que eso, los terceros mundos se caracterizan por la oposición total a cualquier tipo de orden sagrado y a aquellos en autoridad —instituciones religiosas y autoridades— que típicamente median en ese orden sagrado.[12]

Tal posición conduce a una ruptura completa de la comunicación. Volviendo a la cuestión del aborto, es posible prever un debate en una cultura del segundo mundo entre individuos provida y proelección en la que tenga lugar una comunicación real. Esto se debe a que los términos básicos del debate serían asuntos de mutuo acuerdo. En un segundo mundo cristiano, esa es una cuestión de cuándo el embrión llega a llevar la imagen de Dios o a tener un alma. Todavía podría haber desacuerdos sobre ese punto: Tomás de Aquino, por ejemplo, establecido en una tradición bien arraigada en el pensamiento de Aristóteles, creía que el niño en el útero no recibía un alma hasta 40 o 90 días después de la concepción, dependiendo de si era un niño o una niña.[13] Sin embargo, ambas partes estarían de acuerdo en que el asunto no debe resolverse con referencia a criterios puramente pragmáticos o subjetivos, sino que debe abordarse con referencia a una autoridad basada en lo sagrado.

Sin embargo, cuando un representante de un segundo mundo choca con un representante de un tercer mundo, no hay una discusión real que tenga lugar. No existe una autoridad común sobre la que puedan estar de acuerdo con los términos del debate para determinar exactamente qué es lo que están debatiendo. El uno mira

---

12. Comentando sobre el concepto de Rieff del tercer mundo, James Davison Hunter escribe: «Lo que hace que la guerra contemporánea sea distintiva es que es un movimiento de negación contra *todas* las órdenes sagradas y está dirigida, en sus particularidades, contra las autoridades que median el orden sagrado al orden social». Introducción a Rieff, *Deathworks*, xxiii.

13. Ver la discusión de Aquino sobre el asunto en su comentario sobre *Sentences* de Peter Lombard: *Scriptum Super Libros Sententiarum* 3.3.5.2, responsio.

a un orden sagrado, el otro, asuntos que no se elevan por encima de las preocupaciones del orden inmanente. En resumen, las bases sobre las que estos representantes de diferentes culturas hacen sus juicios son completamente antitéticas entre sí. De hecho, la noción misma de lo que constituye una persona se convierte en una cuestión de nada más que una preferencia subjetiva.[14]

Por supuesto, la realidad hace que la taxonomía de Rieff sea un poco más complicada de lo que parece admitir. La naturaleza multicultural de la mayoría de las sociedades occidentales de hoy, combinada con el aumento de la conciencia de la diversidad global, coloca a las segundas culturas en conflicto potencial entre sí y no solo con el primer y tercer mundo. Por lo tanto, un orden sagrado que mira a la imagen de Dios como fundamental para comprender lo que significa ser una persona humana contrasta con un orden sagrado alternativo, por ejemplo, un orden budista o confuciano. Y la historia da testimonio del hecho de que las órdenes sagradas cristianas han derramado mucha sangre en cruentas guerras, como lo atestigua, por ejemplo, la guerra de los Treinta Años del siglo XVII. Y así, los segundos mundos son con frecuencia arenas de conflicto y no deben considerarse como representando algún tipo de ideal utópico o edad de oro, pasada o futura. Pero el punto básico de Rieff, que ahora vivimos en una era en Occidente donde la cultura dominante es aquella que rechaza cualquier orden sagrado trascendente y, por lo tanto, es fundamentalmente diferente de la que lo precedió, es esencialmente correcto. Y eso nos sitúa en medio de un mundo en el que la inestabilidad moral y la volatilidad están a la orden del día. Aquí es donde el trabajo de Alasdair MacIntyre se vuelve significativo para nuestra historia.

---

14. Ver además la discusión de Peter Singer, «Ivy League Ethics», pág. 315, cap. 9.

Alasdair MacIntyre y el emotivismo

Antes de explorar más aspectos de la idea de Rieff sobre la cultura del tercer mundo, cabe destacar la similitud de algunas de sus conclusiones sobre el discurso ético moderno con las de Alasdair MacIntyre, la tercera de las tres figuras que han analizado el malestar de la modernidad que nos ocupa.

MacIntyre es mejor conocido por su influyente trabajo *Tras la virtud* (1981), que ayudó a revivir un serio interés académico en la ética de la virtud.[15] En este libro, estaba luchando con el problema creado por el colapso del marxismo, una ideología a la que él mismo se había suscrito anteriormente. El marxismo es un relato exhaustivo de la realidad social, y su declive en la segunda mitad del siglo XX tuvo un profundo efecto en aquellos que habían visto en él el secreto de una utopía socialista. Por lo tanto, MacIntyre se encontró buscando una base alternativa para la moralidad. Al hacerlo, se basó profundamente tanto en el pensamiento de Aristóteles como en la tradición posterior en la que basó su trabajo.

Lo que MacIntyre considera útil en el enfoque aristotélico-tomista del mundo es el compromiso con una visión teleológica de la naturaleza humana y la acción moral. Las acciones solo pueden evaluarse moralmente en términos de sus fines. Esto no es simplemente una ética consecuencialista o pragmática, por la cual el bien de una acción se juzga simplemente por el bien de su efecto. El compromiso de MacIntyre con la teleología implica otros dos elementos de gran importancia. En primer lugar, insiste en que la teleología permite a los individuos distinguir entre lo que son y lo que deberían ser. En segundo lugar, argumenta que el proceso por el cual evaluamos el fin de las acciones humanas debe entenderse como uno que está socialmente integrado. En resumen, los individuos no existen de forma aislada; existen en la sociedad, en comunidades específicas; y

---

15. Alasdair Macintyre, *After Virtue: A Study in Moral Theory* (London: Duckworth, 1981).

comprender sus fines requiere entender que están constituidos por esa sociedad o esas comunidades específicas.

Este último punto es uno con el que Karl Marx habría estado de acuerdo. Para Marx, el individuo necesita ser concebido no como una figura aislada, sino más bien como una persona conectada a la sociedad en su conjunto y, por lo tanto, en términos de sus relaciones sociales. La construcción teleológica de la ética de MacIntyre es, por lo tanto, un punto de continuidad entre su fase marxista y sus posteriores argumentos aristotélicos.[16] Esto también lo empuja a desarrollar otro punto de gran importancia: la ética solo puede existir dentro de una tradición. La idea de un punto de vista neutral del que se pueden deducir algunos principios éticos absolutos es para MacIntyre un mito. Por lo tanto, podríamos agregar, el estudio de la ética de una sociedad te lleva al corazón mismo de cómo una sociedad piensa sobre sí misma, cómo construye las relaciones sociales y por qué las personas que contiene piensan de la manera en que lo hacen. Como el propio MacIntyre lo expresa, una «filosofía moral [...] característicamente presupone una sociología».[17] Esto significa que el discurso ético surge de, y asume, un conjunto de creencias sobre la naturaleza de la sociedad en la que ocurre. Esto tiene afinidades obvias con la noción de Freud y Rieff de que las culturas se definen por sus interdictos y tabúes. En ambos casos, la ética nos lleva al corazón mismo de lo que es una cultura o sociedad.

Esta visión ofrece a MacIntyre una base para comprender la naturaleza caótica del discurso ético moderno. En pocas palabras, el discurso ético moderno es caótico porque ya no hay un fuerte consenso comunitario sobre la naturaleza de los fines propios de la existencia humana. Si la moralidad es una función de las

---

16. Este punto es señalado por Christopher Stephen Lutz, *Reading Alasdair MacIntyre's «After Virtue»* (London: Continuum, 2012), 33.
17. Alasdair Macintyre, *After Virtue: A Study in Moral Theory*, 2nd ed. (London: Duckworth, 1985), 23.

convenciones sociales de la comunidad y, sin embargo, la comunidad carece de consenso sobre esas convenciones sociales, o esas convenciones sociales son muy disputadas, el caos ético es el resultado. Debemos tener claro que hacer de la ética una cuestión de convenciones comunitarias no necesariamente exige relativismo moral —esas convenciones comunitarias podrían en teoría estar enraizadas en realidades universales, como la ley natural—, pero sí apunta a la necesidad de que la comunidad acuerde sus convenciones para que se lleve a cabo una discusión moral significativa y la toma de decisiones. Por lo tanto, la ética de MacIntyre tiene dos preocupaciones primordiales y relacionadas: la naturaleza de los fines y la naturaleza de las comunidades.

Podríamos aplicar la visión de MacIntyre a un tema que no estaba en su ámbito en el momento de *Tras la virtud,* pero que se convirtió en uno de los principales puntos de disputa política en los Estados Unidos en el siglo xxi: la naturaleza del matrimonio. El matrimonio como un vínculo exclusivo y de por vida entre dos personas del sexo opuesto es una convención social, cuyo entendimiento está profundamente arraigado en la tradición de la sociedad occidental. Sin embargo, la comprensión tradicional del matrimonio ha sido derrocada en las últimas décadas y, por lo tanto, el asunto proporciona un buen caso de prueba para la teoría de MacIntyre.

En la tradición cristiana, encarnada, por ejemplo, en la liturgia del *Libro de Oración Común,* el matrimonio tiene un triple propósito: compañía de por vida, satisfacción sexual mutua y procreación. Según una definición tan tradicional, es necesariamente una institución que requiere una asociación entre personas del sexo opuesto, es decir, un hombre y una mujer. Y esta posición, ahora una cuestión de contención en Occidente, fue el consenso social básico, la tradición, sobre el asunto durante muchos siglos.

Dado este consenso previo sobre los fines del matrimonio, el advenimiento de los llamados al matrimonio gay es claramente mucho más significativo que simplemente ser demandas para la expansión de la categoría de quiénes podrían ser las partes contratantes legítimas. El matrimonio gay en realidad exige una revisión fundamental de los fines del matrimonio y, por lo tanto, de la esencia del matrimonio. Los argumentos a favor del matrimonio gay se basan en una visión que atribuye un fin diferente, un *telos* diferente, al matrimonio porque requiere el rechazo de la noción de que el matrimonio debe ser el contexto adecuado y, de hecho, el requisito moral necesario, para la concepción.[18] Las personas que no están de acuerdo sobre el matrimonio homosexual pueden pensar que están en desacuerdo simplemente sobre los límites de la identidad legítima de las partes contratantes, pero sus diferencias reales son mucho más profundas que eso. No están de acuerdo en nada menos que en la definición misma del matrimonio en relación con sus fines.[19]

Si, como afirma MacIntyre, cada conjunto de valores morales presupone un conjunto de suposiciones sociales, entonces, ¿cuáles son las principales suposiciones sociales que él ve como dominantes en Occidente? La clave para MacIntyre es lo que él llama *emotivismo,* que define de la siguiente manera:

---

18. Este punto es defendido ferozmente por Sherif Girgis, Ryan T. Anderson y Robert P. George en *What Is Marriage? Man and Woman: A Defense* (New York: Encounter Books, 2012), 30: «El matrimonio es ordenado a la vida familiar porque el acto por el cual los cónyuges hacen el amor también genera nueva vida; un mismo acto sella un matrimonio y da a luz hijos. Es por eso que solo el matrimonio es la unión amorosa de la mente y el cuerpo realizada por la procreación y la crianza de seres humanos completamente nuevos».

19. Para que este argumento no sea visto como una mera expresión de homofobia, vale la pena señalar que lo mismo se aplicaría a un desacuerdo entre un cristiano tradicional defensor del matrimonio y alguien que cree en «divorcio sin culpas». El primero bien podría aceptar que el divorcio es legítimo en algunas circunstancias, por ejemplo, en el caso de adulterio o deserción por una de las partes, pero aun así mantendría que a falta de tales circunstancias el matrimonio es un vínculo de por vida, disuelto solo al morir. El defensor del divorcio sin culpas, sin embargo, considera el matrimonio como un vínculo que se mantiene solo mientras las partes contratantes lo encuentren conveniente. Una vez más, la diferencia está sobre los fines y, por lo tanto, sobre la esencia misma del matrimonio. Es, pues, el advenimiento del divorcio sin culpas, promulgado por el gobernador de California, Ronald Reagan, en 1970, el que representa el momento en que el matrimonio fue verdaderamente «redefinido». Para una declaración completa de este argumento, ver Girgis, Anderson y George, *What Is Marriage?*

> El emotivismo es la doctrina de que todos los juicios evaluativos y,
> de manera más específica, todos los juicios morales, no son *más que*
> expresiones de preferencia, expresiones de actitud o sentimiento, en
> la medida en que son de carácter moral o evaluativo.[20]

En otras palabras, el lenguaje de la moralidad tal como se usa
ahora no es más que el lenguaje de la preferencia personal basado
en nada más racional u objetivo que los sentimientos. Esta es
la observación clave de MacIntyre: el emotivismo es una teoría
no del significado sino del uso; se trata de cómo usamos los
conceptos morales y el lenguaje moral. Dicho de manera más
negativa, es una forma de otorgar a las actitudes o los valores
que preferimos una especie de autoridad trascendente y objetiva. Esencialmente, el emotivismo presenta preferencias como
si fueran afirmaciones de verdad. Por lo tanto, la afirmación
«la homosexualidad es incorrecta» debe entenderse como «personalmente desapruebo la homosexualidad y tú debes hacer lo
mismo». La plausibilidad de esta posición se basa en el fracaso
de otros intentos de encontrar una base objetiva para las afirmaciones morales. El emotivismo es, por lo tanto, una función de
la historia fallida de la teoría ética.[21]

MacIntyre es consciente de que el emotivismo no es un fenómeno completamente nuevo en el siglo XX. Señala que los elementos
estaban presentes en el pensamiento de David Hume, y podríamos
agregar que gran parte de lo que observo en la parte 2 de este libro
con respecto a Jean-Jacques Rousseau y los poetas románticos es
consistente con una visión que correlaciona la evaluación moral con
la estética personal, los sentimientos y los gustos.[22] Donde MacIntyre
ve que el siglo XX marca un desarrollo significativo es en la elabora-
ción consciente del emotivismo como una teoría ética específica. Por

---

20. Macintyre, *After Virtue*, 2nd ed., 11-12; énfasis original.
21. Macintyre, *After Virtue*, 2nd ed., 19.
22. Macintyre, *After Virtue*, 2nd ed., 14.

ello presenta como responsable al filósofo de Cambridge y miembro destacado del Grupo Bloomsbury, G. E. Moore.[23]

En su *Ética en los conflictos de la modernidad* (2016), cabe destacar que MacIntyre pasa de usar el lenguaje del emotivismo al del expresivismo, un punto que es útil para llevar sus ideas a una relación fructífera con las de Charles Taylor, al hacer la conexión entre la ética y el tipo normativo del *yo* de Taylor. El individuo expresivo puede ser un tipo normativo solo dentro de un cierto tipo de contexto sociológico, y por lo tanto el individuo expresivo encarna un cierto tipo de ética. El individuo expresivo es el mismo que el emotivista, el que (erróneamente) concede a sus propias preferencias personales el estatus de imperativos morales universales.

Lo que MacIntyre encuentra más inquietante es precisamente la naturaleza normativa de este expresivismo en la sociedad moderna. La teoría emotivista/expresivista es una cosa; lo que es sorprendente (y lo que no fue previsto por los teóricos) es lo que sucede cuando el emotivismo realmente llega a disfrutar de una moneda generalizada, tal vez incluso universal. Después de todo, una cosa es que un miembro del Grupo Bloomsbury a principios del siglo xx utilice la idea como un medio para criticar la comprensión popular de la moralidad con el fin de justificar las indulgencias pausadas de su club de élite engreída de Cambridge; otra cosa es verlo ganar terreno en la sociedad a nivel práctico.

---

23. Macintyre, *After Virtue*, 2nd ed., 14-17. Macintyre considera que el estudiante de Moore, Charles L. Stevenson, proporciona el relato teórico definitivo del emotivismo en su trabajo. *Ethics and Language* (New Haven, CT: Yale University Press, 1945). Ver Macintyre, *After Virtue*, 2nd ed., 17-18; Macintyre, *Ethics in the Conflicts of Modernity: An Essay on Desire, Practical Reasoning, and Narrative* (Cambridge: Cambridge University Press, 2016), 17. Un ejemplo anterior de emotivismo como teoría de la ética se puede encontrar en Bazarov, el antihéroe nihilista de la novela de Ivan Turgenev *Fathers and Sons* (1862), como en este intercambio con su amigo Arkady: «"En general no hay principios [...], pero hay sentimientos. Todo depende de ellos [...]. ¿Por qué me gusta la química? ¿Por qué te gustan las manzanas? También depende de la fuerza de tus sentimientos. La gente nunca llega más profundo que eso [...]". "¿Qué quieres decir? ¿Es la honestidad solo un sentimiento?". "¡Por supuesto!"», Turgenev, *Fathers and Sons*, trad. Richard Freeborn (Oxford: Oxford University Press, 1991), 128.

Es importante distinguir aquí entre el emotivismo como teoría moral y el emotivismo como teoría social. El primero es muy endeble. Pocos, si es que alguno de nosotros, es probable que argumentemos que nuestros propios puntos de vista morales se basan simplemente en nuestras preferencias emocionales. Pero esto último parece ofrecer hoy en día una buena manera de entender cómo la mayoría de las personas realmente viven sus vidas. «Simplemente se siente bien», «Sé en mi corazón que es algo bueno» y otras frases similares son familiares para todos nosotros, y todas apuntan a la base subjetiva y emocional de tanta discusión ética hoy en día. Y como MacIntyre deja en claro, una vez que la base para tal discusión carece de cualquier marco metafísico o metanarrativo acordado, está condenado a degenerar en nada más que la afirmación de opiniones y preferencias inconmensurables.

También vale la pena señalar cómo el emotivismo es útil como estrategia retórica. Cuando se trata de argumentos morales, la tendencia de la era actual es afirmar *nuestras* convicciones morales como normativas y correctas, rechazando aquellas con las que no estamos de acuerdo como prejuicios irracionales arraigados en la preferencia personal y emocional. Eso es precisamente lo que subyace al número cada vez mayor de palabras que terminan en «fobia», por las cuales la sociedad asigna automáticamente posiciones morales fuera del acuerdo con el dominante *Sittlichkeit* a la categoría de intolerancia neurótica. Esto es incluso evidente en el pensamiento de una institución tan augusta como la Suprema Corte, como queda claro en el caso de *Estados Unidos contra Windsor,* 570 U.S. 744 (2013), que anuló la Ley de Defensa del Matrimonio y caracterizó las objeciones religiosas a la homosexualidad como arraigadas en la animadversión.[24]

La visión de MacIntyre del emotivismo como teoría social tiene claras afinidades con Taylor y Rieff. Lo que MacIntyre identifica

---

24. Ver «United States v. Windsor (2013)», pág. 308, en el cap. 9.

como una pérdida de una metanarrativa acordada dentro de la cual puede tener lugar una discusión ética significativa (e incluso un desacuerdo) se relaciona con las afirmaciones de Taylor sobre el paso a un marco inmanente y una cultura de individualismo expresivo, y con la explicación de Rieff de la cultura moderna en términos psicológicos con el surgimiento del *yo* terapéutico, por el cual el bien se identifica con lo que me hace sentir feliz. Los tres argumentarían que un deseo primordial de felicidad personal interior y un sentido de bienestar psicológico se encuentran en el corazón de la era moderna y hacen de la ética, en su raíz, un discurso subjetivo. A los seres humanos todavía les puede gustar pensar que creen en el bien y en el mal, pero estos conceptos están desarraigados de cualquier marco trascendente y simplemente reflejan preferencias personales, emocionales y psicológicas. En la práctica, somos nosotros los que decidimos nuestros propios fines preferidos y damos forma a nuestra ética para ese propósito. Cualquier mayor sentido de propósito, cualquier teleología trascendente, está ahora muerta y enterrada. De manera aún más negativa, todos estamos tentados a usar la retórica del emotivismo para descartar puntos de vista con los que no estamos de acuerdo como prejuicios arbitrarios. El emotivismo como teoría es aquello que explica por qué aquellos con quienes no estamos de acuerdo piensan de la manera en que lo hacen, pero no es algo que nos importe aplicar a nosotros mismos. Es en realidad una teoría social que explica toda nuestra incapacidad para tener una discusión ética significativa hoy en día, pero cada lado en cualquier debate tiende a usarla polémicamente como si fuera la teoría moral con la que están comprometidos sus oponentes.

Los terceros mundos como anticulturas

Si el discurso moral caótico es una característica de las culturas del tercer mundo, porque han perdido cualquier acuerdo sobre aquellos supuestos que los ordenan para fines particulares, entonces otros fenómenos culturales están en estrecha relación con este caos. Quizás uno de los más obvios es la forma en que las élites culturales en los terceros mundos están comprometidas con la iconoclasia cultural y con el derrocamiento de las creencias, los valores y los comportamientos del pasado, esa actitud que C. S. Lewis llamó «esnobismo cronológico» elevada al nivel de un instinto cultural básico. Mientras que en el primer y segundo mundo los intelectuales y las instituciones como las universidades eran los conductos para la transmisión y preservación de la cultura, ahora la clase intelectual se dedica a lo contrario: a la subversión, desestabilización y destrucción de las tradiciones de la cultura. De hecho, tan radical y disruptivo es este fenómeno que Rieff argumenta que lo que estas élites del tercer mundo están promoviendo ni siquiera merece el nombre de «cultura». La cultura es, después de todo, el nombre dado a las tradiciones, las instituciones y los patrones de comportamiento que transmiten los valores de una generación a la siguiente. Pero ese no es el camino de las élites en los terceros mundos. Más bien, están tratando de abolir dicha transmisión y los medios por los cuales normalmente tendría lugar. Están, en palabras de Rieff, creando no una cultura sino una anticultura, llamada así por su actitud iconoclasta y puramente destructiva hacia todo lo que el primer y segundo mundo aprecian:

> Si nuestros terceros mundos, como invenciones de élites radicalmente remisas del segundo mundo tardío, pueden llamarse «culturas» entonces, creo, que nuestros terceros mundos deberían llamarse «anticulturas». Las anticulturas no traducen ningún orden sagrado en social. Reciclando primicias de fantasía, los terceros mundos existen solo como negaciones de órdenes sagradas en los segundos mundos.[25]

---

25. Rieff, *Deathworks*, 6. Hablando de la actitud de las élites culturales («las clases de oficiales»), Rieff hace el siguiente contraste entre el primer, segundo y tercer mundo: «La clase de oficiales en todas las órdenes sagradas, primeros mundos o segundos, son remembranzas. Las clases de oficiales del tercer mundo anticulturales son transportadores. El don del transportador radica en la hostilidad hacia la cultura en cualquiera de sus primeras o segundas formas». *Deathworks*, 189.

Lo que Rieff está diciendo aquí es que el sello distintivo de aquellas culturas que han abandonado las órdenes sagradas de los segundos mundos es su repudio a los interdictos de estos últimos.[26] Las remisiones, el permiso ocasional para romper las reglas que permiten los segundos mundos, se convierten en la norma en los terceros mundos. Por ejemplo, la tradición de permitir que el padrino de una boda británica cuente uno o dos chistes groseros sobre el novio podría considerarse un comportamiento aceptable en un segundo mundo porque ocurre solo con motivo de un matrimonio. Pero en el tercer mundo, la crudeza se convierte en la norma porque el interdicto general contra tal es visto como una resaca tiránica de una forma obsoleta de ver el mundo. El uso casual de improperios por parte de figuras públicas, como los políticos, como un medio para demostrar su autenticidad proporciona un buen ejemplo. Otro podría ser el implacable cinismo y la violencia que ahora es la norma en las películas y comedias.[27]

Al igual que con la taxonomía de Rieff de la naturaleza cambiante del ser humano, esta afirmación sobre los terceros mundos y sus élites necesita un poco de matiz, tanto para buscar la precisión histórica como para permitir el hecho de que el cambio, incluso el cambio dramático, no necesariamente indica el cambio del segundo al tercer mundo. No aclarar este último punto abriría el camino para una nostalgia acrítica (en el mejor de los casos) o una justificación reaccionaria de todos y cada uno de los *status quo* (en el peor de los casos).

Por ejemplo, si pensamos en la Reforma del siglo XVI, hay un sentido claro en el que las élites culturales en los centros clave del

---

26. Chantal Delsol describe esta patología cultural como «la ideología del apóstata», que se resume en el hecho de que «el pensamiento contemporáneo se estructura en torno a un rechazo de la moral anterior». Ver *Icarus Fallen: The Search for Meaning in an Uncertain World*, trad. Robin Dick (Wilmington, DE: ISI Books, 2003), 87.

27. Ver Thomas S. Hibbs, *Shows about Nothing: Nihilism in Popular Culture*, 2nd ed. (Waco, TX: Baylor University Press, 2012).

movimiento para la reforma de la iglesia no estaban simplemente preservando y transmitiendo la cultura de la era anterior. Esto es cierto tanto intelectual como institucionalmente. Intelectualmente, hombres como Lutero y Calvino estaban repudiando partes significativas de la teología que había dado forma a la Europa medieval. Rechazaron la comprensión de la misa en términos de transubstanciación y sacrificio, y reemplazaron el enfoque sacramental de la iglesia por uno centrado en la predicación de la Palabra de Dios. Además, lanzaron un asalto a la institución de la iglesia, rechazando las afirmaciones de su jerarquía en numerosos puntos, entre ellos la supremacía del Papa, y redefiniendo tanto la base como el alcance de su autoridad.

Todo esto es cierto. Pero una mirada más cuidadosa a la Reforma indica que las élites protestantes no estaban comprometidas tanto con la iconoclasia cultural como con lo que consideraban una recuperación cultural. Los protestantes y los católicos romanos bien pueden estar en desacuerdo en cuanto a qué tan bien se ejecutó esta recuperación, de hecho, pueden estar en desacuerdo en cuanto a si fue recuperación en absoluto, pero la Reforma fue realmente un debate dentro de un segundo mundo sobre la naturaleza precisa y las implicaciones del orden sagrado cristiano para la sociedad, no sobre su repudio intencional. Una de las características distintivas de esta realidad es que la Biblia como texto sagrado se encontraba en el corazón de las reformas eclesiásticas del siglo xvi para ambos lados del debate de la Reforma. Además, la historia como fuente autorizada de sabiduría juega un papel importante tanto para los católicos como para los protestantes en el siglo xvi. Los reformadores mismos constantemente señalaban que no estaban rechazando la tradición tanto como aclarándola y reformándola a la luz de su comprensión de la Palabra de Dios. El texto sagrado y la historia eclesiástica fueron acordados por las autoridades para ambos. La cuestión no era si debían ser rechazadas, sino cómo debían entenderse.

Esto está en marcado contraste con lo que Rieff identifica como el enfoque destructivo de las élites del tercer mundo hacia el pasado. Afirma que lo que ofrecen no es una historia revisada o corregida, una historia reformada a la luz de nuevas ideas. Más bien, es la destrucción de la historia y su reemplazo por nada de ninguna sustancia significativa. La iconoclasia moral no es tanto una filosofía positiva como un estado de ánimo cultural. Y afecta a todo.[28]

Dada esta realidad, un ejemplo más agudo y difícil en nuestro clima político actual podría ser el de la esclavitud en el sur de los Estados Unidos en el siglo XIX. Cualquier visión de la cultura que considera el rechazo de creencias y prácticas previamente sostenidas como un signo del advenimiento de la inestabilidad del tercer mundo e incluso del nihilismo es vulnerable a la acusación de que no tendría nada que decir por lo que una institución como la esclavitud podría ser abordada.

De hecho, el debate sobre la esclavitud en los Estados Unidos es un ejemplo interesante del tipo de conflicto que puede tener lugar dentro de un segundo mundo. Como Mark Noll ha argumentado persuasivamente, el tema de la esclavitud era uno que ambas partes veían como un asunto que debía justificarse o rechazarse con base en la Biblia.[29] No hay necesidad de que los segundos mundos sean estáticos y preserven las instituciones y estructuras sociales y culturales sin cambios de una generación a la siguiente. Los órdenes sociales basados en órdenes sagradas son bastante capaces de un debate interno y una reforma basada en el desarrollo de la práctica

---

28. Leszek Kołakowski hace una observación similar sobre la cultura moderna: «Cuando intento [...] señalar la característica más peligrosa de la modernidad, tiendo a resumir mi miedo en una frase: la desaparición de los tabúes. No hay forma de distinguir entre tabúes "buenos" y tabúes "malos", para apoyar los primeros y eliminar los segundos; la abrogación de uno, con el pretexto de su irracionalidad, resulta en un efecto dominó que trae el decaimiento de los demás». Y en el corazón de esto Kołakowski ve, como Rieff, la destrucción de los códigos sexuales tradicionales. *Modernity on Endless Trial*, 13.

29. Ver Mark A. Noll, *The Civil War as a Theological Crisis* (Chapel Hill: Universidad de Carolina del Norte Prensa, 2006).

de sus creencias; la clave es que tales cambios tienen lugar sobre la base de autoridades sagradas aceptadas. Lo que marca los debates de la actualidad es que no existen tales autoridades aceptadas, por lo que el juego cultural está marcado por una continua subversión de la estabilidad en lugar del establecimiento de una mayor estabilidad a través de la clarificación del orden social a la luz del orden sagrado.

Sin embargo, también podemos ver en algunos puntos los comienzos de los terceros mundos dentro de los propios segundos mundos. Una vez más, los debates sobre la esclavitud son un buen ejemplo. Al comentar sobre la creciente preocupación en la Ilustración europea por los males de la esclavitud y otros problemas de opresión y sufrimiento provocado por el hombre, la historiadora Margaret Jacob hace la siguiente observación:

> En lugar de abrazar la inferioridad como explicativa, los filósofos escoceses vieron etapas del progreso humano; los reformadores ingleses proclamaron la abolición de la esclavitud, mientras que los filósofos franceses como Rousseau se convirtieron en soñadores de la democracia. No todos estos reformadores eran materialistas. Sin embargo, ninguno de ellos invocó la providencia divina o la mano de Dios para explicar los efectos del imperialismo, o la naturaleza de la autoridad monárquica, o la igualdad y los derechos humanos exigidos ahora para todos los pueblos del mundo.[30]

Lo que Jacob está describiendo aquí es, en la taxonomía de Rieff, el cambio del segundo al tercer mundo: estos pensadores están criticando su mundo y haciendo juicios morales sin ninguna referencia a Dios o a la providencia divina o a cualquier cosa que trascienda el orden natural. No ven la teología como necesaria para sus argumentos. Pueden representar una variedad de posiciones filosóficas, algunas pueden profesar materialismo puro, mientras que otras pueden

---

30. Margaret C. Jacob, *The Secular Enlightenment* (Princeton, NJ: Princeton University Press, 2019), 31.

ser teístas de diversos grados de ortodoxia, pero lo que comparten en común es el hecho de que cualquier tipo de orden sagrado es irrelevante para la fuerza de sus argumentos para el orden social. No es la revelación divina lo que les hace pensar que la esclavitud es inmoral o deseable para la democracia. Más bien, es el hecho de que una nueva comprensión de la humanidad, basada en el individuo y en la dignidad del individuo, está emergiendo. Esto no quiere decir que las posiciones que defendían no sean moralmente admirables; es simplemente hacer un comentario sobre el significado de la forma en que hacen sus argumentos. No hay ninguna referencia a Dios, ninguna apelación a ningún tipo de orden sagrado. Estos filósofos vivían en un mundo predominantemente segundo, pero ya habían separado su discurso del que proporcionaba su fundamento. Las élites, podríamos decir, ya estaban en movimiento hacia la cultura del tercer mundo. El giro hacia el interior en la Ilustración puede no haber matado inicialmente a Dios, pero lo convirtió en la práctica en una hipótesis cada vez más innecesaria. Este giro hacia el interior, el giro hacia el individuo, le dio al individuo un valor, una dignidad, que eventualmente llegó a ser independiente de cualquier orden sagrado o conjunto de mandamientos divinos.[31]

Los terceros mundos como antihistóricos

Este rechazo de las prácticas y creencias del segundo mundo se resume en el rechazo del tercer mundo del pasado como digno de respeto y como una fuente de sabiduría significativa para el presente. Y si bien esta tendencia antihistórica comenzó como el coto de una sección comparativamente pequeña de la sociedad, se ha convertido en la mentalidad representativa de la sociedad occidental en general.[32]

---

31. Ver «El asunto de la dignidad», pág. 64, en el capítulo 1.

32. «Las élites que guían nuestro tercer mundo son virtuosos de la decreación, de ficciones donde antes estaban las verdades dominantes. Las élites del tercer mundo se caracterizan por su implacable promoción de la barrida limpia. A finales del siglo XIX, aquellos promotores eran unos pocos literatos recónditos como Baudelaire. Al comienzo del siglo XXI, las ocupaciones

Esta tendencia antihistórica tiene numerosas causas. En términos del amplio imaginario social, está claro que la tecnología juega un papel en el cultivo de una actitud que ve el pasado como inferior al presente y el presente como inferior a lo que está por venir. Después de todo, ¿quién quiere regresar a un mundo sin sistemas de alcantarillado adecuados y sin anestésicos? Esta actitud también se conecta con los efectos desestabilizadores del consumismo y el capitalismo. Marx y Engels señalaron en el *Manifiesto del Partido Comunista* que el capitalismo de la Revolución Industrial dependía de la recreación constante de los mercados, y hoy somos testigos de la continuación de eso en, digamos, las estrategias de una empresa como Apple, con su inteligente producción de nuevos modelos de iPhone y su fomento de la insatisfacción con lo viejo y el deseo de lo nuevo del que depende su comercialización. La moda también juega un papel similar a la tecnología: la creación de tendencias estéticas en la ropa, por ejemplo, también está diseñada para crear mercados futuros. El presente es solo momentáneamente satisfactorio; el futuro traerá nuevas y mejores delicias. Todo esto se basa en la creación y explotación de deseos orientados al futuro y, por lo tanto, sirve silenciosamente y tal vez imperceptiblemente para degradar el valor del pasado.

Esta tendencia antihistórica también tiene raíces filosóficas más autoconscientes. Podría decirse que es una implicación de ese programa de volverse hacia el interior que encuentra una de sus primeras expresiones modernas importantes en la filosofía de Descartes y, como observaremos en la parte 2, emerge como un programa cultural integral a manos de Rousseau y luego de los románticos, por lo que la sociedad —y por lo tanto la historia que ha hecho de la sociedad como es— se vuelve problemática, un obstáculo para la autenticidad

---

y nombres de los promotores son innumerables». Rieff, *Deathworks*, 4. También observa que «cuanto más alto se avanza en la escala social y educativa, mayor es la resistencia y la negación de la verdad del segundo mundo». *Deathworks*, 10. Los terceros mundos son en gran medida el resultado de revoluciones dirigidas por las élites.

individual. Veremos esto en William Wordsworth, pero también en una forma más puntiaguda en el trabajo de Percy Bysshe Shelley y William Blake. Todos apuntan a la cultura como corruptora e inhibidora de la autenticidad del individuo.[33]

Tal vez el lugar de honor en el panteón intelectual de aquellos que ayudaron a dar una justificación para el rechazo de la historia es para Karl Marx. Eso podría parecer bastante extraño para el lector, dado que Marx estaba inmerso en la historia. Su filosofía materialista se basó en su lectura de la historia, cómo cambian las sociedades y cómo los medios de producción en cada época son críticos para comprender la condición humana en esa época. Sin embargo, la subversión de Marx de la historia es el resultado de la forma en que considera la dinámica del proceso histórico: es esencialmente la historia de la opresión, específicamente la opresión representada por la dominación de una clase por otra. Las memorables primeras líneas de la parte 1 del *Manifiesto del Partido Comunista* capturan este pensamiento sucintamente:

> La historia de toda la sociedad hasta ahora existente es la historia de las luchas de clases. El hombre libre y esclavo, patricio y plebeyo, señor y siervo, amo de gremio y oficial, en una palabra, opresor y oprimido, se mantuvieron en constante oposición entre sí, llevaron a cabo una lucha constante, a veces oculta, a veces abierta; una lucha que cada vez terminó ya sea en una reconstitución revolucionaria de la sociedad en general, o en la ruina común de las clases contendientes.[34]

El punto es simple: la historia es una larga historia de opresión. Y cuando uno sostiene tal punto de vista, la utilidad de la historia no es tanto que sea una fuente de sabiduría positiva para el presente como que proporciona advertencias sobre cómo se explota a las personas.

---

33. Sobre Rousseau, ver el capítulo 3; sobre los románticos, ver el capítulo 4.

34. Karl Marx and Friedrich Engels, *The Communist Manifesto*, in *The Marx-Engels Reader*, ed. Robert C. Tucker, 2nd ed. (London: W. W. Norton, 1978), 473-474.

Para aquellos que ven la historia a través de esta lente, los historiadores caerán así en uno de dos campos: los reaccionarios que usan la historia para justificar la explotación y los radicales que usan la historia para desenmascarar la explotación que encarna. Como sostengo más adelante, es este último modelo el que ha llegado a dominar la historia como disciplina académica. Baste aquí señalar que esta idea está ahora profundamente arraigada en nuestro imaginario cultural, donde frases como «estar en el lado correcto de la historia» se despliegan típicamente —como lo fueron en los debates sobre el matrimonio homosexual— para argumentar a favor del repudio de las normas históricas establecidas.

Además, entra en juego una taxonomía relativamente simple: la historia se trata de victimarios y víctimas, siendo los primeros los villanos y los segundos los héroes. Las narrativas más antiguas que, por ejemplo, exaltaban los logros de grandes individuos o naciones llegan a ser vistas como la propaganda de los poderosos, y el victimismo adquiere un estatus especial. No solo se rechaza la historia, sino que la historia de la historia misma también se consigna al contenedor de basura.[35] En este sentido, podemos ver que el giro moderno hacia los débiles y marginados en la disciplina académica de la historia es una manifestación académica de la cultura más amplia del victimismo que ahora tiene un gran significado en los debates públicos y las actitudes populares sobre los derechos y la dignidad.[36] El individualismo expresivo, la psicologización de la identidad humana y las tendencias antihistóricas de la anticultura parecen estar muy estrechamente conectadas.

---

35. Delsol ve esta actitud como parte de la ideología del apóstata: «La ideología contemporánea del apóstata trabaja incansablemente para rehabilitar a las víctimas de la moral dominante anterior: los antiguos súbditos de las potencias coloniales, las mujeres y varios desviados del consenso anterior […]. Somos testigos de un inmenso juicio de nuestros antepasados, con jueces, abogados y daños y perjuicios». *Icarus Fallen*, 87.
36. Sobre el tema de la cultura del victimismo en general, ver Bradley Campbell y Jason Manning, *The Rise of Victimhood Culture: Microaggressions, Safe Spaces, and the New Culture Wars* (New York: Palgrave Macmillan, 2018).

Muerte por arte: El papel de las obras de la muerte

Señalamos anteriormente el comentario de Margaret Jacob de que los opositores de la esclavitud de la Ilustración no necesariamente negaban la existencia de Dios, sino que sus argumentos no lo necesitaban como hipótesis. Esto es interesante, pero el grupo que ella está describiendo era una pequeña élite intelectual. De hecho, llamarlo «grupo» implica un nivel de organización autoconsciente que los pensadores de la Ilustración realmente no poseían de ninguna manera significativa. Por supuesto, en el siglo XVIII, los intelectuales de Edimburgo a Viena y más allá leían los libros de los demás. Incluso podríamos decir que formaban parte de un amplio estado de ánimo cultural que se apoderaba de la imaginación de la clase intelectual. Pero ¿cómo la iconoclasia intelectual de aquellos como Voltaire, Rousseau y Hume llegó a ser el gusto cultural de la gente en general? La respuesta para Rieff viene a través de lo que él llama «obras de la muerte». Él define este concepto como:

> Un asalto total a algo vital para la cultura establecida. Toda obra de la muerte representa un asalto final admirativo a los objetos de su admiración: los órdenes sagrados de los que su arte es alguna expresión en un modo represivo.[37]

Para entender exactamente lo que Rieff está diciendo aquí, es importante recordar su acuerdo básico con Freud sobre la naturaleza de la cultura/civilización: la cultura está constituida por aquellas cosas que prohíbe; la frustración que tales reglas crean encuentra una salida en el arte; por lo tanto, las obras de arte también son constitutivas de la cultura, reflejando de alguna manera los interdictos que están en su lugar. Las obras de la muerte, por el contrario, representan un ataque a las formas de arte cultural establecidas de una manera diseñada para deshacer la estructura moral más profunda de la sociedad. Podríamos

---

37. Rieff, *Deathworks*, 7.

añadir que las obras de la muerte son poderosas porque son un factor importante para cambiar el *ethos* de la sociedad, para alterar ese imaginario social con el que, y según el cual, vivimos nuestras vidas. Las obras de la muerte hacen que los viejos valores parezcan ridículos. Representan no tanto argumentos contra el viejo orden como subversiones del mismo. Su objetivo es cambiar los gustos estéticos y las simpatías de la sociedad para socavar los mandatos en los que se basaba esa sociedad.

Uno de los ejemplos clave que Rieff da es el de la infame obra de Andrés Serrano el *Cristo del pis,* en la que se muestra un crucifijo sumergido en la orina del artista. En muchos sentidos, este es un ejemplo por excelencia de aquello a lo que Rieff apunta: un símbolo de algo profundamente sagrado para el segundo mundo que se presenta en una forma que lo degrada y lo hace completamente repulsivo. Serrano no se burla simplemente del orden sagrado en esta obra de arte; lo ha convertido en algo sucio, repugnante y vil. La máxima autoridad del segundo mundo, Dios, es literalmente arrojada a la alcantarilla, a lo más bajo de lo bajo. Lo sacramental se convierte en excremental.[38] Y para ser claros, esto no es simplemente un asalto a las sensibilidades religiosas privadas de los católicos romanos; es un asalto a la autoridad misma, al orden sagrado, por el cual los segundos mundos están legitimados. Su poder no radica en ningún argumento que proponga, sino en la forma en que lo limpio es subvertido por lo vil. La religión no se hace falsa. Se hace desagradable y repugnante.[39]

Sin embargo, Rieff también señala que las obras de la muerte no son tan obvias en su asalto a la autoridad como el *Cristo del pis,* ni

---

38. Rieff, *Deathworks,* 98-99.
39. El propio Serrano ha defendido el *Cristo del pis* como «un acto de devoción», afirmando que siempre ha sido cristiano y católico y que la obra fue diseñada para provocar a la gente a pensar más profundamente sobre los horrores de la crucifixión de Cristo. Ver Andrés Serrano, «Protecting Freedom of Expression, from Piss Christ to Charlie Hebdo», *Creative Time Reports,* 30 de enero de 2015, http://creativetimereports.org/2015/01/30 /free-speech-piss-christ-charlie-hebdo-andres-serrano/.

pueden restringirse exclusivamente a la categoría de obras de arte. Una obra de la muerte puede ser cualquier cosa que se ponga en oposición a la cultura del segundo mundo.[40] Podríamos tomar el cinismo y la ironía, por ejemplo. Estos tienen una tendencia a subvertir el tipo de estructuras tradicionales y verticales de autoridad que caracterizan a los segundos mundos. El propio Rieff cita *Finnegans Wake* de James Joyce como un ejemplo de una obra de arte que hace precisamente esto a través de su uso subversivo del lenguaje para burlarse de aquellas cosas que los cristianos aprecian. Puede que no sea el enfoque estéticamente repelente de Serrano y su *Cristo del pis,* pero es corrosivo del orden sagrado.[41] La sátira también podría considerarse una obra de la muerte. La sutil burla de la autoridad establecida que caracteriza a un programa satírico de televisión o una columna humorística en un periódico podría clasificarse como una obra de la muerte, socavando lenta pero seguramente el orden establecido de las cosas.

Tomemos, por ejemplo, las primeras líneas del poema de T. S. Eliot *The Love Song of J. Alfred Prufrock* [«La canción de amor de J. Alfred Prufrock»]:

Vamos entonces, tú y yo,
Cuando la noche se extiende contra el cielo
Como un paciente eterizado sobre una mesa.[42]

Las dos primeras líneas llevarían al lector a creer que este es el comienzo de algún gran poema romántico, digno quizás de William Wordsworth o John Keats. Luego, el cambio en la tercera línea hacia el presente prosaico, con sus connotaciones frías y clínicas, hace que la copla de apertura no sea simplemente engañosa, sino ridícula. Las

40. Rieff, *Deathworks*, 8.
41. Rieff, *Deathworks*, 94-96.
42. T. S. Eliot, «The Love Song of J. Alfred Prufrock», Poetry Foundation, consultado el 14 de junio de 2019, https://www.poetryfoundation.org/poetrymagazine/poems/44212/the-love-song-of-j-alfred-prufrock.

sensibilidades románticas están hechas para parecer tontas o, en el mejor de los casos, obsoletas. La era moderna ha llegado; la búsqueda de la belleza y la trascendencia en la naturaleza es ahora inverosímil e incluso algo infantil. Esto es producto de la obra de la muerte. Quizás la obra de la muerte por excelencia de nuestro tiempo, y una que realmente se ha generalizado mucho más desde la muerte de Rieff en 2006, es la pornografía. Por supuesto, tan pronto como se menciona la pornografía, la cuestión de cómo definirla sale a flote. Una buena definición es proporcionada por el Catecismo de la Iglesia Católica, sección 2354:

> *La pornografía* consiste en eliminar actos sexuales reales o simulados de la intimidad de las parejas, con el fin de mostrarlos deliberadamente a terceros. Ofende contra la castidad porque pervierte el acto conyugal, la entrega íntima de los cónyuges entre sí. Hace un grave daño a la dignidad de sus participantes (actores, vendedores, el público), ya que cada uno se convierte en un objeto de placer básico y de beneficio ilícito para los demás. Sumerge a todos los que están involucrados en la ilusión de un mundo de fantasía. Es una ofensa grave. Las autoridades civiles deben impedir la producción y distribución de materiales pornográficos.[43]

Esta definición resalta claramente el aspecto de la obra de la muerte de la pornografía. Es un artefacto cultural que toma la actividad sexual humana y la separa de cualquier contenido moral. Podríamos agregar que también la separa de cualquier narrativa o contexto histórico más amplio. El sexo en la pornografía se presenta como un fin en sí mismo. Sin embargo, la actividad sexual en un segundo mundo tiene un significado sagrado como parte de una relación, como parte de una historia personal, como algo que, dada su conexión con la reproducción, vincula el pasado con el futuro y como la condición

---

43. «Catecismo de la Iglesia Católica», Vaticano, Librería Editrice Vaticana, 1993, consultado el 30 de enero de 2020, https://www.vatican.va/archive/ENG0015/_INDEX.HTM.

previa necesaria para la cultura. Supremamente, en el pensamiento cristiano se convierte en un análogo de la relación entre Cristo y Su Iglesia. Al igual que el *Cristo del pis,* la pornografía podría describirse como blasfema en la forma en que profana lo santo y pisotea la autoridad sagrada. En resumen, el principal problema con la pornografía no es lo que muchos conservadores religiosos podrían entender que es: su promoción de la lujuria y su cosificación de los participantes. Ciertamente hace ambas cosas, pero el problema también es mucho más profundo: repudia cualquier noción de que el sexo tiene significado más allá del acto en sí, y por lo tanto rechaza cualquier noción de que sea emblemático de un orden sagrado.

Lo importante de las obras de la muerte es que subvierten y destruyen el orden sagrado sin tener realmente nada con lo que reemplazarlo. Si el loco de Nietzsche libera la tierra del sol, entonces podríamos decir que las obras de la muerte son instrumentales en este ejercicio, comunicando el mensaje de la muerte de Dios a través de formas estéticas que vienen a dar forma a la imaginación popular o, para decirlo en el lenguaje de Taylor, a dar forma al imaginario social.[44]

Olvido

Detrás de la noción de obra de la muerte hay, como señalamos, un repudio básico de la historia como fuente de autoridad y sabiduría. Esto a su vez significa que lo que Rieff llama «olvido» es uno de los sellos distintivos de los terceros mundos y un rasgo dominante de la educación moderna. No se trata simplemente de que la sociedad sea antihistórica en la forma en que aborda la historia. Tiene un interés personal en la eliminación real de la historia de aquellas cosas que evocan ideas desagradables que podrían interrumpir la felicidad en el presente. En los últimos años se han visto buenos ejemplos, aunque controvertidos, de esto tanto en los Estados Unidos como en Europa,

---

44. Para el significado del loco de Nietzsche, ver «Friedrich Nietzsche: Unchaining the Earth from the Sun», pág. 166, en el cap. 5.

ya que las campañas en los campus universitarios y más allá han presionado por cosas como el cambio de nombre de los edificios y la eliminación de estatuas que conmemoran a las personas que pueden no haberse ajustado en su propio día a la moralidad específica exigida en el siglo XXI.

Pero la tendencia antihistórica de la sociedad moderna se manifiesta de otras maneras, aún más agudas y controvertidas. Para Rieff, no es de extrañar encontrar un tercer mundo caracterizado por la aceptación generalizada, incluso la promoción, del aborto. De hecho, el aborto funciona como emblemático precisamente de la profunda patología antihistórica de nuestro tercer mundo:

> El olvido es ahora la forma curricular de nuestra educación superior. Esta forma garantiza que nosotros, de la transición del segundo al tercer mundo, nos convertiremos en los primeros bárbaros. La barbarie no es una expresión de tecnologías simples o de tabúes misteriosos; al menos había tabúes y, además, en todos los primeros mundos, la inmensa autoridad del pasado. Por el contrario, la barbarie que se avecina, gran parte de ella aquí y ahora, sobre todo entre nuestras clases más cultivadas, es nuestro despiadado olvido de la autoridad del pasado. La historia sagrada, que nunca se repite, se profana de una manera sin precedentes por una transgresión tan profunda que no se reconoce. La transgresión del olvido hace que la crueldad del aborto sea absolutamente sacrílega; más precisamente, antirreligioso. De acuerdo con la doxología tácita de nuestros movimientos *abolicionistas/abortistas,* las identidades deben ser arrojadas tan lejos por el agujero de la memoria como lo permitan nuestras tecnologías de represión.[45]

Este pasaje contiene numerosos puntos dignos de recalcar. Existe el uso de Rieff del término barbarie. Por lo general, podríamos asociar esta palabra con el tipo de destrucción relacionada con los disturbios o el vandalismo. Rieff no estaría en desacuerdo, pero su comprensión

---

45. Rieff, *Deathworks*, 106.

de tal vandalismo es de mayor alcance que, por ejemplo, el daño físico hecho a un vecindario. Para él, es el vandalismo el que busca borrar el pasado, o al menos el significado de ese pasado. Es una barbarie que encuentra su expresión tanto físicamente, en la destrucción de los artefactos del pasado, como metafísicamente, en su aniquilación de las ideas, costumbres y prácticas del pasado. Esto es una verdadera barbarie, y se manifiesta en cosas tan aparentemente diversas como el arte, la arquitectura, la tecnología, el consumismo y las sofisticadas ideologías promovidas en los seminarios universitarios.

Luego está la imagen gráfica de las identidades humanas siendo enjuagadas como fetos abortados. Esta es una conexión inteligente hecha por Rieff. Los debates sobre el aborto hoy en día generalmente no se centran en la cuestión de cuándo comienza la vida. Más bien, son debates sobre cuándo comienza la personalidad, un punto utilizado por Peter Singer para argumentar a favor de la legitimidad del infanticidio postnatal.[46] En otras palabras, el debate sobre el aborto es realmente sobre la identidad humana, sobre quiénes y qué son los seres humanos. Y el hecho de que los bebés puedan ser abortados y luego eliminados como excrementos es una señal reveladora para Rieff de que vivimos en un tercer mundo. El aborto también es una obra de muerte, no simplemente porque obra la muerte del niño por nacer, sino también porque profana lo que el segundo mundo consideraba sagrado: la vida humana hecha a imagen de Dios desde el momento de la concepción. Revisa la definición de lo que significa ser una persona y también convierte lo que una vez se pensó que era una persona en algo similar a un pedazo de basura o excremento. Por lo tanto, es antirreligioso porque toma lo que es más sagrado en el orden social, la vida misma, y lo tira por el inodoro sin pensarlo dos veces. Y es antihistórico porque borra las consecuencias físicas del acto sexual entre un hombre y una mujer. En definitiva, se trata

---

46. Sobre Singer y el infanticidio, ver «Ivy League Ethics», pág. 315, en el capítulo 9.

de un acto que solo puede considerarse rutinariamente aceptable en un mundo que ha repudiado cualquier marco trascendente en favor de las preferencias individuales del presente inmediato. El aborto presupone una metafísica, o, mejor aún, una antimetafísica.

Conclusión

Los trabajos de Rieff, Taylor y MacIntyre nos proporcionan categorías muy útiles para analizar las patologías de esta época actual y para evitar un error común. Siempre existe la tentación en la crítica social de atenuar las diferencias entre el pasado y el presente de una manera que pasa por alto los nuevos desarrollos y distintivos en las prácticas sociales y el pensamiento, o de enfatizar la supuesta singularidad de hoy tanto que las raíces de las ideas y comportamientos actuales se dejan de lado y se ignoran. En este contexto, las categorías conceptuales ofrecidas por estos tres pensadores nos proporcionan diferentes perspectivas sobre la modernidad que permiten reflexionar sobre el presente de una manera que reconoce tanto las continuidades como las diferencias con el pasado.

Lo que queda claro de sus escritos es lo siguiente: las preguntas relacionadas con las nociones de identidad humana, de las cuales las planteadas por el movimiento LGBTQ+ son solo el ejemplo contemporáneo más obvio, no pueden abstraerse de preguntas más amplias de cómo se entiende el *yo*, cómo opera el discurso ético, cómo se valoran la historia y la tradición (si es que lo son), y cómo las élites culturales entienden el contenido y el propósito del arte. En los siguientes capítulos, estos diversos aspectos de la era moderna y las categorías analíticas desarrolladas por Rieff, Taylor y MacIntyre forman el marco para comprender exactamente lo que está en juego en la manifestación contemporánea de la revolución del *yo*, de la cual la revolución sexual es solo la parte más obvia.

Parte 2

FUNDAMENTOS
DE LA REVOLUCIÓN

3

El otro ginebrino

Jean-Jacques Rousseau y
los fundamentos del ser moderno

Tales, tales eran las alegrías.
Cuando todas las niñas y todos los niños,
En nuestra juventud se vieron,
en el verde resonante.

WILLIAM BLAKE

El mundo en el que vivimos está cada vez más dominado por categorías psicológicas. De hecho, las grandes cuestiones políticas de nuestro tiempo son las de la identidad, y las identidades modernas tienen un aspecto claramente psicológico. Como señalamos en la parte 1, Philip Rieff describió la comprensión dominante del *yo* de esta era actual como la del hombre psicológico, el sucesor del hombre político, el hombre religioso y el hombre económico de épocas anteriores. Charles Taylor también ve al individuo expresivo como ahora el tipo normativo de sí mismo en nuestra sociedad y como la presuposición básica de gran parte de lo que sucede en nuestro mundo, desde las actitudes hacia la revolución sexual hasta los juicios en los tribunales de justicia y las protestas en los campus. Sin embargo, el hombre psicológico y el individualismo expresivo no surgieron en el siglo xx de un vacío, ni fueron autoprovocados. Como todos los fenómenos históricos, tienen una genealogía, una historia que se remonta en el tiempo y hace comprensible su aparición y su dominio cultural.

Para comprender su surgimiento, por lo tanto, es necesario examinar sus orígenes. Por supuesto, esto nos presenta un problema inmediato, la dificultad perenne que enfrenta cualquiera que intente construir una narrativa histórica, la del punto de partida histórico. Para la pregunta *¿dónde debe estar el punto de partida?* en realidad solo hay una respuesta, y esa es en sí misma una pregunta: ¿hasta dónde deseas llegar? Si bien el advenimiento del hombre psicológico en su forma actual, con toda la potencia política y cultural que posee, es un fenómeno relativamente reciente, los diversos factores que llevaron a este momento de dominación cultural son extremadamente difusos, antiguos y complicados. De hecho, existe la sensación de que, tan pronto como la mente o la voluntad fueron reconocidas como separables del cuerpo o como un elemento constitutivo separado de la persona, el hombre psicológico se convirtió en una posibilidad conceptual muy real. Desde esta perspectiva, el apóstol Pablo y Agustín son figuras centrales. Solo había, en el mejor de los casos, un concepto muy vago de la voluntad en la filosofía clásica; es solo cuando Pablo ofrece su psicología de la lucha interior del cristiano en sus cartas del Nuevo Testamento del siglo i, que luego fue recogido y desarrollado de una manera profundamente personal y elaborada por Agustín en sus *Confesiones* a finales del siglo iv, que encontramos las herramientas básicas para conceptualizar a los humanos como seres principalmente psicológicos.

Por lo tanto, el hombre psicológico de Rieff requeriría una genealogía que se remonta al menos a la antigua iglesia, y nuestra narrativa histórica se volvería tan vasta y desgarbada que sería casi inútil. Para evitar un resultado tan inútil, es necesario centrarse en algunos individuos y movimientos clave que ofrecen articulaciones particularmente claras e importantes de etapas en la gran narrativa que estamos tratando de establecer. Para ello, en este capítulo se presta especial atención a la obra de un pensador: el filósofo del siglo XVIII Jean-Jacques Rousseau. La elección no es arbitraria. Mientras que los cristianos pueden pensar instintivamente en Juan Calvino, para bien o para mal, como la figura más influyente que se asocia con Ginebra, en realidad es Rousseau quien está mucho más cerca de las sensibilidades de nuestra era actual. Como uno de los progenitores intelectuales clave tanto de la Revolución Francesa como del Romanticismo, ejerció una influencia considerable en la formación ideológica del mundo moderno. Como uno de los héroes de Sigmund Freud, sus huellas dactilares se pueden encontrar incluso en el auge del movimiento psicoanalítico de finales del siglo XIX. Y como el hombre cuya autobiografía buscó encontrar la realidad mirando dentro de sí mismo, es en muchos sentidos el paradigma aborigen para el hombre psicológico.

Confesiones de Rousseau

Jean-Jacques Rousseau es uno de los genios más extraños de la historia de la filosofía occidental, un individuo autodidacta cuyos escritos articularon ideas clave que ahora se asumen como básicas en gran parte del pensamiento político.[1] Dado el papel que sus ideas jugaron

---

1. La biografía académica estándar de Rousseau en inglés es la de Maurice Cranston, en tres volúmenes: vol. 1, *Jean-Jacques: The Early Life and Work of Jean-Jacques Rousseau, 1712-1754*; vol. 2, *The Noble Savage: Jean-Jacques Rousseau, 1754-1762*; vol. 3, *The Solitary Self: Jean-Jacques Rousseau in Exile and Adversity* (Chicago: University of Chicago Press, 1991-1999). La biografía inglesa más accesible es Leo Damrosch, *Jean-Jacques Rousseau: Restless Genius* (New York: Mariner Books, 2005). La admiración de Damrosch por Rousseau lo convierte en un intérprete comprensivo de su vida, pero también a veces algo acrítico. Por lo tanto, el terrible trato de Rousseau a sus hijos (hizo que los cinco se enviaran, al nacer, a orfanatos) se aborda con pocos comentarios. Una excelente visión general de las perspectivas contemporáneas sobre Rousseau es Patrick Riley, ed., *The Cambridge Companion to Rousseau* (Cambridge: Cambridge University Press, 2001).

en el pensamiento occidental posterior, específicamente en la configuración de la noción de lo que significa ser un yo, podría decirse que es uno de los pensadores más influyentes en la historia. Mi interés en él es específicamente en el papel que sus puntos de vista de la psicología y la cultura juegan en su comprensión de lo que significa ser humano y cómo da forma a su conceptualización de la relación entre el individuo y la sociedad.[2]

Que la vida interior de Rousseau es de vital importancia para Rousseau se desprende claramente de su autobiografía, las *Confesiones,* que comienza con una famosa declaración de propósito inicial:

> Estoy decidido a un compromiso que no tiene modelo y no tendrá imitador. Quiero mostrar a mis semejantes un hombre en toda la verdad de la naturaleza; y este hombre ha de ser yo mismo.[3]

Explica este propósito con más detalle más adelante:

> El objeto particular de mis confesiones es dar a conocer mi ser interior, exactamente como lo fue en cada circunstancia de mi vida. Es la historia de mi alma lo que prometí, y para relatarla fielmente no necesito ningún otro memorándum; todo lo que necesito hacer, como lo he hecho hasta ahora, es mirar dentro de mí mismo.[4]

Por lo tanto, el propósito de la autobiografía, la delineación de la historia de un yo particular por ese mismo yo, es ser psicológico en

---

2. Charles Taylor identifica a Rousseau como una «influencia crucial» en el desarrollo de la comprensión moderna del yo: *Sources of the Self: The Making of the Modern Identity* (Cambridge, MA: Harvard University Press, 1989), 356. Comp. su comentario sobre 362: «Rousseau está en el punto de origen de una gran parte de la cultura contemporánea, de las filosofías de la autoexploración, así como de los credos que hacen de la libertad autodeterminada la clave de la virtud».

3. Jean-Jacques Rousseau, *Confessions,* ed. Patrick Coleman, trad. Angela Scholar (Oxford: Oxford University Press, 2000), 5.

4. Rousseau, *Confessions,* 270. En el prefacio de Neuchâtel a su *Confesiones,* Rousseau comenta: «Nadie puede escribir la vida de un hombre excepto él mismo. Su modo interno de ser, su verdadera vida, es conocido solo por él mismo; y, sin embargo, lo disfraza; al amparo de la historia de su vida, ofrece una disculpa; se presenta como quiere ser visto, para nada como es». *Confessions,* 644.

su orientación porque ahí es donde se encuentra la persona real. Obviamente, las vidas están marcadas por la interacción del individuo con el mundo que lo rodea: personas, lugares, etc. Pero el verdadero drama, el que lleva a uno al corazón de lo que constituye la esencia de una persona, es la vida interior que está moldeada por estas circunstancias y contingencias externas.

Que la obra no tenía precedentes en sus preocupaciones internas psicológicas es claramente una pieza de autopromoción hiperbólica por parte de Rousseau. Reconoce en otra parte que varios precedentes lo inspiraron, incluidos los escritos del ensayista Michel de Montaigne. Además, aunque en ninguna parte de las *Confesiones* reconoce explícitamente su influencia, es obvio que la propia autobiografía de Agustín, con sus preocupaciones psicológicas, fue un precedente al que esta obra iba a ser un contrapunto implícitamente polémico.[5] Como señala Ann Hartle en su estudio comparativo de Rousseau y Agustín, las *Confesiones* de Rousseau son en un sentido significativo su respuesta a Agustín sobre la cuestión de lo que significa ser humano y tener una naturaleza humana.[6]

Lo que las *Confesiones* proporcionan es la comprensión madura de Rousseau del *yo* en forma narrativa, de tal manera que es un ejemplo para sus lectores. Es, en la memorable frase de Hartle, una «obra de arte filosófica».[7] Bien pudo presentar el libro como un relato ingenuo y fácil de su vida interior, pero en realidad es una obra cuidadosamente construida con un propósito filosófico y didáctico definido.

---

5. En el prefacio de Neuchâtel, Rousseau reconoce tanto a Montaigne como al historiador Girolamo Cardano como precedentes, aunque los critica por su deshonestidad al presentarse, e incluso a sus fallas, de la manera más favorable. *Confessions*, 644. La misma crítica podría hacerse al propio Rousseau por la forma en que explica su decisión de colocar a sus hijos en el orfanato como si fuera lo mejor para ellos. *Confessions*, 347-348. Sobre los precedentes de Rousseau, ver Christopher Kelly, «Rousseau's *Confessions*» en Riley, *Cambridge Companion to Rousseau*, 303. Kelly incluso sugiere que la lectura de Agustín fue la inspiración directa para el proyecto autobiográfico de Rousseau (305).

6. Ann Hartle, *The Modern Self in Rousseau's «Confessions»: A Reply to St. Augustine* (Notre Dame, IN: University of Notre Dame Press, 1983), 11.

7. Hartle, *Modern Self,* 9.

Tres momentos clave

Tres incidentes en las *Confesiones* de Rousseau merecen un comentario detallado antes de pasar a las declaraciones sistemáticas de las ideas contenidas en sus principales tratados filosóficos. Estos pasajes delinean claramente elementos importantes de su comprensión de lo que significa ser humano y cómo eso se relaciona con realidades sociales más amplias.

El primero ocurre en el libro 1, donde un hombre local, M. Verrat, persuade al joven Rousseau para que robe algunos de los espárragos de la madre de Verrat para que pueda venderlos y ganar algo de dinero. El relato de Rousseau sobre su acto de robo le permite reflexionar con cierto detalle sobre la psicología de lo que estaba haciendo, y dos cosas se destacan en su análisis. En primer lugar, enfatiza que la motivación del crimen no fue la codicia, sino «solo hacerle un favor a la persona que me estaba obligando a hacerlo».[8] Por lo tanto, el acto no fue realizado por algún impulso interno que era intrínsecamente pecaminoso, sino por un buen deseo que lo llevó a realizar un acto pecaminoso. Robó los espárragos para ayudar a Verrat. El deseo era básicamente bueno; solo la forma en que lo cumplió era moralmente problemática. Esto es importante para entender la visión de Rousseau de la naturaleza de la corrupción humana como algo que es creado y fomentado por las condiciones sociales y no algo que debe considerarse innato.

Esto es obvio en un segundo aspecto de la narrativa, que subraya que el crimen es el resultado de la presión social, no de una tendencia interna a la depravación, en este caso, el engatusamiento de M. Verrat. No surge espontáneamente dentro del propio Rousseau, sino que deriva de su relación con Verrat. De hecho, en el contexto de las *Confesiones* en su conjunto, esta historia llega inmediatamente después de la adquisición por parte de Rousseau de numerosos vicios

---

8. Rousseau, *Confessions*, 32.

que fueron el resultado de las condiciones sociales en las que se encontraba: su amo lo trató mal, por lo que comenzó a mentir y se volvió perezoso; su padre lo castigó con demasiada dureza, y esto lo hizo manipulador y codicioso. La sociedad, o al menos la sociedad en la que se encontraba, es la culpable de la delincuencia del joven Rousseau. Su corrupción es esencialmente el resultado de su reacción a las circunstancias corruptoras.[9]

El incidente con los espárragos tiene una comparación obvia con el precedente en las *Confesiones* de Agustín, el famoso robo de peras en el libro 2, que sirve como la representación literaria de la caída de Agustín en el pecado. La trama en la obra de Agustín es simple: Agustín y un grupo de amigos asaltan el jardín de un vecino tarde una noche y roban peras. Estas peras no son atractivas a la vista ni sabrosas para comer. De hecho, Agustín tenía más y mejores peras en su propio jardín. Así que los jóvenes lanzan sus ganancias mal engendradas a algunos cerdos y continúan su camino con mucha risa.[10]

El relato tiene puntos de similitud y un punto fundamental de diferencia con la historia de Rousseau de robar los espárragos. Al igual que Rousseau, Agustín reconoce que hay una fuerte dimensión social en su comportamiento en este punto. Si hubiera estado solo, señala, no habría participado en el robo. Fue el hecho de que estuviera con un grupo de jóvenes, en donde se animaron mutuamente, lo que lo llevó a actuar de la manera en que lo hizo. La risa, comenta, es una actividad social y también fue un elemento clave para cultivar el placer que llevó a la pandilla a su acto de robo. El robo en este caso se ve facilitado por el deleite que los ladrones recibieron al hacerlo juntos.

9. Rousseau, *Confessions*, 31-32.
10. El relato original se encuentra en Agustín, *Confessions*, 2.9. Una buena traducción reciente al inglés es Agustín, *Confessions: A New Translation*, trad. Sarah Ruden (New York: Modern Library, 2017).

Una similitud adicional se puede ver en lo que no motiva el crimen. Agustín, como Rousseau, niega que su crimen haya sido motivado por la codicia. Es explícito en que tenía mejores peras en su propio jardín, al que tenía fácil y legítimo acceso. No es la posesión de peras mejores y más atractivas, ni siquiera la mera posesión de más peras de cualquier calidad, lo que está detrás del acto, como tampoco fue el deseo de Rousseau de espárragos lo que lo llevó al crimen. La ganancia personal no es un motivo. Sin embargo, esto no significa que Agustín comparta la misma motivación positiva con Rousseau. Para Agustín, el robo no es el resultado de un buen deseo mal dirigido (como lo es para Rousseau), sino más bien del puro deleite pecaminoso que se tiene al quebrantar la ley.

La diferencia entre los dos es instructiva. Para Agustín, el defecto moral es, en última instancia, intrínseco a él. Él es por naturaleza malvado, un pecador. Las circunstancias simplemente proporcionan una oportunidad para que una acción particular revele la inmoralidad de su carácter interno innato. Y él es responsable ante una ley externa, de hecho, una ley basada en el ser de Dios, que su voluntad pecaminosa se deleita extraña y perversamente en romper. Para Rousseau, a modo de contraste, su humanidad natural es fundamentalmente sólida, y el acto pecaminoso proviene de las presiones y condicionamientos sociales. Se vuelve depravado por las presiones que la sociedad ejerce sobre él. Por lo tanto, podríamos resumir la diferencia básica entre los dos hombres de la siguiente manera: Agustín se culpa a sí mismo por su pecado porque es básicamente malvado desde su nacimiento; Rousseau culpa a la sociedad por su pecado porque es básicamente bueno al nacer y luego pervertido por fuerzas externas.

Lo que hace el relato de los espárragos es señalar el hecho de que, para Rousseau, el orden social es una fuente de falsedad o, para usar el término moderno, de inautenticidad. Los hombres y las mujeres nacen buenos y son corrompidos por la sociedad que los rodea.

Charles Taylor expresa el pensamiento de Rousseau de la siguiente manera: «El impulso original de la naturaleza es correcto, pero el efecto de una cultura depravada es que perdemos el contacto con ella».[11]

El segundo incidente deja este punto muy claro. Es la descripción y el análisis de Rousseau de un encuentro que tuvo en Venecia con una prostituta llamada Zulietta. De hecho, es tan importante este incidente para Rousseau que lo reclama como el «único incidente en mi vida que retrata mi naturaleza en sus verdaderos colores».[12]

Los acontecimientos del encuentro son fáciles de relatar. Rousseau visita a Zulietta y queda impresionado por su belleza y encanto. Inmediatamente, comienza a experimentar sentimientos de inferioridad e indignidad en su presencia. ¿Por qué debería tener una criatura tan maravillosa a su disposición, para hacer lo que quisiera? Agitado hasta el punto de las lágrimas, Rousseau de repente nota que uno de sus pezones está malformado, y esta observación, por trivial que sea, inmediatamente lo cambia todo. Ahora conjetura que este defecto es un signo de algún vicio natural, y la mujer que hace un momento había sido para él como una diosa es de repente un monstruo vicioso.[13]

La pregunta de por qué Rousseau considera que este encuentro es crítico para permitir que el lector lo entienda no surge en realidad de la historia en sí, sino que se revela al comienzo del libro 8, nuestro tercer incidente. Es entonces cuando Rousseau relata un viaje trascendental de París a Venecia para visitar a su amigo Denis Diderot. En el camino, se encuentra con un ejemplar del periódico *Mercure de France* y lee en él sobre un concurso de ensayos que está llevando a cabo la Academia de Dijon. La pregunta sobre la que se les pide a los concursantes que escriban es esta: «Si la restauración de las ciencias y las artes ha contribuido a la purificación de la moral».

11. Taylor, *Sources of the Self*, 357.
12. Rousseau, *Confessions*, 311.
13. Rousseau, *Confessions*, 311-312.

Rousseau decide presentar un ensayo y, como describe en las *Confesiones*, el marco básico de su sistema le llega mientras camina hacia Vincennes de tal manera que llega allí en un estado de gran emoción y agitación.[14] Es al reflexionar sobre esta cuestión que Rousseau más tarde se ve a sí mismo como haciendo su gran avance, su equivalente de la conversión de Agustín al cristianismo.[15]

El ensayo que escribe para este concurso es su famoso *Discurso sobre las ciencias y las artes* (el *Primer discurso*), que expone de una manera ciertamente bastante confusa los principios esenciales de su pensamiento posterior. La conexión del incidente de Venecia con la prostituta es esta: Rousseau ha llegado a comprender que las personas no son monstruos por naturaleza sino en virtud de su condicionamiento social, y es la imaginación la que desconcierta y, por lo tanto, oculta las verdaderas causas de la corrupción. Zulietta no era ni diosa ni monstruo. Su pezón deformado no era el resultado de algún juicio moral, divino o metafísico, sobre su vida, o la manifestación física de su depravación interior. Su prostitución era el resultado de circunstancias sociales, no de algún defecto intrínseco. Y esta comprensión fue lo que puso a Rousseau en camino para demostrar que son las instituciones sociales las que engendran la corrupción y la maldad, un punto que tendría enormes repercusiones para su pensamiento posterior sobre la sociedad, la ética y el individuo.

El estado hipotético y primigenio de la naturaleza

El ensayo que Rousseau presentó al *Mercure de France* ha llegado hasta nosotros como su *Primer discurso*. Este trabajo es notable no tanto por su argumento cuidadoso y convincente (podría decirse que no es ni cuidadoso ni convincente), sino por su retórica de refuerzo.

---

14. «Lo que recuerdo muy claramente de esta ocasión es que cuando llegué a Venecia estaba en un estado de agitación que rayaba en el delirio». Rousseau, *Confessions*, 342.

15. El lenguaje que Rousseau usa sobre su momento es similar al utilizado en las historias de conversión evangélica: «En el momento en que leí estas palabras [el título del ensayo propuesto] vi otro universo y me convertí en otro hombre». *Confessions*, 342.

Siempre inconforme, Rousseau abordó el tema del premio argumentando exactamente lo contrario de lo que podría esperarse. En lugar de afirmar el poder inherentemente civilizador de las artes y las ciencias, Rousseau las acusa de estar en la raíz de los vicios modernos. De acuerdo con su relato de Verrat y Zulietta, presenta el caso de que la civilización, no los individuos, es la fuente de los males sociales. Así, en la parte 1, expresa el problema de la siguiente manera:

> Qué dulce sería vivir entre nosotros si el semblante externo fuera siempre la imagen del carácter del corazón; si la decencia fuera virtud; si nuestras máximas fueran nuestras reglas: ¡si la filosofía genuina fuera inseparable del título de filósofo! [...]. Antes de que el arte hubiera moldeado nuestros modales y enseñado nuestras pasiones a hablar en términos prefabricados, nuestra moral era rústica pero natural; y las diferencias de conducta transmitían diferencias de carácter a primera vista.[16]

Esta es una de las primeras expresiones de Rousseau de lo que imaginó que debía haber sido para los humanos vivir en su estado natural, antes del advenimiento de las instituciones sociales. En tal época, los seres humanos tenían deseos simples relacionados a necesidades simples que solo se satisfacían. No había discontinuidad o desconexión entre lo que los individuos pensaban o querían y cómo se comportaban. Era un mundo en el que, para usar el término moderno, lo que ves es lo que obtienes en lo que respecta a la gente. Por lo tanto, es la socialización de la condición humana lo que ha creado los diversos problemas que ahora afligen la existencia humana.

Esta agradable inocencia del estado natural es un tema importante en el pensamiento de Rousseau, pero debe ser matizada de manera significativa para evitar malentendidos. El estado natural de Rousseau

---

16. Jean-Jacques Rousseau, *The Discourses and Other Early Political Writings*, ed. y trad. Victor Gourevitch, Cambridge Texts in the History of Political Thought (Cambridge: Cambridge University Press, 1997), 7.

no es una época histórica. No está tratando de describir la historia
real tanto como trata de participar en un experimento mental. El
Discurso de Rousseau no establece una narrativa histórica que, si se
desacredita, resulta fatal para su filosofía. Si nunca hubo una era de
salvajismo noble, entonces el punto básico de su argumento seguiría siendo sólido. No está ofreciendo aquí una visión del pasado,
sino una construcción teórica con el propósito de hacer posible una
distinción entre naturaleza y cultura y, por lo tanto, sentar las bases
para una crítica de la cultura y sus efectos en el individuo. Este hipotético estado natural proporciona esencialmente una medida básica
mediante la cual el papel de las convenciones e instituciones sociales
puede evaluarse en términos de su papel en la configuración de la
moral y el comportamiento humanos.

Para que no tengamos ninguna duda sobre el desafortunado
impacto de las ciencias y las artes, Rousseau da claridad al pasar
directamente de las palabras citadas con anterioridad a los comentarios sobre la sociedad contemporánea:

> Hoy, cuando las indagaciones más sutiles y un gusto más refinado
> han reducido el arte del complacer a los principios, una uniformidad
> vil y engañosa prevalece en nuestra moral y todas las mentes parecen
> haber sido arrojadas en el mismo molde: constantemente la cortesía
> exige, la propiedad manda; constantemente uno sigue la costumbre,
> nunca el propio ingenio. Uno ya no se atreve a parecer lo que es; y
> bajo esta restricción perpetua, los hombres que componen la manada
> que se llama sociedad, cuando se colocan en circunstancias similares,
> todos actuarán de manera similar a menos que motivos más poderosos
> los inclinen de manera diferente.[17]

Y esta sombría descripción conduce a resultados morales aún más
sombríos para las relaciones humanas y para la sociedad en su
conjunto:

---

17. Rousseau, *Discourses*, 8.

Qué tren de vicios debe atender a tal incertidumbre. No más amistades sinceras; no más estima real; no más confianza fundamentada. Las sospechas, las ofensas, los miedos, la frialdad, la reserva, el odio, la traición, se esconderán constantemente bajo este velo uniforme y engañoso de cortesía, debajo de esta urbanidad tan cacareada que debemos a la ilustración de nuestro siglo.[18]

En resumen, mientras que se podría esperar que la educación en las artes y las ciencias mejore a la humanidad y mejore la vida, Rousseau ve un peligro real de exactamente lo contrario: en realidad fomentará la hipocresía y la maldad porque crea una sociedad donde la necesidad de pertenecer y conformarse requiere que los individuos no sean lo que realmente son. La sociedad crea las reglas bajo las cuales el individuo debe jugar para ser aceptado, y esas reglas son contrarias a la simple economía de deseos innatos fácilmente satisfechos, creados por las necesidades físicas básicas que se encuentran en el estado natural.

Esta afirmación es de gran importancia para comprender muchas de las patologías de nuestro momento cultural actual. Podríamos decir que Rousseau está argumentando, a un nivel básico, que es la sociedad y las relaciones y condiciones que encarna la sociedad las que moldean decisivamente y, en la descripción anterior, corrompen decisivamente a los individuos. Ese es un punto tan básico para gran parte del pensamiento liberal moderno que roza lo trivial.

En el capítulo 1 señalamos el concepto hegeliano de *Sittlichkeit*, recogido por Charles Taylor, como un medio útil para resaltar la naturaleza dialógica de cómo uno construye un sentido de sí mismo. *Sittlichkeit* es el término utilizado para referirse a la estructura ética de la sociedad en general, encarnando el código de comportamiento al que uno debe ajustarse para pertenecer y ser aceptado. Ahora, los seres humanos son conscientes de sí mismos, pero su autoconciencia se desarrolla a través de la interacción con el mundo fuera del yo,

---

18. Rousseau, *Discourses*, 8.

particularmente con otras autoconciencias similares, la gramática y la sintaxis cuya interacción está conectada con las expectativas éticas de la sociedad en su conjunto. Y este desarrollo interactivo se conecta con otro deseo humano básico, el de ser reconocido, ser aceptado por los demás, de una manera que reconozca la propia identidad. Si aplicamos esta dinámica a lo que Rousseau está afirmando, su punto parece ser que es este deseo de ser reconocido dentro de una sociedad cuyo *Sittlichkeit*, o marco ético, oprime inherentemente los deseos individuales lo que luego resulta tan problemático. Es esta tensión la que fomenta la ambición, una actitud competitiva e incluso destructiva hacia los demás, y que, por lo tanto, al introducir refinamientos y ambición personal, interrumpe el equilibrio que existiría en algún estado primitivo. La auténtica autoexpresión del tipo disponible para el hipotético salvaje, libre de las expectativas de la cultura, es por lo tanto imposible para el nacido en una sociedad civilizada porque esa sociedad no permitirá tal comportamiento y es probable, de hecho, que lo castigue. El ser humano auténtico es considerado con desprecio por la sociedad cultivada, tal vez incluso como un criminal. Para ser miembro de tal sociedad, uno debe, por lo tanto, suprimir estos deseos e instintos personales y naturales y ajustarse a los cánones de comportamiento socialmente normativos. Y en el proceso, uno se vuelve inauténtico, falso para su ser interno (real). Para usar la frase moderna, uno termina viviendo una mentira.

Los dos amores

Aquí es donde es significativa una distinción importante en el pensamiento de Rousseau, la que existe entre *amour de soi-même* («amor propio») y *amour propre*. En el hipotético estado natural, los seres humanos simplemente poseen el primero, el amor propio, un punto que Rousseau establece en la parte 1 del *Segundo discurso*. Esto es básicamente el deseo de autopreservación. Los seres humanos en el hipotético estado de naturaleza desean sobrevivir, continuar su propia existencia, y eso es básico para quienes son.[19]

En sus notas al *Segundo discurso* (nota 15), Rousseau define amour *propre*, en contraste con el amor propio, de la siguiente manera:

Amour propre es solo un sentimiento relativo, facticio y nacido en la sociedad, que inclina a cada individuo a dar mayor importancia a sí mismo que a cualquier otra persona, inspira a los hombres con todos los males que se hacen unos a otros, y es la fuente genuina de honor.[20]

En resumen, el amor propio en el estado natural es un bien, lo que lleva a los individuos a buscar la autopreservación. *Amour propre*, sin embargo, es el resultado de las rivalidades y las competencias y los conflictos interpersonales que genera la sociedad. Esto es lo que hace que los hombres y las mujeres sean corruptos y falsos hacia sí mismos.

Existe cierto debate dentro de los círculos académicos sobre si *amour propre* en Rousseau es un concepto intrínsecamente negativo o si es en sí mismo moralmente neutral, pero típicamente manifestado de manera inmoral.[21] En su forma negativa, sin embargo, *el amour propre* consiste inequívocamente en el orgullo, la competitividad y el deseo de superioridad y dominio sobre los demás que tipifica a la sociedad. Mientras narra una historia hipotética de la sociedad en el *Segundo discurso*, Rousseau imagina cómo las rivalidades, la envidia y el descontento podrían desarrollarse en un contexto social como personas primitivas reunidas en un árbol o fuera de una choza:

Todos comenzaron a mirar a todos los demás y a desear ser mirados, y la estima pública adquirió un precio. El que mejor cantaba o bailaba, el más guapo, el más fuerte, el más hábil o el más elocuente llegó a ser

19. Rousseau, *Discourses*, 150.
20. Rousseau, *Discourses*, 218.
21. Para el primer punto de vista, ver Grace G. Roosevelt, *Reading Rousseau in the Nuclear Age* (Filadelfia: Temple University Press, 1990), 30; para este último, ver N. J. H. Dent, *An Introduction to His Psychological, Social and Political Theory* (Oxford: Blackwell, 1988), 21.

el más apreciado, y este fue el primer paso hacia la desigualdad y el vicio: de estas primeras preferencias surgieron la vanidad y el desprecio por un lado, la vergüenza y la envidia por el otro; y la fermentación causada por estas nuevas levaduras eventualmente produjo compuestos fatales para la felicidad y la inocencia.[22]

Atrás quedó la inocencia del hombre natural cuyos deseos y necesidades eran simples y coincidían perfectamente entre sí. Ahora se ha introducido una esfera social competitiva que crea necesidades —ser el mejor, ser el más apreciado, ser el amo— que por definición no pueden satisfacerse para todas las personas todo el tiempo. Así viene la desigualdad y las luchas que marcan la existencia humana.

Todos estos aspectos problemáticos del comportamiento humano no son el resultado de una perversión innata que corrompe a hombres y mujeres desde el nacimiento, sino más bien del existir en un entorno social con otros. Son las demandas alienígenas de ese entorno —ser mejor que esta otra persona, ser más bella que esa— las que corrompen a los individuos y los alienan de lo que realmente son. En este contexto, la conciencia (como veremos) actúa como un medio para recordar al individuo el hecho de que sus mejores intereses se sirven empatizando con los demás y tratándolos como él desearía ser tratado.

En contraste con el *amour propre*, debemos tener en cuenta que cuando Rousseau habla de «amor propio» aplicado al estado natural, no es una forma de egoísmo sin trabas, como podría sugerir la traducción al español. Además, la idea de autopreservación también podría tender a implicar que el egoísmo se encuentra en el núcleo de lo que significa ser humano. Uno podría imaginar fácilmente un mundo en el que el amor propio podría ser concebido de tal manera, dado que cualquier individuo comprometido con una noción no calificada de autopreservación bien podría actuar de una manera

---

22. Rousseau, *Discourses*, 166.

hostil a todos los demás individuos como amenazas potenciales a su propia existencia. Pero Rousseau no cree que este sea el caso; él consideraría tal amor como el mismo *amour propre* que es tan problemático. Más bien, considera que el amor propio en el estado natural está coordinado con la piedad como una parte intrínseca de la virtud humana natural.

Rousseau define la piedad como una repugnancia innata a la idea de que otros que pertenecen a la misma especie sufran. Al hombre natural no le gusta ver a uno de sus semejantes en el dolor o la dificultad y, si puede, actuará para aliviarlo. Todas las demás virtudes sociales, como la generosidad y la misericordia, fluyen de esta fuente básica:

Hay, además, otro principio [...] que, habiendo sido dado al hombre para, bajo ciertas circunstancias, suavizar la ferocidad de su *amour propre* o del deseo de autopreservación antes del nacimiento del *amour propre*, atempera su ardor por el bienestar con una repugnancia innata de ver sufrir a su especie [...]. No creo que tenga que temer ninguna contradicción al conceder al hombre la única virtud natural que el más extremo detractor de las virtudes humanas [Thomas Hobbes] se vio obligado a reconocer. Hablo de la piedad, una disposición adecuada para seres tan débiles y tan sujetos a tantos males como nosotros; una virtud tanto más universal y útil para el hombre como precede al ejercicio de toda reflexión en él, y tan natural que incluso las bestias a veces muestran signos evidentes de ello.[23]

Este es un pasaje digno de mención porque deja claro que Rousseau, además de establecer un contraste entre la inocencia del estado

---

23. Rousseau, *Discourses*, 152. El trasfondo de los comentarios de Rousseau aquí es la opinión de Thomas Hobbes, que *piedad* es la palabra dada al sentimiento que una persona tiene hacia otra que está sufriendo alguna desgracia. Hobbes permite que la piedad sea básica para la condición humana, pero la arraiga en un egoísmo esencial: uno siente piedad por la persona que está sufriendo por el temor de que tal cosa también pueda sucederle a sí mismo. Ver Thomas Hobbes, *Leviathan*, ed. J. C. A. Gaskin (Oxford: Oxford University Press, 1996), 39. Rousseau ve la piedad menos cínicamente, como una respuesta instintiva y prerreflectiva al sufrimiento de otros miembros de la especie.

natural y la corrupción de la sociedad, arraiga su comprensión de la ética en el sentimiento personal. Es la empatía la que da forma al amor propio de una manera que hace que los seres humanos sean morales. Como argumenta en el *Segundo discurso,* la piedad o empatía en el estado natural toma el lugar de las leyes, la moral y la virtud porque naturalmente nos mueve hacia el alivio del sufrimiento de los demás.[24] Empatizamos con aquellos que sufren y, por lo tanto, estamos motivados para aliviar su sufrimiento. Los imperativos morales bien pueden presentarse como teniendo una autoridad y estatus intrínsecos, pero encuentran su origen y fundamento en un sentimiento personal, una reacción emocional a las circunstancias, la de la empatía y la piedad que alguien siente naturalmente en el estado natural por algún otro de su clase que está en dolor o dificultad.[25] Por lo tanto, la acción ética humana surge de un sentimiento psicológico. Es el hecho de que somos naturalmente empáticos lo que nos hace morales.

Rousseau deja claro este pensamiento en *Emile,* su tratado sobre educación, al discutir la terminología de la moral pública:

> Yo mostraría que la *justicia* y la *bondad* no son meras palabras abstractas —seres morales puros formados por el entendimiento— sino que son verdaderos afectos del alma iluminada por la razón y, por lo tanto, solo un desarrollo ordenado de nuestros afectos primitivos; que solo por la razón, independientemente de la conciencia, no se

---

24. Rousseau, *Discourses*, 154.

25. Rousseau no es el único en el siglo XVIII que ve el sentimiento como clave para comprender el comportamiento ético de los seres humanos. Véase, por ejemplo, David Hume, *Enquiries concerning Human Understanding and concerning the Principles of Morals*, ed. L. A. SelbyBigge, rev. P. H. Nidditch (Oxford: Oxford University Press, 1975), 272 (§221): «La noción de moral implica algún sentimiento común a toda la humanidad, que recomienda el mismo objeto a la aprobación general, y hace que cada hombre, o la mayoría de los hombres, estén de acuerdo en la misma opinión o decisión al respecto. También implica algún sentimiento, tan universal y comprensivo como para extenderse a toda la humanidad, y hacer que las acciones y la conducta, incluso de las personas en las áreas más remotas, sean objeto de aplausos o censuras, según estén de acuerdo o en desacuerdo con esa regla de derecho que se establece».

puede establecer ninguna ley natural; y que todo el derecho de la naturaleza es solo una quimera si no se basa en una necesidad natural en el corazón humano.[26]

En una importante nota al pie de este pasaje, Rousseau usa como ejemplo de los principios éticos más básicos la máxima de que debes hacer a los demás lo que desearías que te hicieran a ti. Incluso este código, argumenta, tiene sus raíces en una capacidad sentimental previa, ya que depende de la capacidad de identificarse con los demás en su condición y, por lo tanto, de desear para ellos lo que desearías para ti.

Por lo tanto, la piedad como fundamento de la ética apunta hacia dos elementos importantes del pensamiento de Rousseau. La primera es la dimensión social de los seres humanos, incluso en su hipotético estado natural, porque la piedad siempre se dirige hacia otro. No puede existir en perfecto aislamiento como virtud solipsista. Como se señaló anteriormente, el amor propio no es una cuestión de interés propio sin trabas a expensas de todos los demás, ni se ejemplifica en una especie de espléndido aislamiento. La clave para un amor propio apropiado es que los deseos del individuo estén conectados con las necesidades básicas y no las excedan: suficiente comida para alimentarse, un solo cónyuge para la compañía y la procreación, y suficiente descanso para mantener el cuerpo sano. En cuanto a los temores del hombre en el estado de naturaleza, estos son simples: dolor y hambre. Otros deseos y otros temores, y la perturbación concomitante que traen a los individuos, son el fruto del *amour propre* y, por lo tanto, de la sociedad que es su condición previa necesaria.[27] La clave de la ética social básica es, por lo tanto, la capacidad de empatizar con los demás y aplicarles los mismos principios que aplicas a ti mismo. Cada individuo debe relacionarse con los otros de una manera que respete

26. Jean-Jacques Rousseau, *Emile; o, On Education*, trans. Allan Bloom (New York: Basic Books, 1979), 235.
27. Roosevelt, *Reading Rousseau*, 29; Dent, *Rousseau*, 20.

su propia integridad personal y soberanía. Los problemas surgen solo cuando una persona trata de dominar a otra.

El segundo elemento importante del pensamiento de Rousseau que emerge en la discusión de la piedad y el fundamento de la ética en el sentimiento es que ve la estética como clave para la moralidad. La persona virtuosa es aquella cuyos instintos, cuyas respuestas sentimentales o emocionales a situaciones particulares, están correctamente sintonizadas. Ninguna ley puede moralizar a hombres o mujeres si sus sentimientos no están debidamente ordenados.

Esta es una noción extremadamente significativa. Tiene implicaciones obvias para la educación: si los seres humanos en el estado natural tienen sentimientos naturalmente correctos, entonces el propósito de la educación en el mundo real en el que vivimos no se convierte en lo que tradicionalmente se concebía: la formación de individuos en las competencias intelectuales, sociales y morales necesarias para ser miembro de la sociedad. Por el contrario, la educación se trata de permitir que la persona madure de una manera que la proteja precisamente de esas influencias culturales que la educación tradicional está diseñada para cultivar y que simplemente inflaman el *amor propre*. Estos solo sirven para alejarla de lo que realmente es, haciéndola inauténtica.

Al arraigar la ética en el sentimiento, Rousseau también proporciona un punto de comparación obvio e instructivo con el emotivismo que Alasdair MacIntyre ve como la caracterización de la forma en que el discurso ético debe entenderse hoy. En este último esquema, decir que algo es bueno es en realidad simplemente expresar una preferencia emocional personal. Para Rousseau, el discurso ético tiene que ver con los sentimientos personales —lo que equivale a lo mismo, aunque rechazaría el relativismo moral como una implicación necesaria.

Al tratar el tema del sentimiento o la respuesta emocional, por supuesto, debemos reconocer que la ética generalmente implica algo en la línea de lo que Rousseau sugiere. Si veo a un anciano siendo atacado por asaltantes en la calle y necesito buscar en Google «¿es algo bueno o malo atracar a los ancianos?» antes de actuar, la mayoría de la gente diría que me estoy comportando de una manera que muestra un nivel de insuficiencia moral. Responder a algo como un atraco debe ser intuitivo: o corro a ayudar, o tomo medidas inmediatas para buscar ayuda, sin involucrarme realmente en ningún razonamiento discursivo basado en los primeros principios. Podríamos decir que, para ser una persona moral, mis instintos o mis sentimientos deben estar debidamente en sintonía con la situación, y que son esos instintos, y no cualquier ley heterónoma, los que me motivan a actuar. Los sentimientos, las emociones y las consideraciones estéticas forman una parte importante de la actividad ética.

Sin embargo, entre Rousseau y nuestros días, ha habido claramente un cambio significativo, como lo atestigua el subjetivismo ético desenfrenado de nuestra cultura moderna de moralidad emotiva anárquica e individualismo expresivo. Ahora no hay consenso sobre qué es lo que debe evocar nuestra empatía y simpatía: ¿el bebé en el útero o la adolescente embarazada cuya vida se verá completamente interrumpida por tener un hijo? ¿El adolescente transgénero que quiere convertirse en mujer o sus padres que temen que esté cometiendo un terrible error? La ética que Rousseau articula puede estar enraizada en el sentimiento, pero no es exactamente lo mismo que el subjetivismo ético impulsado emocionalmente que tenemos hoy. Por el contrario, Rousseau considera que la empatía tiene una estabilidad universal porque se basa en su afirmación confiada de una naturaleza humana universal que posee una conciencia que es la misma para todos. De hecho, en *Emile* hace que el Vicario de Saboya del libro 4 defina la conciencia de la siguiente manera:

> Hay en las profundidades de las almas, entonces, un principio innato de justicia y virtud según el cual, a pesar de nuestras propias máximas,

juzgamos nuestras acciones y las de los demás como buenas o malas. Es a este principio al que doy el nombre de conciencia.[28]

Tan importante es esta comprensión de la conciencia para Rousseau que luego coloca el siguiente elogio a la conciencia en la boca del Vicario de Saboya:

> ¡Conciencia, conciencia! Instinto divino, voz inmortal y celestial, guía cierta de un ser ignorante y limitado pero inteligente y libre; juez infalible del bien y del mal que hace al hombre semejante a Dios; eres tú quien hace la excelencia de su naturaleza y la moralidad de sus acciones. Sin ti no siento nada en mí que me eleve por encima de las bestias, aparte del triste privilegio de desviarme de error en error con la ayuda de un entendimiento sin regla y una razón sin principios.[29]

Hay un sentido en el que Rousseau aquí no dice nada que muchos cristianos ortodoxos de su época, especialmente protestantes, no hubieran afirmado. Hay una brújula moral interna e intuitiva que guía y dirige al individuo en el comportamiento correcto hacia los demás. Como en el ejemplo del atraco anterior, el instinto juega un papel importante en cómo nos comportamos en la esfera moral.

Hay, sin embargo, diferencias significativas entre los puntos de vista de Rousseau y los del protestantismo tradicional que son decisivos para su construcción de conciencia. A diferencia de la corriente agustiniana del pensamiento cristiano, de la cual el protestantismo ortodoxo es un desarrollo, Rousseau no considera a los seres humanos como innatamente pervertidos. Para Agustín, es precisamente el hecho de que los seres humanos nacen depravados y sujetos a conflictos morales internos y confusión lo que hace que el sentimiento y el instinto sean guías poco confiables, incluso positivamente engañosas, para la acción moral. Para Rousseau, sin embargo, los individuos son intrínsecamente buenos, con sentimientos que están debidamente

---

28. Rousseau, *Emile*, 289.
29. Rousseau, *Emile*, 290.

ordenados y en sintonía con fines éticos, hasta que son corrompidos por las fuerzas de la sociedad. Por lo tanto, no hay tensión, en su pensamiento, entre la conciencia y la voluntad que no sea la generada por ser miembro de la sociedad y, por lo tanto, ser vulnerable a las ambiciones pervertidas de un *amour propre* inflamado.[30]

Para Rousseau, el individuo está en su mejor momento —es más verdaderamente él mismo como debería ser— cuando actúa de acuerdo con su naturaleza. Este es el principio profundo de la comprensión de Rousseau de la personalidad auténtica y de la ética. Y la conciencia es la voz interna, prístina y, para Rousseau, divina que apunta a cada uno en esta dirección. Es la sociedad, con sus tentaciones y sus corrupciones, la que impide que la conciencia sea el gobernador omnipotente de la acción humana. Aquí tenemos el marco conceptual para entender los incidentes con el robo de los espárragos y el encuentro con Zulietta. En ambos casos, el pecado de Rousseau, si podemos llamarlo así, fue el resultado de la perversión de sus sentimientos naturales por las demandas y expectativas de la sociedad. Si hubiera estado alineado con su naturaleza, entonces no se habría comportado o pensado como lo hizo.

Una vez más, esta noción encuentra expresión en otro pasaje poderosamente expresado donde Rousseau elogia la naturaleza de la verdadera libertad moral:

> Pero las leyes eternas de la naturaleza y el orden existen. Para el hombre sabio, toman el lugar de la ley positiva. Están escritos en lo profundo de su corazón por la conciencia y la razón. Es a estos a los que debe esclavizarse para ser libre. El único esclavo es el hombre que hace el mal, porque siempre lo hace a pesar de sí mismo. La libertad no se encuentra en ninguna forma de gobierno; está en el corazón

---

30. «Inflamado» es el término de Dent para describir *amour propre* en su forma negativa. Es un adjetivo que utiliza para dejar claro que, en su opinión, *amour propre* en sí mismo no es necesariamente algo malo. Más bien, es su perversión la que es el problema. Dent, *Rousseau*, 56-58.

del hombre libre. Se lo lleva consigo a todas partes. El hombre vil lleva su servidumbre a todas partes. Este último sería un esclavo en Ginebra; el primero, un hombre libre en París.[31]

El que es verdaderamente libre es el que es libre para ser él mismo. Podríamos reformular esto y decir que el que es moldeado por la sociedad y no por su propia conciencia y razón es verdaderamente un esclavo. Alienado de su verdadero yo y en esclavitud a las demandas de la sociedad en la que vive, es en consecuencia menos humano, menos auténtico, que el que actúa de acuerdo con su propia naturaleza. No importa en qué contexto social o político se encuentre el hombre malvado. Siempre es menos que libre, siempre menos de lo que debería ser, porque nunca está caminando en obediencia a esa voz interior que debería guiarlo. Es seguir esa voz interior lo que hace que uno sea verdaderamente libre, verdaderamente auténtico. Nuestro acceso al verdadero orden del mundo y nuestro lugar en él es, por lo tanto, principalmente interno.[32]

Conclusión: La importancia de Rousseau

Si bien Rousseau puede ser poco leído, o incluso desconocido, para la mayoría de los habitantes de Occidente hoy en día, debería quedar claro por lo anterior que muchas de sus ideas se han convertido en los supuestos comunes de la cultura occidental.

El más obvio es su enfoque en la vida psicológica interna como la que ofrece el relato más profundo de la identidad personal. Sus *Confesiones* se basan en tal idea y proporcionan no solo un ejemplo temprano del género literario de la autobiografía psicológica, sino también una justificación para ver la vida interior de cada persona como la cosa más importante o distintiva de él o ella. De hecho, es esa vida interior la que realmente constituye una identidad personal

---

31. Rousseau, *Emile*, 473.

32. Según Taylor, este es el movimiento clave que Rousseau hace y que, por lo tanto, allana el camino para las construcciones posteriores del yo. *Sources of the Self*, 369.

única. Si Rieff tiene razón al ver la era moderna como la era del hombre psicológico, podemos ver que la trayectoria hacia ese aspecto de nuestro tiempo ya está presente en la obra de Rousseau.

Otro punto de contacto entre Rousseau y nuestra época, y uno que está en conexión positiva con su psicologización de la identidad, es la noción de que es la sociedad o la cultura la que es el problema. Esta idea es quizás uno de los supuestos sociales y políticos más dominantes en la actualidad. Que la sociedad, o la crianza, sea la culpable de los problemas que tienen los individuos en este mundo, no los individuos mismos considerados en abstracción de su entorno social, es prácticamente una ortodoxia incuestionable, e influye en todo, desde las filosofías de la educación hasta los debates sobre el crimen y el castigo.

Este contraste entre la naturaleza y la sociedad/cultura que Rousseau presenta también se encuentra en el corazón del surgimiento de dos fenómenos que, como se señaló anteriormente, Charles Taylor ve como críticos para comprender la era moderna: el individualismo expresivo y el concepto de dignidad. En cuanto al primero, Rousseau sienta las bases para el individualismo expresivo a través de su noción de que el individuo es más auténtico cuando actúa en público aquellos deseos y sentimientos que caracterizan su vida psicológica interior. Si bien no habría anticipado cómo esto se manifestaría más tarde, esta construcción de la identidad y la autenticidad humana es la condición filosófica necesaria para la política de identidad moderna, particularmente como se manifiesta en la política sexual de nuestros días.

Debería, por ejemplo, quedar claro que tal construcción de libertad y autonomía como la ofrecida por Rousseau está funcionando en el movimiento transgénero moderno. Que es la voz interior, liberada de todas y cada una de las influencias externas —incluso de los cromosomas y las características sexuales primarias del cuerpo físico— la que da forma a la identidad de la persona transgénero es una posición

consistente con la idea de Rousseau de que la autenticidad personal
está arraigada en la noción de que la naturaleza, libre de restricciones
culturales heterónomas, y la identidad propia, concebida como convicción psicológica interna, son las verdaderas guías de la verdadera
identidad. Rousseau sin duda se habría sorprendido de los últimos
resultados de su concepción de la naturaleza y la libertad, pero las
afinidades son claras.

Por supuesto, es más complicado que eso, y la noción de Rousseau de *amour propre* lo reconoce. Los seres humanos son animales
sociales, y los comportamientos y las creencias que los validan o les
dan un sentido de valor personal o autenticidad están determinados
socialmente. Señalamos este punto anteriormente en la discusión
de la naturaleza dialógica del *yo* con referencia al uso de Charles
Taylor de G. W. F. Hegel. Rousseau es anterior a Hegel, pero es
consciente de cómo el *yo* en la práctica es un diálogo, incluso si ve
este diálogo como problemático y potencialmente militando contra
la autenticidad personal. Ese es el problema que señala en el *Segundo
discurso* cuando discute la necesidad de la estima pública como una
raíz causante del mal. Sin embargo, la neutralidad moral del *amour
propre* considerado en abstracto —que puede ser malo o, dadas las
condiciones sociales adecuadas, moldeado para el bien— subraya el
reconocimiento de Rousseau de que existe una necesidad humana
perenne de reconocimiento social de algún tipo. Él sabe que la sociedad establece los términos por los cuales se establece y reconoce
la identidad individual. La pregunta clave es cómo organizar a la
sociedad de tal manera que establezca esos términos de una manera
consonante con el amor propio o de una manera que no conduzca a
un *yo* alienado e inauténtico. Volveremos a este punto más adelante.
Por ahora, basta con mencionarlo.[33]

---

33. En *Considerations on the Government of Poland and on Its Projected Reformation*, Rousseau señala el papel de las reuniones sociales en la constitución y preservación de la identidad
de los pueblos antiguos, los ejemplos son los judíos bajo Moisés, los espartanos bajo Licurgo

Sobre el segundo punto, el de la dignidad, Rousseau considera que los individuos tienen una integridad y un valor que se deriva de su autoconciencia interior y no de la sociedad en la que existen (tal sociedad es, por definición, algo que puede hacer que el individuo no sea auténtico), por lo que todos los individuos tienen un valor en sí mismos y no derivado de su posición extrínseca en la jerarquía social. Al igual que con el individualismo expresivo, este impulso igualitario que observamos aquí en Rousseau demostrará ser una condición previa crítica para el surgimiento de los movimientos de identidad modernos y sus manifestaciones políticas contemporáneas, como la campaña por los derechos LGBTQ+.

Hay otras implicaciones del pensamiento de Rousseau que tienen claras afinidades con las patologías de nuestra época. La idea de la inocencia innata del hipotético estado de naturaleza presiona hacia un culto a la infancia y la juventud. Mientras que, en una sociedad basada, digamos, en los ideales confucianos, la edad debe ser respetada porque la edad trae consigo sabiduría, el mundo occidental de hoy generalmente acredita a los jóvenes con sabiduría y considera la vejez como corrupta, miope o atrasada. Por ejemplo, en los últimos años tenemos niños y adolescentes educando a la generación mayor, sobre todo, desde la atención médica hasta el medio ambiente y asuntos como el Brexit y Donald Trump. Opinar sobre cada uno de estos temas de cualquier manera útil en realidad requiere cierto nivel de experiencia y conocimiento que solo viene cuando se ha dedicado un tiempo significativo a estudiar los temas en cuestión y observar cómo funciona el mundo. Pero eso no ha impedido que los periódicos y los expertos tomen en serio la voz de los jóvenes. ¿Por qué? En parte, seguramente se debe a que el punto básico de Rousseau sobre

---

y Roma bajo Numa. La participación de todas las personas en los festivales públicos de estas sociedades fue crucial tanto para la identidad individual como corporativa, sin tensión ni oposición entre los dos. Ver Jean-Jacques Rousseau, *The Social Contract and Other Later Political Writings*, ed. y trad. Victor Gourevitch, Cambridge Texts in the History of Political Thought (Cambridge: Cambridge University Press, 1997), 179-182.

la naturaleza, la sociedad y la autenticidad de la inocencia juvenil se ha convertido en una de las suposiciones no reconocidas de esta era actual. Es parte del imaginario social.

Además, los puntos de Rousseau sobre el estado de naturaleza y los efectos de la sociedad también llevan consigo una cierta tendencia antihistórica. Si el estado de naturaleza es el ideal, y si la sociedad corrompe, entonces la historia de la sociedad se convierte en la historia de la corrupción y la opresión de la naturaleza humana. Deja de ser una fuente de sabiduría y se convierte más bien en una historia de aflicción. Esa es una tendencia que se convertirá en un sello distintivo de la era moderna, desde la noción de Marx de la historia como lucha de clases hasta el concepto de civilización de Freud y las recientes afirmaciones de que «estar en el lado correcto de la historia» en realidad (y algo irónicamente) requiere el derrocamiento de las definiciones históricas de prácticas sociales como el matrimonio.

Finalmente, al acentuar el papel del sentimiento o la empatía en la ética, Rousseau también nos señala la importancia crítica del concepto de naturaleza humana para la estabilidad del discurso ético. Cuando se lee a la luz del relativismo moral anárquico y el emotivismo ético de nuestra era actual, está claro que Rousseau se salva de tal solo por su compromiso con el origen divino de la conciencia y, por lo tanto, con la estabilidad y consistencia fundamentales de una naturaleza humana que se instala por separado en cada individuo. Niega eso, y lo que tienes es un mundo en el que los sentimientos subjetivos de cada persona determinan su propia identidad. Taylor se refiere al pensamiento de Rousseau aquí como «libertad autodeterminada», que define de la siguiente manera:

> Es la idea de que soy libre cuando decido por mí mismo lo que me concierne, en lugar de ser moldeado por influencias externas. Es un estándar de libertad que obviamente va más allá de lo que se ha llamado libertad negativa, donde soy libre de hacer lo que quiera sin

interferencia de otros porque eso es compatible con mi formación por la sociedad y sus leyes de conformidad. La libertad autodeterminada exige que rompa el control de todas esas imposiciones externas y decida por mí mismo.[34]

Quita la idea de la naturaleza humana universal, y la ética desciende al emotivismo subjetivo que MacIntyre ve como la caracterización de nuestra era actual. La empatía por sí sola es susceptible no solo de ser un sentimiento, sino de degenerarse en un sentimentalismo que simplemente quiere que otras personas sean felices a su manera en sus propios términos. Es el colapso de este metaconcepto de la naturaleza humana lo que resultará tan crítico para nuestra discusión.

---

34. Charles Taylor, *The Ethics of Authenticity* (Cambridge, MA: Harvard University Press, 1991), 27.

4

Legisladores no reconocidos

Wordsworth, Shelley y Blake

El hombre es un animal poético.

WILLIAM HAZLITT

En el énfasis de Jean-Jacques Rousseau en el amor propio, la empatía, la conciencia y el contraste entre el estado hipotético de la naturaleza y la forma en que la sociedad puede —y típicamente hace— conducir a un *amour propre* inflamado, podemos ver emerger los contornos básicos del individualismo expresivo moderno. La verdadera identidad de un individuo se encuentra en la autobiografía interna psicológica. El individuo auténtico es aquel que se comporta exteriormente de acuerdo con esta naturaleza psicológica interna. La sociedad y sus convenciones son el enemigo, suprimiendo el deseo y pervirtiendo al individuo de una manera que impide que el yo real y auténtico pueda expresarse. Por lo tanto, la dinámica esencial de la comprensión moderna del *yo* ya está en su lugar en el pensamiento de Rousseau a finales del siglo XVIII.

La pregunta con la que comencé, sin embargo, sigue siendo: ¿cómo tales ideas —ideas originalmente planteadas en círculos intelectuales de élite— se convirtieron no simplemente en la moneda común de nuestra sociedad, sino que además están tan profundamente arraigadas de tal manera que la mayoría de las personas nunca reflexionan sobre ellas de ninguna manera crítica o autoconsciente y aparentemente están convencidas de que son parte natural de nuestra existencia? Para entender eso, necesitamos ver cómo las ideas similares a las de Rousseau sirvieron para remodelar la cultura en general. Y eso nos lleva al movimiento artístico conocido como Romanticismo.[1]

La definición del Romanticismo, como con *tantos -ismos,* es una cuestión molesta, pero no tiene por qué detenernos aquí.[2] Mi interés no es establecer la esencia (o no) de un movimiento supuestamente unificado o describir las semejanzas familiares con miras a conectar figuras y movimientos dispares en una unidad construida. Más bien, mi objetivo es observar cómo ciertas disposiciones culturales fueron manifestadas, comunicadas y reforzadas en el período posterior a Rousseau. Por lo tanto, es una línea particular del Romanticismo —la del expresivismo, y la manifestada en la poesía de la época— la que me interesa aquí. Es en la poesía, tanto en la reflexión teórica sobre sus tareas como en su práctica real, donde encontramos una serie de ideas clave que emergen y son de inmensa importancia en la larga historia del surgimiento de las políticas de identidad sexual. En primer lugar, está la noción de poesía que pone a los oyentes o lectores en contacto con una realidad auténtica que elimina las corrupciones construidas de la sociedad y las conecta con

---

1. Charles Taylor considera la conexión entre Rousseau y el Romanticismo como una parte clave de lo que él llama «el giro expresivista»: «La imagen de la naturaleza como fuente fue una parte crucial de la armería conceptual en la que surgió el Romanticismo y conquistó la cultura y la sensibilidad europeas». *Sources of the Self: The Making of the Modern Identity* (Cambridge, MA: Harvard University Press, 1989), 368.
2. Un estudio reciente de definiciones se encuentra en la introducción a Carmen Casaliggi y Porscha Fermanis, *Romanticism: A Literary and Cultural History* (London: Routledge, 2016), 1-18.

una naturaleza más universal y auténtica. En segundo lugar, está la cuestión relacionada con la importancia atribuida a la estética, o la idea de que la poesía —y por lo tanto el poeta— cumple una tarea profundamente ética de ennoblecer a la humanidad cultivando los sentimientos correctos a través del arte. En tercer lugar, está la conexión que surge de este pensamiento, de ver la poesía como un ejercicio político, incluso revolucionario, y a los poetas como, en palabras de Shelley, «los legisladores no reconocidos del mundo».[3] Y finalmente, están las conexiones específicas que vemos emerger en la poesía y la prosa de hombres como Percy Bysshe Shelley y William Blake entre los ataques al cristianismo organizado, las nociones de liberación política y la idea de libertad sexual. Con poetas radicales como Shelley y Blake, comenzamos a ver el surgimiento del importante énfasis en el sexo como el elemento central de la autenticidad individual.

William Wordsworth: Poesía, naturaleza y autenticidad

En el prefacio de la (segunda) edición de 1802 de *Lyrical Ballads* [Baladas líricas], la colección de poemas que William Wordsworth y Samuel Taylor Coleridge publicaron por primera vez en 1800, Wordsworth ofreció lo que se convertiría en el manifiesto más famoso para la poesía expresivista. Dos aspectos del prefacio son de particular importancia: primero, el énfasis en la emoción interior, y segundo, la prioridad dada a lo ordinario y lo anodino, incluso lo rural, como tema.[4]

---

3. Percy Bysshe Shelley, *Shelley's Poetry and Prose*, ed. Donald H. Reiman and Neil Fraistat, 2nd ed., Norton Critical Edition (New York: W. W. Norton, 2002), 535.

4. Describiendo el prefacio de la segunda edición, Malcolm Guite señala que era «una especie de manifiesto de la nueva poesía con la que ambos hombres estaban ahora asociados: libre, natural, lúcido, no forzado, atraído a descubrir lo bello en lo que es cercano y cotidiano, así como en lo remoto, pero igualmente comprometido a encontrar en el cuento popular, la superstición y el mito, emblemas de nuestra propia naturaleza interior y verdades más profundas sobre el corazón humano». *Mariner: A Theological Voyage with Samuel Taylor Coleridge*, Studies in Theology and the Arts (Downers Grove, IL: IVP Academic, 2018), 185.

En cuanto al primero, el texto está impregnado del lenguaje de las emociones, el placer y la estética. El propósito de sus poemas es «ilustrar la forma en que nuestros sentimientos y nuestras ideas se asocian en un estado de emoción».[5] Distingue su poesía de la poesía convencional de la época al afirmar que son los sentimientos que despierta los que hacen significativas las acciones que describen, no al revés.[6] Esto, argumenta, le da al poeta una libertad creativa desconocida por, digamos, el historiador o el biógrafo, cuyas tareas le imponen un canon de exactitud histórica. Para el historiador, son los acontecimientos y las acciones los que son intrínsecamente importantes. El poeta, por el contrario,

> escribe bajo una sola restricción, a saber, la de la necesidad de dar placer inmediato a un ser humano poseído por esa información que puede esperarse de él, no como abogado, médico, marinero, astrónomo o filósofo natural, sino como hombre.[7]

Es, por lo tanto, la *experiencia* de la poesía el elemento importante. Los fenómenos que describe el poema son valiosos solo en la medida en que el poeta es capaz de presentarlos en una forma que produce la respuesta emocional deseada de la audiencia. De hecho, lo que hace que un poeta sea un poeta es la capacidad de recordar las poderosas emociones causadas por los estímulos externos de la naturaleza y luego expresarlas en una forma que permita a otros tener la misma experiencia. Para usar la propia frase de Wordsworth, la poesía «es el desbordamiento espontáneo de sentimientos poderosos» y eso reproducido en la audiencia por el poeta representando su propio recuerdo en una forma adecuada para ese fin.[8] El poeta es esencialmente aquel que tiene el don de recordar el poderoso compromiso

---

5. William Wordsworth, *The Major Works*, ed. Stephen Gill (Oxford: Oxford University Press, 2000), 598.

6. Wordsworth, *Major Works*, 599.

7. Wordsworth, *Major Works*, 605.

8. Wordsworth, *Major Works*, 611.

emocional con la naturaleza y articularlo de una forma que estimula una respuesta análoga en una audiencia para la que los estímulos originales están ausentes.[9] La experiencia de la poesía no es, sin embargo, una cuestión de mero entretenimiento. Tiene un propósito mucho más profundo: conecta a los seres humanos con lo que realmente los hace humanos.

> [El poeta] es la roca de la defensa de la naturaleza humana; un defensor y preservador, que lleva consigo, a todas partes, la relación y el amor. A pesar de la diferencia de suelo y clima, de lenguaje y modales, de leyes y costumbres, a pesar de las cosas silenciosamente pasadas de la mente y las cosas violentamente destruidas, el poeta une por pasión y conocimiento el vasto imperio de la sociedad humana, ya que se extiende por toda la tierra y sobre todos los tiempos.[10]

Por lo tanto, hay un propósito ético en la estética poética: reconectar al individuo con la naturaleza humana en general, hacer que las personas vuelvan a ser verdaderamente humanas llevándolas a lo que es universal.

Este es el mismo tipo de nota que Rousseau hace en su reflexión sobre el hipotético estado natural y la necesidad de que los individuos recuperen de alguna manera esa inocencia para tener los sentimientos apropiados, ese amor propio moldeado y correctamente ordenado por la empatía. Tras la Revolución Francesa, con el desastroso baño de sangre que resultó del intento de construir una sociedad justa sobre la base de la razón solamente, este argumento a favor de un enfoque estético para hacer morales a hombres y mujeres seguramente tuvo una urgencia renovada. Y aquí encontramos a Wordsworth argumentando que este objetivo se puede lograr a través de la poesía y el genio del poeta.

Esta visión optimista de la poesía conduce al segundo elemento de la sensibilidad poética de Wordsworth, que nuevamente tiene

---

9. Wordsworth, *Major Works*, 607.
10. Wordsworth, *Major Works*, 606.

afinidades con los argumentos anteriores de Rousseau: su preferencia por lo ordinario y, de hecho, por lo rural como elección para sus temas poéticos. La razón de esta proclividad estaba en su creencia de que la urbanización tenía un efecto perjudicial en la naturaleza humana. Esta era apenas una visión exclusiva de él. Es claramente consistente con la crítica general de Rousseau a la influencia de la sociedad organizada en el pensamiento moral. Y fue articulada por varios contemporáneos de Wordsworth, como William Blake y William Hazlitt. En su famoso ensayo «Sobre la poesía en general», Hazlitt, el artista y crítico literario, resumió lo que vio como el impacto desencantador del mundo moderno en el estado de la humanidad, un impacto que parecía ver como trágicamente inevitable. Sobre todo, engendró un espíritu ajeno al de la poesía:

> No es solo el progreso del conocimiento mecánico, sino también los avances necesarios de la civilización lo que es desfavorable para el espíritu de la poesía. No solo nos asombramos menos del mundo preternatural, sino que podemos calcular con más seguridad, y mirar con más indiferencia, la rutina regular de esto.[11]

Y, argumentó Hazlitt, fue precisamente por el advenimiento de esta sociedad de cálculo racionalizado y precisión científica que la poesía fue necesaria como nunca antes, señalando con ironía que la prosa es perfectamente adecuada como medio para la existencia prosaica que promueve la sociedad industrial.[12] Había algo en la forma y la materia de la poesía que iba más allá de cualquier cosa que la mera prosa pudiera lograr. Wordsworth y Coleridge se encuentran en este mismo terreno.

---

11. William Hazlitt, *Selected Writings*, ed. Jon Cook (Oxford: Oxford University Press, 1998), 319.

12. «La sociedad, por grados, está construida en una máquina que nos lleva de manera segura e insípida de un extremo a otro de la vida, en un estilo de prosa muy cómodo». Hazlitt, *Selected Writings*, 319.

Wordsworth pensó que la monótona rutina de la vida de la ciudad, particularmente el efecto deshumanizador del trabajo industrial, había atenuado las sensibilidades humanas y dejado a los individuos vulnerables a un deseo de lo sensacional y espectacular para animar su existencia monótona. Consideró que esto no tenía precedentes en la historia de la humanidad. La caída de la humanidad en la inautenticidad que Rousseau postula con el surgimiento de la existencia social no auténtica es para Wordsworth lo que tiene lugar con el dramático ascenso de la vida urbana a finales del siglo XVIII. Frente a esto, Wordsworth postula un retorno a la vida rural, a las prácticas simples del país y a las alegrías y los dolores de la existencia ordinaria del país.[13] La vida rústica, arraigada como está en sentimientos más elementales que aún no están moldeados por los hábitos y convenciones de la sociedad educada, proporciona un mejor material para la expresión de lo que significa ser auténticamente humano. El giro hacia el interior es, por lo tanto, para Wordsworth simultáneamente el giro rural, ya que es allí, en la vida rural simple y la gente de campo simple, que uno puede encontrar la naturaleza humana en un estado menos corrupto.[14]

La decisión de Wordsworth de centrarse en las experiencias ordinarias de la vida rural simple no estuvo exenta de críticas. Uno de los ejemplos más reflexivos ocurrió en 1802, cuando recibió una carta de un estudiante, John Wilson, quien encontró particularmente desagradable la decisión de Wordsworth de escribir sobre un joven simplón en un poema titulado «El muchacho idiota». Responder a la crítica razonada de Wilson le dio a Wordsworth la oportunidad de elaborar más a fondo su razón para elegir a la gente rural pobre como material para sus poemas. Deseaba, dijo, escribir poesía que indagara en la auténtica naturaleza humana, decisión que plantea entonces una cuestión importante:

---

13. Wordsworth, *Major Works*, 599.
14. Wordsworth, *Major Works*, 596-597.

Pero ¿dónde vamos a encontrar la mejor medida de esto? Respondo, desde dentro desnudando nuestros propios corazones, y mirando fuera de nosotros mismos hacia los hombres que llevan las vidas más simples según la naturaleza hombres que nunca han conocido falsos refinamientos, deseos descarriados y artificiales, criticas falsas, hábitos afeminados de pensamiento y sentimiento, o que, habiendo conocido estas cosas, las han superado. Esta última clase es en la que más se puede depender, pero es muy pequeña en número. Las personas en nuestro rango en la vida están cayendo perpetuamente en un triste error, a saber, el de suponer que la naturaleza humana y las personas con las que se asocian son una y la misma cosa. ¿Con quién nos asociamos generalmente? Caballeros, personas de fortuna, hombres profesionales, damas que pueden permitirse comprar o pueden adquirir fácilmente libros que cuestan media guinea, prensados en caliente e impresos en papel superfino. Estas personas son, es cierto, una parte de la naturaleza humana, pero nos equivocamos lamentablemente si suponemos que son representantes justos de la vasta masa de la existencia humana.[15]

Este pasaje es fascinante y revelador. Para encontrar una naturaleza humana genuina y auténtica, Wordsworth declara que debemos volvernos hacia el interior. Ahí es donde podemos encontrar lo que es universal, porque las llamadas vidas sofisticadas de las élites educadas están confeccionadas y en realidad no ofrecen ideas normativas sobre lo que es común a todos nosotros y que une a la humanidad. Ofrecen una imagen no de la naturaleza humana real y auténtica, sino más bien de una hebra delgada y poco representativa de la vida humana que se ajusta a los cánones artificialmente construidos de la aceptabilidad social. Son falsos, ejemplos no auténticos de humanidad, porque no son fieles a sí mismos, sino más bien fieles a las costumbres y convenciones del falso mundo al que pertenecen. Sin embargo, el simple hecho de volverse hacia el interior podría ser en sí

---

15. Wordsworth, *Major Works,* 622.

mismo un problema precisamente debido al poder de estos cánones y estas convenciones culturales para dar forma a quiénes somos. El poder de la élite civilizada es tal que nos hace creer que, por falso que sea, es genuino y real. Para usar el lenguaje marxista posterior, podríamos decir que la vida urbana sofisticada cultiva una falsa conciencia. Pero como indica la yuxtaposición de Wordsworth de la vida rural y la sofisticación de la ciudad, la «civilización» realmente sirve para corromper y ocultar lo que es verdaderamente universal en nuestra naturaleza y, por lo tanto, nos aísla de lo que significa ser auténticamente humano.

La referencia a «falsos refinamientos, deseos descarriados y artificiales, críticas falsas», etc., podría haber sido fácilmente escrita por Rousseau. Al igual que con los *Discursos* de Rousseau, el manifiesto poético de Wordsworth asume una antítesis básica entre la naturaleza y la cultura, y esta última tiene un efecto perjudicial sobre la primera. La sociedad sofisticada particulariza a las personas y las aleja de lo que todos los seres humanos tienen en común. Como tal, proporciona el contexto para la lucha y el conflicto, el orgullo y la competencia, que han generado tales problemas para la sociedad. Por lo tanto, si uno desea ver lo que es ser verdaderamente humano, si desea avanzar hacia la mejora de la condición humana, debe deshacerse de estos falsos hábitos de pensamiento y comportamiento que son el resultado de una sociedad artificial y que fomentan tales divisiones problemáticas.

¿Cómo se hace esto? Wordsworth cree que esto se hace a través de la poesía, o más bien, por medio de la poesía que se centra en lo que es incorrupto y real. Al reflexionar sobre la vida rural, intacta y virgen de la artificialidad de la sofisticación urbana, y al representarla en una forma poética diseñada para despertar la respuesta emocional adecuada, el poeta es clave para este proceso por el cual las personas pueden captar una vez más lo que es verdadero, auténtico y universal en la existencia humana. La naturaleza humana tal como existe en la sociedad civilizada es una construcción corrupta. Solo retrocediendo ante los efectos de la «civilización» se puede esperar encontrar lo que es verdaderamente humano, y permitir que la gente lo haga es tarea del poeta. En su epopeya autobiográfica, *El preludio*, Wordsworth presenta este pensamiento de una manera profundamente personal, presionando el papel de la vida rural y el campo indómito en su propia educación y formación, poniendo el énfasis no tanto en la sencilla gente del campo como en la exposición directa que este entorno le dio al poder de la naturaleza misma. En una copla dramática en el libro 1, resume perfectamente cómo creció en un entorno natural virgen e indómito y cómo este fue el medio por el cual recibió su educación más significativa, la de su espíritu:

> El tiempo justo de semillas tenía mi alma, y crecí
> Fomentados por igual por la belleza y por el miedo.[16]

La naturaleza proporciona así la experiencia importante tanto de lo bello como de lo sublime, los cuales tienen un impacto en él; esto lo aborda durante gran parte de los libros 1 y 2 y otros pasajes significativos a lo largo del poema. Sin embargo, a medida que avanza el poema, Wordsworth relata cómo él mismo se enamora más de la razón humana y busca encontrar la verdad a través del racionalismo y la lógica. Esto lo encuentra personificado en el triunfo y luego en la tragedia de la Revolución Francesa, un evento que primero inspiró alegría en su corazón y luego gran desilusión. Lo interesante es cómo, en las últimas etapas de la obra, particularmente en los libros 12 y 13, vuelve a la idea de que la naturaleza proporciona la unidad básica a la existencia, lo que ni la razón ni los refinamientos de la sociedad sofisticada pueden hacer. Aquí, en un pasaje culminante en el libro 12, declara que el amor difícilmente puede prosperar.

---

16. William Wordsworth, *The Prelude*, Ed. James Engell y Michael D. Raymond (Oxford: Oxford University Press, 2016), 1.279-280.

En las ciudades, donde el corazón humano está enfermo,
Y el ojo no lo alimenta, y no puede alimentarse:
Hasta ahora, no más, esa inferencia es buena.
Sí, en esas andanzas sentí profundamente
Cómo nos engañamos unos a otros; sobre todo
Cómo los libros nos engañan, buscando su fama
A los juicios de los pocos ricos que ven
Por las luces artificiales, cómo se degradan
Los muchos para el placer de esos pocos;
Rebajando la verdad
A ciertas nociones generales por el bien
De ser entendido de una vez, o de lo contrario
A través de la falta de un mejor conocimiento en los hombres
Quienes los enmarcan, halagando así nuestro autoconcebimiento
Con imágenes que exponen ambiciosamente
Las diferencias, las marcas externas por las que
La sociedad ha separado al hombre del hombre,
Descuido del corazón universal.[17]

De importancia aquí es tanto la crítica de la vida de la ciudad
como de los libros. Los libros presentan ideas, ideas racionales, que
militan contra la unidad más profunda de la raza humana. Es el culto
a la razón, jugando con la artificialidad de la sofisticada vida urbana,
lo que ha alejado a hombres y mujeres entre sí. La respuesta, entonces, es volver a esa experiencia de la vida rural y del mundo natural
al que está tan cerca. Eso nos lleva al corazón de quiénes y qué somos
realmente, y eso también es un giro hacia el interior, desde la falsa
sofisticación de la sociedad externa hasta los movimientos aludidos
e incorruptos del corazón virgen.

---

17. Wordsworth, *The Prelude*, 12.202-219.

Percy Bysshe Shelley y las verdades poéticas de la naturaleza

El contemporáneo más joven de Wordsworth, Percy Bysshe Shelley, también articula una visión de la tarea del poeta como permitir
a la audiencia pasar de los detalles de la existencia a las verdades
universales de la naturaleza humana a través de la experiencia estética que la poesía le da al lector. Esta experiencia también implica
un movimiento hacia el interior, como lo hizo para Wordsworth.
Pero para Shelley el enfoque no es tanto la vida rural, virgen de
la sofisticación urbana, como lo es el poder innato y crudo de la
naturaleza considerada en sí misma y manifestada en la belleza y
la sublimidad del mundo natural. Y con Shelley este giro adquiere
un tenor más explícitamente político.

Shelley explicó y defendió su filosofía de la poesía en un ensayo,
Defensa de la poesía, que fue una respuesta a un artículo de su
amigo el satírico Thomas Love Peacock titulado «Las cuatro edades
de la poesía». Este último ensayo había aparecido en la *Miscelá-
nea literaria* de *Ollier* en 1820. Peacock identificó allí su propio
tiempo poético (y por lo tanto el de Shelley) como la «Edad de
bronce», en la que la poesía se había vuelto pretenciosa e inútil en
su pseudosimplicidad. Por lo tanto, instó a las personas inteligentes
a abandonarlo y estudiar las ciencias en su lugar. La respuesta de
Shelley fue, por lo tanto, un intento de defender la utilidad pública
de la tarea poética.[18]

Hay dos aspectos de importancia fundamental para la filosofía
de la poesía de Shelley, que expone en su defensa. El primero se
correlaciona con el expresivismo emocional de Wordsworth y está
estrechamente ligado a la naturaleza. Para Shelley, la naturaleza en sí
misma tiene el poder —de hecho, un «poder invisible»— para mover
y dar forma al poeta, y la poesía (que, para Shelley, es un término
de amplia referencia, que abarca tanto las artes literarias como las

---

18. Ver *Shelley's Poetry and Prose*, 509-510.

representativas) es el resultado inevitable de este movimiento.[19] En un famoso pasaje de *Defensa de la poesía,* Shelley describe el proceso o la experiencia de este poder de la siguiente manera:

La poesía, en un sentido general, puede definirse como «la expresión de la imaginación»; y la poesía es connata con el origen del hombre. El hombre es un instrumento sobre el que se impulsan una serie de impresiones externas e internas, como las alternancias de un viento en constante cambio sobre una lira eólica, que la dirigen por su movimiento a una melodía siempre cambiante.[20]

La imagen de la lira eólica es significativa. Este es un instrumento musical tocado por el viento, no por la mano humana. Esencialmente, la fuerza de la naturaleza en forma de viento golpea las campanas del arpa y hace que cree música, para dar expresión a lo que de otro modo sería una fuerza inexpresable, de acuerdo con la propia construcción del arpa. El punto de la analogía es claro: la poesía es el resultado de las fuerzas de la naturaleza que mueven al poeta para darle expresión literaria o artística. El poeta se inspira en la naturaleza, no simplemente a través de su propia reacción emocional a ella, sino por fuerzas que son innatas dentro de la naturaleza misma, y por lo tanto externas a él, que lo mueven en sus obras de creación artística.

Esto no es exclusivo de Shelley; Hazlitt articula una visión muy similar, sin usar la analogía de la lira, en «Sobre la poesía en general».[21] En resumen, la poesía para Shelley y Hazlitt es una creación

19. La estrofa de apertura de su «Himno a la belleza intelectual» expresa esta idea con elocuencia, particularmente sus líneas iniciales: «La horrible sombra de algún poder invisible, flota aunque invisible entre nosotros». *Shelley's Poetry and Prose,* 93.
20. Shelley escribió este ensayo en 1821, pero fue publicado por primera vez por su viuda en 1840 en Percy Bysshe Shelley, *Essays, Letters from Abroad, Translations and Fragments,* ed. Mary Shelley, 2 vols. (London: Edward Moxon, 1840), aunque este texto ya no se considera basado en el manuscrito más preciso. Por lo tanto, estoy usando la edición en *Shelley's Poetry and Prose,* 509-535, cita en 511.
21. Hazlitt afirma: «La mejor noción general que puedo dar de la poesía es que es la impresión natural de cualquier objeto o evento, por su viveza excitando un movimiento

artística inspirada dinámicamente en la naturaleza, que refleja la naturaleza, ilumina la naturaleza, comunica el poder de la naturaleza y también, a través de su forma específicamente humana, revela algo de la naturaleza de los propios seres humanos.[22] Lo que distingue a los poetas de la masa de la humanidad es su excepcional capacidad para dar expresión lírica a esta fuerza a través de la poesía de una manera que permite que otros que carecen de tales dones experimenten lo mismo.[23] Y también significa que la poesía no puede ser simplemente producida por capricho o hecha por encargo: está inspirada por la naturaleza, no solo en el sentido de que la naturaleza provoca una reacción, sino también porque el poder de la naturaleza misma causa la respuesta poética.[24]

El otro aspecto del pensamiento de Shelley sobre la poesía es la naturaleza de la verdad o las verdades a las que la poesía presiona a su audiencia. Si Wordsworth vio la artificialidad de la sociedad educada y sofisticada y la alienación causada por la industrialización como un alejamiento de hombres y mujeres de la vida auténtica, entonces Shelley exhibe una tendencia a ver los detalles de todas las formas

---

involuntario de imaginación y pasión, y produciendo, por simpatía, una cierta modulación de la voz, de los sonidos, expresándola». *Selected Writings*, 308-309.

22. Como dice Hazlitt: «Ni una mera descripción de objetos naturales, ni una mera delineación de sentimientos naturales, por distintos o forzados que sean, constituye el fin y el objetivo supremos de la poesía, sin el aumento de la imaginación. La luz de la poesía no es solo una luz directa sino también una luz reflejada, que mientras nos muestra el objeto, arroja un resplandor chispeante a su alrededor: la llama de las pasiones, comunicada a la imaginación, nos revela, como con un relámpago, los recovecos más recónditos del pensamiento, y penetra en todo nuestro ser». *Selected Writings*, 311.

23. *Shelley's Poetry and Prose*, 512. Más adelante en *A Defence*, Shelley describe al poeta usando una imagen memorable: «Un poeta es un ruiseñor que se sienta en la oscuridad y canta para animar su propia soledad con dulces sonidos; su audiencia es como hombres fascinados por la melodía de un músico invisible, que sienten que están conmovidos y suavizados, pero no saben desde dónde ni por qué». *Shelley's Poetry and Prose*, 516.

24. Shelley afirma: «Un hombre no puede decir "voy a componer poesía". El poeta más grande ni siquiera puede decirlo: porque la mente en la creación es como un carbón que se desvanece y que alguna influencia invisible, como un viento inconstante, despierta al brillo transitorio: este poder surge de dentro, como el color de una flor que se desvanece y cambia a medida que se desarrolla, y las porciones conscientes de nuestra naturaleza no son apropiadas ni de su acercamiento ni de su partida». *Shelley's Poetry and Prose*, 531.

de vida en general como oscureciendo verdades reales e inmóviles.[25] Por lo tanto, el poeta no solo tiene un punto de origen, el impacto de las fuerzas de la naturaleza en su alma, sino también un propósito: revelar las verdades universales que están oscurecidas por los detalles de la existencia cotidiana. Para Shelley, el poeta, por lo tanto, tiene un estatus sacerdotal en la forma en que ayuda a poner a los miembros de la sociedad en contacto con la realidad. El poeta no se limita a describir el mundo en una forma métrica de lenguaje con el fin de provocar la misma respuesta emocional en su audiencia que él mismo ha experimentado. Él hace algo mucho más significativo: permite a la audiencia ver más allá de los detalles efímeros de la vida a una realidad mucho más profunda, una unidad más profunda. Como él mismo lo expresa,

Un poema es la imagen misma de la vida expresada en su verdad eterna. Existe esta diferencia entre una historia y un poema, que una historia es un catálogo de hechos separados, que no tienen otro vínculo de conexión que el tiempo, el lugar, las circunstancias, la causa y el efecto; el otro es la creación de acciones de acuerdo con las formas inmutables de la naturaleza humana, tal como existen en la mente del creador, que es en sí misma la imagen de todas las demás mentes. El uno es parcial, y se aplica solo a un período definido de tiempo, y una cierta combinación de eventos que nunca más pueden repetirse; el otro es universal, y contiene dentro de sí mismo el germen de una relación con cualquier motivo o acción que tenga lugar en las posibles variedades de la naturaleza humana [...]. La historia de hechos particulares es como un espejo que oscurece y distorsiona

---

25. Esta idea se ha caracterizado típicamente como un aspecto platónico de la filosofía de Shelley; ver el influyente estudio del pensamiento romántico de M. H. Abrams, *The Mirror and the Lamp: Romantic Theory and the Critical Traditions* (Oxford: Oxford University Press, 1953). El problema es que «platonismo» es un término tan flexible y expansivo en su aplicación que casi no tiene sentido. Además, también hay fuertes dimensiones materialistas y orientadas al futuro en el pensamiento político de Shelley que están en desacuerdo con las caracterizaciones tradicionales del platonismo; ver Paul Hamilton, «Literatura y filosofía», en *The Cambridge Companion to Shelley*, ed. Timothy Morton (Cambridge: Cambridge University Press, 2006), 166-184.

lo que debería ser bello: la poesía es un espejo que hace bello lo que está distorsionado.[26]

El punto es claro: la poesía permite a la audiencia ver más allá de la experiencia cotidiana del mundo —experiencia que a menudo parece caótica y en conflicto consigo misma— a la armonía eterna subyacente que realmente existe. La poesía es, dice en otra parte, un arte mimético.[27] Todos podemos experimentar la naturaleza como real, como si tuviera su propia realidad objetiva. Pero el poeta transfigura esa experiencia, esa realidad, a través de la expresión poética, que «purga de nuestra visión interior la película de familiaridad que oscurece de nosotros la maravilla de nuestro ser».[28] La poesía armoniza y encuentra unidad en aquellas cosas que han sido destrozadas al ponerlas en verdadera relación entre sí y de esta manera nos confronta con la pura maravilla de lo que significa existir. Y esto tiene un propósito estético: «Nos obliga a sentir lo que percibimos, y a imaginar lo que conocemos».[29]

Poesía, ética y estética

Tanto Wordsworth como Shelley articulan puntos de vista de la poesía que presionan una clara conexión entre la estética poética y la ética. Para Wordsworth, la creación de empatía con la gente común y rural que enfrenta las alegrías y dificultades típicas de la vida reconecta a la persona que vive en la alta sociedad artificial o está alienada por el trabajo industrializado con una naturaleza humana común y universal. Dicho sin rodeos, los convierte en mejores personas. Esta mejora se consigue estéticamente y no por argumentación racional. Como Rousseau consideraba que los sentimientos correctamente formados y ordenados son esenciales para hacer que una persona sea

26. *Shelley's Poetry and Prose*, 515.
27. *Shelley's Poetry and Prose*, 208.
28. *Shelley's Poetry and Prose*, 533.
29. *Shelley's Poetry and Prose*, 533.

moral, Wordsworth ve que el instrumento para hacerlo es la poesía preocupada por la vida rural que está cerca de la naturaleza. Shelley también hace la conexión entre la mejora ética y la estética. De nuevo haciendo eco de Rousseau, Shelley afirma que para que las personas sean verdaderamente buenas, deben ser capaces de colocarse en la posición de otros seres humanos, de experimentar sus placeres y dolores como si fueran propios. Y la clave de esta experiencia no es la razón sino la imaginación, esa facilidad humana que es peculiarmente susceptible a la influencia de la poesía. Es por eso que la poesía es tan vital para el bienestar moral de la sociedad.[30]

El argumento de Shelley para la poesía es, por lo tanto, en cierto sentido, utilitario en el sentido de que su propósito no es simplemente el momento de placer que trae la lectura de un buen poema o la contemplación de la naturaleza que podría inducir. El placer no es un fin en sí mismo. El propósito de la poesía y el placer que implica es nada menos que la mejora moral de la audiencia. Y esto lleva a otro aspecto de la teoría de la poesía de Shelley: la forma misma de la poesía juega un papel importante en el logro de su efecto. De hecho, Shelley cree que cuando las producciones poéticas se vuelven directamente didácticas, inmediatamente dejan de ser grandes. La priorización del mensaje sobre la estética es un signo de decadencia. Tales producciones se convierten en pastiches baratos o simplemente en la voz vacilante y moralizante de los intereses creados de los poderosos, como se ejemplificó, afirma, en los dramas que marcaron la corte de Carlos II.[31] La poesía didáctica es para Shelley una contradicción virtual en los términos. Como dice en el prefacio de *Prometeo liberado*, aborrece el didáctico poético directo porque si algo puede expresarse adecuadamente en prosa, entonces

---

30. Shelley afirma: «Un hombre, para ser muy bueno, debe imaginar intensa y exhaustivamente; debe ponerse en el lugar de otro y de muchos otros; los dolores y placeres de su especie deben convertirse en suyos. El gran instrumento del bien moral es la imaginación; y la poesía administra al efecto actuando sobre la causa». *Shelley's Poetry and Prose*, 517.

31. *Shelley's Poetry and Prose*, 520-521.

inevitablemente será «tedioso y supererogatorio» en verso.[32] Las verdades más profundas sobre la existencia no pueden, por su propia definición, transmitirse sin el uso de la poesía porque la imaginación juega el papel clave en permitir la empatía entre el público y el sujeto del poema. Por lo tanto, la naturaleza estética de la poesía es vital. El contenido y la forma no pueden separarse, sino que están unidos por su propósito común.

Una vez más, al igual que con Rousseau, Shelley ve los sentimientos correctos como fundamentales para la recepción del razonamiento moral. Afirma que los seres humanos no están preparados para argumentos razonados hasta el momento en que sentimientos como el amor y la confianza se han cultivado por primera vez. Y las virtudes verdaderamente importantes solo pueden formarse a través de formas de arte como la poesía. Por lo tanto, el arte debe tener un papel central en la reforma moral de la humanidad. La poesía, al presentar a la audiencia «hermosos idealismos de excelencia moral», eleva al individuo moralmente de tal manera que la razón puede (en el mejor de los casos) actuar como una especie de suplemento, proporcionando argumento y apoyo para lo que ya se ha captado a nivel emocional.[33] Por lo tanto, no es sorprendente cuando Shelley comenta en el texto principal de *Defensa de la poesía* que muchos de los pensadores a quienes más admira por sus escritos en la causa de la liberación de la humanidad —John Locke, David Hume, Edward Gibbon, Voltaire, Rousseau y sus seguidores— casi no hicieron un impacto real en el mundo. De estos, solo tiene tiempo para Rousseau, y da una explicación interesante para esto en una nota a pie de página: solo Rousseau era poeta, el resto (incluido, dice, Voltaire) eran «meros razonadores».[34] La mera razón no agita los sentimientos o las emociones como es necesario para la verdadera transformación

---

32. *Shelley's Poetry and Prose*, 209.
33. *Shelley's Poetry and Prose*, 209.
34. *Shelley's Poetry and Prose*, 530.

moral. La verdadera moralidad siempre se construye sobre una base de moralidad sentimental.[35]

Shelley establece este punto sobre la vitalidad moral cultivada por el impacto de la poesía en los sentimientos más poderosamente en un pasaje en el que declara que la mayor poesía de una sociedad coincide con el período de su mayor cultura moral e intelectual. Utiliza Atenas como ejemplo:

> El drama en Atenas o en cualquier otro lugar donde pueda haberse acercado a su perfección, coexistió con la grandeza moral e intelectual de la época. Las tragedias de los poetas atenienses son como espejos en los que el espectador se contempla a sí mismo, bajo un delgado disfraz de circunstancias, despojado de todo menos de esa perfección y energía ideales que cada uno siente como el tipo interno de todo lo que ama, lo que admira y en lo que se convertiría. La imaginación se agranda por una simpatía con dolores y pasiones tan poderosos que distienden en su concepción la capacidad de aquello por lo que son concebidos; los buenos afectos se fortalecen con la piedad, la indignación, el terror y la tristeza; y una calma exaltada se prolonga desde la saciedad de este alto ejercicio de ellos hasta el tumulto de la vida familiar.[36]

De una manera que recuerda a Aristóteles, Shelley ve la importancia de la tragedia griega como una mentira en la experiencia emocional que cultiva dentro de la audiencia al atraerla a las experiencias dramáticas de los personajes en el escenario. De este modo, la audiencia mejora con la estimulación y el fortalecimiento de los buenos afectos. Quizás podríamos decir que el poeta es, por lo tanto, tanto la creación de su época como el creador de su época. Las malas edades producen malos poetas y su decadencia y declive moral se ven

---

35. Shelley explica: «[Soy] consciente de que hasta que la mente pueda amar, admirar, confiar, esperar y soportar, los principios razonados de conducta moral son semillas arrojadas sobre la carretera de la vida que el pasajero inconsciente pisotea en polvo, aunque lleven la cosecha de su felicidad». *Shelley's Poetry and Prose*, 209.

36. *Shelley's Poetry and Prose*, 520.

reforzados por ello. Las edades virtuosas producen poetas virtuosos y su grandeza y superioridad moral se ven fortalecidas por ello. Y esto a su vez significa que el poeta es alguien de gran importancia política: tanto un signo de la fuerza moral de los tiempos como un medio para mantener la misma.

Poesía y política

Más que Wordsworth, cuyo ardor político temprano se enfrió un poco por la decepción de la Revolución Francesa y que (a diferencia de Shelley) vivió lo suficiente como para convertirse en una especie de reaccionario político, Shelley fue un radical político hasta el día de su muerte. El arte para Shelley sirve así a una causa política; o, tal vez mejor, el arte para Shelley es una causa política precisamente porque es lo que hace que las personas sean verdaderamente humanas. Les permite ver más allá de la forma en que es el mundo que los rodea a la forma en que realmente debería ser. Está orientado al futuro. La poesía es el medio para transformar al miembro individual de la audiencia, por lo que también produce una nueva conciencia con claras implicaciones políticas. Los sentimientos poéticamente radicalizados impulsan la política radical.

En el prefacio *de La revuelta del Islam,* Shelley vuelve a dejar claro que la estética de la poesía es crucial para su impacto moralizador y politizador y que esto está diseñado con el propósito de cultivar un radicalismo político aspiracional:

> [*La Revuelta del Islam*] es un experimento sobre el temperamento de la mente pública, en cuanto a hasta qué punto la sed de una condición más feliz de la mente moral y política sobrevive, entre los iluminados y refinados, a las tempestades que han sacudido la era en la que vivimos. He buscado alistar la armonía del lenguaje métrico, las combinaciones etéreas de la fantasía, las transiciones rápidas y sutiles de la pasión humana, todos aquellos elementos que esencialmente componen un poema, en la causa de una moral liberal y comprensiva; y a fin de

estimular en el seno de mis lectores un entusiasmo virtuoso por esas doctrinas de libertad y justicia, esa fe y esperanza en algo bueno, que ni la violencia, ni la tergiversación, ni el prejuicio pueden extinguir totalmente entre la humanidad.[37]

Lenguaje, armonía, medición, imaginación, transiciones emocionales: todo esto sirve para lograr el efecto al que Shelley apunta, es decir, despertar sentimientos o emociones que harán que los seres humanos sean mejores personas y, por lo tanto, sirvan a la causa de la libertad. La audiencia tendrá su conciencia emocional colectiva expandida por la poesía de tal manera que anhelará —de hecho, luchará por— la liberación de las limitaciones y la corrupción que marcan el presente. Y el poeta es la partera de esta transformación política a través de su poesía, un punto que (como señalamos con respecto a la transformación moral) debe moldear no solo el contenido sino también la estética, la forma, de sus composiciones. El lenguaje poético tiene el poder de cultivar sentimientos en la audiencia que se encuentran en lo profundo del corazón humano y a los que la mera prosa o el argumento racional no pueden acceder. De hecho, como se señaló anteriormente, es solo cuando el corazón es despertado por la poesía que es capaz de comprender los argumentos racionales con respecto a la moralidad. Lo ético y, por lo tanto, lo político se construyen sobre la base de lo estético y, por lo tanto, dependen de la poesía.

Detrás de la poesía de Shelley hay, por supuesto, un radicalismo político personal que es mucho más claro e intencional que lo que normalmente encontramos en Wordsworth. Para Shelley la poesía es revolucionaria porque expone la opresión política como lo que es. Conmueve a la audiencia convocando imágenes de libertad y sus posibilidades e impulsa la imaginación a ver visiones de liberación potencial. Al experimentar tales visiones, las personas

---

37. Percy Bysshe Shelley, *Poetical Works*, ed. Thomas Hutchinson, corr. G.M. Matthews (Oxford: Oxford University Press, 1971), 32.

desearán verlas realizadas en la realidad. Por lo tanto, los temas revolucionarios impregnan su poesía. A veces, el impulso político en realidad lo lleva a usar un estilo más popular y de fácil acceso para que un poema pueda tener un impacto más inmediato en su público objetivo. Por lo tanto, «La máscara de la anarquía», escrita después de escuchar la noticia de la *Masacre de Peterloo* de 1819, tiene una forma poética más simple en términos de rima y métrica. Está escrito, según Afirma Shelley, más al estilo de una canción popular con un atractivo intencionalmente más directo e inmediato a la gente trabajadora simple cuya conciencia política estaba tratando de elevar.[38]

El poema temprano *La reina Mab* es un excelente ejemplo del arte político de Shelley. En él, presenta a sus lectores una imagen del pasado y del presente, destacando la posición oprimida y esclavizada de los seres humanos. Pero luego se mueve en los cantos 8-9 para describir un futuro idílico cuando todos los conflictos de la era presente se resuelvan y toda la naturaleza llegue a existir en una relación armoniosa. El poema es, por lo tanto, un magnífico matrimonio de contenido y forma: su contenido es una historia del mundo que culmina en una utopía futura, y su forma, la poesía, es precisamente lo que Shelley cree que traerá este resultado a través de su impacto ennoblecedor en la audiencia.

La reina Mab deja claro que, para Shelley, la poesía no es en ningún sentido un intento de crear mera nostalgia por una cierta forma de vida ya pasada o de pacificar a la audiencia con fantasías

---

38. Ver la introducción al poema en *Shelley's Poetry and Prose*, 315. Este es un movimiento fascinante de su parte y presagia la estética más burda de las formas modernas de entretenimiento, como los programas de vida real en televisión, que tienen un impacto social y político al evocar respuestas emocionales y sentimentales a través del uso de formas altamente populares. La comedia *Will and Grace* puede haber sido efímera e intelectualmente muy ligera en lo que respecta a la historia de la cultura occidental, pero su presentación de una pareja gay como agradable, humorística y amable fue un medio para humanizar a los homosexuales y normalizar o domesticar la homosexualidad en un punto clave en los debates culturales sobre los derechos de los homosexuales.

entretenidas de utopías inalcanzables. Su visión no es para el retorno a una infancia rural mítica de la humanidad como podría discernirse en algunos de los poemas de Wordsworth. Todo lo contrario. Su propósito es inspirar a los individuos con un deseo de libertad y alentarlos a avanzar hacia el futuro, para marcar el comienzo de una era revolucionaria en la que los opresores ya no existirán y la libertad se realizará verdaderamente.

Por supuesto, Shelley es muy consciente de que el camino violento hacia la libertad, como se ejemplificó en la Revolución Francesa, demostró ser un camino a ninguna parte y culminó no en la liberación de la humanidad, sino en el derramamiento de sangre y luego en el surgimiento de un nuevo tirano, Napoleón Bonaparte, para reemplazar al viejo.[39] La poesía es para él la alternativa a tal violencia. Su impacto será inherentemente ennoblecedor. Permitirá a las personas encontrar la armonía en la naturaleza detrás del caos del presente, y elevará la conciencia política de tal manera que los fines de la revolución social se lograrán pacíficamente y más perfectamente de lo que cualquier proceso de activismo violento directo podría lograr. La utopía escatológica representada en *La reina Mab* es provocada gradualmente por el mal que se agota lentamente a través de sus propias contradicciones y, por lo tanto, deja a los seres humanos libres para vivir de acuerdo con la razón, que a su vez está arraigada en una pasión instintiva y sin restricciones que se deleita en el amor a los demás.[40]

El poeta para Shelley es, por lo tanto, una persona de singular importancia política revolucionaria. De hecho, para usar la frase con la que Shelley cierra *Defensa de la poesía*, «los poetas son los legisladores no reconocidos del mundo» porque son ellos los que

---

39. En cuanto a Beethoven, también para Shelley, Napoleón había sido una decepción devastadora, el traidor de la libertad y un tirano sediento de sangre, como se desprende de su poema «Escrito al escuchar la noticia de la muerte de Napoleón». *Shelley's Poetry and Prose*, 465-466.

40. Shelley, *Queen Mab*, Canto 9.38-56, en *Shelley's Poetry and Prose*, 67.

transforman a las personas, y por tanto al mundo, a través de sus creaciones artísticas. Traen visiones de futuros posibles al presente, dan esperanza, inspiran, crean deseos de algo mejor; y aunque ellos mismos no necesariamente entienden todo el significado y el poder de las palabras que se han inspirado a escribir, aun así, mueven a su audiencia hacia un mundo de amor y libertad universales.[41] El hombre, como dice Hazlitt, es «un animal poético»; Shelley estaría de acuerdo.[42]

Libertad de religión, libertad para el amor

Debería estar claro a estas alturas que poetas como Wordsworth y Shelley representan tendencias culturales que se encuentran en relación positiva con algunas de las patologías que son de gran importancia hoy en día. Vemos en su trabajo y en su comprensión de la tarea del poeta la expresión artística de la nueva forma de conceptualizar el *yo* humano que señalamos en Rousseau: un *yo* arraigado en la creencia de que la autenticidad humana se encuentra liberándose de, o trascendiendo, las demandas ajenas de la civilización; volviendo a los impulsos de la naturaleza; y enraizando lo que significa ser verdaderamente humano en el sentimiento antes de cualquier consideración de la razón.

Ambos hombres comparten un énfasis en la naturaleza corruptora de la sociedad que ha alejado a los seres humanos de su propia identidad auténtica y, por lo tanto, un énfasis en un giro psicológico interno para encontrar el verdadero yo. Luego está la prioridad relacionada puesta en la simpatía y la empatía, las respuestas emocionales al sufrimiento y la identificación con los demás, como los

---

41. *Shelley's Poetry and Prose*, 535.

42. La cita se ve aquí en su contexto más amplio: «El miedo es poesía, la esperanza es poesía, el amor es poesía, el odio es poesía; el desprecio, los celos, el remordimiento, la admiración, el asombro, la lástima, la desesperación o la locura, son todas poesía. La poesía es esa partícula fina dentro de nosotros, que expande, enrarece, refina, eleva todo nuestro ser: sin ella "la vida del hombre es pobre como la de la bestia". El hombre es un animal poético». Hazlitt, *Selected Writings*, 309-310.

fundamentos del pensamiento ético. Esto, a su vez, encuentra su corolario en un énfasis en la estética en lugar del argumento racional como el medio más poderoso para ejercer influencia y cambiar a las personas para su bien. Y también podríamos notar la consiguiente importancia del poeta o del artista como medio de transformación de la sociedad. Crédito al que merece el crédito: Percy Bysshe Shelley presentó el caso de las figuras culturales como la clave de la revolución política más de un siglo antes de Antonio Gramsci y luego la Nueva Izquierda.

Sin embargo, otros dos elementos son particularmente prominentes en Shelley que son presagios de gran parte del discurso cultural politizado de nuestros días: su ataque a la religión institucional y su comprensión de que la liberación sexual es fundamental para la liberación política. Y para Shelley, como para muchos en nuestros días, estas dos preocupaciones están estrechamente vinculadas porque una de las formas más obvias en que la religión ha ejercido históricamente su poder es en la vigilancia del comportamiento sexual y las relaciones sexuales.

El desdén de Shelley por la religión, o, más específicamente, por el cristianismo y judaísmo, es evidente desde sus primeros escritos, de hecho, desde el momento en que, como estudiante universitario, él y su amigo Thomas Jefferson Hogg escribieron el folleto *La necesidad del ateísmo* y fueron expulsados de Oxford por las molestias que causaron. Luego, en su poema *La reina Mab,* el hada lanza un poderoso ataque contra los judíos mientras gritan «horribles alabanzas a su dios demoniaco», que es en efecto un ataque al cristianismo expresado en el lenguaje entonces más socialmente aceptable de la polémica antijudía.[43]

Para Shelley, la religión es un medio de manipulación por el cual los poderosos mantienen a los demás subyugados y que se perpetúa

---

43. Shelley, *Queen Mab*, Canto 2.150, en *Shelley's Poetry and Prose*, 27.

principalmente por el interés propio de aquellos que la han utilizado para obtener el poder que disfrutan.[44] Dios mismo es el prototipo mismo de la tiranía humana, un déspota intencional, arbitrario e irresponsable.[45] Pero lo más importante para nuestros propósitos es que hay una clara conexión en la mente de Shelley entre la religión, la opresión política y las restricciones a la actividad sexual (es decir, el mantenimiento de la castidad como ideal y la promoción de la monogamia como una institución vinculante y normativa). En una de las visiones del futuro en *La reina Mab*, el hada ve un mundo en el que hombres y mujeres regresan a un estado de naturaleza. Los felices participantes de este Edén poético se comportan de una manera que él caracteriza de la siguiente manera:

Sin control por la castidad aburrida y egoísta,
Esa virtud de lo barato virtuoso,
Que se enorgullecen de la insensatez y lo frío.[46]

El desprecio por las costumbres sexuales tradicionales es obvio. Y es aquí donde vemos una expresión de la conexión entre autenticidad y libertad sexual que será tan importante a finales del siglo xx. Como señalamos en la introducción, el individualismo expresivo puede ser la condición previa necesaria para la revolución sexual y la política de identidad moderna, pero no puede explicar en sí mismo por qué ha tomado la forma sexual que tiene. Y aquí vemos que esa conexión entre la autenticidad individual y la liberación sexual no es de cosecha reciente, sino que tiene un claro precedente en Shelley hace unos 200 años.

Sin embargo, lejos de ser único en esto, Shelley es algo representativo del pensamiento radical a principios del siglo xix. El pensamiento y la práctica moral tradicionales en el área del sexo habían

44. Shelley, *Queen Mab*, Canto 4.203-226, en *Shelley's Poetry and Prose*, 40-41.
45. Shelley, *Queen Mab*, Canto 6.103-110, en *Shelley's Poetry and Prose*, 50.
46. Shelley, *Queen Mab*, Canto 9.84-86, en *Shelley's Poetry and Prose*, 68.

experimentado una transformación dramática en las décadas anteriores de varias maneras. En su historia del sexo, Faramerz Dabhoiwala resume este cambio señalando tres desarrollos significativos y estrechamente relacionados en la década de 1700: (1) la creciente importancia atribuida a la conciencia (básicamente entendida como instinto natural) como una guía confiable para el comportamiento moral, (2) un creciente disgusto público por el castigo judicial de los heterosexuales que voluntariamente transgreden los códigos morales estándar (como los adúlteros), y (3) la creciente opinión de que las leyes morales basadas en autoridades externas como la Biblia podrían de hecho ser construcciones sociales y en realidad estar problemáticamente en contra de las leyes naturales que gobiernan la naturaleza humana.[47] La primera y la tercera de estas tendencias son obviamente importantes para nuestra narrativa, ya que reúnen dos elementos de una manera que sigue siendo influyente hoy en día. Cuando la actividad sexual saludable se considera un asunto que debe ser juzgado por el instinto, entonces inevitablemente aquellas instituciones que no están de acuerdo con ello serán vistas como problemáticas y como un obstáculo para la autenticidad y la libertad humanas. Y cuando el principal culpable históricamente es la religión, esto significa que la religión será el objetivo de los reformadores sexuales. En Occidente, esto significaba específicamente el cristianismo.

Este último punto es muy claro por la forma en que se manifestó la crítica de las costumbres sexuales tradicionales. En sus formas más radicales, este cambio cultural sobre el sexo implicó un vigoroso ataque a la institución del matrimonio y, por lo tanto, a lo que lo construyó y mantuvo, es decir, el cristianismo y la iglesia. El suegro de Shelley, William Godwin, es un buen ejemplo de tal crítica. En el libro 8 de su *Investigación sobre la justicia política*, Godwin

47. Faramerz Dabhoiwala, *The Origins of Sex: A History of the First Sexual Revolution* (Oxford: Oxford University Press, 2012), 87-110.

descarta el matrimonio como un mal que controla el progreso independiente de la mente, que es inconsistente con las propensiones naturales de los seres humanos y que condena a las personas a una vida de miseria innecesaria.[48] Podríamos notar el contraste implícito que hace entre las convenciones de la sociedad tal como están constituidas actualmente y las propensiones del estado natural: su afirmación es que los instintos naturales de la humanidad militaban contra la monogamia. Para establecer esto en los términos de Rousseau, los seres humanos en el hipotético estado de naturaleza no habrían sabido nada de monogamia y matrimonio; estas son imposiciones extrañas y alienantes impuestas a las personas por la civilización. Para Godwin, «la abolición del matrimonio será atendida sin males» porque la institución representa la esclavitud irracional y la opresión de los individuos involucrados.[49]

En caso de que el lector no comprenda la profundidad del aborrecimiento de Godwin de la institución del matrimonio, en el clímax de su argumento, Godwin declara que es nada menos que «el más odioso de todos los monopolios» porque, al hacer de una mujer propiedad exclusiva de un hombre, crea el contexto para los celos, los subterfugios y la corrupción social general.[50] Estos son, por supuesto, similares a los vicios que Rousseau ve como generados por el *amour propre* en el contexto artificial y competitivo de la sociedad. En la utopía propuesta por Godwin, ningún hombre se uniría exclusivamente a una mujer, sino que todos compartirían el uno del otro en una comunidad sexual. Anticipando la objeción obvia en términos de relaciones familiares, que esto conduciría a problemas para decidir quién era el padre de qué hijo, Godwin responde afirmando que esto no sería un problema porque las condiciones

---

48. William Godwin, *An Enquiry concerning Political Justice, and Its Influence on General Virtue and Happiness*, 2 vols. (London: G. G. J. y J. Robinson, 1793), 2:848-849.
49. Godwin, *Enquiry concerning Political Justice*, 2:850.
50. Godwin, *Enquiry concerning Political Justice*, 2:851-852.

que hacen que el asunto de la paternidad sea problemático en el contexto actual (jerarquía social, amor propio, orgullo familiar) son en sí mismas meras construcciones sociales que desaparecerían. Simplemente no tendrían lugar en el nuevo y valiente mundo que Godwin prevé.[51]

Los paralelismos con la filosofía del matrimonio —o tal vez mejor, las objeciones filosóficas al matrimonio tradicional— de nuestros días son obvios. El matrimonio monógamo y casto es una construcción social que va en contra de los instintos humanos naturales. Por lo tanto, sirve más bien para promover problemas en lugar de resolverlos. De hecho, es peor que eso: en realidad crea los problemas que luego pretende resolver. Por lo tanto, debe ser abolido.[52]

El propio trabajo de Shelley se erige como un buen representante de esta misma tradición de iconoclasia sexual y una que conecta la estética, la libertad, el sexo y al artista de una manera que adumbra gran parte de nuestro mundo actual. En *La reina Mab* se basa en el pensamiento de Godwin para presentar una visión de la mayoría de edad de la humanidad en la que todas las inequidades e injusticias creadas por las convenciones sociales se resolverán con el tiempo a medida que esas convenciones se disuelvan. Identifica la causa subyacente de la desigualdad y la servidumbre como el mercado comercial, que, de cierta manera anticipando a Karl Marx, Shelley ve como determinante de todas las relaciones sociales y como la prevención de que los seres humanos sean verdaderamente libres. Y en el corazón de esta opresión comercial actual que existe en el mundo está la institución del matrimonio, respaldada por la enseñanza religiosa y aplicada por las instituciones religiosas.[53] Todo ahora tiene su valor determinado por su precio, y su precio está gobernado por las fuerzas

---

51. Godwin anticipa aquí el tipo de disolución de la familia a través de la liberación política que se encuentra en escritos feministas posteriores, como el de Shulamith Firestone. Ver «La transformación psicológica del feminismo», en el capítulo 7.
52. Godwin, *Political Justice*, 2:852.
53. Shelley, *Queen Mab*, Canto 5.177-196, en *Shelley's Poetry and Prose*, 46.

del mercado. Incluso las relaciones humanas, los últimos vestigios de libertad natural que la sociedad permite a sus miembros, han sido sometidas a esta corrupción. Y en el centro de esta distorsión se encuentra el amor y lo que lo obliga a entrar en los confines de una relación monógama de por vida. La libertad nunca se logrará mientras el mercado controle todo y mientras el amor humano esté encadenado por los puntos de vista cristianos tradicionales del matrimonio. La destrucción del matrimonio, de los códigos sexuales que lo justifican, y de las instituciones que lo hacen cumplir y lo vigilan es, por lo tanto, fundamental para la liberación de la humanidad y para la causa de la justicia.

Irónicamente, dados sus comentarios sobre la inutilidad de la prosa didáctica para enseñar y cultivar una conciencia revolucionaria, Shelley adjuntó notas a *La reina Mab,* en caso de que sus lectores no entendieran del todo su mensaje, y sus comentarios sobre este pasaje específico del poema son un resumen breve pero punzantemente formulado de su visión general del matrimonio convencional y del papel de la religión. «El amor se marchó bajo restricción», declara, «su esencia misma es la libertad».[54] Por lo tanto, en el corazón mismo del programa político de liberación de Shelley se encuentra el asunto del amor sexual, porque es el amor lo que equivale a la felicidad y la libertad. Las restricciones al amor pueden ayudar a que el mercado comercial funcione mejor, sin embargo, son restricciones al florecimiento humano. Así como la felicidad es el fundamento de la moralidad, así la liberación del amor es un imperativo moral y político. Y como el amor se encuentra en el centro de lo que significa ser humano, las restricciones antinaturales al amor impiden efectivamente que los seres humanos sean verdaderamente humanos. Son la causa principal de la falta de autenticidad personal.

---

54. Shelley, *Poetical Works*, 806.

Shelley va más allá, aplicando el imperativo de la felicidad al propósito del matrimonio como un medio para señalar cómo podría reestructurarse:

> Si la felicidad es objeto de moralidad, de todas las uniones y desuniones humanas; si la dignidad de cada acción debe estimarse por la cantidad de sensación placentera que se calcula que produce, entonces la conexión de los sexos es sagrada siempre que contribuya a la comodidad de las partes, y se disuelve naturalmente cuando sus males son mayores que sus beneficios. No hay nada inmoral en esta separación.[55]

El pasaje tiene una lógica notablemente contemporánea. Shelley cree que el propósito de la vida es la felicidad personal, que él define como «una sensación placentera», o, como podríamos decirlo, un sentido interno de bienestar psicológico, la ética de la era terapéutica. Por lo tanto, el matrimonio no debe entenderse como una relación monógama de por vida con fines de procreación, compañía mutua y unión sexual exclusiva. Más bien, es para el placer mutuo y la satisfacción de las partes que consienten, y eso es todo. Es, se podría decir, una unión sentimental, y una vez disipados los sentimientos placenteros que estimula, debería disolverse a voluntad de las partes contratantes. Esta es la razón esencial de nuestro pensamiento moderno sobre el matrimonio, definido así por la lógica del divorcio sin problemas. Por lo tanto, debemos tomar nota: la comprensión actual del matrimonio claramente no es una innovación reciente; fue defendida explícitamente por personas como Shelley hace más de dos siglos.

Shelley continúa, comparando los votos tomados en el matrimonio de por vida con los credos religiosos. Hacer tales votos es atarse de una manera que impide la investigación personal, impide la mejora y previene cualquier posibilidad de escape si el matrimonio deja de ser una fuente de felicidad. Podríamos reformular su objeción

---

55. Shelley, *Poetical Works*, 806-807.

y decir que el problema tanto con el matrimonio como con los credos es que en cada caso el individuo tiene que reconocer la existencia de una autoridad externa más allá de la de los deseos inmediatos y personales. Al someterse a tal autoridad externa, los individuos se sumergen en una existencia no auténtica. Para establecer este punto más agudamente, Shelley luego argumenta que el matrimonio obliga a las personas a ser hipócritas e incluso fomenta la prostitución. Al hacerlo, rompe con la visión dominante de la época: que las prostitutas eran en origen las desventuradas víctimas de la seducción masculina.[56] En cambio, es el impacto de la monogamia en el mercado sexual y la represión de los instintos sexuales naturales lo que lleva a las mujeres a convertirse en prostitutas. Que la sociedad luego elija castigar a las mujeres por hacer aquello a lo que la propia sociedad las ha impulsado es para Shelley el colmo de la hipocresía. De hecho, no puede pensar en cosas que conduzcan más a la miseria humana que los ideales de castidad y monogamia de por vida. Haciendo eco de los puntos de vista de Godwin, afirma que la abolición del matrimonio es la única forma en que las relaciones sexuales pueden reconstruirse de acuerdo con la naturaleza.[57] Finalmente, en un dramático florecimiento retórico, Shelley no deja al lector ninguna duda sobre a quién culpar por la vil institución del matrimonio:

> De hecho, la religión y la moral, tal como están ahora, componen un código práctico de miseria y servidumbre: el genio de la felicidad humana debe arrancar cada hoja del maldito libro de Dios para que el hombre pueda leer la inscripción en su corazón. ¡Cómo la moralidad, vestida con rígidas estancias y galas, comenzaría desde su propia imagen repugnante si se mirara en el espejo de la naturaleza![58]

---

56. Esta visión fue una innovación en el siglo XVIII. Antes de eso, la prostitución era vista como el resultado de los apetitos sexuales depredadores de las mujeres. Ver Dabhoiwala, *Origins of Sex*, 141-142, 160.
57. Shelley, *Poetical Works*, 807-808.
58. Shelley, *Poetical Works*, 808.

El cristianismo organizado, con su imposición a la humanidad del código de la ley contenido en la Biblia, es lo que ha alienado a los seres humanos entre sí y destruido la verdadera libertad. Por lo tanto, el cristianismo debe ser destruido y el matrimonio abolido, o al menos redefinido drásticamente, si los seres humanos han de ser verdaderamente libres y verdaderamente felices.

Debemos tener en cuenta la estrategia retórica que Shelley emplea aquí. Él presenta la moralidad cristiana no como equivocada ni benigna, sino como esencialmente malvada. La moral cristiana es realmente inmoralidad disfrazada de justicia. Y, por lo tanto, la batalla con el cristianismo es en realidad una batalla contra el mal.

Una vez más, esta es una característica de nuestra era actual, cuando los códigos morales cristianos son vistos como positivamente inmorales. Los llamados a la castidad son una respuesta poco realista a la promiscuidad y conducen a una cruel represión sexual, una falta irresponsable de educación sexual adecuada en las escuelas y la demonización de las madres adolescentes solteras. La oposición a la homosexualidad despierta prejuicios, obliga a las personas homosexuales a vivir una mentira e incluso puede conducir a enfermedades mentales y suicidio. La lista podría ampliarse, pero en realidad no es nueva. La idea de que los códigos sexuales cristianos impiden que las personas vivan vidas libres y felices, que sean fieles a sí mismas, no es de cosecha reciente.

Una perspectiva similar es evidente en el trabajo de William Blake. En sus *Canciones de inocencia y experiencia,* Blake interpreta las dos condiciones de la naturaleza humana en el contexto de la Revolución Industrial de Inglaterra y su impacto en (para tomar prestada una frase de otro de sus poemas) «la tierra verde y agradable de Inglaterra».[59] Las escenas de felicidad rural en las *canciones de inocencia*

---

59. La frase se encuentra en el poema de Blake «Jerusalén», *Poetry Foundation*, consultado el 23 de marzo de 2020, https://www.poetryfoundation.org/poems/54684/jerusalem-and-did-those-feet-in-ancient-time.

encuentran a sus contrapartes en los escenarios más oscuros de las *canciones de experiencia.* Si bien el simbolismo de Blake a menudo hace que la interpretación de sus poemas sea una empresa difícil, muchos de ellos tienen fuertes connotaciones sexuales. No hay debate, sin embargo, sobre el significado de un poema como «El jardín del amor», citado aquí en su totalidad:

Fui al jardín del amor,
y vi lo que jamás antes había visto;
una capilla se levantaba en medio,
sobre el prado en el que yo solía jugar.

Las puertas de la capilla estaban cerradas,
«No podrás pasar» en ellas estaba escrito;
regresé al jardín del amor,
donde nacían tantas flores dulces.

Y vi que estaba cubierto de tumbas,
y lápidas donde estaban las flores;
y sacerdotes en negro paseaban entre ellas,
atando con zarzas mis alegrías y deseos.[60]

La simplicidad del metro y la rima y la intensificación de ambos en la copla extendida final con su doble rima hacen de este un poderoso testimonio poético de la filosofía de vida de Blake. La capilla es una intrusión hecha por el hombre en el jardín de lo que una vez fue la inocencia. Su presencia es a la vez extraña y opresiva, con Blake recogiendo el estribillo del Decálogo de «no...» como un medio para transmitir la naturaleza negativa y negadora de la vida de la moral cristiana. Luego, en la última copla, sacerdotes siniestros imponen sus reglas externas a Blake y obstaculizan la realización de su felicidad a través de la actualización de sus deseos.

---

60. William Blake, *Blake's Poetry and Designs,* ed. Mary Lynn Johnson and John E. Grant (New York: W. W. Norton, 2008), 40.

El mensaje es claro: las restricciones externas y socialmente construidas son malas y nos niegan nuestra verdadera humanidad. El jardín simboliza un estado de inocencia infantil, mientras que la capilla
representa la intrusión de la religión institucional, cuya esencia se
resume en la declaración «no podrás pasar». La religión es opresiva.
De hecho, la religión se equipara con la muerte —de ahí las lápidas
del último versículo que han tomado el lugar de flores hermosas,
vitales y naturales. Y finalmente, están los sacerdotes cadavéricos,
patrullando el área y asegurándose de que los deseos internos de
Blake —la persona que realmente es— sean cruelmente reprimidos.
La libertad y la autenticidad personal se encuentran, por lo tanto, en
evitar cosas tales como el cristianismo institucional y, por lo tanto,
regresar a la inocencia infantil y despreocupada del estado natural
donde las «alegrías y los deseos» no se ven obstaculizados por el cruel
«no podrás pasar» impuesto por los oficiales de la iglesia.

Una vez más, vemos el estado de naturaleza contrastado con el
de la sociedad civilizada, esta vez (como con Shelley) personificado
en la iglesia y su aplicación de un código sexual estricto y antinatural. Por lo tanto, el deseo humano se frustra a cada paso, y los
individuos no son libres de ser ellos mismos. El resultado es similar a la muerte. De hecho, en *El matrimonio del cielo y el infierno*,
Blake ofrece la máxima «el que desea, pero no actúa, engendra
pestilencia».[61] Para Blake, como para Shelley, la revolución que el
mundo necesita es esencialmente sexual e irreligiosa en su núcleo,
ya que es en la afirmación del amor libre y el rechazo de la religión institucionalizada que se encuentran la verdadera libertad y la
autenticidad personal.[62]

---

61. *Blake's Poetry and Designs*, 71.
62. En una declaración aún más extrema en *El matrimonio del cielo y el infierno*, digno
de Friedrich Nietzsche en su forma más provocativamente retórica, Blake declara: «Antes
asesinar a un bebé en su cuna que amamantar deseos no promulgados». *Blake's Poetry and
Designs*, 73. Obviamente, solo por el título, las máximas en *El matrimonio del cielo y el infierno*
están redactadas para ser irónicas e impactantes, pero la filosofía subyacente es la del propio
Blake, como lo deja en claro la comparación con las obras poéticas.

Desde la perspectiva de hoy, Shelley y Blake son, por lo tanto, representativos de desarrollos fascinantes y significativos en las discusiones sobre sexo, libertad, religión y lo que significa ser humano. En línea con los pensadores después de Rousseau, ven los sentimientos y el instinto como el corazón de la auténtica acción moral y lo que significa ser verdaderamente libre y verdaderamente humano. Las restricciones externas, socialmente construidas, militan contra esta autenticidad del *yo* de una manera que conduce a una restricción de la libertad personal y a diversos problemas en la sociedad. Y de todos los fenómenos socialmente represivos, Shelley y Blake consideran que la religión organizada, específicamente el cristianismo tradicional, es el peor delincuente.

A esta polémica contra el cristianismo se le da un contenido específicamente sexual porque la iglesia institucional ofende contra la naturaleza y la libertad al regular de manera antinatural el comportamiento sexual a través de su promoción del ideal del matrimonio casto y monógamo y su identificación de toda otra actividad sexual como pecaminosa y susceptible de castigo. Para Shelley y Blake, por lo tanto, el ataque a la religión y el ataque a la moralidad sexual que sustenta el matrimonio, si no colindante, están en una relación muy estrecha entre sí. Si bien estos dos poetas no ven el sexo en sí mismo como una cuestión de identidad en el sentido moderno (el sexo para ellos sigue siendo algo que uno hace en lugar de algo que uno es), sí ven la cuestión del comportamiento sexual como una de las cuestiones centrales de la libertad política. Por lo tanto, está claro que la conexión histórica entre el individualismo expresivo, el sexo y la política, tan típica de nuestros días, ya comenzaba a ser hecha por escritores románticos como Shelley y Blake a principios del siglo XIX. Ese aspecto particular de nuestros tiempos culturales actuales no es una innovación reciente provocada por los años 60.

Además, al igual que con Wordsworth, tanto Shelley como Blake ven las producciones estéticas como claves para cultivar la imaginación revolucionaria que es necesaria para lo que desean lograr. El poeta, o el artista, se convierte así en la figura central para lograr la transformación de los valores que es necesaria para la liberación de la humanidad. El poeta es, para usar el término de Shelley una vez más, el legislador no reconocido del mundo.

Thomas De Quincey: Una posdata estética

Antes de pasar de la escena literaria en general de principios del siglo XIX, vale la pena señalar la contribución de otra figura asociada con el romanticismo que tal vez inadvertidamente anticipa algunas de las patologías significativas de nuestra era actual: Thomas De Quincey. Aunque más famoso por sus memorias, *Confesiones de un inglés comedor de opio*, De Quincey también fue un astuto crítico literario y algo así como un aficionado al crimen violento. En particular, dos de sus ensayos resultarían culturalmente significativos: «Sobre los golpes a la puerta en Macbeth» y «Del asesinato considerado como una de las bellas artes». En estos aplicó con considerable ironía y humor el tipo de argumentos estéticos que basaban la ética en la empatía que hemos señalado anteriormente. Sin embargo, los presiona al servicio de una conclusión que es entretenida y, si se toma literalmente, bastante inquietante.[63]

La primera, su pieza más famosa de crítica literaria, plantea la cuestión de qué hace que el asesinato sea interesante, un objeto de contemplación estética en oposición a un simple objeto de horror. Su punto de partida es su recuerdo de su propia respuesta emocional al asesinato de Duncan en *Macbeth*. Estos sentimientos, comenta, le dieron al asesinato «un horror peculiar y una profundidad de solemnidad», y quería saber por qué.[64] La respuesta de Quincey es intrigante y significativa: el asesinato debe presentarse de una

---

63. Ambos ensayos son reimpresos en Thomas De Quincey, *On Murder*, ed. Robert Morrison (Oxford: Oxford University Press, 2006).
64. De Quincey, *On Murder*, 3.

manera que cree simpatía por el asesino. Ahora, crear simpatía por una víctima es, por supuesto, fácil. Ese es el instinto natural en tales situaciones. Pero crear simpatía por un asesino, atraer al lector a la narrativa de tal manera que tenga compasión, o al menos algún grado de comprensión fascinada, por el perpetrador, eso es lo que hace que un asesinato sea realmente grande. Debe ser un caldero hirviente de pasiones complicadas y motivos contradictorios para cautivar al lector.[65]

Es esta idea la que De Quincey elabora en su otro famoso ensayo, «Del asesinato considerado como una de las bellas artes». Lanzado como un discurso dado a la reunión anual de un grupo que se hace llamar la Sociedad de Conocedores del Asesinato, es una pieza swiftiana con un propósito serio. Cerca del inicio, hace la siguiente observación:

> Todo en este mundo tiene dos asas. El asesinato, por ejemplo, puede ser afianzado por su mango moral, (como generalmente es en el púlpito, y en el Old Bailey;) y *eso,* lo confieso, es su lado débil; o también puede ser tratado *estéticamente,* como lo llaman los alemanes, es decir, en relación con el buen gusto.[66]

Las cualidades de la estética del asesinato en cualquier época dada, argumenta entonces, hablan de la calidad de la era misma. Además, la calidad de un filósofo se puede medir por si fue asesinado o al menos si tuvo un atentado contra su vida en algún momento, un argumento que le permite ofrecer quizás la crítica más novedosa, concisa y devastadora de John Locke[67] y también expresar total con-

---

65. De Quincey dice: «En el asesino, un asesino como un poeta condescenderá, debe haber una gran tormenta de pasión —celos, ambición, venganza, odio—, que crearán un infierno dentro de él; y en este infierno debemos mirar». *On Murder*, 5.

66. De Quincey, *On Murder*, 10-11.

67. En palabras de Quincey: «Es un hecho que cada eminente filósofo durante los últimos dos siglos ha sido asesinado o, al menos, ha estado muy cerca de ello; en tal medida, que si un hombre se llama a sí mismo filósofo, y nunca se ha atentado contra su vida, tenga la seguridad de que no hay nada en él; y en contra de la filosofía de Locke en particular, creo que es una objeción incontestable, (si es que necesitábamos alguna) que, aunque conservó su garganta por 72 años, ningún hombre condescendió a cortarla». *On Murder*, 16.

fusión porque Thomas Hobbes no fue asesinado, dado que era un buen candidato para serlo.[68]

El ensayo de Quincey resultó enormemente influyente. Edgar Allan Poe y G. K. Chesterton lo consideraron muy bien, y es discutible que su impacto en el primero condujera, a través de sus cuentos de Auguste Dupin, a la invención del género moderno de ficción criminal. De hecho, un momento de reflexión indica que este género es en sí mismo moralmente interesante, ya que por lo general se basa en la idea de que el asesinato y los asesinos son intrínsecamente fascinantes. Y esto sugiere que debajo de las hipérboles humorísticas del ensayo sardónico de Quincey se encuentra un punto serio y perceptivo. La simpatía y la empatía son realmente funciones de la estética, no de la ley moral. El asesino puede ser expuesto bajo una luz comprensiva presentándolo como sofisticado o en guerra consigo mismo o como un rebelde contra la sociedad o como un genio involucrado en una batalla de ingenio con un detective. En tal contexto, el asesinato se vuelve entretenido, intrigante, incluso atractivo en algún sentido. Lo que De Quincey ha hecho, tal vez inadvertidamente, es demostrar que los argumentos a favor de los sentimientos como fundamento de la ética son vulnerables a hacer del sentido estético en sí mismo el árbitro de lo que es bueno y lo que es malo.

De Quincey no está, por supuesto, abogando por el asesinato o realmente tratando de hacer que el asesinato sea socialmente aceptable, y mucho menos deseable. Pero sus ensayos irónicos plantean un punto interesante: una vez que la estética se separa de una comprensión universal de lo que significa ser humano, de alguna metanarrativa moral universalmente autorizada, de algún terreno sólido en una realidad metafísica más grande, entonces la estética es el rey. El gusto puede impulsar lo que pensamos que es correcto e

---

68. De Quincey, *On Murder*, 19.

incorrecto. Éticamente hablando, el gusto se convierte en verdad. Este, como veremos, es el argumento hecho por Friedrich Nietzsche, quien señala que la muerte de Dios exige una transvaloración de todos los valores y que coloca el gusto y el deseo en el centro de este proyecto. También se encuentra detrás de la afirmación de Alasdair MacIntyre de que el discurso ético moderno es realmente solo una forma de expresar preferencias emocionales, sin un criterio universal por el cual se puedan comparar o evaluar las afirmaciones morales en competencia.

Este es el punto que Rousseau, Wordsworth, Blake y Shelley entendieron. Por esta razón utilizaron la poesía como un medio para lograr la reforma moral de los individuos y de la sociedad. También fue el punto que De Quincey presionó hasta su conclusión lógica. En un mundo de ética basada en la empatía, el sentido moral es, en última instancia, el sentido estético. Y eso significa que cuando el orden sagrado colapsa, la moralidad es simplemente una cuestión de gustos, no de verdad. Y en un mundo en el que la idea de la naturaleza humana universal ha sido abandonada o atenuada hasta el punto de carecer de sentido, también significa que aquellos que dan forma al gusto popular se convierten en aquellos que ejercen el mayor poder moral y establecen los estándares morales de la sociedad. Si bien sin duda se habría retorcido ante la idea, William Wordsworth se encuentra cerca de la cabeza de un camino que conduce a Hugh Hefner y Kim Kardashian.

5

La aparición de las personas plásticas

Nietzsche, Marx y Darwin

Los dioses son los primeros, y esa ventaja usan
En nuestra creencia, de que todo de ellos procede;
Lo cuestiono, para esta Tierra justa que veo,
Calentada por el Sol, produciendo todo género,
Ellos nada.

SATANÁS A EVA EN EL *PARAÍSO PERDIDO* DE JOHN MILTON

El centro de la narrativa de este libro es la aparición gradual y luego el ascenso a la dominación del tipo de persona que Philip Rieff llama el hombre psicológico y Charles Taylor caracteriza como el individuo expresivo. Sin este concepto general, es imposible entender elementos particulares del mundo tal como lo conocemos ahora: la revolución sexual, la importancia actual de la política de identidad o las razones por las que las ideas una vez sin sentido como el transgenerismo ahora tienen popularidad. Como sostengo más adelante, el triunfo de la terapéutica que representa el hombre psicológico depende en gran parte del éxito de su cultivo y difusión a través del arte, ya sean los productos de élite de los surrealistas o las ofertas demóticas producidas en masa de la cultura pop. La mayoría de la gente no ha leído a Freud, pero muchos encuentran atractivo el mensaje predicado en innumerables películas y telenovelas de que la vida se trata de encontrar la satisfacción sexual individual y que los apetitos sexuales de uno se encuentran en el centro mismo de quién es realmente.

Sin embargo, si bien el sexo proporciona gran parte del contenido del hombre psicológico y del individuo expresivo de esta era actual, tal vez la característica más sorprendente de la comprensión actual de lo que significa ser humano no es su contenido sexual, sino más bien su plasticidad fundamental. El hombre psicológico también es una persona plástica, una figura cuya esencia muy psicológica significa que puede (o al menos cree que puede) hacer y rehacer la identidad personal a voluntad. Y para que tales personas plásticas existan y prosperen, debe existir tanto un cierto tipo de marco metafísico como un cierto tipo de sociedad con un imaginario social particular. Esto nos lleva a una segunda línea narrativa con respecto al surgimiento de los tipos de yo que ahora caracterizan nuestro mundo, a saber, la eliminación de la noción de que la naturaleza humana es algo que tiene autoridad sobre nosotros como individuos.

La plausibilidad de la autocreación

La idea de que podemos ser quienes o lo que queramos ser es habitual hoy en día. El consumismo, o capitalismo tardío, alimenta esta noción con su mensaje del cliente como rey y de los bienes que consumimos como básicos para lo que somos. Los comerciales comunican este mensaje en la forma en que presentan productos particulares como la clave para la felicidad o la mejora de la vida. Usted tiene el poder de transformarse con el simple deslizamiento de una tarjeta de crédito. La posesión de esta cosa —ese coche, esa cocina, esa prenda de vestir— te hará una persona diferente, mejor, más plena. Bajo el crédito fácil, la autocreación consumista está a la orden del día.

Tal autocreación es quizás más un mito, o lo que Freud habría llamado una ilusión, un acto de ilusión, que una realidad práctica. De hecho, la dinámica subyacente del mercado de consumo es que los deseos nunca pueden satisfacerse plenamente, al menos no de ninguna manera a largo plazo. El consumidor no puede ser simplemente un desafortunado embaucador del despiadado capitalista que reinventa el mercado para mantener los flujos de ingresos, como argumentarían algunos en la izquierda, pero la negociación entre el productor y el consumidor se basa en última instancia en el hecho de que el deseo de consumo nunca parece satisfacerse con el acto de posesión. Si el productor crea deseos para satisfacerlos, entonces el consumidor parece una parte voluntaria en el proceso. Para usar la jerga hegeliana, la sociedad de consumo realmente presenta personas cuyo ser está en su devenir, mirando constantemente a la próxima compra que traerá esa elusiva integridad personal.

Esta ilusión de autocreación soberana a través del consumo todavía tiene sus limitaciones. En última instancia, todos nosotros estamos limitados por una variedad de factores que no siempre son susceptibles a la transubstanciación por tarjeta de crédito. En primer lugar, está la gama de productos o estilos de vida que se ofrecen. El mercado no tiene un número infinito de productos a la venta. El consumidor no es un monarca absoluto; como se señaló anteriormente, el mercado implica una negociación entre el proveedor y el consumidor. En segundo lugar, la sociedad está cambiando constantemente de opinión sobre lo que está y no está de moda, lo que es y no es genial, y lo que es y no es aceptable. Podríamos pensar que tenemos el poder de crearnos a nosotros mismos y a nuestras propias identidades, pero normalmente estamos sujetos a la gama de opciones y los esquemas de valores que la sociedad misma establece y sobre los cuales la mayoría de los individuos, considerados como individuos, tienen un poder muy limitado. El consumismo nos hace creer que podemos ser quienes queramos ser, pero el mercado siempre pone límites a eso en realidad.

En tercer lugar, siempre hay limitaciones individuales específicas a nuestra capacidad de inventarnos a nosotros mismos. La fisiología, la capacidad intelectual, los ingresos, la ubicación en el tiempo y la ubicación geográfica juegan su papel. Realmente podría desear ser María Antonieta, reina de Francia —de hecho, podría decidir felizmente autoidentificarme como tal— pero mi cuerpo es masculino, tiene un código genético proporcionado por mis padres ingleses, se encuentra físicamente en Pensilvania y existe cronológicamente en el siglo XXI. Por lo tanto, ser María Antonieta no es una opción viable para mí. Mi cuerpo, no mi psicología, tiene la última palabra sobre si soy la última reina de Francia en el siglo XVIII.

Sin embargo, la idea de la autocreación, de que podemos moldear nuestras esencias mediante actos de voluntad, está profundamente arraigada en la forma en que ahora pensamos, hasta el punto de que, si bien es posible que no pueda superar los problemas genéticos y cronológicos que me impiden ser una reina de Francia nacida en Austria del siglo XVIII, al menos puedo negar la palabra decisiva que mis cromosomas podrían desear tener sobre mi masculinidad. Así como Bruce se convirtió en Caitlyn y fue reconocido como tal por la sociedad, Carl ahora podría convertirse en Caroline, si así lo deseara.

El mundo en el que esta forma de pensar se ha vuelto plausible tiene raíces tanto intelectuales como materiales. Las corrientes de pensamiento filosófico del siglo XIX han ejercido un poderoso efecto en el debilitamiento e incluso la abolición de la idea de que la naturaleza humana es un hecho, algo que tiene una autoridad intrínseca e innegociable sobre quiénes somos. Y los cambios en nuestras circunstancias materiales han permitido que los principios subyacentes y antiesencialistas de estas filosofías se vuelvan plausibles y, de hecho, tal vez incluso la forma predeterminada en que pensamos sobre el yo hoy; sin embargo, no puedo abordar estos factores materiales, sino que me centraré más bien en los desarrollos intelectuales. Por lo tanto, aquí quiero señalar el pensamiento de tres hombres que, aunque pensadores muy diferentes, ayudaron a moldear la forma en que imaginamos la naturaleza humana hoy: Friedrich Nietzsche, Karl Marx y Charles Darwin. Los tres en sus diferentes formas proporcionaron una justificación conceptual para rechazar la noción de naturaleza humana y, por lo tanto, allanaron el camino para la plausibilidad de la idea de que los seres humanos son criaturas plásticas sin identidad fija fundada en una esencia intrínseca e irradiable. Si bien hay otros cuyo pensamiento también jugó un papel en este cambio, estos tres son posiblemente los más influyentes como fuentes para desarrollos posteriores hasta el día de hoy.

Friedrich Nietzsche: Desatando la Tierra del Sol

El pensamiento de Friedrich Nietzsche, dada su forma de expresión frecuentemente aforística y el hecho de que experimentó un desarrollo considerable a lo largo de su corta pero notablemente productiva vida profesional, es complicado y está sujeto a una variedad de interpretaciones. Al igual que con Freud, parte de su terminología —«la voluntad de poder», «el *Overman*», «más allá del bien y del mal», «la genealogía de la moralidad»— se ha convertido en moneda común en la jerga de la filosofía popular; sin embargo, al igual que con el vocabulario de Freud, muchos de estos términos son utilizados a menudo por aquellos que no saben exactamente lo que significan. Sin embargo, un punto en el que la erudición de Nietzsche está de acuerdo es que él es el hombre que realmente llama al farol de la Ilustración y desafía a aquellos que se han desprendido de los grilletes del cristianismo tradicional a tener el coraje de tomar la medida completa de lo que han hecho.

El ejemplo más dramático de esta llamada es el famoso pasaje del loco en el libro 3 de *The Gay Science* [La ciencia gay]:

El loco. —¿No has oído hablar de ese loco que encendió una linterna en las brillantes horas de la mañana, corrió al mercado y gritó incesantemente: «¡Busco a Dios! ¡Busco a Dios!». Como muchos de los que no creían en Dios estaban parados en ese momento, provocó muchas risas. ¿Se ha perdido? Preguntó uno. ¿Se perdió como un niño? Preguntó otro. ¿O se está escondiendo? ¿Nos tiene miedo? ¿Se ha ido de viaje? ¿Emigraron? —Así gritaron y se rieron.

El loco saltó en medio de ellos y los atravesó con sus ojos. «¿Dónde está Dios?», gritó: «Te lo diré. Lo hemos matado —tú y yo. Todos nosotros somos sus asesinos. Pero ¿cómo lo hicimos? ¿Cómo podríamos beber el mar? ¿Quién nos dio la esponja para limpiar todo el horizonte? ¿Qué estábamos haciendo cuando desatamos esta tierra de su sol? ¿Dónde se está moviendo ahora? ¿Hacia dónde nos estamos moviendo? ¿Lejos de todos los soles? ¿No estamos hundiéndonos continuamente? ¿Hacia atrás, hacia los lados, hacia adelante, en todas las direcciones? ¿Todavía hay algún altibajo? ¿No nos estamos desviando como a través de una nada infinita? ¿No sentimos el aliento del espacio vacío? ¿No se ha vuelto más frío? ¿No se está acercando continuamente la noche a nosotros? ¿No necesitamos encender linternas por la mañana? ¿No escuchamos nada todavía del ruido de los sepultureros que están enterrando a Dios? ¿No olemos nada todavía de la descomposición divina? Los dioses también se descomponen. Dios está muerto. Dios permanece muerto. Y lo hemos matado.

«¿Cómo nos consolaremos a nosotros mismos, los asesinos de todos los asesinos? Lo que era más santo y poderoso de todo lo que el mundo ha poseído hasta ahora ha muerto desangrado bajo nuestros cuchillos: ¿quién limpiará esta sangre de nosotros? ¿Qué agua hay para que nos limpiemos? ¿Qué festivales de expiación, qué juegos sagrados tendremos que inventar? ¿No es la grandeza de esta acción demasiado grande para nosotros? ¿No debemos nosotros mismos convertirnos en dioses simplemente para parecer dignos de ello? Nunca ha habido una acción mayor; y quienquiera que nazca después de nosotros, por el bien de este hecho, pertenecerá a una historia más alta que toda la historia hasta ahora».

Enfrentado con la burla inicial y luego con el silencio asombrado de sus oyentes, el loco arroja su linterna al suelo, rompiéndola, y reflexiona que ha llegado demasiado pronto, que su audiencia aún no está lista para entender su mensaje. Más tarde ese día, dice Nietzsche, el loco entra en varias iglesias para repetir su mensaje, solo para ser expulsado. Su respuesta es declarar que estas iglesias no son otra cosa que las tumbas de Dios.[1]

Para citar a Stephen Williams en esta misma sección de *La ciencia gay*, «este es uno de esos pasajes púrpura cuyo impacto es virtualmente amortiguado por los comentarios».[2] Sin embargo, su naturaleza compacta significa que sus implicaciones subyacentes son demasiado ricas y amplias —especialmente para los argumentos de este libro— para no ser explícitas.

El pasaje es quizás más famoso por la frase «Dios está muerto». Esto pretende ser una declaración mucho más poderosa que la afirmación más importante de que Dios simplemente no existe, porque Nietzsche está aquí imputando una intencionalidad consciente al asunto del ateísmo. La idea subyacente es que la filosofía de la Ilustración ha hecho a Dios inverosímil o innecesario a propósito. Lo ha quitado. Pero aquí está el problema: los filósofos de la Ilustración no han podido sacar las conclusiones metafísicas y morales necesarias y más amplias de esta noción. De hecho, podríamos decir que no han tenido ni la perspicacia intelectual ni el coraje para hacerlo. Por lo tanto, son los ateos educados, no los creyentes religiosos, a quienes el loco aborda primero en la plaza del pueblo, aquellos que desean tener sus vidas cómodas, estables y seguras, incluso cuando han eliminado cualquier base sobre la cual puedan construir tal. Pero la inexistencia de Dios no es como la inexistencia de unicornios o centauros. No

---

1. Friedrich Nietzsche, *The Gay Science*, trans. Walter Kaufmann (New York: Vintage, 1974), §125 (181-182). Publicado por primera vez en alemán en 1887.
2. Stephen N. Williams, *The Shadow of the Antichrist: Nietzsche's Critique of Christianity* (Grand Rapids, MI: Baker Academic, 2006), 119.

se ha construido nada significativo sobre la suposición de que esas criaturas mitológicas son reales. Prescindir de Dios, sin embargo, es destruir los mismos cimientos sobre los que se ha construido y depende todo un mundo de metafísica y moralidad.

El pasaje del loco no es el lugar inicial donde Nietzsche usa la frase «Dios está muerto». Aparece por primera vez en sus escritos al comienzo del libro 3 de *La ciencia gay*. Allí da la siguiente historia:

> Después de que Buda murió, su sombra todavía se mostró durante siglos en una cueva, una sombra tremenda y espantosa. Dios ha muerto; pero dado el camino de los hombres, todavía puede haber cuevas durante miles de años en las que se mostrará su sombra. Y nosotros, todavía tenemos que vencer su sombra también.[3]

Este pasaje prepara el escenario para la intervención posterior del loco. El punto básico es que el fundamento de la religión puede haber sido expuesto como falso, pero la influencia de la religión, los sistemas de vida y pensamiento construidos sobre ella, continúan viviendo, hasta el día de hoy. Para usar el término de Charles Taylor, Dios continúa informando el imaginario social, y Nietzsche quiere poner fin a esto. De hecho, en los aforismos entre la sombra de Buda y el loco, Nietzsche plantea una serie de preguntas punzantes sobre la ciencia, la lógica y la moralidad, todas las cuales considera claramente que necesitan revisión a la luz de la muerte de Dios.

Por ejemplo, ataca cualquier noción de que el universo considerado en sí mismo puede tener algún significado intrínseco. Pensar en él como un ser vivo es un antropomorfismo ridículo —de hecho, nauseabundo— y considerarlo como una máquina no es realmente mejor. De hecho, uno ni siquiera debería hablar de «leyes» en la naturaleza, porque eso implicaría un legislador y un universo de alguna manera responsable ante tales.[4] Nietzsche luego postula que el «conocimiento»

---

3. Nietzsche, *The Gay Science*, §108 (167).
4. Nietzsche, *The Gay Science*, §109 (167-168).

es simplemente un medio para dar algún tipo de autoridad objetiva engañosa a ideas que han demostrado ser útiles para preservar a la humanidad y han disfrutado de longevidad y aceptación general, pero que están realmente arraigadas en el instinto y las luchas por el poder.[5] Cuando pretendemos explicar el universo, en realidad simplemente lo estamos describiendo y no penetrando realmente en ninguna esencia que pueda tener en ningún nivel más profundo que el de nuestros antepasados.[6] Nietzsche también aplica la misma crítica a la lógica y finalmente a la moral.[7] De hecho, descarta la moralidad como «instinto de rebaño en el individuo», un punto que tiene afinidades con la noción posterior de Freud de la relación entre el superyó y el yo y también con la noción de Rousseau (y los románticos) de la humanidad auténtica como la exhibida por los menos socializados y civilizados.[8]

Todo esto proporciona el trasfondo del explosivo pasaje del loco. Para matar a Dios, ya sea negando Su existencia o al menos la coherencia de las afirmaciones de conocimiento de Él (como David Hume podría decirse que hizo) o haciéndolo nada más que una presuposición necesaria para el discurso moral, la Ilustración efectivamente arrancó los cimientos de la moral burguesa educada que deseaba mantener. No se puede hacer esto, dice Nietzsche. Has desatado la tierra del sol, un movimiento de incalculable significado. Al hacerlo, has quitado cualquier base para una metafísica que pueda fundamentarse en el conocimiento o la ética. Al matar a Dios, usted asumió la responsabilidad, la responsabilidad aterradora, de ser dios usted mismo, de convertirse en el autor de su propio conocimiento y su propia ética.

---

5. Nietzsche, *The Gay Science*, §110 (169-171).
6. Nietzsche, *The Gay Science*, §112 (172-173). Vale la pena señalar que Nietzsche permite aquí que las descripciones ofrecidas en su día puedan ser mejores que las ofrecidas en tiempos anteriores, un punto que pone en tela de juicio las interpretaciones de su pensamiento que lo ven como un relativista epistemológico radical, pero el punto central —de que no hay metafísica de la esencia que nos permita ir más allá de la descripción a la explicación final— es sin embargo muy significativo.
7. Nietzsche, *The Gay Science*, §111 (171-172).
8. Nietzsche, *The Gay Science*, §§116-117 (174-175). Para Rousseau y los románticos, ver el capítulo 3, y para Freud, ver el capítulo 6.

Te haces el creador de tu mundo. De ahí que Nietzsche condimentaría el discurso del loco con imágenes vertiginosas y el lenguaje de la sangre, el asesinato y la decadencia. El ateísmo alegre y chiflado de un Richard Dawkins o un Daniel Dennett no lo es para Nietzsche porque no ve las consecuencias radicales de su rechazo a Dios. Esperar que, digamos, la evolución nos haga morales sería asumir un significado y un orden a la naturaleza que solo puede justificarse realmente sobre una base metafísica previa que trasciende la naturaleza, o simplemente declarar por decreto y sin justificación objetiva que ciertas cosas que nos gustan o que aprobamos son intrínsecamente buenas.[9]

Nietzsche y la genealogía de la moralidad

Las inevitables implicaciones antimetafísicas del ateísmo para la moralidad son las que impulsan a Nietzsche a sus polémicas contra el cristianismo e Immanuel Kant. En su última obra, *El Anticristo*, Nietzsche arremete contra el cristianismo en dos frentes relacionados. Primero, ataca lo que él describe como el «instinto teólogo». Esta es la tendencia a dar un estatus aparente objetivo y trascendente a los gustos y opiniones personales vistiéndolos con el lenguaje de Dios:

> A partir de esta perspectiva errónea sobre todas las cosas, uno hace una moralidad, una virtud, una santidad para sí mismo, uno une la buena conciencia con ver *falsamente:* uno exige que a ningún *otro* tipo de perspectiva se le otorgue ningún valor después de que uno haya hecho sacrosanta la propia con los nombres «Dios», «redención», «eternidad».[10]

Este «instinto teólogo» no es un monopolio de los teólogos cristianos ortodoxos, sino que también se puede encontrar en filósofos

---

9. Anteriormente en *The Gay Science*, Nietzsche señala la conexión entre opinión y estética: «El cambio en el gusto general es más poderoso que el de las opiniones. Las opiniones, junto con todas las pruebas, refutaciones y toda la mascarada intelectual, son simplemente síntomas del cambio en el gusto y ciertamente no lo que a menudo se supone que son, sus causas». Nietzsche, *The Gay Science*, §39 (106).

10. Friedrich Nietzsche, *Twilight of the Idols and The Anti-Christ*, trans. R. J. Hollingdale (London: Penguin, 2003), 132.

como Kant, cuyo concepto de la «cosa en sí misma» —la realidad metafísica que se encuentra detrás y sustenta toda la realidad percibida pero cuya existencia no puede ser probada directamente— es, para Nietzsche, simplemente otra «palabra de Dios», un fundamento trascendente engañoso por medio del cual Kant es capaz de otorgar a sus propios gustos epistemológicos y éticos un estatus universal y objetivo.[11] Esto está en consonancia con el pasaje del loco: Nietzsche está exigiendo que tanto el cristianismo como Kant se den cuenta de que sus afirmaciones de la verdad no son en última instancia afirmaciones sobre la realidad objetiva, sino afirmaciones sobre cómo quieren que sea el mundo para adaptarse a sus propios fines particulares. Para los cristianos, eso es exaltar la debilidad sobre la fuerza; para Kant, es mantener el significado universal de los imperativos categóricos que realmente solo constituyen sus propias preferencias morales personales.

Si bien *El Anticristo* es el último libro que Nietzsche escribió antes de su colapso mental completo y permanente, ejemplifica el enfoque de la historia que desarrolló en su anterior *La genealogía de la moral*. En este trabajo, Nietzsche trazó lo que él veía como un cambio fundamental en el pensamiento ético, desde el binario básico del bien y el mal hasta el del bien y la maldad. Lo que hizo que este cambio fuera más que semántico para Nietzsche fue el hecho de que lo que se conocía como bueno en tiempos anteriores (fuerza espontánea) era lo que más tarde se denominó como malvado, mientras que lo que era malo (debilidad servil) llegó a ser considerado como bueno. En resumen, el movimiento implica una inteligente inversión lingüística y una transformación de tremenda importancia.[12]

---

11. Nietzsche afirma: «*Decadencia de Dios:* Dios se convirtió en "cosa en sí misma"». *The Anti-Christ*, 140. En otra parte, Nietzsche describe a Kant como un «idiota» y una «araña fatídica». *The Anti-Christ*, 134.

12. Nietzsche desarrolla este argumento en varios lugares. Ver, por ejemplo, *On the Genealogy of Morals and Ecce Homo*, trad. Walter Kaufmann y R. J. Hollingdale (New York: Vintage, 1989), 167.

Lo que esto hace es transformar la discusión de la moralidad de una cuestión de descubrir la naturaleza de la virtud objetiva o de las leyes eternas en un análisis de la psicología. La pregunta apremiante no es, ¿es esto correcto o incorrecto, bueno o malo? sino más bien, ¿por qué las personas actúan de esta manera? Y esa pregunta apunta hacia una serie de preguntas más críticas: ¿Quién se beneficia de argumentar que la acción X se considera moralmente incorrecta? De hecho, ¿la moralidad realmente tiene algún valor? Como lo expresa Nietzsche en el prefacio de *La genealogía de la moral:*

Articulemos esta *nueva demanda:* necesitamos una *crítica* de los valores morales, *primero hay que cuestionar el valor de estos valores mismos* —y para eso se necesita un conocimiento de las condiciones y circunstancias en las que crecieron, bajo las cuales evolucionaron y cambiaron (moralidad como consecuencia, como síntoma, como máscara, como armadura, como enfermedad, como malentendido; pero también moralidad como causa, como remedio, como estimulante, como restricción, como veneno), un conocimiento de un tipo que aún no ha existido ni incluso ha sido deseado.[13]

Este punto es de gran alcance y altamente subversivo. El juego en la discusión moral deja de ser el de establecer imperativos categóricos y se transforma en el de exponer la psicología que subyace a tales afirmaciones. Como dice Alasdair MacIntyre en sus reflexiones sobre el método genealógico de Nietzsche: «No avanzó una nueva teoría contra teorías más antiguas; propuso un abandono de la teoría».[14]

La aplicación de Nietzsche de este pensamiento al cristianismo es despiadada. El cristianismo representa los instintos de los más débiles y oprimidos, y encarna el odio mismo a la vida y al vivir;[15] desea

---

13. Nietzsche, *On the Genealogy of Morals*, 20.

14. Alasdair Macintyre, *Three Rival Versions of Moral Enquiry: Encyclopaedia, Genealogy, and Tradition* (London: Duckworth, 1990), 49.

15. Nietzsche, *The Anti-Christ*, 142.

subyugar a los verdaderamente nobles y fuertes;[16] enferma a hombres y mujeres;[17] y desvaloriza todo lo que es vital, fuerte y natural.[18] En resumen, podríamos decir que mientras que para un hombre como David Hume el cristianismo es epistemológicamente indefendible, para Nietzsche es moralmente repugnante. Hume desmantela al cristianismo analizando cómo los seres humanos saben las cosas; Nietzsche lo desmantela preguntándose qué motivación ulterior hay detrás de él. Hume podría reírse de las afirmaciones de la fe cristiana; Nietzsche tiene náuseas a causa de ellos. Con Nietzsche vemos claramente dos patologías de nuestra época actual que reciben explicación filosófica: la tendencia a sospechar de cualquier afirmación de verdad moral absoluta y un rechazo de la religión como desagradable.

Nietzsche y el concepto de naturaleza humana

En el fondo, los ataques de Nietzsche a la metafísica, la moral, el cristianismo y Kant son realmente ataques al concepto de naturaleza humana. Ciertamente, Nietzsche habría reconocido la naturaleza humana como una realidad biológica, pero la biología no es metafísica y no permite afirmaciones sobre cómo deben vivir todas las personas o qué propósito y destino comparten. Una vez más, expresa esta idea poderosamente en *La ciencia gay:*

> El hombre ha sido educado por sus errores. Primero, siempre se vio a sí mismo de manera incompleta; segundo, se dotó de atributos ficticios; tercero, se colocó en un falso orden de rango en relación con los animales y la naturaleza; cuarto, inventó siempre nuevas tablas de bienes y siempre las aceptó durante un tiempo como eternas e incondicionales: como resultado de esto, ahora uno y luego otro impulso y estado humano ocuparon el primer lugar y fueron ennoblecidos porque eran estimados tan altamente. Si eliminamos los efectos de

---

16. Nietzsche, *The Anti-Christ*, 144.
17. Nietzsche, *The Anti-Christ*, 147.
18. Nietzsche, *The Anti-Christ*, 162.

estos cuatro errores, también deberíamos eliminar la humanidad, lo humanitario y la «dignidad humana».[19]

En resumen, el error básico que han cometido los seres humanos es darse una naturaleza, pensar en términos de una categoría trascendente que es anterior y mayor que cualquier individuo individual. Al hacerlo, se han esclavizado a sí mismos a los códigos morales y se han dado a sí mismos una teleología heterónoma que no poseen intrínsecamente. Los seres humanos deben más bien crearse a sí mismos, estar libres de las demandas que la idea de un Creador o una moralidad metafísicamente fundamentada o un concepto abstracto y universal de la naturaleza humana les impondría. La libertad para Nietzsche es la libertad del esencialismo y de la autocreación.

La importancia de la autocreación es visible en *La ciencia gay*. Dos secciones en particular son importantes a este respecto. El primero es *La ciencia gay* §341, donde Nietzsche describe lo que él mismo consideró como uno de sus avances más significativos. Imagina, dice, que una noche eres abordado por un demonio que declara que vas a revivir tu vida, cada momento, lo bueno y lo malo, lo grande y lo trivial, por toda la eternidad, una y otra y otra vez. ¿Cómo reaccionarías? ¿Sería una fuente de horror inmediato para ti, o te inspiraría?[20]

Nietzsche no parece presentar esta noción, la del *eterno retorno* o *la eterna recurrencia,* como una realidad física real, por la cual todo sucederá una y otra vez. Más bien, parece ser una estratagema retórica diseñada para provocar una reacción existencial: si esto fuera cierto, ¿cómo vivirías? ¿Marcaría una diferencia para ti? Nietzsche está desafiando a los individuos a afirmar la vida que tienen y a vivir cada momento como si poseyera un significado eterno.

Este es un punto importante para este estudio por dos razones. En primer lugar, es un recordatorio útil de que las caracterizaciones

---

19. Nietzsche, *Gay Science*, §115 (174).
20. Nietzsche, *Gay Science*, §341 (273).

populares de Nietzsche como nihilista suelen estar fuera de lugar. El simple hecho de que rechace la idea de que la vida tiene un significado trascendente último no significa que crea que la vida no vale la pena vivirla. La persona que piensa que cada momento debe ser tratado como si tuviera un significado eterno no es un verdadero nihilista.

En segundo lugar, se centra en el presente, en el aquí y ahora. Una de las patologías de nuestra era actual es que el placer del instante, la satisfacción del individuo en el aquí y ahora, se ha convertido en primordial en la forma en que pensamos sobre el propósito humano. Se puede ver, por ejemplo, en asuntos tan dispares como la pornografía y los principios que subyacen a las sentencias judiciales en los tribunales. Ahora bien, el camino entre Nietzsche y el hedonismo fácil de nuestros días no es sencillo: Nietzsche entendió que luchar y superar obstáculos conllevaba satisfacciones de las que la persona perezosa no sabe nada. La mujer que sube a la cara norte del Eiger siente un placer cuando llega a la cima que es desconocida para el hombre cuyo único logro en la vida es simplemente apuntalar el bar en el hotel al pie de la montaña. Pero la satisfacción personal, el elemento básico del ideal terapéutico, está ahí en la concepción de Nietzsche de lo que significa vivir verdaderamente.

Eso lleva al último punto de relevancia: el contenido de la autocreación. En *La ciencia gay* §290, Nietzsche reflexiona sobre la importancia de dar estilo al carácter. Usando la metáfora del yo como artista, juega aquí con una distinción entre la naturaleza original y la segunda:

> Una cosa es necesaria: «dar estilo» al carácter de uno, ¡un arte grande y raro! Es practicado por aquellos que examinan todas las fortalezas y debilidades de su naturaleza y luego las encajan en un plan artístico hasta que cada una de ellas aparece como arte y razón e incluso las debilidades deleitan la vista. Aquí se ha añadido una gran masa de

segunda naturaleza; allí se ha eliminado un pedazo de naturaleza original, ambas veces a través de una larga práctica y trabajo diario en ella. Aquí se oculta lo feo que no se pudo quitar: allí se ha reinterpretado y se ha hecho sublime. Mucho de lo que es vago y se resiste al cambio ha sido guardado y explotado para puntos de vista distantes; está destinado a llamar hacia lo lejano e inconmensurable. Al final, cuando se termina la obra se hace evidente cómo la restricción de un solo gusto gobernaba y formaba todo lo grande y lo pequeño... Porque una cosa es necesaria: que un ser humano alcance la satisfacción consigo mismo, ya sea por medio de tal o cual poesía y arte.[21]

Aquí Nietzsche reconoce que ningún individuo es simplemente una pizarra en blanco. Cada uno tiene fortalezas y debilidades naturales, pero la clave es ser intencional en cómo se presentan y cómo se usan en relación con la segunda naturaleza, esa naturaleza por la cual la persona se inventa a sí misma, se convierte en algo análogo a una obra de arte. Somos lo que elegimos ser, lo que elegimos hacernos a nosotros mismos. Aquí la nota que más tarde será golpeada por Jean-Paul Sartre con tal fuerza —que la existencia precede a la esencia— encuentra una voz. Y el propósito de este esfuerzo artístico llamado vida es la satisfacción personal. Una vez más, Nietzsche no es nihilista; la vida debe ser vivida de una manera que traiga satisfacción personal. Pero esa satisfacción personal es, arriesgando la tautología, profundamente personal. No se trata de conformarse a alguna ley heterónoma o de aprender a cultivar aquellas virtudes a las que la naturaleza humana se presta como medio para una buena vida que tiene un estatus objetivo, trascendente más allá del individuo. Más bien, se trata de crear las propias satisfacciones y determinar la propia forma de la buena vida. Nietzsche, como pensador sofisticado que es, realmente está dando un relato crítico de lo que podríamos

---

21. Nietzsche, *Gay Science*, §290 (232-233).

expresar en las banalidades demóticas de nuestro tiempo como «sé quien quieras ser, y haz lo que funcione para ti».

Karl Marx: Poniendo a Hegel de cabeza

Karl Marx es significativo para esta parte de la narrativa porque vio la conexión vital entre las condiciones sociales y económicas y la constitución del mundo.[22] Para entender a Marx, sin embargo, primero es necesario conectarlo con su formación inmediata en el fermento intelectual precipitado por el pensamiento de G. W. F. Hegel.[23]

Señalé en el capítulo 1 que el pensamiento de Hegel es importante para el desarrollo de Charles Taylor de la idea de reconocimiento y su significado en la sociedad contemporánea. Taylor se basa en la comprensión de Hegel de la autoconciencia y, como tal, está en deuda con una de las contribuciones más significativas del filósofo: la naturaleza histórica de las manifestaciones específicas de lo que significa ser humano. Mientras que las categorías de Kant asumían una estabilidad transhistórica y transcultural básica para la naturaleza humana, Hegel señaló que la forma en que las personas piensan, su autoconciencia, en realidad cambia con el tiempo.[24]

Para Hegel, la dinámica central en este proceso histórico es su carácter general, o «espíritu». Este espíritu tiene un efecto profundo y decisivo en los elementos materiales de cualquier cultura dada

---

22. Al decir esto, no estoy afirmando el contenido detallado de la filosofía de Marx, sino más bien destacando el hecho de que él entendió que existe una conexión profunda e innegable entre las condiciones materiales de la existencia y cómo los seres humanos piensan de sí mismos.

23. Una serie de buenas biografías de Marx están disponibles en inglés. Jonathan Sperber, *Karl Marx: A Nineteenth-Century Life* (New York: W. W. Norton, 2013) es excelente para colocarlo en un contexto histórico. Gareth Stedman Jones, *Karl Marx: Greatness and Illusion* (Cambridge, MA: Belknap Press de Harvard University Press, 2016) es quizás el tratamiento histórico más completo hasta la fecha. Sven-Eric Liedman, *A World to Win: The Life and Works of Karl Marx*, trans. Jeffrey N. Skinner (London: Verso, 2018) simpatiza profundamente con Marx y también es muy bueno en su formación hegeliana.

24. Esta es la crítica central de Hegel a Kant: ver José McCarney, *Hegel on History* (London: Routledge, 2000), 57-59. Ver también G. W. F. Hegel, *Phenomenology of Spirit*, trans. A. V. Miller (Oxford: Oxford University Press, 1977), 64-66.

(su tecnología, por ejemplo).[25] Esta relación plantea la interesante pregunta de si Hegel creía en la naturaleza humana como un hecho. A esta pregunta uno podría responder diciendo que la naturaleza humana para Hegel debe ser vista como un trabajo en progreso, algo que está presionando hacia el futuro para su plena realización. En el lenguaje de la teología cristiana, podríamos decir que para Hegel la naturaleza humana es algo escatológico. O hablando más filosóficamente, podríamos decir que la naturaleza humana aquí y ahora encuentra su ser en su devenir. Es dinámico, no estático.[26]

Marx estuvo estrechamente relacionado en su carrera temprana con los jóvenes hegelianos, discípulos de Hegel que estaban llevando el pensamiento del maestro en direcciones que eran muy críticas con el *status quo* político y con los instrumentos por los cuales se mantenía, particularmente el cristianismo y la iglesia. Marx, sin embargo, iba a romper con este grupo, y con las trayectorias idealistas del hegelianismo, en favor de un enfoque materialista.

Describió la relación entre su propio pensamiento materialista y el idealismo de Hegel en el epílogo de la segunda edición de *La capital* en 1873:

> Mi método dialéctico no solo es diferente del hegeliano, sino que es su opuesto directo. Para Hegel, el proceso de vida del cerebro humano, es decir, el proceso de pensar, que, bajo el nombre de «la Idea», incluso se transforma en un sujeto independiente, es el demiurgo del mundo real, y el mundo real es solo la forma externa y fenoménica de «la Idea». Conmigo, por el contrario, el ideal no es otra cosa que el mundo material reflejado por la mente humana,

---

25. Stephen Houlgate, *An Introduction to Hegel: Freedom, Truth and History*, 2nd ed. (Oxford: Blackwell, 2005), 10.

26. Erich Fromm capta bien el enfoque hegeliano de la naturaleza humana: «Para Spinoza, Goethe, Hegel, así como para Marx, el hombre está vivo solo en la medida en que es productivo, en la medida en que capta el mundo fuera de sí mismo en el acto de expresar sus propios poderes humanos específicos, y de captar el mundo con estos poderes. En la medida en que el hombre no es productivo, en la medida en que es receptivo y pasivo, no es nada, está muerto». *Marx's Concept of Man* (London: Continuum, 2004), 26.

y traducido en formas de pensamiento. La mistificación que la dialéctica sufre en las manos de Hegel, de ninguna manera le impide ser el primero en presentar su forma general de trabajo de manera integral y consciente. Con él está de cabeza. Debe girarse hacia la derecha y hacia arriba de nuevo, si quieres descubrir el núcleo racional dentro de la cáscara mística.[27]

En pocas palabras (o lo más simplemente posible, dado que se trata de Hegel y Marx), el proceso dialéctico dinámico por el cual avanza la historia es para Hegel intelectual, una lucha entre ideas en la autoconciencia. Para Marx, el patrón básico de la dialéctica hegeliana es sólido, pero no son las ideas las que impulsan el proceso histórico; más bien, son las condiciones y relaciones materiales. Hegel debe ponerse de cabeza: no son las ideas y la autoconciencia que capta las que dan forma a las condiciones materiales del mundo, sino las condiciones materiales las que dan forma a las ideas y la autoconciencia.

Las implicaciones de este movimiento de Marx son de gran alcance. Escribiendo en el calor blanco de la Revolución Industrial del siglo XIX, hizo el siguiente comentario famoso en el capítulo 1 del *Manifiesto del Partido Comunista* (1848):

> La burguesía, dondequiera que haya conseguido la ventaja, ha puesto fin a todas las relaciones feudales, patriarcales e idílicas. Ha desgarrado despiadadamente los variopintos lazos feudales que unían al hombre con sus «superiores naturales», y no ha dejado otro nexo entre el hombre y el hombre que el desnudo interés propio, que el insensible «pago en efectivo». Ha ahogado los éxtasis más celestiales del fervor religioso, del entusiasmo caballeresco, del sentimentalismo filisteo, en el agua helada del cálculo egoísta [...]. La burguesía ha despojado de su halo a todas las ocupaciones hasta ahora honradas y admiradas con reverente asombro. Ha convertido al médico, al

---

27. Karl Marx, *Das Kapital,* in *The Marx-Engels Reader*, ed. Robert C. Tucker, 2nd ed. (London: W. W. Norton, 1978), 301-302.

abogado, al sacerdote, al poeta, al hombre de ciencia, en sus asalaria-
dos [...]. La constante revolución de la producción, la perturbación
ininterrumpida de todas las condiciones sociales, la incertidumbre
eterna y la agitación distinguen a la época burguesa de todas las
anteriores. Todas las relaciones fijas y congeladas, con su tren de
prejuicios y opiniones antiguas y venerables, son barridas, todas las
nuevas se vuelven anticuadas antes de que puedan osificarse. Todo lo
que es sólido se funde en el aire, todo lo que es santo es profanado, y
el hombre finalmente se ve obligado a enfrentar con sentidos sobrios,
sus condiciones reales de vida y sus relaciones con su especie.[28]

Grita «¡estragos!» y deja escapar a los perros... ¡no de guerra sino
de capitalismo! Tal vez como ninguna otra persona en el siglo XIX,
Marx era consciente de cómo la producción industrial y el capitalismo que representaba estaban volcando las estructuras sociales
tradicionales y rehaciendo la sociedad. Más que eso, sin embargo,
vio que esta transformación tenía un profundo significado para la
forma en que los seres humanos se relacionaban entre sí y se entendían a sí mismos. Lo más notable de este pasaje —que, como con
la anécdota del loco de Nietzsche, está casi condenado a ser menos
poderoso por cualquier comentario sobre él— es la forma en que
hace que la naturaleza humana y todo lo que depende de tal noción
sean funciones de la estructura económica de la sociedad. Eso hace
que la naturaleza humana sea una cosa plástica, sujeta a cambios
históricos a medida que cambian las dinámicas económicas de la
sociedad. Y de manera igualmente significativa para nuestra narrativa general, todo se vuelve profundamente político, desde las leyes
de la tierra hasta los códigos morales por los cuales una sociedad se
regula a sí misma y organizaciones que, en la superficie, no parecen tener importancia política. Como todos los fenómenos sociales involucran relaciones sociales, y la naturaleza de las relaciones

---

28. Karl Marx and Friedrich Engels, *The Communist Manifesto*, in Tucker, *Marx-Engels Reader*, 475-476.

sociales se basa en las relaciones económicas, y como las relaciones económicas son dialécticas (o tal vez podríamos decir adversarias), todos los fenómenos sociales tienen un significado político. Desde los Boy Scouts hasta la Reserva Federal, todas las organizaciones y relaciones humanas desempeñan su papel en el drama político que es la historia humana.

Un ejemplo obvio de esta dinámica es la religión. Marx es bien conocido por describir la religión como «el opio del pueblo», una declaración que generalmente se entiende como la afirmación de que la religión es un medio para mantener a las masas en un estado análogo a la pasividad inducida por las drogas y la falsa felicidad. Ciertamente, la idea de que la religión proporciona una ideología por la cual las clases dominantes son capaces de mantener a otros en su lugar tiene un papel en el pensamiento marxista. *La guerra campesina en Alemania* (1850) de Friedrich Engels ofreció una interpretación de la guerra de los campesinos de 1525 en términos del potencial disruptivo y revolucionario de la religión y su conservadurismo social. Al comentar sobre el abandono de los campesinos por parte de Martín Lutero y su uso de la Biblia para hacerlo, Engels comenta que «la volvió [la Biblia] contra ellos, extrayendo de ella un verdadero himno a las autoridades ordenadas por Dios como ningún lamebotas o monarquía absoluta había sido capaz de lograr».[29]

Sin embargo, hay más en la visión de Marx sobre la religión que simplemente verla como un medio de opresión ideológica. Cuando se pone en contexto, la cita original sobre el opio de la gente revela una comprensión más rica y posiblemente más comprensiva, si no de la religión como un fenómeno, al menos de los religiosos mismos. La declaración completa aparece en la *Crítica de la filosofía del derecho de Hegel* (1844):

---

29. Friedrich Engels, *The Peasant War in Germany* in *Marx on Religion*, ed. John Raines (Filadelfia: Temple University Press, 2002), 210.

El fundamento de la crítica irreligiosa es: el hombre hace la religión, la religión no hace al hombre. La religión es, de hecho, la autoconciencia y la autoestima del hombre que aún no se ha ganado a sí mismo o que ya se ha perdido de nuevo [...]. La lucha contra la religión es, por lo tanto, indirectamente la lucha contra ese mundo cuyo aroma espiritual es la religión.

El sufrimiento religioso es al mismo tiempo la expresión del sufrimiento real y una protesta contra el sufrimiento real. La religión es el suspiro de la criatura oprimida, el corazón de un mundo sin corazón y el alma de las condiciones sin alma. Es el opio del pueblo. La abolición de la religión como la felicidad ilusoria de la gente es la demanda de su verdadera felicidad.[30]

Marx aquí se basa en el argumento de su contemporáneo Ludwig Feuerbach de que la existencia de la religión apunta al hecho de que los seres humanos viven en una condición alienada. Para Feuerbach, hablar de Dios es realmente hablar de seres humanos. La religión implica la perfección y la proyección de los atributos humanos en un ser ficticio, Dios, que luego es adorado. Si los seres humanos han de alcanzar su máximo potencial, deben darse cuenta de que realmente deben atribuirse a sí mismos la gloria que dan a Dios. La religión impide que los seres humanos sean plenamente humanos.[31]

La crítica de Feuerbach a la religión no es simplemente una desacreditación del lenguaje religioso. También es una crítica punzante de los argumentos morales basados en premisas religiosas:

30. Karl Marx, *Marx on religion*, 171.
31. Ver Ludwig Feuerbach, *The Essence of Christianity*, trad. George Eliot (Nueva York: Harper and Row, 1957). Feuerbach resume su visión del cristianismo de la siguiente manera: «La religión, al menos la cristiana, es la relación del hombre consigo mismo, o más correctamente con su propia naturaleza (es decir, su naturaleza subjetiva); sino una relación de ella, vista como una naturaleza aparte de la suya. El ser divino no es otra cosa que el ser humano, o, más bien, la naturaleza humana purificada, liberada de los límites del hombre individual, hecha objetiva, es decir, contemplada y venerada como otro, un ser distinto. Todos los atributos de la naturaleza divina son, por lo tanto, atributos de la naturaleza humana» (14).

Dondequiera que la moralidad se base en la teología, dondequiera que el derecho dependa de la autoridad divina, las cosas más inmorales, injustas e infames pueden justificarse y establecerse. Puedo encontrar la moralidad en la teología solo cuando yo mismo ya he definido al Ser Divino por medio de la moralidad [...]. Colocar algo en Dios, o derivar algo de Dios, no es más que retirarlo de la prueba de la razón, instituirlo como indudable, inexpugnable, sagrado, sin rendir cuenta de *por qué*. Por lo tanto, la autodelusión, si no el diseño malvado e insidioso, está en la raíz de todos los esfuerzos por establecer la moralidad, correctamente, en la teología.[32]

Al igual que Nietzsche después de él, Feuerbach ve a Dios como un fundamento ilusorio para la moral, el resultado de la ilusión o la intención maliciosa por parte de aquellos que hacen tales argumentos. Abordar el asunto de la religión es, para Feuerbach, plantear cuestiones de psicología humana.

Marx toma la idea básica de Feuerbach, pero la refracta a través de su propia lente radicalmente materialista. En otras palabras, para Marx la religión es una función de la alienación, pero no es tanto la alienación de la naturaleza humana como específicamente la alienación generada por las inequidades materiales del sistema económico. Como comenta, es un grito de dolor, pero ese dolor es real. Y como señala en la cita anterior, hace que la crítica y la lucha contra la religión sean una lucha política porque la religión es la máscara ideológica que las inequidades específicas de la estructura económica actual de la sociedad usan para darse un disfraz místico y metafísico. La religión ofrece falsa felicidad a un mundo infeliz; el derribo de la religión es, por lo tanto, la condición previa para ofrecer la verdadera felicidad a través del establecimiento de un sistema económico que no aliene a los trabajadores de los frutos de su trabajo. Para Marx, como para Nietzsche y Feuerbach, la religión no es tanto una

---

32. Feuerbach, *Essence of Christianity*, 274.

cuestión de interés metafísico, sino una ilusión. Más bien, plantea preguntas con respecto a la psicología humana.

Marx y el concepto de naturaleza humana

Los estudiantes de Marx debaten si Marx alguna vez tuvo una comprensión esencialista de la naturaleza humana. Ciertamente, muchas de las tradiciones del pensamiento marxista posterior tienen poca paciencia con la idea, viendo la naturaleza humana y la personalidad no como asuntos de esencia, sino puramente como una función de las estructuras sociales y económicas más amplias de la sociedad.[33] La naturaleza humana es para ellos un fenómeno puramente histórico. Sin embargo, como argumenta Erich Fromm, parece que Marx no era un pensador totalmente antiesencialista.[34] Al igual que con Hegel, Marx cree que la idea de que los seres humanos tienen ciertas necesidades físicas (comida, sueño, etc.) es clara; también cree que tienen una naturaleza que se define en su realidad real instanciada por lo que producen, o su relación con los medios de producción, y que esto es lo que separa a los seres humanos de otras criaturas.[35] Por ejemplo, podríamos decir que es de la naturaleza de los seres humanos desear dinero; incluso podríamos decir que ese es un distintivo humano, algo que ningún lagarto o gato experimenta jamás, pero ese deseo solo puede existir en un mundo en el que el dinero ya está presente. Antes del desarrollo del dinero, tal deseo no era parte de lo que significaba ser humano.

Esto significa que, si bien existe una naturaleza humana, nunca puede considerarse en abstracción del contexto histórico específico en el que ocurren los humanos particulares. Son las condiciones

---

33. Para el desarrollo del pensamiento de Marx sobre este punto en relación con Feuerbach, ver Gregorio Claeys, *Marx and Marxism* (New York: Nation Books, 2018), 52-54.

34. Ver Fromm, «The Nature of Man», in *Marx's Concept of Man*, 23-36; Fromm, «The Concept of Man and His Nature», in *Beyond the Chains of an Illusion: My Encounter with Marx and Freud* (New York: Trident, 1962), 27-32.

35. Ver Marx, «Critique of Hegel's Dialectic and General Philosophy», in Fromm, *Marx's Concept of Man*, 140-142.

concretas en las que existen los seres humanos las que determinan quiénes son. Y así, en cierto sentido, la naturaleza humana siempre está en un estado de flujo potencial. A medida que cambian las condiciones económicas y las relaciones en la sociedad, también lo hace la instanciación de la naturaleza humana.[36]

Para Marx, observando la Revolución Industrial, parecía claro que, a medida que el capitalismo industrial destrozaba y rehacía la sociedad en términos de su propia revolución de los medios de producción a través de la tecnología, los seres humanos se encontraban a sí mismos, y a sus propias identidades, atrapados en los cambios frenéticos que la industria, particularmente sus innovaciones tecnológicas relativas a la producción, implicaban.

Es aquí donde la comprensión de Marx de la importancia de la tecnología resulta notablemente profética. En el capítulo 1 del *Manifiesto del Partido Comunista,* hace esta declaración:

> Cuanto menores son la habilidad y el esfuerzo de la fuerza implícitos en el trabajo manual, en otras palabras, cuanto más se desarrolla la industria moderna, más se reemplaza el trabajo de los hombres por el de las mujeres. Las diferencias de edad y sexo ya no tienen ninguna validez social distintiva para la clase trabajadora. Todos son instrumentos de trabajo, más o menos costosos de usar, según su edad y sexo.[37]

Las palabras de Marx aquí han demostrado ser más proféticas de lo que podría haber anticipado. En términos de la trayectoria económica básica que está describiendo, vemos el fruto de la elisión de la

---

36. Fromm quizás resume mejor el problema de encontrar una doctrina estable de la naturaleza humana en Marx: «Marx se oponía a dos posiciones: la no histórica de que la naturaleza del hombre es una sustancia presente desde el principio de la historia, y la posición relativista de que la naturaleza del hombre no tiene ninguna cualidad inherente y no es más que el reflejo de las condiciones sociales. Pero nunca llegó al pleno desarrollo de su propia teoría sobre la naturaleza del hombre, trascendiendo tanto las posiciones no históricas como las relativistas; por lo tanto, se dejó abierto a diversas y contradictorias interpretaciones». *Beyond the Chains of Illusion,* 31.

37. Marx y Engels, *Communist Manifesto,* in Tucker, *Marx-Engels Reader,* 479.

diferencia de género en los avances logrados por el feminismo de primera ola a raíz de la Primera Guerra Mundial, donde el hecho de que las mujeres hubieran hecho un trabajo vital en tiempos de guerra en las fábricas de municiones fortaleció dramáticamente el caso para otorgarles el voto, la igualdad de derechos ante la ley, etc. Pero desde entonces, la tecnología ha asumido un papel clave en el contexto más radical de hacer plausible la separación del sexo biológico y el concepto de género. Esta separación es ahora básica para gran parte del imaginario social moderno y que claramente se basa en la noción psicologizada del yo que surgió en los siglos XVII y XVIII y ahora domina nuestro mundo contemporáneo. Marx pensaba solo en términos de la relación de los sexos con los medios de producción. Pero gracias a la cirugía y las hormonas y los avances médicos modernos, ahora podemos separar plausiblemente el género del sexo e incluso revisar la relación de los sexos con los medios de reproducción.[38]

También es importante señalar una implicación más de la crítica materialista de Marx a la religión, su visión de la naturaleza humana y su comprensión de la importancia de la tecnología: la ética y los códigos morales, como la religión, son funciones de la estructura material de la sociedad en un momento dado y sirven a los intereses de mantener esa estructura al justificar la forma de vida que se adapta al *status quo*. Por lo tanto, en cuanto a Nietzsche, la moralidad para Marx tiene una genealogía —una específicamente económica, pero una genealogía finalmente. Por lo tanto, la crítica de la moralidad, como la crítica de la religión, es una parte vital de la lucha política. El espíritu crítico, la sospecha de que las afirmaciones metafísicas no son tan inocentes o tan moralmente neutrales como puedan parecer, encuentra así un fundamento filosófico en el materialismo dialéctico de Marx, como lo hace en la psicología de Nietzsche.

---

38. Observo en el capítulo 7 que esta conexión de la tecnología con la cuestión de género es algo recogido por feministas posteriores, especialmente Simone de Beauvoir y Shulamith Firestone. Ver «La transformación psicológica del feminismo».

Darwin y el fin de la teleología

La última figura de este capítulo, Charles Darwin, era alguien con quien tanto Nietzsche como Marx estaban familiarizados. Nietzsche apreció la teoría de la evolución de Darwin porque sus implicaciones antimetafísicas eran muy similares a las de su propio pensamiento posterior.[39] Marx, a diferencia de Darwin, creía que la historia tenía un telos, un fin.[40] Pero aun así apreciaba que las teorías de Darwin eran otro golpe contra la religión tradicional y la metafísica a favor del materialismo ateo.[41] Engels incluso conectó los logros de los dos hombres en su discurso en la tumba de Marx en 1883.[42] Darwin no era, por supuesto, ni un filósofo ni un economista, pero su relato del origen de los seres humanos asestó un golpe decisivo a aquellos sistemas que otorgaban un estatus esencial especial y un significado a la humanidad. Así como Nietzsche rechazó la naturaleza humana como un truco metafísico manipulador y Marx la redefinió en relación con un proceso histórico en curso, Darwin proporcionó un relato de ella que no permitía inferir que tenía un destino o significado especial.[43]

Darwin estuvo lejos de ser la primera persona en abogar por la evolución como el medio por el cual los seres humanos emergieron en la tierra. El más famoso, Jean-Baptiste Lamarck había argumentado

---

39. La obra tardía de Nietzsche *Twilight of the Idols* contiene polémica por «el anti-Darwin», pero como comenta Julian Young, esta oposición es al darwinismo social, no biológico. Friedrich Nietzsche, *A Philosophical Biography* (Cambridge: Cambridge University Press, 2010), 198, 545-546.
40. Stedman Jones, *Karl Marx*, 567.
41. Sperber, *Karl Marx*, 396.
42. Engels declaró: «Así como Darwin descubrió la ley del desarrollo de la naturaleza orgánica, Marx descubrió la ley del desarrollo de la historia humana». En Tucker, *Marx-Engels Reader*, 681.
43. Engels, quien mencionó a Darwin positivamente en su discurso de 1883 en la tumba de Marx, estableció precisamente este punto sobre el significado metafísico de Darwin en su folleto de 1880 *Socialism: Utopian and Scientific*: «Darwin debe ser nombrado antes que todos los demás [es decir, los científicos naturales]. Asestó el golpe más duro a la concepción metafísica de la Naturaleza con su prueba de que todos los seres orgánicos, las plantas, los animales y el hombre mismo, son el producto de un proceso de evolución que se desarrolla a lo largo de millones de años». En Tucker, *Marx-Engels Reader*, 697. Para el discurso junto a la tumba, ver Tucker, *Marx-Engels Reader*, 681-682.

a favor de la evolución de las especies a través de la herencia de adaptaciones a las criaturas causadas por factores ambientales. Pero antes de Darwin, todas estas teorías habían tenido alguna forma de teleología incrustada en ellas, aunque a menudo bastante turbia: la noción de que un Creador divino estaba guiando providencialmente el proceso o, como con Lamarck, la idea de que las adaptaciones se movían hacia algún tipo de noción vaga de aumentar la perfección o el progreso.[44]

Francis Ayala resume la contribución distintiva de Darwin de la siguiente manera:

> Fue el mayor logro de Darwin mostrar que la compleja organización y funcionalidad de los seres vivos puede explicarse como el resultado de un proceso natural, la selección natural, sin necesidad de recurrir a un Creador u otro agente externo. El origen y las adaptaciones de los organismos en su profusión y maravillosas variaciones fueron así llevados al ámbito de la ciencia.[45]

En otras palabras, la teoría de la selección natural de Darwin efectivamente hizo que cualquier afirmación metafísica o teológica sobre los orígenes de la vida fuera irrelevante. Uno podría, si quisiera, creer que una mano divina guio el proceso, pero el proceso en sí mismo podría explicarse adecuadamente sin la necesidad de ninguna hipótesis sobrenatural.[46]

Darwin esboza su concepto central al comienzo de *El origen de las especies,* capítulo 4:

---

44. Ver Michael Ruse, *The Darwinian Revolution: Science Red in Tooth and Claw,* 2nd ed. (Chicago: University of Chicago Press, 1999), 10-11.

45. Francis J. Ayala, «Darwin's Greatest Discovery: Design without Designer», *Proceedings of the National Academy of Sciences of the United States of America* 104 (2007): 8567.

46. Cerca del final de *El origen de las especies,* Darwin comenta: «No veo ninguna buena razón por la cual los puntos de vista dados en este volumen deban conmocionar los sentimientos religiosos de nadie [...]. Un célebre autor y divino me ha escrito que "poco a poco ha aprendido a ver que es una concepción tan noble de la Deidad creer que Él hizo unas pocas formas originales capaces de autodesarrollo en otras formas necesarias, como creer que Él requería un nuevo acto de creación para suplir los vacíos causados por la acción de Sus leyes». *The Origin of Species and The Descent of Man* (New York: Modern Library, s.f.), 367-368.

¿Cómo será la lucha por la existencia [...] actuar con respecto a la variación? [...]. Que se tenga en cuenta en qué sinfín de extrañas peculiaridades varían nuestras producciones nacionales y, en menor grado, las que están bajo la naturaleza; y cuán fuerte es la tendencia hereditaria [...]. ¿Puede, entonces, pensarse improbable, viendo que las variaciones útiles para el hombre han ocurrido indudablemente, que otras variaciones útiles de alguna manera a cada ser en la gran y compleja batalla de la vida, a veces debieran ocurrir en el curso de miles de generaciones? Si esto ocurre, ¿podemos dudar (recordando que nacen muchos más individuos de los que pueden sobrevivir) de que los individuos que tienen alguna ventaja, por leve que sea, sobre los demás, tendrían la mejor oportunidad de sobrevivir y de procrear a su especie? Por otro lado, podemos estar seguros de que cualquier variación en el menor grado perjudicial sería rígidamente destruida. A esta preservación de las variaciones favorables y al rechazo de las variaciones perjudiciales, yo lo llamo Selección Natural.[47]

En definitiva, la gran variedad y belleza de las especies animales que vemos en este mundo es el resultado de un proceso natural de selección, por el cual los más aptos —o quizás mejor, los mejor adaptados— sobreviven y el resto se extingue lenta pero seguramente. Los factores importantes son biológicos y ambientales. Se podría argumentar que las posibilidades de que el mundo se desarrolle de la manera en que es son miles de millones a uno, pero los darwinianos simplemente responderían que la racionalidad interna del proceso de selección natural atenúa dramáticamente tales probabilidades. La pregunta no es tanto sobre la probabilidad estadística de que este mundo sea como es; es más bien una de cómo el mundo tal como es ahora llegó a ser.

Y ahí radica el genio del enfoque de Darwin: el mundo tal como lo tenemos no necesita un diseñador o arquitecto divino. Se puede explicar sin ninguna referencia a lo trascendente. Es un proceso inmanente que implica variaciones y adaptaciones a lo largo de vastos

---

47. Darwin, *The Origin of Species*, 63-64.

períodos de tiempo. Más significativamente para las preocupaciones de este libro, Darwin ocupa así su lugar entre otros, como Nietzsche y Marx, como alguien que asestó un golpe brutal a la idea de la naturaleza humana. Al despachar la idea de la teleología de la naturaleza, Darwin inevitablemente también la despachó de los seres humanos. Y quitar la teleología del concepto de humanidad es exigir una revisión fundamental de la comprensión de quiénes y qué son los seres humanos. Viniendo de especies anteriores a través de un proceso inmanente de selección natural, dejan de ser la corona de la creación y de disfrutar de algún tipo de estatus especial dado por Dios entre (y por encima) de otras criaturas. Y al no tener destino dado por Dios, no tienen normas éticas trascendentes, ni leyes ni virtudes, a las que necesiten conformarse. Lo que Nietzsche hizo a través de su enfoque iconoclasta de la Ilustración, y lo que Marx hizo al poner a Hegel patas arriba, Darwin lo hizo a través de la observación y la teorización científica.

Este tratamiento de Darwin es breve, pero esto no implica que no sea tan importante, si no de alguna manera más, que Nietzsche y Marx. De hecho, es la simplicidad intuitiva de su teoría lo que lo ha hecho tan influyente. La ciencia puede haber demostrado ser mucho más complicada de lo que Darwin jamás imaginó, pero la idea básica es fácil de entender. Y ha llegado a dar forma a la forma en que muchas personas que son bastante incompetentes para evaluar la ciencia han llegado a imaginar el mundo.

Reflexiones finales

Pocas personas entre el público en general hoy en día tienen familiaridad de primera mano con los escritos y el pensamiento de Nietzsche, Marx y Darwin, pero muchas de las ideas clave de estos hombres moldean profundamente la forma en que esa criatura escurridiza pero omnipresente, el hombre o la mujer promedio en la calle, imagina que el mundo es. El imaginario social está completamente impregnado por las ideas y actitudes de estos tres hombres, o al menos las implicaciones de las mismas. Darwin es probablemente el más influyente. Dejando de lado la cuestión de si la evolución —o, para ser más precisos, una de las numerosas formas de teoría evolutiva que se remonta al trabajo de Darwin como inspiración inicial— es cierta, no hay duda de que un gran número de personas en Occidente simplemente asumen que es así. Hay numerosas razones para esto. Si bien las diversas teorías en sí mismas se basan en interpretaciones del registro geológico y en la ciencia genética compleja, la idea básica —de que una especie puede evolucionar a partir de otra— es fácil de entender. De hecho, el ejemplo más popular, de que los seres humanos descienden de un antepasado simio, parece tener un sentido eminente. Los simios se parecen a los humanos; ¿por qué no debería haber una conexión? Como el mundo parece muy viejo, seguramente habría tiempo suficiente para que se llevara a cabo un proceso increíblemente lento. Y este punto de vista ha sido presionado en los escritos científicos accesibles de hombres como Richard Dawkins y en la obra de teatro y la película *Inherit the Wind*. Este último ayudó especialmente a fijar en la mente popular la imagen del Juicio del Mono Scopes y el tema de la evolución como una batalla entre el oscurantismo religioso y la libertad científica.

Si la evolución puede ser argumentada a partir de la evidencia es en realidad irrelevante para la razón por la que la mayoría de la gente lo cree. Pocos de nosotros estamos calificados para opinar sobre la ciencia. Pero la evolución se basa en la autoridad que la ciencia posee en la sociedad moderna. Al igual que los sacerdotes de la antigüedad en los que confiaba la comunidad en general y, por lo tanto, tenían una autoridad social significativa, los científicos de hoy en día a menudo tienen un peso similar. Y cuando la idea que se enseña tiene una plausibilidad intuitiva, es persuasiva.

Las implicaciones obvias de esta situación son, en primer lugar, que el relato sagrado de los orígenes humanos dado en el Génesis se ve socavado y, en segundo lugar, que los seres humanos son, por lo tanto, relativizados en relación con otras criaturas. La descendencia de una especie anterior excluye la creación especial del hombre y la mujer, y la selección natural hace que la teleología sea innecesaria como hipótesis. En resumen, la naturaleza humana como una categoría fundamental significativa para comprender el propósito humano es aniquilada. Y en un mundo en el que la creencia en la evolución es la posición predeterminada, las implicaciones sobre cómo las personas imaginan ese mundo, y su lugar dentro de él, son dramáticas.

La influencia de Nietzsche es quizás menos obvia en términos de que es una fuente —sospecho que muchos más han oído hablar de Darwin— pero no menos generalizada. Como señalamos, él también ataca la idea de la naturaleza humana, aunque desde la perspectiva de su asalto a la metafísica. Sin embargo, el resultado es muy parecido: ni la naturaleza humana ni el destino humano tienen ya ningún fundamento trascendente u objetivo; de hecho, nunca fueron más que conceptos manipuladores desarrollados por un grupo, más notoriamente la iglesia cristiana, para subyugar a otro.

Esto apunta a otras dos patologías de esta época actual que pueden verse como la búsqueda de cierta inspiración en la obra de Nietzsche. En primer lugar, su enfoque genealógico de la moral lleva consigo un relativismo historicista básico y una profunda sospecha de cualquier reclamo de autoridad tradicional. Ambos son ahora básicos para nuestro mundo contemporáneo. Desde la iconoclasia casual de la cultura pop hasta el destronamiento de las narrativas históricas tradicionales, desde la desconfianza de las instituciones tradicionales como la iglesia hasta las actitudes iconoclastas hacia el sexo y el género, podemos ver el trabajo anárquico del desafío planteado por el loco de Nietzsche y el espíritu crítico despiadado de *La genealogía de la moral*. Es posible que la chica promedio de doce años que asiste a un concierto de Ariana Grande nunca haya oído hablar de

Nietzsche, pero la sexualidad amoral de las letras que escucha predica una forma de nietzscheanismo (aunque involuntario).

Y eso lleva a la segunda área donde el pensamiento de Nietzsche se refleja en las actitudes sociales actuales: vivir para el presente. Cuando la teleología está muerta y la autocreación es el nombre del juego, entonces el momento presente y el placer que puede contener se convierten en las claves de la vida eterna. Si bien el propio Nietzsche puede haber tenido una visión del hedonismo que era diferente de la que se apodera de la imaginación popular hoy en día (entendió el placer que se obtiene de la lucha y del triunfo sobre la adversidad), la idea de que la satisfacción personal debe ser el sello distintivo de la vida —o tal vez mejor, el momento— bien vivida es básica para nuestra era actual. Una vez más, los libros de Nietzsche pueden no ser leídos ampliamente, pero sus prioridades centrales se han convertido en moneda común.

Eso nos lleva a Marx. Al igual que con Darwin y Nietzsche, ataca la metafísica sobre la cual las religiones y filosofías tradicionales han construido sus puntos de vista del universo moral. Una vez más, al igual que con Nietzsche, no solo relativiza la ética a través de una forma de historicismo, sino que también presenta los códigos morales como manipuladores, como reflejo del *status quo* económico y político y, por lo tanto, diseñados para justificar y mantener el mismo. La sospecha moderna de la autoridad tradicional tiene una deuda con Marx, como con Nietzsche, por sus fundamentos teóricos.

Esta cautela de la tradición se conecta con otro legado de Marx: la historia es la historia de la opresión. Ya sea política, economía o ideas, la historia es una cuestión de grupos dominantes y poderosos que marginan y silencian a otros. De una manera extraña, tanto Marx como Nietzsche ayudan a servir a esta causa haciendo del poder una categoría central en sus análisis de la historia. Quiénes tienen el poder, cómo lo están usando y cómo su visión del mundo puede desestabilizarse como un medio para despojarlos de él son ahora la tarifa estándar en los enfoques occidentales de la historia y la sociología. Una vez más, como se señaló anteriormente, la noción de sospecha —la actitud de que ninguna afirmación de verdad o juicio de valor es tan desinteresada como parece— encuentra una poderosa expresión teórica tanto en Nietzsche como en Marx. Pero no es un monopolio de las clases intelectuales: ahora es una parte básica del imaginario social, y el profundo cinismo sobre la tradición y las autoridades tradicionales que impregna nuestra cultura en general apunta a expresiones demóticas de la misma actitud.

Marx también hace otra contribución importante que ahora es básica para la forma en que pensamos sobre la sociedad: abole lo pre-político, esa noción de que puede haber formas de organización social que se aparten de, y antes de, la naturaleza política de la sociedad. Para Marx, y aún más para los marxistas posteriores, todas las formas de organización social son políticas porque todas ellas se conectan con la estructura económica de la sociedad. Según el relato de Marx, la familia y la iglesia existen para cultivar, reforzar y perpetuar los valores burgueses. En el mundo de hoy, este pensamiento ayuda a explicar por qué todo, desde los Boy Scouts hasta las películas de Hollywood y la repostería, se ha politizado. Y uno no necesita ser un marxista ideológico para ser arrastrado a esta pelea, porque una vez que un lado le da a un tema u organización en particular un significado político, entonces todos los lados, izquierda, derecha y centro, tienen que hacer lo mismo.

Para terminar, vale la pena señalar que estas observaciones sobre la conexión entre Nietzsche, Marx y Darwin y las patologías de nuestra era actual pueden evaluarse fructíferamente a través de las cuadrículas proporcionadas por Charles Taylor y Philip Rieff. Ciertamente, la noción de autocreación de Nietzsche representa una razón filosófica para una forma de individualismo expresivo. En esto, se encuentra en la línea de pensadores a la que pertenecen hombres como Rousseau y los románticos, pero lo que ha hecho es llamar al farol sobre las suposiciones metafísicas que utilizaron para limitar las implicaciones de tal psicologización de la autonomía. También apunta hacia la era de lo terapéutico, donde el bienestar de psicológico se considera el propósito de la vida y donde la felicidad en el momento presente es la prioridad abrumadora.

Además, los tres hombres ofrecen razones para un mundo imaginado en términos de poiesis en lugar de mímesis. Darwin despoja al mundo del significado intrínseco a través de la selección natural; Nietzsche, a través de su polémica contra la metafísica; Marx, a través de su rechazo del idealismo de Hegel en favor de un materialismo radical y consistente. Pero el resultado neto es el mismo: el mundo en sí mismo no tiene sentido; por lo tanto, el significado y la relevancia solo pueden ser dados por las acciones de los seres humanos, ya sea a través de la noción nietzscheana de autocreación y recurrencia eterna o a través de la noción marxista de materialismo dialéctico y lucha de clases. En ambos casos, el significado se crea, no se da.

Finalmente, la iconoclasia cultural de los tres pensadores es notable. Darwin es quizás el menos culpable en este sentido: su pensamiento relativiza la cultura pero no es directamente iconoclasta. Para Nietzsche y para Marx, sin embargo, la historia y la cultura son historias de opresión que necesitan ser derrocadas y superadas. Si alguna vez el trabajador de la muerte rieffiana de hoy necesitaba una lógica filosófica, entonces el pensamiento de Marx y Nietzsche y las tradiciones de reflexión cultural y política que ayudaron a nacer ciertamente lo proporcionan. Estos hombres destrozaron la metafísica del orden sagrado que subyace en el segundo mundo rieffiano de la Europa del siglo xix y, por lo tanto, desafiaron a la cultura a mantenerse puramente sobre la base de un marco de referencia inmanente, algo que Rieff declara imposible. A la luz de esto, las palabras que Nietzsche se aplicó a sí mismo en su autobiografía, *Ecce Homo*, podrían aplicarse fácilmente a las tres:

Conozco mi destino. Un día mi nombre se asociará con el recuerdo de algo tremendo: una crisis sin igual en la tierra, la colisión más profunda de la conciencia, una decisión que se conjuró *contra* todo lo que se había creído, exigido, santificado hasta ahora. No soy hombre, soy dinamita.[48]

48. Nietzsche, *Ecce Homo*, 326.

Epílogo de la parte 2

Reflexiones sobre los fundamentos de la revolución

¿Hay algo de que se pueda decir: «Mira, esto es nuevo»?
Ya existía en los siglos que nos precedieron.

ECLESIASTÉS 1:10, NBLA

Mucho en la narrativa de la parte 2 adumbra el mundo en el que ahora vivimos como conceptualizado por el pensamiento de Philip Rieff, Charles Taylor y Alasdair MacIntyre. El yo moderno y la cultura del yo moderno encuentran claramente sus raíces inmediatas en los desarrollos intelectuales que tuvieron lugar en los siglos XVIII y XIX.

El aspecto más obvio de esta influencia es el giro psicológico hacia adentro con respecto a la naturaleza del yo. Jean-Jacques Rousseau es fundamental para este desarrollo, aunque sería fácil ponerlo en el contexto de pensadores anteriores, como René Descartes y John Locke, que ejemplificaron la preocupación de la Ilustración por la epistemología y, por lo tanto, por la vida mental interna del sujeto conocedor. Pero con Rousseau y luego con los románticos, este giro interno se desarrolla de una manera profundamente ética y se utiliza como base para una crítica de la forma en que la sociedad —y particularmente la sociedad altamente organizada de las élites urbanas y más tarde la Revolución Industrial— obligó a los individuos a ajustarse a sus convenciones, a ser infieles a sus impulsos internos y, por lo tanto, a ser falsos a sí mismos e inauténticos. Aquí es donde el individualismo expresivo (para usar la terminología de Taylor y el posterior MacIntyre) o el hombre psicológico (para usar el de Rieff) comienza a afirmarse como un tipo significativo. Si las personas de hoy —ya sean ávidos fanáticos de los deportes, adictos a las compras o personas transgénero— identifican un sentido interno de bienestar psicológico en el corazón de cómo conceptualizan la felicidad, entonces se encuentran en una línea cultural que incluye a Rousseau y los románticos. La sociedad terapéutica no se originó con la década de 1960. Sus orígenes se remontan a siglos atrás.

Sin embargo, los pensadores abordados en la parte 2 no son meramente significativos para adumbrar el individualismo expresivo y el hombre psicológico de la cultura contemporánea. También está claro que toda la noción de orden sagrado, tan crítica según Rieff para la preservación y transmisión de la cultura, también comienza a colapsar. Si Jean-Jacques Rousseau, William Wordsworth, Percy Bysshe Shelley y William Blake tenían confianza en que la naturaleza misma poseía un orden sagrado intrínseco sobre el cual se podría construir una vida ética si solo se pudieran eliminar las acreciones hipócritas de la sociedad civilizada, entonces Friedrich Nietzsche, Karl Marx y Charles Darwin resultaron letales para tal idea. El loco de Nietzsche exigió que los ateos educados de la Ilustración enfrentaran las consecuencias de matar a Dios y abandonaran cualquier intento de construir sobre la base de cualquier tipo de metafísica. Marx veía el orden sagrado, la creencia en Dios, tanto como un medio por el cual los pobres y los que sufrían podían ser manipulados como una función de la alienación de esos mismos grupos. Tanto para Nietzsche como para Marx, entonces, el orden sagrado era un signo de enfermedad psicológica. Y Darwin asestó el verdadero golpe mortal: al eliminar la teleología de la historia de la humanidad, eliminó la noción de excepcionalismo humano, proporcionó apoyo científico para la postura antimetafísica de Nietzsche y, como Marx, exigió que cualquier significado que pudiera tener la vida, debía considerarse en términos puramente materiales. Que su idea pudiera expresarse de una manera que fuera intuitivamente fácil de entender incluso para los científicamente incultos —que los seres humanos descendían de los simios a quienes se parecían físicamente— hizo que su pensamiento fuera quizás el más ampliamente influyente de todos. Y como diría Rieff, la muerte del orden sagrado marca el comienzo de las culturas inestables, o mejor, «anticulturas», de lo que él llama terceros mundos. Estos mundos, sin nada más allá de sí mismos por lo que puedan justificar sus creencias y prácticas, están condenados a ser volátiles, entrópicos y autodestructores. Una vez más, las semillas de esta perspectiva estuvieron presentes en el siglo XIX y —al menos con Nietzsche, Marx y Darwin— hay numerosas conexiones directas con el pensamiento antirreligioso y antimetafísico que domina nuestro mundo contemporáneo.

Esta muerte de la metafísica también se conecta con la afirmación de Alasdair MacIntyre de que el discurso moral de hoy es tan infructuoso porque carece de cualquier base comúnmente aceptada sobre la cual se puedan discutir y evaluar las diferencias morales. Ciertamente, Rousseau y los románticos le dieron una gran importancia a las emociones para la educación moral. Pero su suposición era que había una naturaleza humana común que podría llevar a un acuerdo sobre qué cosas deberían despertar la empatía y la simpatía apropiadas o la ira y la indignación. Quita la noción de la naturaleza humana, y todo lo que queda es un libre sentimiento subjetivo. Las semillas de la anarquía moral de hoy, donde las preferencias emocionales personales se confunden constantemente con los absolutos morales, se encuentran así en el siglo XIX. Nietzsche, Marx y Darwin, cada uno en sus diferentes formas, abolieron la metafísica, y al menos los dos primeros exigieron que los seres humanos enfrentaran ese hecho y reconstruyeran su significado e identidad bajo esa nueva luz.

Todo esto llevó a otro cambio: el de la mímesis a la poiesis. Si la sociedad/cultura es simplemente una construcción, y si la naturaleza no posee un significado o propósito intrínseco, entonces cualquier significado que haya debe ser creado por los propios seres humanos. Ahora bien, la subyugación de la naturaleza de los seres humanos no fue inventada en el siglo xix. Las herramientas manuales y los arados no son invenciones de la época victoriana. Pero el desafío directo de crear significado planteado por Nietzsche, junto con el poder tecnológico explosivo de la Revolución Industrial, alimentó la visión de que el mundo era cada vez más la materia prima de la creatividad humana, no el acto de la creación divina. El imaginario social surgido en el siglo xix fue aquel que intuitivamente colocó a los seres humanos como los soberanos en el centro de un universo al que podían dar forma y significado.

Hay otros aspectos de nuestro imaginario social occidental moderno que también encuentran sus raíces en el pensamiento de los hombres discutido en la parte 2. La idea de que la religión, específicamente el cristianismo, es una ideología corrupta utilizada por líderes religiosos hipócritas para impedir que los seres humanos sean verdaderamente felices es común hoy en día. Encuentra una expresión filosófica penetrante en Nietzsche y Marx. Y la idea de que los códigos morales, específicamente los códigos sexuales, son opresivos y en realidad militan contra la felicidad humana y crean males sociales es también una parte intuitiva de la forma en que muchos en la sociedad occidental piensan ahora. Una vez más, Shelley, Blake, Nietzsche y Marx, todos en sus diferentes formas, ofrecieron razones para pensar de esa manera sobre la moralidad. Y aquí vemos una de las semillas de la anticultura de Rieff: si las culturas se definen por esos comportamientos sexuales que prohíben, entonces aquellos que buscan derrocar todos los tabúes sexuales o que consideran el «no lo harás» como intrínsecamente negador de la vida, no están ofreciendo una cultura alternativa sino una anticultura.

Las anticulturas de Rieff exhiben otra característica que vemos emerger en los siglos XVIII y XIX: son antihistóricas. Este sentimiento se manifiesta de dos maneras. En primer lugar, está el énfasis en Rousseau y los románticos, con su noción de que la sociedad/cultura deforma y corrompe al individuo auténtico. Esto significa que la historia, lo que es constitutivo de la sociedad/cultura, debe verse como algo que necesita ser superado, trascendido o borrado si el individuo ha de ser verdaderamente quien es. Esta es la lógica básica del transgenerismo, como señalaré en el capítulo 10. Pero es de época antigua y tiene claras afinidades con el Romanticismo.

La segunda manifestación de esta tendencia antihistórica se produce en el pensamiento de Nietzsche y Marx. Ambos hombres ven el poder como la clave de la historia. Para Nietzsche, la sociedad cristiana moderna es el resultado del uso manipulador de las ideas religiosas por parte de los débiles para subyugar a los fuertes. La moralidad tiene una genealogía histórica y estudiar esa genealogía revela que es una estafa, un truco de confianza, utilizado para hacer que los fuertes se sientan culpables por ser fuertes y los débiles se sientan orgullosos por ser débiles. El bien se ha convertido en maldad, y el mal se ha convertido en bien. Para Marx, la historia es la historia de la lucha de clases y de la opresión y marginación de la clase obrera. La moralidad es simplemente la ideología por la cual la clase dominante mantiene a sus súbditos en un estado de sumisión.

Lo que hacen Nietzsche y Marx es ofrecer una visión de la historia en la que los héroes tradicionales de la historia son en realidad los villanos y en la que incluso la narración de la historia se convierte en parte de un discurso más amplio del poder que mantiene a los marginados al margen. En sus diferentes filosofías, entonces, vemos el surgimiento temprano de filosofías críticas de la historia que ponen las cosas de cabeza, convierten a los villanos y víctimas en verdaderos héroes, y hacen del propósito de la historia el de superar y trascender la historia. En términos rieffianos, proporcionan la justificación filosófica para una anticultura. Y las generaciones posteriores de pensadores las usarían precisamente para ese fin.

Finalmente, hay otro distintivo de nuestra era moderna del cual el pensamiento de Marx es un presagio temprano e influyente: la abolición de lo prepolítico. Al ver la identidad de los seres humanos como constituida por las relaciones económicas y al considerar la historia como una lucha política determinada por las relaciones económicas, Marx hace política toda actividad humana intencional. Todo, desde las organizaciones religiosas hasta la estructura de la familia, está politizado. No hay un espacio privado y prepolítico en el mundo de Marx. Y eso ahora es básico para el mundo de hoy, donde todas las cosas están politizadas, desde jardines de infantes y tropas de niñas exploradoras hasta agencias de adopción, equipos deportivos y música pop.

¿Es nuestra edad única? De alguna manera, tal vez. Pero los siglos XVIII y XIX son fundamentales para las intuiciones del imaginario social contemporáneo. El pasado puede ser «un país extranjero», como escribió L. P. Hartley en *El mensajero,* pero proporcionó un suelo fértil para las semillas del presente.[1]

---

1. L. P. Hartley, *The Go-Between* (London: Penguin, 1958), 7.

Parte 3

LA SEXUALIZACIÓN
DE LA REVOLUCIÓN

6

Sigmund Freud, civilización y sexo

En estos días, la sexualidad se equipara con la verdad del individuo,
que podría decirse que es la ficción más prominente de nuestra
era con respecto a la naturaleza de la verdad.

RÜDIGER SAFRANSKI, *NIETZSCHE:*
UNA BIOGRAFÍA FILOSÓFICA

Dada la narrativa en la parte 2, está claro que ciertos elementos clave de nuestro mundo moderno ya se estaban poniendo en marcha en el pensamiento de los escritores del siglo XIX. El giro que coloca la vida psicológica interna del individuo en el centro de lo que significa ser uno mismo se estableció a finales del siglo XIX. En el trabajo de William Wordsworth, Percy Bysshe Shelley y William Blake, tenemos una continuación de la conexión de la estética o los sentimientos con la ética que notamos en Jean Jacques Rousseau. Y particularmente con Shelley y Blake, encontramos ejemplos tempranos de la identificación común moderna de la libertad sexual con la auténtica libertad humana en general. Este último también estaba, por razones obvias, conectado con polémicas contra el matrimonio tradicional y el cristianismo tradicional institucionalizado. En estos

puntos, las afinidades con las intuiciones dominantes de la sociedad actual parecen obvias. Luego, con Friedrich Nietzsche, Karl
Marx y Charles Darwin, vemos asaltos a cualquier noción estática
o trascendente de la naturaleza humana. La base para el rechazo de
la moralidad basada en alguna forma de orden sagrado, ya sea la
del cristianismo o la de la visión de la naturaleza ofrecida por los
románticos, está en ascenso.

Sin embargo, hay un desarrollo posterior clave que es necesario
entender si queremos apreciar plenamente la forma en que piensa
nuestra cultura contemporánea, y es el paso de ver el sexo como una
actividad, a verlo como algo absolutamente fundamental para la identidad. Cuando hombres como William Godwin, Percy Bysshe Shelley y William Blake propusieron la disolución de la idea tradicional
del matrimonio como un vínculo de por vida, monógamo y casto, lo
hicieron porque lo vieron como restrictivo para los instintos sexuales
naturales de la humanidad. No lo pensaron como un ataque a una
identidad personal concebida en términos sexuales. El matrimonio
era simplemente un aspecto de la forma en que la sociedad restringía
antinaturalmente el deseo humano y obligaba a las personas a vivir
vidas no auténticas. El desarrollo de la sexualidad como identidad
no era parte de su mundo de pensamiento.[1]

Para entender cómo ocurrió este desarrollo, es importante comprender el pensamiento y la influencia del padre del psicoanálisis,
Sigmund Freud. Si bien sus teorías psicológicas actualmente son en
gran parte rechazadas, su pensamiento es una influencia importante
en la noción de sexo como identidad que ahora se apodera de la
imaginación social popular. Esta idea se ha separado con éxito de

---

1. Se podría argumentar que consideraban el matrimonio tradicional como un asalto a
la identidad humana porque la restricción de los instintos sexuales inevitablemente hacía que
los seres humanos no fueran auténticos o falsos para su naturaleza. Sin embargo, la naturaleza
fundamental de cosas tales como la orientación sexual a la identidad —de hecho, la idea del
sexo como intrínsecamente determinante de la identidad personal— es, en el mejor de los
casos, una inferencia de sus posiciones, una inferencia que ellos mismos no sacaron.

cualquier asociación con su pensamiento más amplio y sus nociones más especulativas, como el complejo de Edipo. Además, su trabajo como filósofo de la cultura sigue siendo útil para evaluar nuestra sociedad actual. El genio de Freud, como Darwin, estaba en su capacidad para articular el tipo de nociones que vimos presagiadas por Shelley y Blake, pero lo hizo en un lenguaje científico que conlleva poder retórico en esta era moderna.[2]

Es defendible que Freud sea en realidad la figura clave en la narrativa de este libro. Mucho debería ser obvio, dado que sus ideas también proporcionan el trasfondo del análisis cultural y la crítica ofrecida por Philip Rieff que utilizo como parte del marco conceptual de mi argumento. Pero su importancia para la historia del yo moderno es mucho más amplia que su influencia en Rieff. Es la persona que ofreció un relato de lo que significa ser un ser humano en continuidad tanto con elementos de Rousseau y los románticos, al ver a los humanos civilizados como construcciones sociales artificiales, y con Nietzsche, en términos de lo que podríamos describir como un énfasis en la irracionalidad más oscura que impulsa gran parte del comportamiento humano. También es una influencia decisiva en las generaciones posteriores en términos de pensamiento político. Como vimos en el capítulo 7, la fusión de elementos del pensamiento marxista y freudiano es fundamental para el surgimiento de la llamada nueva izquierda en el siglo XX. Esto, a su vez, proporciona los fundamentos teóricos básicos para gran parte de la política de identidad radical que da forma a nuestro entorno actual. Sin embargo, su influencia fue mucho más amplia que los ámbitos del psicoanálisis y la teoría política. También ejerció un profundo impacto en el arte y la literatura (ver la discusión del surrealismo en el capítulo 8) y, a través del trabajo de su sobrino Edward Bernays, en el surgimiento

---

2. Felipe Rieff comenta: «Con Montaigne comienza la desconfianza moderna hacia la civilización; en Freud esa desconfianza encontró su teórico». *Freud: The Mind of the Moralist* (New York: Viking, 1959), 66.

de las industrias modernas de publicidad y relaciones públicas, así como, en una forma mucho más siniestra, la propaganda de Joseph Goebbels. Las huellas dactilares de Freud están en toda la cultura occidental del siglo pasado, desde salas de conferencias universitarias hasta galerías de arte y comerciales de televisión.[3]

Freud y el mito moderno

Freud fue en gran medida un hombre de la Ilustración, desde su repudio a la religión tradicional hasta su confianza en la razón analítica, incluso cuando su trabajo sobre el subconsciente ayudó a sentar las bases para la posterior hermenéutica de la sospecha que sirvió para socavar las nociones de racionalidad de la Ilustración de manera letal. Para él, como para Rousseau o David Hume, el objetivo de la existencia humana era ser feliz. Pero Freud le dio a esta idea de la felicidad un giro específicamente sexual al identificarla con el placer genital. Este movimiento es obviamente de gran consecuencia para la comprensión de aspectos clave de nuestra cultura actual, donde la satisfacción sexual se promueve como uno de los componentes clave de lo que significa vivir la buena vida.

Las teorías de Freud, por supuesto, han sido objeto de críticas repetidas y devastadoras durante muchos años, desde la crítica metodológica de Karl Popper hasta las teorías rivales del psicoanálisis propuestas por contemporáneos como Carl Jung. Sin embargo, hay un sentido muy real en el que la cuestión de la verdad (o no) de su enfoque es irrelevante. Freud proporcionó una justificación convincente para poner el sexo y la expresión sexual en el centro de la existencia humana y todos sus componentes culturales y políticos relacionados de una manera que ahora se apodera del imaginario social del mundo occidental. Incluso si sus teorías son mitos o no

---

3. Para un relato de la influencia de Freud en la sociología estadounidense en general, incluyendo Rieff, ver Philip Manning, *Freud and American Sociology* (Cambridge: Polity, 2005).

son objetivamente correctas, eso no les impide poseer una influencia cultural poderosa y continua.[4]

Freud, de hecho, ha proporcionado al Occidente un mito convincente, no en el sentido de una narrativa que todo el mundo sabe que es falsa, sino en el sentido de una idea básica por la cual podemos entender el mundo que nos rodea, independientemente de si es «verdadera» en el sentido literal de la palabra. Ese mito es la idea de que el sexo, en términos de deseo sexual y satisfacción sexual, es la verdadera clave de la existencia humana, de lo que significa ser un ser humano. Al observar la sociedad occidental de hoy, nadie podría dejar de ver cómo el sexo domina la cultura de una manera desconocida para nuestros antepasados en la Edad Media o principios de la Edad Moderna. Desde el arte hasta la política, el sexo es omnipresente. Y pensar en los seres humanos como fundamentalmente definidos por su deseo sexual es ahora virtualmente intuitivo para todos nosotros. Estamos categorizados como heterosexuales, *gays*, *bi*, *queer*, etc.; y las preferencias sexuales, una vez consideradas privadas y personales, ahora son asuntos de interés público, medios por los cuales somos reconocidos, como dice Taylor, por el mundo que nos rodea. Y esto hace que la tarea de rastrear los orígenes y la naturaleza del mito sexual sea una parte importante de la comprensión del yo moderno y el mundo moderno.

En la parte 2, ya he descrito una parte fundamental de este mito: la idea de que el yo debe entenderse en términos internos y psicológicos. Esta comprensión lleva a un enfoque en la estética, en los sentimientos, como algo central para la vida humana. La felicidad es un estado psicológico. Es este estado el que proporciona el trasfondo para Freud, quien da el siguiente paso importante de identificar la

---

4. Ver Karl Popper, *Conjectures and Refutations: The Growth of Scientific Knowledge* (London: Routledge y Kegan Paul, 1963); Carl G. Jung, *Symbols of Transformation*, vol. 5 de *The Collected Works of C. G. Jung*, trad. Gerhard Adler y R. F.C. Hull (Princeton, NJ: Princeton University Press, 1977).

238 Parte 3: La sexualización de la revolución

felicidad con el placer sexual. En su importante ensayo *La civilización y sus descontentos,* Freud hace el siguiente comentario:

El descubrimiento del hombre de que el amor sexual (genital) le proporcionó las experiencias más fuertes de satisfacción y, de hecho, le proporcionó el prototipo de toda felicidad, debe haberle sugerido que debería continuar buscando la satisfacción de la felicidad en su vida a lo largo del camino de las relaciones sexuales y que debería hacer del erotismo genital el punto central de su vida.[5]

Si la felicidad es el objetivo deseado de todos los seres humanos, entonces para Freud el principio del placer, la búsqueda del placer centrada en la gratificación sexual, es fundamental para lo que significa ser uno mismo. El propósito de la vida, y el contenido de la buena vida, es la realización sexual personal. Este principio también reorienta el pensamiento sobre el propósito del sexo: el propósito de la procreación está subordinado al propósito del placer personal.

Tal posición es en sí misma radical. Al hacer esta afirmación, Freud está afirmando que la verdadera felicidad *es* la satisfacción sexual, y por lo tanto la forma de ser feliz es participar en un comportamiento que lo lleve a uno a estar sexualmente satisfecho, es decir, genitalmente. Rousseau vio la infelicidad como el resultado del poder corruptor de la sociedad civilizada para alimentar el *amour propre,* que impedía que las personas fueran fieles a sí mismas, al obligarlas a participar en las convenciones artificiales y las hipocresías que tales exigían. Freud coincide con esta idea, pero la sexualiza y oscurece radicalmente. Centra este contraste entre el yo auténtico natural y el yo inauténtico civilizado específicamente en el conflicto entre los deseos sexuales naturales y las restricciones sexuales exigidas por la vida en la sociedad civilizada. Y si para Rousseau el hombre

---

5. Sigmund Freud, *Civilization and Its Discontents*, trans. James Strachey (New York: W. W. Norton, 1989), 56.

natural era fundamentalmente bueno, empático y racional, Freud lo ve como oscuro, violento e irracional.[6]

Volveremos a este punto más adelante cuando discutamos el ensayo de Freud *La civilización y sus descontentos,* pero hay un segundo aspecto relacionado de su pensamiento sobre el sexo que también es importante comprender: Freud no solo coloca el sexo y la gratificación sexual en el centro de la identidad humana adulta, sino que también extiende la sexualidad hasta la infancia.

La sexualización de los niños

Si la sexualidad, el deseo sexual y la búsqueda de la gratificación sexual comienzan en algún momento de la vida —por ejemplo, durante la adolescencia— entonces ser un humano no es en sí mismo ser sexual más que ser un humano es tener pelo debajo de los brazos. Pero si los niños y los bebés son sexuales desde el nacimiento, entonces ser un humano es siempre ser sexual, incluso antes del inicio de la pubertad. Se podría decir que es parte de la esencia misma de la humanidad ser un ser sexual. Y como Freud hace que el deseo sexual sea fundamental para la felicidad humana, uno podría ir tan lejos como para decir que la sexualidad es la parte primordial y más importante del ser humano.

Esta sexualización de los niños es, por supuesto, algo con lo que hoy estamos muy familiarizados, ya que se encuentra detrás de los debates sobre, por ejemplo, la naturaleza y el momento de la

6. Desde este punto de vista, Freud puede ser visto como un heredero del marqués de Sade tanto como de Rousseau. Para Rousseau y sus seguidores, los seres humanos en el estado de naturaleza son esencialmente benignos y benevolentes. Pero como Camille Paglia comenta perceptivamente, «Cada camino desde Rousseau conduce a Sade». Hay una oscuridad en la naturaleza humana que Rousseau simplemente no puede explicar, y la amoralidad de la naturaleza y su violencia instintiva hacen que Sade y Nietzsche sean más convincentes como analistas de la condición humana, una tradición de pensamiento que encuentra su expresión en un lenguaje científico en Freud. Un cristiano agustino puede encontrar una clara afinidad con tales enfoques, pero ve esta condición como el resultado no de la naturaleza sino más bien de la naturaleza caída. Para la conexión entre Rousseau, Sade, Nietzsche and Freud, ver Camille Paglia, *Sexual Personae: Art and Decadence from Nefertiti to Emily Dickinson* (New York: Vintage, 1990), 14.

educación sexual, el tratamiento de los niños con disforia de género y los derechos de los niños y los padres cuando se trata de médicos que prescriben anticonceptivos. También lo vemos en los gustos de moda: ver niñas prepubertas vestidas de una manera diseñada para indicar su sexualidad es algo poco excepcional hoy en día, aunque algo molesto en un mundo en el que la pedofilia es uno de los pocos tabúes sexuales restantes y algo que genera una considerable indignación pública. Pero tan rutinaria y tan común como la sexualidad infantil es ahora, esta sexualización de la niñez e incluso de la infancia es un fenómeno relativamente reciente y profundamente revolucionario y le debe más a Freud que a cualquier otro pensador.

En esta normalización de la sexualidad infantil, Freud no fue tanto un innovador pionero, sino el representante más sofisticado e influyente de una tendencia de finales del siglo xix. Las últimas décadas del siglo xviii habían presenciado una disminución general de la creencia cristiana del pecado original y, por lo tanto, de la creencia en la depravación innata de los niños. Como resultado, los regímenes educativos basados en la necesidad de aplastar al enemigo dentro del niño lentamente dieron paso a aquellos que enfatizaban la protección del niño del enemigo exterior. Este fue un paradigma clásico de Rousseau, donde el propósito de la educación no es imponer la conformidad social, sino fomentar el desarrollo de talentos naturales.

Tales enfoques, basados en la inocencia innata del niño, veían a los niños como asexuales y consideraban la actividad sexual infantil como una fuerza extraña y corrupta, algo que no era parte de la condición natural del niño. Esto a su vez llevó a un énfasis significativo en el tratamiento de la práctica sexual arquetípica y bastante común de niños y adolescentes: la masturbación. Sin embargo, con el alejamiento de las nociones del pecado original, la masturbación llegó a ser vista no tanto como un problema moral que surgía del interior del niño, que por lo tanto debía ser manejado por las autoridades morales tradicionales como la iglesia, sino más bien como un problema médico, que debía ser vigilado y tratado utilizando métodos médicos. También se pensó que era el precursor de la desviación sexual adulta poco saludable, un acto físico que podría conducir a problemas de comportamiento posteriores.[7]

El lenguaje del «autoabuso» es emblemático de cómo se consideraba la actividad en el siglo XIX: la masturbación era algo que implicaba daños autoinfligidos en la psique del individuo y, muy posiblemente, en el cuerpo, de ahí el mito popular de que causaba que sus practicantes quedaran ciegos. También fue una de las razones por la que los padres comenzaron a ceder ante los expertos de la profesión médica en lugar de las iglesias en asuntos de crianza de los hijos, algo de gran importancia social hasta el día de hoy. El movimiento de los problemas sexuales de la esfera de la moralidad a la esfera de la medicina es uno que continúa hoy, como lo indica la fuerte preferencia de la sociedad por enfoques técnicos, en lugar de morales, para todo, desde el SIDA hasta los embarazos adolescentes. Pero despojar al sexo de su origen moral no comenzó con la píldora o los tratamientos contra el VIH; comenzó en el siglo XIX, con actitudes hacia la masturbación infantil.

A finales del siglo XIX ocurrió un cambio significativo en este enfoque médico de la masturbación. La investigación realizada por el psiquiatra alemán Albert Moll entre los jóvenes de Berlín encontró que no había una relación causal discernible entre la masturbación infantil y las tendencias homosexuales posteriores, como se había asumido anteriormente.[8] Y los hallazgos de Moll jugaron un papel importante en el pensamiento de Freud, como él mismo lo reconoció en una carta a su amigo Wilhelm Fliess en 1897.[9] De hecho, el resultado de un trabajo como el de Moll fue que en 1900 la masturbación ya no era considerada por la profesión médica como un problema

---

7. Sobre la sexualización de la infancia antes de Freud, ver Lutz D. H. Sauerteig, «Loss of Innocence: Albert Moll, Sigmund Freud and the Invention of Childhood Sexuality around 1900», *Medical History* 56, no. 2 (2012): 156-183.

8. Sauerteig, *Loss of Innocence*, 164.

9. Sauerteig, *Loss of Innocence*, 168.

moral o incluso médico. Había llegado a ser visto simplemente como una actividad infantil inofensiva, una forma perfectamente natural, aunque infantil, de comportamiento sexual. Y fue en este contexto que Freud articuló su teoría de la sexualidad infantil.

Basado en el trabajo de Moll, Freud ahora fue capaz de proporcionar una justificación científica que hizo de la masturbación una parte explicable y normal del comportamiento de un niño, un elemento rutinario en el crecimiento. La reciente biógrafa de Freud, Elisabeth Roudinesco, describe su enfoque: «Un niño masturbador fue concebido, desde esta nueva perspectiva, no como una criatura salvaje cuyos instintos malvados tenían que ser domesticados, sino como un ser humano prototípico en progreso».[10] Una vez más, es útil conectar el pensamiento de Freud aquí con el tipo de visión del yo propuesto por Rousseau y los románticos. Si el yo auténtico es aquel cuyas acciones externas son la expresión de instintos, pensamientos y deseos internos no coercidos, entonces la visión de Freud de los niños es una versión sexualizada de la idea de humanidad en el hipotético estado de naturaleza de Rousseau. El auténtico humano, el niño auténtico, es aquel cuyos deseos sexuales internos se expresan y satisfacen naturalmente mediante un comportamiento externo consistente con ellos.[11]

De hecho, podemos sacar una conclusión aún más radical de la sexualización de los niños por parte de Freud. Al normalizar la masturbación y la sexualidad infantil, lo que Freud estaba haciendo en efecto era precisamente lo que señalé anteriormente: hacer del sexo el elemento central en lo que significa ser un ser humano. La cita anterior de su obra posterior *La civilización y sus descontentos* hace

---

10. Élisabeth Roudinesco, *Freud in His Time and Ours*, trans. Catherine Porter (Cambridge, MA: Harvard University Press, 2016), 109.

11. Cabe señalar que Freud no consideraba que la sexualidad poseyera en sí misma un contenido completamente formado y unificado desde el nacimiento. El deseo sexual es una fuerza complicada y compuesta. De ahí su desarrollo de una taxonomía para describir el desarrollo sexual de los niños. Ver Peter Gay, *Freud: A Life For Our Time* (New York: W. W. Norton, 1988), 146-148.

del placer genital el arquetipo de la felicidad humana, y así como Freud extendió la sexualidad hasta la niñez e incluso en la infancia, el propósito de la vida humana en cada etapa se vuelve encontrar la felicidad a través de la satisfacción sexual. Y eso significa que el sexo es básicamente lo que constituye lo que significa ser humano y lo que define el propósito de la vida. Para Freud, la taxonomía de todas las etapas de la vida es sexual. La naturaleza de las relaciones humanas siempre está determinada en algún nivel profundo por la sexualidad. El crecimiento de una persona desde la infancia a la adolescencia y la edad adulta está marcado por cambios en la naturaleza y el rango de la expresión sexual, pero el objetivo, la gratificación sexual, sigue siendo siempre el mismo. Y la declaración clásica de Freud de esta idea ocurre en sus *Tres ensayos sobre la teoría de la sexualidad* (1905).

Tres ensayos sobre la teoría de la sexualidad

En palabras de un comentarista, los *Tres ensayos sobre la teoría de la sexualidad* de Freud ayudaron a poner fin a «esa época de inocencia cultural en la que la niñez y la infancia eran consideradas inocentes».[12] En este trabajo, Freud clasificó el desarrollo sexual a través de una serie de etapas, cada una de las cuales estaba marcada por la fijación en una parte específica de la anatomía. Primero viene la etapa oral, en la que la boca es la zona erógena principal. La lactancia materna es, por lo tanto, una actividad con significado sexual, al igual que el acto de chuparse el dedo.[13] Luego está la etapa anal, cuando el control de la defecación se convierte en una especie de

---

12. Steven Marcus, introduction to *Three Essays on the Theory of Sexuality*, by Sigmund Freud, trans. y ed. James Strachey (New York: Basic Books, 2000), xxxii. Anthony Giddens también atribuye a este trabajo el haber jugado un papel importante en la demolición de la noción de *perversión*, un término claramente peyorativo cuando se aplica la actividad sexual no monógama ni heterosexual y, por lo tanto, proporcionando una base científica para la aceptación social de la diversidad sexual en la sociedad occidental. Giddens, *The Transformation of Intimacy: Sexuality, Love, and Eroticism in Modern Societies* (Stanford, CA: Stanford University Press, 1992), 32-34.

13. Freud, *Three Essays*, 45-47.

244 *Parte 3: La sexualización de la revolución*

foco y también el niño, que ahora comienza a interpretar el mundo que lo rodea de maneras más reflexivas, se enamora de ideas como la de un bebé que emerge del ano de una madre.[14] Después está la fase fálica, marcada por la masturbación. Luego hay un período de latencia, cuando hay poca o ninguna motivación para la actividad sexual.[15] Y finalmente, está la fase genital, marcada por un alejamiento del impulso principalmente autoerótico ejemplificado en la masturbación y hacia la búsqueda de una pareja sexual, con las relaciones sexuales como su consumación.[16]

Dos cosas son importantes aquí. En primer lugar, como se señaló anteriormente, el concepto de lo que significa ser un ser humano se está reformulando en términos completamente sexuales. En consecuencia, «crecer» se caracteriza por fases en la transformación de la expresión sexual. No hay etapa en la vida en la que el deseo sexual y su satisfacción no sean fundamentales para el comportamiento humano. Todo lo que cambia es el medio por el cual los individuos encuentran esta satisfacción. En segundo lugar, detrás de la narrativa del desarrollo sexual individual también hay una narrativa del desarrollo social, con la que el individuo se conecta. Es la sociedad la que ejerce un impacto decisivo en las fases posteriores del desarrollo sexual. Lo que ocurre en el período de latencia y luego en la fase genital es el ascenso y la influencia de lo que Freud más tarde denomina el superyó.

En la taxonomía psicoanalítica de Freud, tal como la articuló a partir de la década de 1920, hay tres elementos de la psicología humana que interactúan entre sí. Existe el «ello», presente desde el nacimiento, que uno podría caracterizar como los impulsos instintivos básicos del individuo. El ello es en sí mismo no regulado y desorganizado, un mar oscuro e incognoscible de deseos caóticos e irracionales.

---

14. Freud, *Three Essays*, 51-53.
15. Freud, *Three Essays*, 42-45.
16. Freud, *Three Essays*, 73-74.

Luego está el yo, que se desarrolla con el tiempo y opera como un mediador entre los impulsos del ello y la realidad del mundo que lo rodea. El yo tiene la tarea de satisfacer los deseos del ello de una manera que traiga felicidad y no dolor al individuo. Su tarea es, por lo tanto, negociar un equilibrio entre los impulsos de la identidad y las consecuencias del comportamiento personal. También ofrece racionalizaciones para el comportamiento cuando la motivación real puede ser solo un impulso irracional. Así, por ejemplo, el hombre que engaña a su esposa y arruina su vida bien podría haber sido impulsado por la lujuria inmediata e incontrolada por otra mujer, pero puede ofrecer como justificación (e incluso puede llegar a creer) que fue porque su esposa no lo entendió (u otros sentimientos similares) que buscó consuelo sexual con otra.

Por último, está el superyó. El superyó es aquel que con el tiempo internaliza las costumbres, convenciones, expectativas y reglas generales de la sociedad de tal manera que se convierten en una parte integral del individuo. Así, por ejemplo, la idea de que la monogamia es el único contexto legítimo para las expresiones sexuales es una construcción cultural externa que el individuo, sin embargo, llega a creer que es natural y normativa a través de la influencia del superyó.

La teoría de Freud del ello, el yo y el superyó puede ser una tontería, pero sin embargo es una herramienta muy útil para comprender cómo su propio pensamiento llegó a dar forma al discurso cultural y político contemporáneo. Tomemos, por ejemplo, el siguiente pasaje de *Tres ensayos* que adumbra lo que más tarde ve como el papel del superyó. Aquí articula un argumento importante sobre el papel del gusto o la estética en la construcción de la moral:

Aquellos que condenan las otras prácticas [sexuales] (que sin duda han sido comunes entre la humanidad desde los tiempos primitivos) como perversiones, están dando paso a un inconfundible sentimiento de *disgusto,* que los protege de aceptar objetivos sexuales de ese tipo.

Los límites de tal disgusto son, sin embargo, a menudo puramente convencionales: un hombre que besará los labios de una chica bonita apasionadamente, tal vez pueda estar disgustado con la idea de usar el cepillo de dientes de ella, aunque no hay motivos para suponer que su propia cavidad oral, por la que no siente disgusto, es más limpia que la de ella. Aquí, entonces, nuestra atención es dirigida hacia el factor de disgusto, que interfiere con la sobrevaloración libidinal del objeto sexual, pero que a su vez puede ser anulado por la libido. El disgusto parece ser una de las fuerzas que han llevado a una restricción del objetivo sexual.[17]

Aquí el pensamiento de Freud está en línea con el tipo de moralidad estética que señalamos anteriormente en Rousseau y luego en Wordsworth, Shelley y Blake. Por lo tanto, el papel del gusto en la ética no es innovador en este punto. Sin embargo, vale la pena señalar que Freud ve la moralidad como fundamentalmente irracional y, en última instancia, subjetiva. No es, como con Rousseau y compañía, que los sentimientos y la estética preparan al corazón para pensar de maneras que son verdaderamente correctas y que permiten el correcto ordenamiento de la razón. Ese punto de vista asume una visión básicamente positiva y moral de la naturaleza humana, una que Freud rechaza. Sí, ve la ética como arraigada en el gusto, pero la considera irracional e incluso inconsistente con otros comportamientos humanos, un punto que cree que sería obvio si alguien alguna vez se preocupara, o tuviera el coraje, de reflexionar sobre ellos. ¿Por qué un hombre disfrutaría besando a una chica y, sin embargo, sentiría náuseas ante la idea de usar el cepillo de dientes de ella? La diferencia no se basa en ninguna consideración médica con respecto a la higiene. Es puramente una cuestión de convención social que se ha interiorizado a través del superyó que un beso se considera algo bueno y deseable, mientras que un cepillo de dientes comunitario es

---

17. Freud, *Three Essays*, 17-18.

una abominación repugnante. La moralidad es desde esta perspectiva simplemente una cuestión de gusto socialmente condicionado, que no tiene un fundamento trascendente ni objetivo.

Una vez más, la conexión con el mundo de hoy es obvia. Veremos en el capítulo 9 que la Suprema Corte de los Estados Unidos ha codificado en una de sus sentencias la noción de que la objeción a la homosexualidad y al matrimonio gay está enraizada en última instancia en la animadversión, o prejuicio básico e irracional, contra los homosexuales. Esa idea se encuentra dentro de la tradición de criticar las convicciones morales que vemos influyentemente defendidas por Freud. A esto se puede añadir la inclinación moderna por las palabras que terminan en *fobia* como medio para exponer la supuesta intolerancia irracional de posiciones que la sociedad no aprueba: homofobia, transfobia, islamofobia, etc.

La afirmación de Freud, entonces, es que la moralidad extrae su fuerza del hecho de que estos gustos y estas preferencias irracionales se internalizan y, por lo tanto, se hacen parecer naturales y, por lo tanto, racionales. En esto, está haciendo un punto muy similar al de Nietzsche, cuyo concepto de «moralidad de rebaño» se compara con la noción de Freud del superyó: el individuo llega a creer que ciertas convenciones sociales arbitrarias son imperativos morales trascendentes simplemente porque todos los creen y los practican.[18] Lo que Freud hace, sin embargo, es expresar esta idea en un lenguaje científico y, lo que es más importante, en términos de desarrollo sexual humano: la formación específica de este sentido internalizado, el cultivo individual de este «instinto de rebaño», para usar la terminología nietzscheana, tiene lugar durante la fase del desarrollo sexual infantil, cuando los sentimientos de vergüenza y disgusto por la actividad sexual emergen como un medio potente para frenar los instintos sexuales básicos del niño.[19]

---

18. Ver, por ejemplo, Friedrich Nietzsche, *The Gay Science*, trans. Walter Kaufmann (New York: Vintage, 1974), §116 (174-175). Publicado por primera vez en alemán en 1887.
19. Freud, *Three Essays*, 42-44.

Sin embargo, los códigos morales, aunque en última instancia son irracionales, no son para Freud puramente arbitrarios o aleatorios. En este contexto es interesante compararlo con Godwin y Shelley. Estos dos consideraban la monogamia, por ejemplo, como inmoral debido a las malas consecuencias sociales que consideraban que traía a su paso: la frustración personal, la prostitución, el adulterio, la subyugación y la mercantilización de las mujeres, etc. Freud, sin embargo, ve los códigos de comportamiento sexual como problemáticos, no tanto por sus malas consecuencias sociales; al contrario, como veremos a continuación, en realidad piensa que las consecuencias sociales de los códigos sexuales tradicionales son mejores que las alternativas. Más bien, los ve como problemáticos debido a sus consecuencias individuales: inhiben el impulso básico para la satisfacción sexual personal y, por lo tanto, excluyen la posibilidad de que la sociedad permita que los individuos logren la verdadera felicidad.

La cuestión de la moralidad y su conexión con el gusto encuentra así un fundamento más elaborado en Freud que en escritores anteriores y también uno que es más ampliamente sexual que incluso los ofrecidos por Godwin, Shelley y Blake. Sin embargo, al mismo tiempo, apunta hacia un conflicto que Freud ve como el corazón mismo de la condición humana: el conflicto entre las necesidades de orden de la sociedad y las necesidades del individuo para la satisfacción sexual como el objetivo del principio del placer y la esencia de la felicidad. Y eso nos lleva al siguiente movimiento importante hecho por Freud para nuestra narrativa: su conexión entre la psicología de los niños y el fenómeno de la religión.

La religión como infantil

El propio Freud era ateo, con un profundo desdén por la religión organizada como cualquier tipo de explicación definitiva y verdadera del mundo, una actitud que exhibió con cierto activismo incluso en su juventud. Y, sin embargo, se dio cuenta de que la religión desempeñaba un papel importante en el mantenimiento de la civilización tal como la entendía. Al igual que Nietzsche y Marx, Freud consideraba la religión como una cuestión psicológica, y expuso el asunto en su principal trabajo sobre el tema,[20] *El porvenir de una ilusión,* en el contexto de su teoría más amplia de la sexualidad y la civilización.[21]

Si, según Freud, la función de la civilización es proteger a los seres humanos de la naturaleza, entonces la religión encuentra su propósito precisamente en esa tarea. Como el bebé o el niño teme a sus padres, pero también tiene que confiar en ellos para su protección, también llega a proyectar en las fuerzas de la naturaleza tanto el miedo a que pueda destruirla como la esperanza de que, si se aborda y apacigua de la manera adecuada, también puede protegerla y hacerla prosperar. La religión se convierte así en la respuesta a una necesidad psicológica y a una especie de cumplimiento de deseos expresados a través de modismos y prácticas más o menos elaboradas.

Sobre el origen de la religión, Freud declara:

> Se crea un almacén de ideas, nacido de la necesidad del hombre de hacer tolerable su impotencia y construido a partir de los recuerdos materiales de la impotencia de su propia infancia y la infancia de la raza humana. Se puede ver claramente que la posesión de estas ideas lo protege en dos direcciones: contra los peligros de la naturaleza y el destino, y contra las lesiones de la sociedad humana que lo amenazan.[22]

---

20. Gay, *Freud,* 525. Rieff comenta: «Contra ningún otro punto fuerte de la cultura represiva están las armas reductoras del psicoanálisis desplegadas en una hostilidad tan abierta. El desapego habitual de Freud le falla aquí. Frente a la religión, el psicoanálisis se muestra como lo que es: la última gran formulación de siglo XIX secularista [...]. Lo que primero impresiona al estudiante de la psicología de la religión de Freud es su borde polémico. Aquí, y solo aquí, estalla la gran animadversión freudiana, de lo contrario oculta detrás de las inmediaciones de las historias de casos y las emergencias de la terapéutica práctica». *The Mind of the Moralist,* 257. Vale la pena recordar en este contexto que la exposición temprana y primaria de Freud a la religión habría sido la de la Iglesia católica vienesa con su manifiesto antisemitismo. Rieff, *The Mind of the Moralist,* 257.

21. Sigmund Freud, *The Future of an Illusion,* trans. y ed. James Strachey (New York: W. W. Norton, 1961).

22. Freud, *Future of an Illusion,* 22.

Una serie de comentarios están en orden. En primer lugar, Freud considera que la religión es literalmente infantil: es el resultado de la carga de esperanzas y temores infantiles a la edad adulta. Por lo tanto, estrictamente hablando, es un signo de inmadurez y un fracaso para convertirse en adulto. Podríamos, por tanto, añadir un sustantivo al adjetivo: para Freud es una *neurosis* infantil. En esto, su actitud se encuentra dentro de una tradición de pensamiento bien establecida que identifica la religión tradicional tanto con el infantilismo como con los problemas psicológicos, desde los filósofos franceses hasta Feuerbach, Marx y Nietzsche.[23] Lo que Freud hace y que marca una contribución importante es, una vez más, expresar esta actitud hacia la religión utilizando un lenguaje científico. Al hacerlo, da respeto científico a la idea de que la creencia religiosa representa alguna forma de deficiencia mental o inmadurez emocional. Lo que Marx y Nietzsche expresaron con una retórica filosófica memorable, Freud lo expresó con la prosa fría y desapasionada del científico. Y esto ciertamente ha informado las intuiciones básicas del imaginario social moderno. Tales actitudes hacia la religión y sus implicaciones ahora impregnan la cultura contemporánea, desde juicios legales que ven el deseo de mantener el matrimonio cristiano como el resultado de una animadversión irracional hasta comentarios de políticos sobre aquellos que se aferran a las armas y la religión como un medio para justificar y alimentar su resentimiento y amargura hacia la sociedad en general. La idea de que la creencia religiosa representa la inmadurez personal o alguna forma de defecto psicológico es ahora algo común y profundamente arraigado en la cultura en la que rara vez se considera necesario ofrecer una justificación para lo que se considera una verdad autoevidente, objetiva e innegable.[24]

---

23. Gay, *Freud*, 532-533.

24. Sobre el uso judicial de la idea de la animadversión irracional como base para desestimar la oposición al matrimonio homosexual, ver «The Supreme Court and Gay Marriage», pág. 302, en el capítulo 9.

En segundo lugar, en la cita anterior, Freud apunta hacia su idea subyacente de que la religión es una ilusión. Es una ilusión no en el sentido de que sea necesariamente falsa (aunque Freud no tiene dudas al respecto), sino en el sentido de que representa una forma de cumplimiento de deseos. Esto significa que la creencia religiosa no está motivada por pruebas racionales sino por el deseo humano irracional; como resultado, sus adherentes no son vulnerables a la refutación racional.[25]

En tercer lugar, Freud reconoce a regañadientes que la religión ha cumplido históricamente un propósito útil: «La religión ha realizado claramente grandes servicios para la civilización humana. Ha contribuido mucho a la domesticación de los instintos asociales».[26] Freud bien puede tener desdén por la religión como una neurosis infantil, pero admite que ha jugado un papel importante en el mantenimiento de la civilización al proporcionar una justificación para la moralidad. Ha impedido que hombres y mujeres se entreguen a deseos oscuros y destructivos que puedan tener. También ve, sin embargo, que no lo ha hecho perfectamente. Continúa su argumento declarando que la religión no ha logrado proporcionar felicidad a las personas, que las épocas fuertemente religiosas no exhibieron más, y a menudo menos, satisfacción general con la vida que su propia era cada vez más irreligiosa.[27]

¿Cuál es su alternativa? Freud tiene una tremenda confianza en que la ciencia, incluido por supuesto el psicoanálisis, ayudará a llenar el vacío dejado por la muerte de la religión. Él es consciente de que, si la creencia en Dios es la única razón para mantener los códigos morales, entonces cuando Dios muere (usando la terminología nietzscheana), la moralidad que depende de Él también muere.[28] Por

25. Freud, *Future of an Illusion*, 39-40.
26. Freud, *Future of an Illusion*, 47.
27. Freud, *Future of an Illusion*, 48.
28. Freud, *Future of an Illusion*, 50.

lo tanto, Freud ve la razón científica como el medio por el cual los seres humanos pueden reconciliarse con la civilización de una manera que evite las cargas de culpa y ansiedad que la religión trajo a su paso. El ello puede ser controlado en un mundo posreligioso por el conocimiento científico. Sin embargo, esta visión optimista de la ciencia no es característica para Freud y, de hecho, en su trabajo posterior da paso a un pesimismo que podría decirse que es más consistente con su pensamiento en su conjunto. *El porvenir de una ilusión* proporciona una justificación científica para el desdén moderno por la religión como infantil e irracional, pero incluso Freud tuvo que ir más allá de ella en su pensamiento sobre el sexo, la moralidad y la civilización. No es el optimismo de *El porvenir de una ilusión,* sino el pesimismo posterior de Freud, lo que es su mayor contribución a la teoría social y algo que ha tenido ramificaciones mucho más allá del mundo médico. Este impulso encuentra su expresión más importante en su clásico ensayo *La civilización y sus descontentos.*[29]

La civilización y sus descontentos

Aunque para Freud, los seres humanos son fundamentalmente sexuales y la libido, o deseo sexual, es la fuerza más poderosa para motivar su comportamiento, es claro que el mundo no consiste en seres humanos que se entregan externamente a cada capricho o deseo sexual que puedan tener para ser felices y satisfechos. Si lo hicieran, la posibilidad de felicidad personal sería en teoría grande, pero también de corta duración y restringida a aquellos lo suficientemente agresivos y fuertes como para ser las figuras dominantes en cualquier arreglo social. Como Freud lo describe:

> El hombre primitivo estaba mejor al no conocer restricciones del instinto. Para contrarrestar esto, sus perspectivas de disfrutar de esta

---

29. Gay describe *Future of an Illusion* como si leyera «un ensayo para *La civilización y sus descontentos*». *Freud,* 527.

felicidad durante cualquier período de tiempo eran muy escasas. El hombre civilizado ha cambiado una parte de sus posibilidades de felicidad por algo de seguridad.[30]

Aquí Freud le da al hombre ideal de la naturaleza que sustenta la teoría de la sociedad de Rousseau una identidad sexual claramente freudiana. Al igual que con Rousseau, Freud imagina un mundo en el que el hombre primitivo no conoce restricciones, en este caso sexuales, y por lo tanto es feliz. Pero entonces el pesimismo de Freud pasa a la atención: tal felicidad sería efímera y arriesgada precisamente porque jugó en las manos de los individuos más poderosos y dejó al resto vulnerable e irremediablemente insatisfecho.

Uno podría pensar aquí en el reino animal, donde el macho dominante en, digamos, una banda de gorilas es el que tiene acceso sexual exclusivo a las hembras. Otros machos son expulsados y, por lo tanto, condenados a ser (en términos antropomórficos) sexualmente frustrados. Por lo tanto, la felicidad para el hombre primitivo freudiano habría sido en la práctica un monopolio virtual de quien resultó ser el hombre dominante. Otros hombres vivirían vidas de frustración total, y las mujeres funcionarían claramente como nada más que instrumentos para la gratificación sexual del hombre más fuerte. E incluso el macho dominante tendría un reinado relativamente corto: otro más fuerte y joven inevitablemente surgiría para derrocarlo. Y, sin embargo, la sociedad, la sociedad civilizada, no es así en absoluto. Implica muchas más actividades que simplemente la satisfacción espontánea del deseo sexual y es mucho más complicada y estructuralmente diversa que una comunidad gobernada por un hombre dominante.

Esta dinámica apunta a la gran distensión que Freud ve en el corazón de la civilización: la reducción del deseo sexual para hacer posible la sociedad; porque si este impulso no se frena, inevitablemente

---

30. Freud, *Civilization and Its Discontents*, 73.

debe sobrevenir una situación de caos o de dominación por parte de un individuo fuerte, ambos casos son peores escenarios para la mayoría de las personas que sacrificar la satisfacción sexual por un grado de seguridad. El contrato social de Rousseau se convierte, en manos de Freud, en un contrato sexual, intercambiando licencias sexuales desinhibidas por restricciones sexuales. Y el resultado es la civilización.[31]

La sociedad desarrolla varios medios para hacer cumplir este contrato: códigos morales externos diseñados para cultivar la vergüenza social entre sus miembros por sus transgresiones y una conciencia internalizada por la cual el comportamiento es regulado por los propios individuos.[32] Es el instinto natural de los seres humanos tratar de vivir en formaciones sociales, y por lo tanto la culpa es cada vez más importante como el medio de reforzar los códigos necesarios para hacer posibles tales formaciones.[33] Además, si los códigos sexuales son vitales para la cohesión social, entonces la necesidad de vigilar la sexualidad desde la infancia en adelante es de importancia crítica. Es esta idea la que sienta las bases para los códigos adultos de comportamiento sexual: a menos que los niños

---

31. En este contexto, es importante señalar que el malentendido popular de Freud de considerar la represión sexual como algo malo o negativo está completamente fuera de lugar. Es cierto que Freud ve los códigos sexuales tradicionales de la sociedad como demasiado restrictivos: tales códigos, al prohibir la homosexualidad, el incesto, el sexo prematrimonial, etc., reprimen mucho más de lo necesario para que exista la civilización, y por lo tanto anticipa el concepto posterior de Herbert Marcuse de represión excedente. Ver los comentarios de Scott Yenor, *Family Politics: The Idea of Marriage in Modern Political Thought* (Waco, TX: Baylor University Press, 2011), 166-168; ver también el capítulo 7 de este volumen. Sin embargo, para Freud la represión como principio general es en realidad algo necesario para que la civilización exista y para hacer muchas de las grandes cosas por las que se la conoce. La sublimación del deseo sexual conduce no solo a la capacidad de los seres humanos para vivir juntos, sino también a fenómenos como el arte y la música, ya que la energía sexual se redirige a otras actividades. Sarah Coakley hace este punto con gran claridad en su reciente discusión de Freud en *The New Asceticism: Sexuality, Gender and the Quest for God* (London: Bloomsbury, 2015), 39-45.

32. Freud, *Civilization and Its Discontents*, 94-96.

33. Freud afirma: «Dado que la civilización obedece a un impulso erótico interno que hace que los seres humanos se unan en grupos pequeños y cercanos, solo puede lograr este objetivo a través de un refuerzo cada vez mayor del sentimiento de culpa». *Civilization and Its Discontents*, 96.

sean educados en las costumbres sexuales de la sociedad desde una edad temprana, no se conformarán con tales como adultos.[34] Y nuevamente, central para cada uno de estos es la noción de culpa: al cultivar un sentimiento de culpa por la transgresión de los códigos sexuales entre los miembros de la sociedad desde la infancia, la sociedad puede mantener un amplio control de la forma en que las personas se comportan. La culpa es el regulador interno de la conducta sexual del individuo.[35]

Lo que es importante entender aquí, sin embargo, es que esta restricción del instinto sexual tiene un costo significativo, ya que significa que es imposible que los civilizados sean verdaderamente felices. Si la felicidad depende del cumplimiento de los deseos sexuales personales, entonces en la medida en que tales deseos se frenen y, por lo tanto, se frustren, en esa medida el individuo será insatisfecho e infeliz. Por lo tanto, la civilización tiene en su núcleo la imposibilidad de que los seres humanos sean verdaderamente felices y contentos. De ahí el título del ensayo de Freud: *La civilización y sus descontentos*. Ser civilizado es inevitablemente estar descontento en algún nivel profundo porque esa satisfacción sexual que constituye la felicidad humana es imposible de lograr en cualquier sentido absoluto o duradero. La civilización es la respuesta a la infelicidad que implicaría el caos sexual, pero ella misma crea otro tipo de infelicidad, la de la represión sexual y la frustración.[36]

Esta infelicidad, este descontento, es en sí misma el fundamento de la cultura. La biógrafa de Freud, Elisabeth Roudinesco, lo expresa bien:

---

34. Freud explica: «Una comunidad cultural está perfectamente justificada, psicológicamente, al comenzar por proscribir las manifestaciones de la vida sexual de los niños, ya que no habría perspectivas de frenar los deseos sexuales de los adultos si el terreno no hubiera sido preparado para ello en la infancia». *Civilization and Its Discontents*, 60.

35. Freud, *Civilization and Its Discontents*, 99.

36. Como afirma Freud: «Es imposible pasar por alto hasta qué punto la civilización se construye sobre una renuncia al instinto, cuánto presupone precisamente la insatisfacción (¿por represión, represión o algún otro medio?) de poderosos instintos. Esta "frustración cultural" domina el gran campo de las relaciones sociales entre los seres humanos». *Civilization and Its Discontents*, 51-52.

Freud enfatizó que aquellos seres humanos que habían renunciado a la ilusión religiosa no podían esperar nada de ningún retorno a la «naturaleza». Tal como él lo veía, la única manera de alcanzar la sabiduría, es decir, la más exaltada de las libertades, consistía en una inversión de la libido en las formas más elevadas de creatividad: el amor (Eros), el arte, la ciencia, el conocimiento y la capacidad de vivir en sociedad y comprometerse, en nombre de un ideal común, con el bienestar de todos.[37]

Por lo tanto, el principio del placer, el deseo de realización sexual, tiene que encontrar dentro de la sociedad diferentes salidas, ya sea para su liberación o su sublimación. Estos medios nunca pueden satisfacerse completamente, y por lo tanto la experiencia de descontento es generalizada, pero sirven para disminuir ese sentimiento de alguna manera al distraerse temporalmente de él.

Freud ve una serie de tales distracciones sustitutivas en la sociedad civilizada que mejoran la infelicidad causada por la frustración del deseo sexual. La ciencia y el arte ofrecen vías que permiten a las personas disfrutar de la vida. Además, para la persona común, existe la religión, para Freud, como se señaló anteriormente, seguramente era una ficción en términos de sus afirmaciones de verdad referencial, pero que pretende ser útil para ofrecer el cumplimiento de los deseos y proporcionar la ilusión de un significado trascendente a la experiencia de este mundo inmanente.[38] También, lo más importante, no solo cultiva ese sentido de culpa internalizado que es necesario para el mantenimiento de la civilización en términos de la compensación involucrada en los tabúes sexuales, sino que también afirma ofrecer una solución, aunque engañosa e inadecuada (en el caso del cristianismo, su noción de una expiación sustitutiva por el pecado en la persona y la obra de Jesucristo).[39] Luego también están

---

37. Roudinesco, *Freud*, 347.
38. Freud, *Civilization and Its Discontents*, 22-25.
39. Freud, *Civilization and Its Discontents*, 99-100.

los vicios tóxicos, el alcohol y las drogas, que adormecen el cuerpo a las dolorosas realidades de la vida civilizada y, de hecho, a la propia debilidad del cuerpo y la inevitable mortalidad.[40] Todas estas cosas son útiles para aliviar el dolor que requiere la compensación entre la felicidad y la civilización.

Reflexiones finales sobre Freud

En el argumento general de este libro, Freud ocupa una posición fundamental. En la introducción, afirmé que el surgimiento de la revolución sexual se basaba en cambios fundamentales en la forma en que se entiende el yo. El yo primero debe ser psicologizado; la psicología debe entonces ser sexualizada; y hay que politizar el sexo. El primer movimiento es ejemplificado por Rousseau y sus herederos románticos. El segundo es el logro de Sigmund Freud. Es de suma importancia para la era moderna su desarrollo tanto de una teoría de la sexualidad que coloca el deseo sexual en el núcleo mismo de quién y qué son los seres humanos desde la infancia, como de las teorías de la religión y la civilización que conecta con esa teoría, y lo hace a través del lenguaje científico del psicoanálisis, un lenguaje que hace que sus teorías, al igual que las de Darwin, sean inherentemente plausibles en un imaginario social moderno en el que la ciencia tiene autoridad intuitiva. Y el resultado es que, antes de Freud, el sexo era una actividad para la procreación o para la recreación; después de Freud, el sexo define lo que somos, como individuos, como sociedades y como especie.

No importa que el estatus estrictamente científico de las teorías de Freud esté ahora metodológica y materialmente desacreditado. La noción central de que los seres humanos son, en el centro, sexuales y que eso da forma a nuestro pensamiento y nuestro comportamiento de maneras profundas, a menudo inconscientes, es ahora una parte

---

40. Freud, *Civilization and Its Discontents*, 26-27.

básica del imaginario social moderno. Desde las herramientas sexualizadas de la industria publicitaria hasta los productos cada vez más explícitos de Hollywood, todos sabemos que el sexo vende. Y vende porque el deseo sexual es algo que los seres humanos experimentan como una de las fuerzas más poderosas e irracionales de la vida. Los artefactos culturales, ya sean obras de gran literatura como la *Ilíada* o la letra descarada de alguna canción pop de la banda musical popular del momento, reflejan la preocupación humana por todo lo erótico. Y Freud se erige como el gran teórico de esta fijación y, lo más importante, como el hombre que ofreció un análisis de la civilización y la cultura que tiene en cuenta esta obsesión.

También es importante señalar que el énfasis de Freud en la realización sexual como la esencia de la felicidad humana conduce a una reconfiguración del destino humano. El fin de la vida humana ya no es algo establecido en el futuro; más bien, está atrapado en el presente. Estar satisfecho es estar sexualmente satisfecho aquí y ahora. La persona más feliz es el orgiástico sempiterno, el que está constantemente complaciendo sus deseos sexuales. Que tal figura sea ahora un tipo normativo en nuestra sociedad es una afirmación que apenas necesita justificación, dada la omnipresencia de la pornografía y la suposición general de que la actividad sexual es lo que nos hace auténticos seres humanos.

Hay otros lugares comunes de nuestra cultura contemporánea que Freud no inventó, pero a los que dio una expresión poderosa y una verosimilitud científica engañosa. La idea de la religión como infantil y de la moralidad sexual impulsada por el gusto, no por la trascendente ley divina o natural, son quizás las dos más obvias. Con respecto a esto último, también refuerza el cambio que es evidente en el trabajo de Nietzsche, Marx y Darwin: los seres humanos no son naturalmente «morales», como creían Rousseau, Wordsworth y compañía. Carecen de una naturaleza «moral»; la «moralidad» es siempre una construcción social y no puede regresar al estado natural en ninguna forma pura y primigenia. Una vez más, Freud (como Darwin) expresa ideas con un significado metafísico explosivo en el lenguaje aparentemente objetivo, frío y desapasionado de la ciencia. Hay un último punto que vale la pena señalar en *El porvenir de una ilusión* de Freud. Donde sus convicciones sobre la sexualidad infantil y sobre la naturaleza infantil de la religión se unen en una pregunta retórica que, en retrospectiva, tiene un tono particularmente portentoso:

> ¿No es cierto que los dos puntos principales del programa para la educación de los niños hoy en día son el retraso del desarrollo sexual y la influencia religiosa prematura?[41]

Al identificar estos dos aspectos de la educación en su día, Freud anticipa el énfasis que surge a fines del siglo XX a través de la reacción y la reversión, y que ahora están en el corazón de las filosofías educativas de hoy. La educación contemporánea se ha preocupado en algunos sectores por la liberación de los instintos sexuales de los niños y la eliminación de cualquier influencia religiosa. La educación actual como terapia exhibe estas dos patologías: una liberación de los códigos sexuales tradicionales y (dado su papel en el mantenimiento de los códigos sexuales tradicionales) la liberación de la religión.

El breve comentario de Freud aquí apunta hacia la siguiente fase en la transformación del yo: ahora que el yo ha sido sexualizado, todo lo que es necesario es que el sexo sea politizado. Y ese es el tema del siguiente capítulo.

---

41. Freud, *Future of an Illusion*, 60.

7

La nueva izquierda y la politización del sexo

La mente es su propio lugar, y en sí misma puede hacer un cielo del infierno y un infierno del cielo.

JOHN MILTON, *PARAÍSO PERDIDO*

La escena política contemporánea está dominada por cuestiones de identidad racial, sexual, étnica y de otro tipo. Detrás de la discusión, e impulsando gran parte de la estridencia, está el grupo de enfoques filosóficos conocidos por el término *teoría crítica*. La teoría crítica es hoy un fenómeno diverso que se basa profunda y diversamente en las corrientes del pensamiento marxista, el psicoanálisis, la teoría feminista, el poscolonialismo, el posestructuralismo, la teoría *queer* y la deconstrucción. Abarca una variedad de enfoques y continúa desarrollando su vocabulario conceptual y su gama de preocupaciones políticas. Sin embargo, en el núcleo de los diversos enfoques de los teóricos críticos se encuentra un conjunto relativamente simple de convicciones: el mundo debe dividirse entre los que tienen el poder y los que no; la narrativa occidental dominante de la verdad es realmente una construcción ideológica diseñada para preservar la estructura de poder del *status quo*; y el objetivo de la teoría crítica es, por lo tanto, desestabilizar esta estructura de poder, desestabilizando las narrativas dominantes que se utilizan para justificarla, para «naturalizarla».[12]

Si bien la teoría crítica es una herramienta vital en el movimiento LGBTQ+ moderno en términos de su compromiso político, mi enfoque en este capítulo no está en sus manifestaciones contemporáneas. Tal tarea está mucho más allá del alcance de mi argumento. Más bien, quiero ver sus orígenes y algunas de sus primeras iteraciones como un medio para identificar desarrollos clave en la narrativa general del yo, en el que se enfoca este libro. Y eso significa que la discusión se centra en la forma en que el pensamiento de Freud llegó a ser modificado y apropiado por la izquierda marxista a mediados del siglo xx. La teoría crítica puede haber ido mucho más allá de los escritos de aquellos que discuto en este capítulo: Herbert Marcuse, Wilhelm Reich, Simone de Beauvoir y Shulamith Firestone, pero el trabajo que hicieron estos pensadores estableció y ejemplificó las trayectorias a lo largo de las cuales se ha movido la teoría crítica posterior.

Una pareja extraña: Marx y Freud

Las teorías de Freud son intrigantes, pero en sí mismas insuficientes para comprender por qué la identidad sexual ha desempeñado un papel tan importante en la política occidental durante más de

---

1. Por ejemplo, de la teoría crítica ha surgido el concepto de «interseccionalidad» como un medio para articular la complejidad de las categorías sociales y políticas, que están marcadas por identidades superpuestas entre grupos particulares o individuos de diferente estatus dentro de la jerarquía de la sociedad. El término fue acuñado por Kimberlé Crenshaw en su importante ensayo *Demarginalizing the Intersection of Race and Sex: A Black Feminist Critique of Antidiscrimination Doctrine, Feminist Theory and Antiracist Politics*, University of Chicago Legal Forum 1, no. 8 (1989), consultado el 2 de julio de 2019, https://chicagounbound .uchicago.edu/uclf/vol1989/iss1/8.

2. Para una introducción muy accesible a la teoría crítica, ver Stephen Eric Bronner, *Critical Theory: A Very Short Introduction* (Oxford: Oxford University Press, 2017); ver también Fred Rush, ed., *The Cambridge Companion to Critical Theory* (Cambridge: Cambridge University Press, 2004).

50 años. ¿Cómo las especulaciones psicoanalíticas de un médico vienés llegaron a dar forma a la lógica del panorama político contemporáneo hasta el punto de que los asuntos de sexualidad ahora parecen estar listos para abrumar las preocupaciones tradicionales de las sociedades liberales, como la libertad de expresión y la libertad religiosa? Para explicar eso, primero es necesario comprender la forma en que las ideas freudianas llegaron a ocupar un lugar destacado en el desarrollo de la filosofía marxista en el siglo xx.

Como se señaló en el capítulo 5, la filosofía de la historia de Karl Marx es en su núcleo una revisión materialista del idealismo de G. W. F. Hegel. Al igual que Hegel, Marx concibió la historia como un proceso dialéctico de movimiento hacia adelante, pero para él esto culminaría en el triunfo de la clase obrera (el proletariado) sobre la clase media (la burguesía). Este cambio implicó el reemplazo del sistema capitalista por uno comunista, en el que los medios de producción serían mantenidos en propiedad común por los trabajadores en la forma del estado.

La teoría de Marx del triunfo del proletariado dependía de otros dos desarrollos históricos como condiciones previas. Primero, el sistema capitalista tendría que colapsar bajo el peso de sus propias contradicciones económicas. Esencialmente, la creciente concentración de la riqueza en manos de cada vez menos personas crearía una situación en la que el sistema simplemente se derrumbaría. Y segundo, el proletariado necesitaría desarrollar una autoconciencia política que le permitiera comprender que sus mejores intereses no estaban servidos por el apoyo al sistema capitalista y a la burguesía, sino que estos tenían que ser derrocados y reemplazados por la propiedad común de los medios de producción. En otras palabras, los trabajadores tendrían que darse cuenta de que sus intereses y los de sus jefes eran antitéticos entre sí y que, por lo tanto, derrocar a sus patrones sería para su clara ventaja.

Este último punto es donde existe una laguna crucial en el pensamiento de Marx. Lo que Marx nunca explicó fue cómo iba a tener lugar este segundo desarrollo, este aumento de la autoconciencia proletaria. Esta brecha en el pensamiento de Marx se hizo más problemática por los acontecimientos de la historia. A principios del siglo xx en Europa se hizo evidente que las crisis en el capitalismo mundial (por ejemplo, la caída del mercado de valores de 1929 y la posterior Gran Depresión) no estaban demostrando ser suficientes en sí mismas para crear la conciencia de clase requerida. Las condiciones materiales claramente no determinaron la conciencia de clase de una manera directa y simple. Esta cuestión, de cómo la conciencia de la clase proletaria iba a desarrollarse para facilitar el advenimiento de una sociedad comunista, fue en muchos sentidos la cuestión teórica clave que impulsó el desarrollo del marxismo en el siglo xx.

El problema fue enfrentado de una forma por Vladimir Ilyich Lenin, líder de la Revolución rusa. Rusia, como sociedad predominantemente campesina, no había experimentado el desarrollo capitalista necesario que se suponía que era la condición previa para el advenimiento del comunismo; Lenin también estaba convencido de que las condiciones económicas en sí mismas no producirían conciencia revolucionaria entre la clase obrera. En el mejor de los casos, llevaría a los trabajadores a formar sindicatos, no a derrocar a la burguesía ni a apoderarse de los medios de producción.

Para no dejarse disuadir por un detalle, Lenin revisó un poco el marxismo para permitir que la dirección revolucionaria fuera asumida por el Partido Comunista, dirigido por intelectuales burgueses que entendían la dialéctica de la historia y, por lo tanto, podían enseñar y agitar al proletariado para la revolución.[3]

Pero si esto funcionó en Rusia, no lo hizo en otros lugares. El levantamiento espartaquista de 1919 en Alemania fue un fracaso

---

3. Sobre Lenin, ver Leszek Kołakowski, *Main Currents of Marxism*, trans. P. S. Falla (Oxford: Oxford University Press, 1978), 2:381-412.

estrepitoso. A pesar de que Alemania tenía una clase obrera industrial desarrollada y derrotada en la guerra, estaba sujeta a un considerable conflicto interno y una inestabilidad potencial, lo que la hizo madura (según la teoría marxista) para la revolución comunista. Luego, a medida que el capitalismo europeo y estadounidense continuaron sobreviviendo incluso a pesar del colapso de *Wall Street* de 1929, y cuando el *New Deal* en los Estados Unidos y el estado de bienestar en Gran Bretaña parecían desactivar el conflicto de clases, las posibilidades de una conciencia política naturalmente desarrollada entre el proletariado parecían cada vez más remotas. Y esto se complicó aún más por el ascenso del estalinismo. El encaminamiento de León Trotsky, la purga de los viejos bolcheviques y el establecimiento de un totalitarismo brutal de un tipo nunca antes visto indicaron que el camino hacia una utopía socialista podría no ser sencillo, incluso dentro del estado marxista de la Unión Soviética. Además, el surgimiento de los partidos fascistas y nazis en Italia, Alemania y Europa central y oriental y el claro atractivo de estos movimientos para las clases trabajadoras indicaron que la dialéctica de la historia no estaba funcionando tan bien como Marx y sus seguidores habían esperado una vez.[4]

Una respuesta a este problema, que iba a tener un impacto significativo en las generaciones posteriores de pensamiento izquierdista, vino de una celda de prisión en la Italia de Benito Mussolini. Allí el marxista italiano Antonio Gramsci intentó dar respuesta a esta laguna teórica centrándose en el papel de los intelectuales en la sociedad. Rechazando la idea de que los intelectuales eran una clase aparte, desarrolló la noción de «intelectuales orgánicos», cuya tarea era articular y dar forma a la conciencia política de una clase a

---

4. Otro aspecto problemático del estalinismo desde una perspectiva marxista era su enfoque nacionalista, que estaba en conflicto con las categorías transnacionales basadas en clases y las ambiciones del marxismo tradicional. Estoy agradecido con mi colega de Grove City College, el profesor Andrew Mitchell por traer a mi atención este aspecto de la desilusión de la izquierda con el estalinismo.

través del desarrollo de una cultura de clase específica que se opuso a la de cualquier clase dominante o (en su término) hegemónica. En Gramsci, por lo tanto, vemos las raíces del enfoque moderno de la revolución política a través de la transformación de las instituciones culturales como las escuelas y los medios de comunicación. Una vez que las palancas del poder cultural estuvieron en las manos correctas, el camino para formar una autoconciencia política apropiada fue bastante sencillo. Pero se necesitaba una vanguardia de intelectuales para lograr este objetivo.[5]

Otro enfoque, sin embargo, fue el desarrollado por los miembros de la llamada Escuela de Frankfurt, el nombre dado a los asociados con el Instituto de Frankfurt para la Investigación Social. Esta institución, fundada en 1923, iba a ser el foco de una importante reelaboración de la teoría marxista, alimentada de diversas maneras por la agitación de los años de entreguerras de Alemania, por el ascenso del nazismo e intelectualmente por la publicación en la década de 1930 de las primeras obras de Karl Marx, especialmente sus *Manuscritos económicos y filosóficos* y *La ideología alemana*. Estos textos presentaban una visión del pensamiento de Marx que se mantenía más claramente en continuidad con el pensamiento idealista de Hegel y también ofrecían la posibilidad de utilizar a Marx para desarrollar formas de crítica social y cultural que pudieran abordar la aparente resiliencia del capitalismo frente a sus diversas deficiencias.[6]

. La influencia de la Escuela de Frankfurt ha sido de gran alcance, desde contribuir a las discusiones de estética hasta posiblemente inspirar al personaje central en *Doctor Faustus* de Thomas Mann.[7] Las

---

5. La principal declaración de Gramsci sobre el papel de los intelectuales se encuentra en su ensayo *The Intellectuals*, in *Selections from the Prison Notebooks*, ed. and trans. Quintin Hoare and Geoffrey Nowell Smith (New York: International Publishers, 1971), 5-23.

6. Una excelente historia de la Escuela de Frankfurt es Stuart Jeffries, *Grand Hotel Abyss: The Lives of the Frankfurt School* (London: Verso, 2016).

7. Jeffries sugiere que es el filósofo de la Escuela de Frankfurt Theodor Adorno y no el compositor Arnold Schoenberg (la identificación más habitual) quien se encuentra al menos

escuelas de teoría crítica que ha generado han ofrecido al mundo tanto algunas de las prosas más opacas y rimbombantes jamás escritas como algunas de las críticas más intrigantes del papel de la cultura popular en la formación de las creencias dominantes de la sociedad. Su importancia para nuestra narrativa, sin embargo, radica en la forma en que reunió las preocupaciones políticas del marxismo con las afirmaciones psicoanalíticas de Freud.[8]

La boda forzada de Marx y Freud

La historia de la fusión del pensamiento marxista y freudiano, que el historiador de la Escuela de Frankfurt Stuart Jeffries ha descrito como una «boda forzada», comienza con dos de los primeros miembros de la escuela, Max Horkheimer y, más importante, Erich Fromm.[9]

Para Fromm, el punto de contacto útil entre Marx y Freud estaba en el hecho de que ambos veían el carácter humano (yo) en términos dinámicos, Marx en las condiciones sociales materiales en relación con las cuales se desarrolló la autoconciencia humana, Freud en términos del desarrollo psicológico del deseo sexual a medida que los individuos maduraban y tomaban su lugar en la sociedad. Para ambos, el proceso fue evolutivo, y esto permitió a Fromm recurrir fructíferamente al trabajo de ambos hombres.

---

en parte detrás del personaje del compositor Adrian Leverkühn en *Doctor Faustus* de Mann. *Grand Hotel Abyss*, 242.

8. Para una evaluación extremadamente negativa del papel de la teoría crítica, ver Michael Walsh, *The Devil's Pleasure Palace: The Cult of Critical Theory and the Subversion of the West* (New York: Encounter Books, 2015). Para una evaluación crítica que destaca la incapacidad de muchos de los acólitos de la Escuela de Frankfurt para escribir una oración pelúcida, ver Roger Scruton, *Fools, Frauds, and Firebrands: Thinkers of the New Left* (London: Bloomsbury, 2015). Para una perspectiva más apreciativa y declaradamente marxista, aunque todavía crítica, ver Terry Eagleton, *After Theory* (New York: Basic Books, 2004).

9. Para Horkheimer, la noción de Freud del complejo de Edipo y la función dominante del padre fue útil para explicar el atractivo irracional del nazismo y el fascismo en sociedades de Europa occidental por lo demás externamente sofisticadas, particularmente en Alemania. Ver *Eclipse of Reason* (1947; repr., London: Continuum, 2004), esp. 74-79. Para la fusión de Fromm de Marx y Freud, ver su relato autobiográfico, *Beyond the Chains of an Illusion: My Encounter with Marx and Freud* (New York: Trident, 1962).

Freud fue particularmente útil para él debido a su taxonomía de tipos de caracteres.

Si bien Horkheimer y Fromm intentaron reunir ideas marxistas y freudianas para abordar el ascenso del fascismo y el nazismo, esta unión, como la mayoría de los matrimonios forzados, no fue del todo cómoda. Después de todo, había algunos problemas muy básicos de compatibilidad entre los dos enfoques. En primer lugar, estaba la complejidad de unir un enfoque de la vida humana que priorizaba lo material y lo económico en el contexto de la sociedad en general con uno que se centraba en la psicología y el individuo. Luego también estaba la disparidad más profunda, incluso la contradicción, entre lo que podríamos llamar la expectativa teleológica de los dos. El marxismo ofrecía una visión fundamentalmente optimista del mundo porque, sin importar el sufrimiento y los traumas que pudieran caracterizar el camino hacia el paraíso del trabajador, ese paraíso seguramente llegaría en algún momento en el futuro. Para Freud, sin embargo, la civilización era imposible excepto para una sociedad que estaba preparada para reprimir el más fundamental de los instintos humanos, el deseo de satisfacción sexual a través de la actividad sexual sin obstáculos. Marx y su progenie eran optimistas; Freud —ciertamente el Freud posterior de *La civilización y sus descontentos*— era un pesimista. Finalmente, estaba el lugar prominente de la libido, el deseo sexual, en el pensamiento de Freud que Fromm, por ejemplo, rechazaba como una categoría clave para comprender a los seres humanos, al considerarlo insuficiente teniendo en cuenta los orígenes históricos y sociales de los tipos de carácter.[10]

La transformación del matrimonio de Freud y Marx, sin embargo, de un estatus de forzado a uno de amor genuino iba a tener lugar a manos de dos hombres, uno informalmente asociado con la Escuela de Frankfurt, el otro quizás su intelectual activista más significativo

---

10. Don Hausdorff, *Erich Fromm* (New York: Twayne, 1972), 54-59.

e influyente: Wilhelm Reich y Herbert Marcuse, respectivamente. Estas dos figuras son fundamentales para cualquier comprensión del discurso político moderno y también para muchas actitudes culturales, incluso más allá de los límites de la ideología de izquierda.[11]

Wilhelm Reich y el sexo revolucionario

La combinación de Freud y Marx por Wilhelm Reich se inició a través de su deseo de comprender el surgimiento de la ideología fascista. En su libro *Psicología de masas del fascismo* (1933), Reich desarrolló el concepto de lo que llamó economía sexual, en el que utilizó la idea de Marx sobre el conflicto de clases para profundizar la idea de represión sexual de Freud y desarrollarla para un fin específicamente político.[12]

En este trabajo, Reich está particularmente interesado en un problema marxista estándar: ¿por qué los miembros de cierta clase actúan en contra de sus propios intereses de clase? Expone un ejemplo específico de Lenin, quien había notado cómo los soldados en la rebelión de 1905 en Rusia habían ganado el poder, pero luego lo habían utilizado para restablecer a los que habían derrocado. Reich comenta que un místico religioso interpretaría esto como un signo de la moralidad innata de la humanidad, que en última instancia impide la rebelión total contra el orden divinamente establecido. El marxista vulgar rechazaría esta interpretación, pero no sería capaz de ofrecer ninguna alternativa adecuada basada en premisas estrictamente económicas.[13] Reich considera a Freud útil porque ofrece

---

11. Es interesante notar que Reich consideraba a Estados Unidos, con su profunda tradición de individualismo, como el lugar donde la revolución sexual tenía más probabilidades de echar raíces; ver la discusión de Reich en Carlos J. Chaput, *Strangers in a Strange Land: Living the Catholic Faith in a Post-Christian World* (New York: Henry Holt, 2017), 87.

12. Wilhelm Reich, *The Mass Psychology of Fascism*, ed. and trans. Mary Higgins and Chester M. Raphael (New York: Farrar, Straus and Giroux, 1970).

13. «Marxismo vulgar» es típicamente un término peyorativo utilizado para referirse a aquellos marxistas que intentan reducir la acción humana a una estructura muy simple de causa-y-efecto basada en fundamentos puramente económicos. Como se señaló anteriormente,

una línea de reflexión al ver tal comportamiento como el efecto de la ambivalencia culpable hacia una figura paterna, una especie de complejo sociológico de Edipo. Los soldados apoyaron al zar, en contra de sus verdaderos intereses políticos, porque instintivamente temían y deseaban complacerlo como una especie de figura paterna. Y, sin embargo, Reich no cree que Freud fuera lo suficientemente lejos porque no hizo la pregunta más profunda del origen sociológico o la función política de tal comportamiento.[14]

Reich luego destaca cuatro elementos del trabajo de Freud que piensa que son particularmente pertinentes para responder a estas últimas preguntas: (1) Freud señaló al subconsciente como aquello que proporciona el contexto, y por lo tanto el significado real de todo pensamiento y acción; (2) sexualizó la infancia y la niñez; (3) descubrió que la represión sexual era fundamental para la relación de autoridad que existía entre padres e hijos; y (4) se dio cuenta de que la moralidad adulta no era una realidad absoluta y trascendente, sino que se derivaba de las medidas educativas adoptadas por los padres y los que actuaban en lugar de los padres (por ejemplo, niñeras, maestros) en la educación de los niños.[15]

Lo que Reich hace entonces con estas ideas es un movimiento crítico en la síntesis de las ideas marxistas y freudianas: aplica la idea marxista de que las ideas son en sí mismas la expresión ideológica de circunstancias históricas específicas al pensamiento de Freud de una manera que conecta las ideas de Freud con la estructura política de la sociedad en la que ocurren los fenómenos psicológicos que describen:

> Se hace evidente que no es la actividad cultural en sí misma la que exige la supresión y la represión de la sexualidad, sino solo las *formas* actuales de esta actividad, por lo que uno está dispuesto a sacrificar

---

muchos, especialmente Lenin, encontraron que esto era totalmente inadecuado como medio de crear y cultivar una autoconciencia revolucionaria entre la clase obrera.

14. Reich, *Mass Psychology*, 24-25.
15. Reich, *Mass Psychology*, 26-27.

estas formas si al hacerlo se pudiera eliminar la terrible miseria de los niños.[16]

Reich adopta el punto básico de Freud sobre la civilización y la cultura, que es el producto de la represión sexual, mientras se niega a hacer de esto una verdad trascendente, prefiriendo relativizarla. Los códigos sexuales son parte de la ideología de la clase gobernante, diseñados para mantener el *status quo* para beneficiar a los que están en el poder. Para ser específicos: la forma actual de esta compensación de la civilización implica evitar que los niños se involucren en la autoexpresión sexual, pero esta forma histórica particular de prescripción moral no es en sí misma un absoluto necesario y bien podría configurarse de manera diferente. Por lo tanto, surge la pregunta de cómo y por qué los códigos sexuales actuales, específicamente los relacionados con los niños, han llegado a ser como son. En términos más generales, ¿por qué una cultura o civilización construida sobre formas tan específicas de represión se considera necesaria, y por quién?

Reich responde a la pregunta primero preguntando cuándo esta forma de represión sexual comenzó a tomar forma como una realidad histórica. Su respuesta, declarada en lugar de respaldada con alguna evidencia, es que comenzó con el surgimiento del patriarcado autoritario y posteriormente se vio reforzada por el surgimiento de una iglesia negadora del sexo. Esta no es una idea nueva: lo señalé en el capítulo 4 en el pensamiento de Percy Bysshe Shelley y William Blake. Ahora, sin embargo, la idea se expresa utilizando el lenguaje científico de la filosofía freudiana y marxista.

Reich luego va más allá: los códigos sexuales represivos actuales están íntimamente conectados con la explotación del trabajo, y para entender este punto, argumenta, uno debe entender la institución básica que se utiliza para inculcar esta represión:

---

16. Reich, *Mass Psychology*, 29.

El entrelazamiento de la estructura socioeconómica con la estructura sexual de la sociedad y la reproducción estructural de la sociedad tienen lugar en los primeros cuatro o cinco años y en la familia autoritaria. La iglesia solo continúa esta función más tarde. Así, el Estado autoritario gana un enorme interés en la familia autoritaria. *Se convierte en la fábrica en la que se moldean la estructura y la ideología del Estado.*[17]

Reich hace una nota que será de gran importancia en el pensamiento marxista (y se podría argumentar, eventualmente en todo el espectro político en general): la familia patriarcal tradicional es una unidad de opresión. Esto es una función tanto de la creencia de Freud en la sexualidad infantil como de su comprensión de cómo la represión sexual se conecta con la cultura de la civilización. En manos de Reich se convierte en un potente punto de partida para reflexionar sobre cómo podrían ser la revolución política y la liberación y cómo podrían lograrse. Por implicación, aquellos que defienden a la familia tradicional como un bien social son realmente lacayos, conscientes o involuntarios, del *status quo* opresivo actual.

Reich no es único u original en identificar la unidad familiar tradicional como opresiva. Señalé en el capítulo 4 que William Godwin y Percy Bysshe Shelley consideraban la monogamia y su posterior énfasis en la familia como una construcción fundamentalmente opresiva. Este fue también el punto de vista de Friedrich Engels, el financiero y colaborador de Marx en la causa comunista. En su título *El origen de la familia, la propiedad privada y el Estado* (1884) Engels conectó el surgimiento de la familia patriarcal monógama con las condiciones económicas cambiantes. El surgimiento de la familia, argumentó, creó «la forma celular de la sociedad civilizada», que anticipó en el microcosmos los conflictos más grandes que se desarrollarían en la sociedad en

---

17. Reich, *Mass Psychology*, 30; énfasis original.

general.[18] Su enfoque, sin embargo, no estaba tanto en el estatus de los niños como en el de las mujeres: la familia convertía a las mujeres en muebles, piezas virtuales de propiedad, y su emancipación se producía solo cuando se les permitía ocupar su lugar como trabajadoras en los medios públicos de producción.[19]

Por lo tanto, Reich se encuentra en una línea de pensamiento marxista que ve a la familia como una institución burguesa problemática. Lo que Reich hace, sin embargo, es radicalizar y psicologizar esta idea apropiándose de las ideas de Freud y luego presentando esta comprensión sexualizada del significado social de la familia como un medio para ayudar a explicar la psicología del fascismo y el nazismo: la familia tradicional con su moral sexual burguesa y la represión de los instintos de los niños ayuda a producir el tipo de dócil, individuo sumiso que no ofrece resistencia sino más bien obediencia a las figuras de autoridad:

> El objetivo de la moral es producir sujetos condescendientes que, a pesar de la angustia y la humillación, se ajusten al orden autoritario. Así, la familia es el estado autoritario en miniatura, al que el niño debe aprender a adaptarse como preparación para el ajuste social general que se le exige más adelante.[20]

Esta conexión entre la familia y la opresión política es de importancia duradera para la política de izquierda: el desmantelamiento y la abolición de la familia nuclear son esenciales para lograr la liberación política. También ofrece una respuesta a esa laguna en el pensamiento de Marx sobre cómo el proletariado puede desarrollar una autoconciencia política adecuada: la gente de la clase trabajadora debe ser abusada de su compromiso con los códigos sexuales burgueses que hacen de la familia tradicional un bien incuestionable y necesario.

---

18. Friedrich Engels, *The Origin of the Family, Private Property, and the State*, in *The Marx-Engels Reader*, ed. Robert C. Tucker, 2nd ed. (London: W. W. Norton, 1978), 739.

19. Engels, *Origin*, in Tucker, *Marx-Engels Reader*, 744.

20. Reich, *Mass Psychology*, 30.

La revolución sexual de Reich

Este último punto, la íntima conexión entre la moral sexual y la conciencia política, es uno que Reich hace con mayor detalle en la obra que es en muchos sentidos el manifiesto de su pensamiento: *La revolución sexual*.[21] Publicado por primera vez en 1936, el libro articula la importancia de la sexualidad infantil y la identidad sexual para la lucha política, anticipando proféticamente muchos de los elementos del radicalismo de la década de 1960 y más allá.[22]

En este trabajo, Reich es explícitamente crítico de aspectos del pensamiento de Freud. Una vez más, señala que Freud tenía razón al ver el papel de la represión sexual como la base de la civilización, pero que estaba equivocado al generalizar esto a todas las culturas y no simplemente a las sociedades construidas alrededor de la familia patriarcal. Desde la perspectiva de Reich, Freud no logró ser lo suficientemente historicista en su enfoque.[23]

En *La revolución sexual*, Reich argumenta que las actitudes hacia la familia entre los jóvenes son un indicador del nivel de radicalismo político que existe: los conformistas políticos conservadores consideran a la familia como algo incuestionablemente bueno; los radicales la ven como algo que necesita ser superado o destruido.[24] Y así, en el corazón del programa revolucionario de Reich está la educación sexual y la necesidad de que a los niños y adolescentes se les permita la libertad sexual. Esto se debe simplemente a que estas son las bases de la libertad política, ya que su ausencia es la base de la opresión política. En un pasaje clave Reich declara el asunto de la siguiente manera:

---

21. Wilhelm Reich, *The Sexual Revolution: Toward a Self-Regulating Character Structure,* trans. Therese Pol (New York: Farrar, Straus and Giroux, 1974).

22. Gabriele Kuby señala que la extraordinaria influencia de Reich fue esencialmente *post mortem,* en la década de 1960. *The Global Sexual Revolution: Destruction of Freedom in the Name of Freedom,* trans. John Patrick Kirchner (Kettering, OH: Angelico, 2015), 25-26. Ver también E. Michael Jones, *Libido Dominandi: Sexual Liberation and Political Control* (South Bend, IN: St. Augustine's Press, 2000), 262, 277, 508.

23. Reich, *Sexual Revolution,* 10.

24. Reich, *Sexual Revolution,* 75.

La sociedad libre proporcionará un amplio espacio y seguridad para la gratificación de las necesidades naturales. Por lo tanto, no solo no prohibirá una relación amorosa entre dos adolescentes del sexo opuesto, sino que además le dará todo tipo de apoyo social. Tal sociedad no solo no prohibirá la masturbación del niño, sino que, por el contrario, probablemente concluirá que cualquier adulto que obstaculice el desarrollo de la sexualidad del niño debe ser tratado severamente.[25]

La frase final de la cita anterior es interesante porque deja en claro lo que Reich realmente está haciendo aquí. Si bien afirma que la familia patriarcal es la unidad más importante de control ideológico para un régimen opresivo y totalitario, Reich también cree que el estado debe usarse para coaccionar a las familias y, cuando sea necesario, castigar activamente a aquellos que disienten de la liberación sexual que se propone. En resumen, el Estado tiene el derecho de intervenir en asuntos familiares porque la familia es potencialmente el principal oponente de la liberación política a través de su promoción y vigilancia de los códigos sexuales tradicionales.

Por supuesto, generalmente se acepta que cuando un niño o un adolescente está siendo gravemente maltratado o abusado por un padre, entonces el Estado tiene la obligación de intervenir. Lo que es significativo en el comentario de Reich no es tanto el principio de intervención estatal para detener el abuso, sino la definición subyacente de abuso con la que está operando. Es psicológica, específicamente una enraizada en una psicología altamente sexualizada. Freud se ha utilizado aquí para transformar la comprensión clásica de la opresión, entendida en términos materiales con respecto al bienestar del cuerpo, a una que realmente se centra en el bienestar de la mente. Y una vez que la opresión se vuelve principalmente psicológica, también se vuelve algo arbitraria y subjetiva.

25. Reich, *Sexual Revolution*, 23.

La importancia del punto de Reich aquí difícilmente puede ser sobreestimada. Ha tenido una influencia decisiva en el pensamiento político occidental, más obviamente para la izquierda, pero, como se conecta con el surgimiento de una concepción psicológica del victimismo, para la sociedad occidental en general. Cuando la opresión llega a ser considerada principalmente psicológica, entonces el victimismo se convierte en una categoría potencialmente mucho más amplia, y mucho más subjetiva. Esto afecta todo, desde el razonamiento en los casos de la Suprema Corte hasta la ética, la política del campus y más allá.[26]

El filósofo italiano Augusto Del Noce señaló esta psicologización del victimismo en su importante ensayo *The Ascendance of Eroticism* [El ascenso del erotismo].[27] Ahí subraya la conexión clave entre la comprensión de la importancia del sexo y la transformación radical de la política de izquierda. Del Noce cita como parte de su argumento un pasaje del prefacio de la edición de 1945 de la *Revolución Sexual* de Reich, que culmina en la siguiente declaración importante:

> Los conceptos sociales del siglo xix que se definieron puramente en términos económicos ya no encajan en las estratificaciones ideológicas en las luchas culturales del siglo xx. En su formulación más simple: las luchas sociales de hoy se libran entre aquellas fuerzas interesadas en la salvaguarda y afirmación de la vida y aquellas cuyos intereses radican en su destrucción y negación.[28]

La afirmación de la vida es, por supuesto, para Reich lo mismo que el levantamiento de los tabúes sexuales que mantienen la cultura autoritaria de la familia patriarcal y la sociedad burguesa. Del Noce saca la conclusión obvia, aunque significativa:

26. Ver el capítulo 9 de este volumen.
27. El ensayo, publicado originalmente en italiano en 1970, está incluido en la colección de escritos de Del Noce en *The Crisis of Modernity,* ed. and trans. Carlo Lancelotti (Montreal: McGillQueen's University Press, 2014), 157-186.
28. Reich, *Sexual Revolution,* xvi.

Está claro que lo que hoy se llama la izquierda lucha cada vez menos en términos de guerra de clases, y cada vez más en términos de «guerra contra la represión», afirmando que la lucha por el progreso económico de los desfavorecidos está incluida en esta lucha más general, como si los dos fueran inseparables.[29]

Del Noce escribió esa frase en 1970, pero ahora podemos ver cuán profética fue su observación. Hoy en día, la discusión política está dominada por el discurso del odio, las microagresiones, etc., todo lo cual surge de una cultura en la que las categorías psicológicas dan la forma fundamental a lo que se entiende como opresivo. Mi abuelo podría haberse sentido oprimido en la década de 1930 por su incapacidad en algunos momentos para encontrar un trabajo o por el hecho de que no recibió lo que consideraba un pago honesto por un día de trabajo honesto. Hoy en día, esas categorías económicas básicas de opresión todavía existen, pero generalmente son eclipsadas en los medios de comunicación por discusiones sobre acciones psicológicamente opresivas: la negativa a hornear un pastel para una boda gay, por ejemplo, no empuja a la pareja gay al hambre o a cualquier otra forma de dificultad económica; más bien, ofende su dignidad e inflige daño psicológico al negarse a reconocerlos en sus propios términos. Y eso se considera muy grave porque es políticamente opresivo en un mundo en el que las categorías psicológicas han llegado a dominar la discusión. El enfoque freudiano de Reich en el sexo abre el camino precisamente para el tipo de discurso de opresión que ahora toca tantas otras áreas de la vida y forma una parte importante del imaginario social moderno.

Esta es la razón por la cual los argumentos sobre el sexo que se establecen por defecto en declaraciones como «No es asunto de nadie lo que los adultos consienten y hacen en la privacidad de su propio hogar» pierden el punto. El sexo ya no es una actividad privada

---

29. Del Noce, *Crisis of Modernity*, 166.

porque la sexualidad es un elemento constitutivo de la identidad pública y social. Los patrones de comportamiento sexual privado no son simplemente privados; son públicos y políticos porque constituyen una parte significativa de cómo nuestra cultura piensa de la identidad. Y es solo a través del reconocimiento público de su legitimidad que esas identidades son reconocidas y legitimadas. Prohibir, por ejemplo, el sexo gay o simplemente tolerarlo, es prohibir o simplemente tolerar una determinada identidad. Ambas son, en última instancia, formas de opresión, aunque la una más tardíamente que la otra.

Reich anticipa este pensamiento. Volviendo a su declaración sobre la necesidad de que la sociedad apoye las relaciones sexuales de los adolescentes, está claro que esto también legitima la creciente invasión gubernamental en la esfera privada, tanto de la familia como de la mente. La educación sexual del niño es simplemente de demasiadas consecuencias sociales y políticas como para dejársela a los padres. Después de todo, son los padres como aquellos en autoridad quienes realmente constituyen el problema. La familia, tal como se entiende tradicionalmente, necesita ser desmantelada. Es obvio señalar que lo que Reich estaba argumentando sobre este punto en la década de 1930 es ahora la visión cada vez más dominante de nuestra propia sociedad contemporánea, donde las cuestiones de la sexualidad infantil y adolescente y la identidad de género plantean preguntas inmediatas y significativas sobre los respectivos derechos y responsabilidades de los padres y del Estado.[30]

Además, la lógica del argumento de Reich significa que la tenencia de puntos de vista sobre asuntos sexuales que se desvían de la

30. El comentario de Del Noce sobre Reich y la familia es apropiado: «Pero ¿cuál es la institución social represiva *por excelencia* Para Reich es la familia monógama tradicional; y, desde su punto de vista, ciertamente no se puede decir que esté equivocado. De hecho, la idea de familia es inseparable de la idea de tradición, de una herencia de verdad que debemos comerciar, mano a mano. *Por lo tanto, la abolición de todo orden metaempírico de la verdad requiere que la familia sea disuelta.* La consideración *sociológica* meramente no puede justificar mantenerlo». *Crisis of Modernity*, 161; énfasis original.

ortodoxia de Reich no es simplemente una cuestión de legítima diferencia de opinión. Más bien, es profundamente político porque es a la vez un signo de represión y una herramienta del estado represivo. Por ejemplo, negarle al hijo adolescente el derecho a tener relaciones sexuales con su novia es perpetuar la estructura política inicua y opresiva que se basa en la familia patriarcal y sus regulaciones sexuales asociadas. Incluso pensar que uno tiene derecho de acorralar el comportamiento sexual de su hijo adolescente representa una mentalidad burguesa opresiva a la que hay que oponerse y desarraigarla. En el mundo de Reich, es un crimen de pensamiento, que se pronuncia en voz alta bajo su propio riesgo.

Anthony Giddens resume la conexión entre la política y el sexo en Reich de la siguiente manera: «Reich creía que la reforma sociopolítica sin liberación sexual es imposible: la libertad y la salud sexual son la misma cosa».[31] Si Freud identificaba la felicidad con la gratificación sexual, entonces la forma de crear una sociedad feliz, una no contaminada por el egoísmo y la búsqueda cobarde del poder, era permitir una cantidad máxima de gratificación sexual. Esa era la idea básica de Reich. Por lo tanto, la cuestión política de la libertad solo puede responderse a través de la liberación sexual.

Una vez más, esto es de gran importancia para comprender por qué el sexo es ahora tan político y por qué incluso aferrarse personalmente a los códigos sexuales tradicionales se considera peligroso. Puede parecer extraño para un conservador religioso que un llamado a la castidad sea visto como positivamente dañino para la sociedad, pero eso se debe a que el conservador religioso no mira a la sociedad a través del tipo de lente que proporciona Reich y que ahora es una parte intuitiva de gran parte del discurso político. Sí, el acto sexual puede ser el encuentro más privado e íntimo que dos personas hayan tenido, pero dentro del tipo de marco ofrecido por Reich, la forma

---

31. Anthony Giddens, *The Transformation of Intimacy: Sexuality, Love, and Eroticism in Modern Societies* (Stanford, CA: Stanford University Press, 1992), 163.

en que ese acto es entendido, vigilado, legislado y reconocido (o no) es el más apremiante y público de los problemas políticos. Reich politizó el sexo y, por lo tanto, es un presagio importante del mundo en el que ahora todos tenemos que vivir.

Reich y los límites de la libertad sexual

A pesar de todos sus llamados a la demolición de los códigos sexuales tradicionales diseñados para apoyar a la familia tradicional, cabe destacar que Reich no es un anarquista sexual completo. Tiene algún tipo de código sexual moral, aunque podría decirse que es algo incoherente. Como ejemplo de una relación sexual inapropiada, toma el caso de un chico de quince años que quiere tener relaciones sexuales con chicas. Si el objeto del deseo de este niño es una niña de trece años, Reich vería tal relación no solo como permisible, sino como una que debería ser alentada y apoyada activamente. Sin embargo, no todas las relaciones sexuales para este chico serían legítimas, y Reich ofrece este ejemplo para demostrar su punto:

> Si el mismo chico de quince años indujera a niñas de tres años a juegos sexuales o si tratara de seducir a una chica de su misma edad en contra de su voluntad, tal conducta sería antisocial. Indicaría que está neuróticamente inhibido en su capacidad de elegir una pareja de su misma edad.[32]

Esto es, por supuesto, una afirmación y no un argumento. Por qué la pedofilia sería prohibida y percibida como neurótica y antisocial no es evidente en el pensamiento de Reich. Tal vez el tema del consentimiento es importante desde una perspectiva social, como implica el segundo ejemplo, pero eso plantea la cuestión de la naturaleza del consentimiento, un asunto filosófica, política, cultural y legalmente complicado, en particular para un marxista psicoanalítico. Si el problema es el consentimiento, entonces la primera objeción

---

32. Reich, *Sexual Revolution*, 24.

obvia es que a menudo se hace que los niños hagan cosas a las que no dan su consentimiento, desde recibir vacunas y comer sus verduras hasta asistir al jardín de niños y tener que acostarse a una hora determinada. ¿Por qué debería privilegiarse el sexo por requerir consentimiento? Además, ¿cómo sabe Reich que su propia objeción a la pedofilia no es simplemente un remanente de las costumbres sexuales de la sociedad capitalista que tanto desprecia, con su necesidad de mantener a los niños cuidadosamente acorralados dentro de la estructura opresiva de la familia tradicional? ¿Podría la propia objeción de Reich aquí no basarse simplemente en su propia falsa conciencia sexual, un vestigio de la moral burguesa determinado por los tiempos en que vive? Convenientemente, a Reich no le importa analizar el tema en absoluto, sino que simplemente arraiga su objeción en la diferencia de edad de los participantes y su estado en relación con el proceso de la pubertad.

Apenas unas líneas después, hace esta dramática declaración:

> La existencia de principios morales estrictos ha significado invariablemente que las necesidades biológicas, y específicamente las sexuales, del hombre no estaban siendo satisfechas. Toda regulación moral es en sí misma negadora del sexo, y toda moral obligatoria es negar de la vida. La revolución social no tiene una tarea más importante que finalmente permitir a los seres humanos realizar todas sus potencialidades y encontrar gratificación en la vida.[33]

Esta afirmación es bastante clara: los principios morales estrictos niegan el sexo y niegan la vida, y la demolición de tales códigos sexuales represivos es la tarea principal de la política revolucionaria. Por lo tanto, es difícil entender cómo esto es en absoluto consistente con el aparente disgusto moral de Reich por la pedofilia. Pero entonces seguramente esa es la clave: las objeciones de Reich a ella son, en última instancia, de gusto. El patrón Rousseau-Hume-Shelley del

---

33. Reich, *Sexual Revolution*, 25.

gusto estético como verdad moral está vivo en el marxismo freudiano, al que se le otorga un barniz de aparente objetividad al ser expresado en el lenguaje del psicoanálisis y el socialismo «científico».

La cuestión del gusto toca otra implicación interesante del pensamiento de Reich que ayuda a explicar algo de lo que ahora presenciamos en la sociedad contemporánea: la cuestión de la modestia. Podría ser tentador relativizar la revolución sexual interpretándola como esencialmente redefiniendo los límites de conceptos tradicionales como la modestia. Por ejemplo, aunque antes se consideraba inmodesto que una mujer usara una falda que revelara sus rodillas, ahora esto es generalmente aceptable. Lo que constituye la modestia simplemente se ha ampliado, pero el concepto en sí permanece. Sin embargo, ver la revolución sexual que Reich propone como un mero llamado a una revisión del concepto de modestia sería subestimar su propuesta de una manera sorprendente. La revolución de Reich no quiere redefinir la modestia; más bien, quiere prohibir el concepto por completo, porque la idea misma depende de un marco de tabúes sexuales que son en sí mismos opresivos y que deben ser demolidos. Del Noce señala esto en «El ascenso del erotismo», y es quizás uno de los elementos socialmente más significativos de la revolución sexual. Ser verdaderamente humano requiere que uno sea inmodesto, porque ser de otra manera, ser modesto, es ser anormal. Volveré a este punto en la discusión de la pornografía en el capítulo 8.[34]

Reich finalmente se marginó a sí mismo mientras se entregaba a obsesiones cada vez más extrañas. Incluso Freud, para quien Reich trabajó durante un tiempo, lo consideraba extraño y algo así como un obsesivo inconformista sexual.[35] En años posteriores se interesó en

---

34. Del Noce, *Crisis of Modernity*, 158.

35. Escribiendo a Lou Andreas-Salomé en 1928, Freud declaró: «Tenemos aquí a un Dr. Reich, un joven digno pero impetuoso, apasionadamente dedicado a su caballo de batalla que ahora saluda en el orgasmo genital el antídoto contra toda neurosis». Citado en Élisabeth Roudinesco, *Freud in His Time and Ours*, trans. Catherine Porter (Cambridge, MA: Harvard University Press, 2016), 340.

los ovnis, desarrolló una máquina para concentrar la energía sexual y finalmente fue encarcelado en Pensilvania por fraude. Murió allí, todavía en prisión, en 1957, paranoico y ampliamente desechado como loco. Sin embargo, la locura de su desastroso final no debe restar valor al enorme impacto que su pensamiento ha tenido en la relación entre Freud, Marx y la política revolucionaria. Tampoco debe distraer de cómo su pensamiento de muchas maneras adumbra la conexión popular entre la liberación sexual y la libertad política que ahora es la presuposición de muchos de los debates de nuestra propia época. Varios de los supuestos básicos de la sociedad occidental moderna posterior a 1968 encuentran su articulación inicial en sus obras de la década de 1930.

Herbert Marcuse y el excedente de represión

Mientras que Reich solo estaba vagamente asociado con la Escuela de Frankfurt, Herbert Marcuse, junto con Theodor Adorno, fue una de las dos luces principales de la escuela en sus esfuerzos por reconstruir el marxismo en el contexto de los desastres del estalinismo soviético y el fracaso del proletariado para responder adecuadamente a las diversas crisis en el capitalismo que marcó el siglo xx. De hecho, Marcuse se convirtió en una figura clave en el malestar estudiantil que caracterizó el año de 1968, y ejerció una profunda influencia en muchos radicales y pensadores más jóvenes, incluidos Angela Davis y Fredric Jameson.[36]

Los dos libros más influyentes de Marcuse son su crítica de la sociedad de consumo, *El hombre unidimensional* (1964), y su apropiación de Freud para el análisis social marxista y la política, *Eros y la civilización* (1955). Ambos se convirtieron en la tarifa estándar para 1968. El primero abordó la cuestión de por qué las satisfacciones baratas

---

36. Ver los ensayos en Andrew T. Lamas, Todd Wolfson, and Peter N. Funke, eds., *The Great Refusal: Herbert Marcuse and Contemporary Social Movements* (Filadelfia: Temple University Press, 2017). Angela Davis contribuyó con el prólogo a este volumen.

del consumismo parecían haber desactivado cualquier gran aspiración política hacia una gran libertad política en Occidente. Pero es esto último, que encarna la apropiación de Freud por parte de Marcuse para la política revolucionaria, lo que es de particular interés aquí.[37]

Marcuse es crítico del trabajo de Reich debido a lo que percibe como un fracaso en hacer una distinción necesaria. Ambos hombres están fundamentalmente de acuerdo con el principio general de la comprensión de Freud de la relación entre la civilización tal como está constituida ahora y la represión sexual. Pero en este contexto compartido, hay una diferencia importante entre los enfoques de los dos hombres. Reich tiende a ver la liberación sexual sin trabas en sí misma como el elemento constituyente necesario de la libertad política, a pesar de que (como se señaló anteriormente) es algo arbitrario en la forma en que identifica los límites de la expresión sexual legítima. Marcuse, sin embargo, considera que esta noción de liberación sexual carece de los matices necesarios.[38]

Para entender a Marcuse en este asunto, es importante comprender dos conceptos básicos de su pensamiento: el del principio de rendimiento y el de la represión excedente.

Al igual que con Reich, Marcuse considera que Freud no vio la naturaleza históricamente condicionada de las formas de represión porque carecía de la visión marxista del impacto de las relaciones socioeconómicas en la forma en que las personas piensan y actúan. El pensamiento de Freud era insuficientemente historicista en el método, abstrayendo la naturaleza humana y el deseo de sus condiciones históricas. Por lo tanto, mientras que el concepto de represión es un constituyente universal de la civilización, las formas específicas

---

37. Herbert Marcuse, *One-Dimensional Man: Studies in the Ideology of Advanced Industrial Society* (London: Routledge, 2002); Marcuse, *Eros and Civilization: A Philosophical Inquiry into Freud* (Boston: Beacon, 1966).

38. Marcuse despide a Reich en un solo párrafo, expresando aprecio por sus ideas sobre la represión, pero luego lo despide por su rechazo de la noción de Freud del instinto de muerte y por los «pasatiempos salvajes y fantásticos» de sus últimos años. *Eros and Civilization*, 239.

de represión en un momento dado del tiempo están conectadas a las formas específicas de civilización que existen en ese momento particular de la historia. Aquí, sin embargo, Marcuse hace una distinción adicional, la que se hace entre la dominación y el ejercicio racional de la autoridad. Esto último es necesario en cualquier forma de organización social, si no ha de haber anarquía. Se basa en el conocimiento y se limita a la organización de aquellos asuntos necesarios para el bienestar de toda la sociedad. La dominación, por el contrario, es el poder ejercido sobre los demás por un grupo particular dentro de la sociedad con el fin de mantener su propia posición social privilegiada. En resumen, el ejercicio racional de la autoridad tiene como objetivo el bien común. Se ejemplifica, por ejemplo, en la administración burocrática de los recursos para lograr los mejores resultados para la sociedad en su conjunto. La dominación, por el contrario, se refiere al ejercicio del poder por el bien de un grupo específico. Y es la dominación en la que Marcuse, como marxista, está más interesado, porque la dominación constituye lo que él llama la forma histórica específica del principio de *realidad* de Freud.[39]

En su argumento sobre la civilización, Freud argumentó que el principio del placer necesitaba ser domesticado por lo que él llamó el principio de la realidad. Esta era la forma de la compensación entre la satisfacción sexual y la vida civilizada, arraigada en asuntos tan básicos como la escasez, la necesidad de supervivencia, la vida común soportable, etc. Lo que Marcuse hace es historiar este concepto, señalando el hecho de que el principio de realidad podría verse distinto en diferentes etapas del desarrollo económico de la sociedad. Marcuse era, después de todo, un marxista que era particularmente sensible a las raíces hegelianas del pensamiento de Marx y, por lo tanto, al pensamiento historicista.[40]

---

39. Marcuse, *Eros and Civilization*, 36.
40. La reconexión del marxismo con sus raíces hegelianas fue una parte significativa del trabajo de la escuela temprana de Frankfurt, como se ejemplifica en, por ejemplo,

286 Parte 3: La sexualización de la revolución

Para Marcuse, las economías motivadas por el beneficio privado tendrán un principio de realidad diferente de las que están planificadas centralmente. Cada uno cultivará formas particulares de comportamiento para asegurar el resultado deseado por la clase dominante. Y a estas instancias históricas del principio de realidad Marcuse se refiere como el «principio de rendimiento», un término que resalta muy bien la naturaleza construida de lo que implica.[41] No hay una forma trascendente del principio de desempeño, solo manifestaciones locales específicas de comportamiento moldeadas por el contexto económico.[42]

Y este principio de desempeño tiene un impacto significativo en las relaciones sexuales, ya que estas son parte del comportamiento que está diseñado para servir al *status quo* económico. De hecho, Marcuse argumenta que «la organización de la sexualidad refleja las características básicas del principio de rendimiento y su organización de la sociedad». Uno no necesita ser seguidor de Marx y Marcuse para reconocer este punto en su sentido más genérico, que los códigos sexuales se conectan con la estructura económica de la sociedad en general. Señalamos anteriormente que Engels era consciente de cómo se había desarrollado la noción de familia en relación con las relaciones sociales y económicas. Y podríamos mirar nuestra propia sociedad y compararla con la de hace 100 años: el hecho de que muchas mujeres ahora salgan a trabajar y disfruten de independencia financiera significa que nuestra comprensión de la relación entre hombres y mujeres y los roles que cada una desempeña en la familia —de hecho, toda nuestra comprensión de lo que constituye la

---

Erich Fromm, *Marx's Concept of Man* (London: Continuum, 2004). El propio Marcuse ve precedentes para su comprensión del desarrollo histórico de la dominación en relación con autoconciencia en Hegel *Phenomenology of Spirit*. Ver Marcuse, *Eros and Civilization*, 113-118.

41. Giddens explica: «El principio de desempeño [de Marcuse] es el principio implícito en enfrentar, no la "realidad" como tal, sino la realidad histórica (impermanente) de un orden social particular». *Transformation of Intimacy*, 165.

42. Marcuse *Eros and Civilization*, 34-35.

vida familiar normal— ha cambiado dramáticamente en el último siglo junto con las cambiantes expectativas económicas. El tipo de familia que una sociedad considera normativa se encuentra en relación positiva con las posibilidades económicas que esa sociedad representa. Y, por supuesto, una comprensión normativa de lo que constituye una familia está conectada a los códigos normativos de conducta sexual.[43]

Pero Marcuse no se detiene ahí. Luego lleva a Freud a la cuestión específicamente política al afirmar que, además de la represión necesaria para el ejercicio racional del poder, existe lo que él llama «represión excedente», que es el resultado de la dominación. En resumen, la clase dominante impone una represión mucho más allá de lo estrictamente necesario para la gestión racional de los recursos para todos. Esto se debe a que la clase dominante tiene un interés personal en mantener su propio estatus especial y control sobre los demás. Y fiel a su apreciación positiva de Freud, Marcuse ve como central la dominación el deseo sexual y la necesidad de que cualquier cultura dada frene este deseo de tal manera que se preserve a sí misma.[44]

Así, al igual que con Reich, la demolición de la sociedad burguesa se basa en la demolición de las regulaciones sexuales que la mantienen. Marcuse describe la situación de esta manera:

> Dentro de la estructura total de la personalidad reprimida, la represión excedente es aquella porción que es el resultado de condiciones sociales específicas sostenidas en interés de la dominación. La extensión de la represión excedente proporciona el estándar de medición: cuanto más pequeña es, menos represiva es la etapa de la civilización.[45]

Por lo tanto, en teoría Marcuse ofrece una visión más matizada de la liberación sexual de la humanidad que la de Reich. Cierto nivel de

---

43. Marcuse, *Eros and Civilization*, 48.
44. Marcuse, *Eros and Civilization*, 38-44.
45. Marcuse, *Eros and Civilization*, 87-88; cf. 36.

represión sexual es necesario para el mantenimiento de la sociedad. El problema es que las costumbres sexuales del capitalismo tardío, centradas como lo están en el mantenimiento de la monogamia y la familia patriarcal, en realidad ya no son tan necesarias como antes. Por lo tanto, su continuación tiene más que ver con la burguesía que controla al proletariado que con la organización racional de la sociedad. Los tabúes y el concepto de perversiones son medios por los cuales la burguesía demoniza cualquier tipo de comportamiento sexual que amenace este control.[46] Y el comportamiento considerado por la sociedad burguesa como pervertido o desviado es, por lo tanto, por inferencia, en realidad parte de la protesta subversiva contra el *status quo*. El sexo centrado en la procreación y la familia es el arma represiva de la sociedad capitalista burguesa. Y el amor libre y la experimentación sexual sin trabas son una parte central de la liberación revolucionaria de la sociedad.[47]

El problema es, como señala Alasdair MacIntyre en una crítica del pensamiento de Marcuse, que Marcuse en realidad no proporciona ninguna visión de cómo podría ser esta liberación sexual. Al menos Reich ofreció algunos ejemplos específicos, por ejemplo, el de adolescentes a los que se les ayuda a tener relaciones sexuales a través del apoyo positivo de la sociedad en general y, por lo tanto, no están sujetos al control autoritario que viene con la unidad familiar monógama y patriarcal. Marcuse, por el contrario, nunca se eleva por encima del nivel de referencias arcanas a varias perversiones sexuales y tabúes.[48] Tampoco bastará con excusarlo jugando la carta favorita de los escapistas escatológicos: «No sabremos cómo es el fin de la historia hasta que llegue el fin de la historia»; porque no podemos saber realmente que el régimen actual de prácticas sexuales

---

46. Marcuse, *Eros and Civilization*, 48-51, 202-203.
47. Marcuse, *Eros and Civilization*, 49-50.
48. Alasdair Macintyre, *Herbert Marcuse: An Exposition and a Polemic* (New York: Viking, 1970), 50-51.

y tabúes es de hecho represivo a menos que tengamos acceso a una visión de lo liberado, la libertad sexual no reprimida en realidad podría parecerse.[49]

Sin embargo, incluso con esta enorme laguna en el manifiesto de Marcuse, podemos decir con confianza que, al igual que con Freud, ve el sexo en el centro de lo que significa ser humano. Con el historicismo de Marx como fundamento, Marcuse (como Reich) hace que los códigos y las prácticas sexuales sean fundamentales para comprender la naturaleza política de la cultura y de la humanidad en un momento dado. Que no pueda describir lo que el final de la historia implicará específicamente en términos de comportamiento sexual socialmente sancionado puede ser un defecto letal en su argumento, pero no parece haberlo desconcertado por un segundo.[50]

Sin embargo, si los detalles sexuales del *éscaton* político son algo turbios en el pensamiento de Marcuse, el propósito general de su argumento es claro. El trasfondo inmediato de Reich fue el ascenso del nazismo y, por lo tanto, la necesidad de explicar la forma en que una de las naciones más avanzadas técnica y culturalmente del planeta se sometió tan fácilmente al totalitarismo bárbaro. Marcuse, sin embargo, después de haber dejado Alemania a principios de la década de 1930 para escapar del nazismo, pasó gran parte de su carrera enseñando en los Estados Unidos. Su verdadera preocupación, entonces, era algo diferente de la de Reich. Al igual que su colega Adorno, quería proporcionar las herramientas para una crítica de Estados Unidos y el capitalismo estadounidense que desacreditara la noción de la Guerra Fría de que Estados Unidos representaba el triunfo de la libertad individual en oposición al estatismo opresivo

---

49. Marcuse, *Eros and Civilization*, 202-203.

50. Ver el comentario de Leszek Kołakowski sobre Marcuse: «Él busca proporcionar una base filosófica para una tendencia ya presente en nuestra civilización, que apunta a destruir esa civilización desde adentro en aras de un apocalipsis del Nuevo Mundo de la Felicidad del cual, en la naturaleza de las cosas, no se puede dar ninguna descripción». No hace falta decir que Kołakowski no está elogiando esto como un punto de fortaleza. *Main Currents*, 3:415.

de la Unión Soviética. Basándonos en una analogía literaria bien decaída, podríamos decir que los dos hombres apuntaban a los dos modelos alternativos de opresión política: Reich estaba apuntando al tipo de mundo previsto en *1984* de George Orwell, donde la bota aplastaba a la oposición, y Marcuse al de *Un mundo feliz* de Aldous Huxley, donde el placer arrullaba a la población en la inercia política. Ambos abordaban la laguna psicológica en el propio pensamiento de Marx, pero Marcuse lo hizo en el contexto del consumismo de posguerra y la prosperidad material: ¿De dónde venía la autoconciencia política del proletariado en un mundo en el que la lucha de clases parecía haber sido desactivada por un exceso de bienes de consumo?

Aquí es donde el tema de la sexualidad y el tema de la política se fusionaron en el pensamiento de Marcuse para formar una potente mezcla revolucionaria que ha llegado a ejercer una influencia significativa sobre el discurso y el comportamiento político de hoy. Las nociones de que la libertad política es libertad sexual y que romper las normas heterosexuales es una parte vital de la transformación de la sociedad para mejor son ahora ortodoxias culturales intuitivas.

Marcuse y las implicaciones más amplias de la revolución sexual

Seguir a Rousseau es hacer que la identidad sea psicológica. Seguir a Freud es hacer que la psicología, y por lo tanto la identidad, sea sexual. Engranar esta combinación con Marx es hacer que la identidad, y por lo tanto el sexo, sean políticos. Y, con riesgo de ofrecer una obviedad, la política que se produce tiene un carácter distintivo precisamente porque la realidad que cree abordar es fundamentalmente psicológica. Entonces, para transformar la sociedad políticamente, uno debe transformar la sociedad sexual y psicológicamente, un punto que coloca las categorías psicológicas en el centro del discurso político revolucionario. Donde una vez la opresión se veía en términos de realidades económicas (por ejemplo, pobreza, falta de propiedad) o categorías legales (por ejemplo, esclavitud, falta de libertad), ahora el asunto es más sutil porque se relaciona con cuestiones de psicología y autoconciencia. La esfera política está interiorizada y subjetivizada. Y Marcuse no tardó en ver esto o sacar las conclusiones necesarias para la acción revolucionaria.

El enfoque de Marcuse a la política se resume perfectamente en su ensayo *Tolerancia represiva* (1965).[51] El oxímoron del título refleja la tesis provocadora de la obra en su conjunto: la noción de tolerancia y sus elementos concomitantes, como la libertad de expresión, es realmente una farsa que sirve a los intereses del *status quo* y, por lo tanto, de aquellos que tienen el poder en el presente y desean desactivar cualquier desafío significativo a su posición.[52] De hecho, el concepto liberal tradicional de tolerancia es parte de la falsa conciencia que la clase burguesa dominante ha cultivado para mantener su poder. A través de la propaganda de los gobernantes, los oprimidos esencialmente internalizan este y otros valores, asumiendo que son verdades naturales y sin darse cuenta de que son construcciones ideológicas diseñadas para hacerlos políticamente impotentes y, al hacerlo, no se convierten en nada más que tontos pasivos dentro del sistema.[53]

Una de las implicaciones obvias de esta perspectiva es que las instituciones educativas se convierten en lugares clave para desmantelar esta falsa conciencia y fomentar una verdadera comprensión de la realidad. En un pasaje notable, Marcuse expresa su punto de vista sobre la educación de la siguiente manera:

---

51. *Repressive Tolerance* fue reimpresa, con un epílogo que reflexiona sobre los disturbios estudiantiles de 1968, en Robert Paul Wolff, Barrington Moore Jr. y Herbert Marcuse, *Critique of Pure Tolerance* (Boston: Beacon, 1970), 81-123.

52. Por ejemplo, Marcuse afirma: «Llamo a esta tolerancia no partidista "abstracta" o "pura" en la medida en que se abstiene de tomar partido, pero al hacerlo en realidad protege la maquinaria establecida de discriminación». *Repressive Tolerance*, 85.

53. En palabras de Marcuse, «la tolerancia universal se vuelve cuestionable cuando su razón de ser ya no prevalece, cuando la tolerancia se administra a individuos manipulados y adoctrinados que repiten, como propia, la opinión de sus amos, para quienes la heteronomía se ha convertido en autonomía». *Repressive Tolerance*, 90.

Seguramente, no se puede esperar que ningún gobierno fomente su propia subversión, pero en una democracia tal derecho está conferido al pueblo (es decir, a la mayoría del pueblo). Esto significa que no se deben bloquear las formas en que una mayoría subversiva podría desarrollarse, y si están bloqueadas por la represión organizada y el adoctrinamiento, su reapertura puede requerir medios aparentemente antidemocráticos. Incluirían la retirada de la tolerancia de la expresión y la reunión de los grupos y movimientos que promueven políticas agresivas, armamento, chovinismo, discriminación por motivos de raza y religión, o que se oponen a la extensión de los servicios públicos, la seguridad social, la atención médica, etc. Además, la restauración de la libertad de pensamiento puede requerir nuevas y rígidas restricciones a la enseñanza y las prácticas en las instituciones educativas que, por sus propios métodos y conceptos, sirven para encerrar la mente dentro del universo establecido del discurso y el comportamiento, impidiendo así una evaluación racional previa de las alternativas.[54]

Para cualquiera que haya sido educado para considerar la libertad de expresión como una virtud, esta declaración es impactante y profundamente contradictoria: ¿Cómo puede avanzar la restauración de la libertad de pensamiento mediante «nuevas y rígidas restricciones» sobre lo que se puede y no se puede decir y hacer en las instituciones educativas? Y, sin embargo, tiene mucho sentido si uno acepta las premisas subyacentes de Marcuse. La lucha por cultivar la forma correcta de conciencia política o psicología significa que cosas como la educación y el habla deben regularse cuidadosamente para garantizar el resultado correcto. En un mundo en el que la psicología pervertida por la falsa conciencia es el problema clave, la opresión se convierte en una categoría psicológica. Esto significa que las palabras y las ideas vienen a ser las armas más poderosas disponibles, para bien y para mal. Por lo tanto, se hace necesario asegurarse de que

---

54. Marcuse, *Repressive Tolerance*, 100-101.

las buenas palabras e ideas no se promuevan simplemente, sino que, si es posible, se apliquen y se les dé un monopolio en el discurso público. ¿Por qué, después de todo, se permitirían las malas palabras e ideas cuando su único propósito es infligir daño psicológico y causar opresión a los marginados, los desposeídos y otras víctimas de las prácticas de dominación de la clase dominante?

A menos que entendamos este punto, no entenderemos la creciente popularidad de la opinión de que la libertad de expresión no es en sí misma *simplemente* una virtud política, sino que de hecho es positivamente dañina. Pocos de los manifestantes del campus de los últimos años pueden haber leído a Marcuse, pero las ideas básicas que promulgó han penetrado en la conciencia popular de tal manera que los desafíos al pensamiento liberal clásico son comunes y a menudo bien recibidos.[55]

Por supuesto, hay un elitismo obvio en las propuestas de Marcuse y, de hecho, en la política de la nueva izquierda que se inspira en él. La izquierda, y solo ella, es competente para ver a través de la falsa conciencia de la cultura consumista occidental y para percibir cuáles son realmente las realidades políticas. Y solo la izquierda tiene el monopolio del conocimiento en cuanto a qué estrategias políticas deben adoptarse para avanzar en la revolución cultural necesaria para la libertad. Por lo tanto, no es de extrañar que el trabajo de Marcuse esté lleno de desdén por la cultura popular estadounidense, que él ve como la promoción de la falsa conciencia requerida para preservar la sociedad burguesa. Engaña a la población para que piense que el *status quo* es lo mejor para ellos. Comprar productos de consumo de un mercado que se reinventa continuamente a través de la obsolescencia incorporada, a través de la creación de necesidades que luego satisface solo temporalmente a medida que genera otras nuevas, distrae al individuo de las realidades más duras de la vida

---

55. Para una mayor discusión sobre la libertad de expresión en los campus universitarios, ver «Campus Anticultura», en el cap. 9.

y la naturaleza opresiva del régimen. Da placer barato y, en última instancia, transitorio a las personas para mantenerlas en un estado de pasividad política y aquiescencia a las autoridades establecidas.[56] En su burla a esta cultura, sus afirmaciones de ser el que realmente la entiende, y su visión de su impacto, Marcuse también muestra irónicamente su desdén por la gente común. Está claro que no cree que tengan las facultades críticas necesarias para resistir la propaganda ideológica que la televisión y los medios de comunicación utilizan para moldear sus mentes. Dentro del marco de Marcuse, la victoria electoral de un populista como Donald Trump sería un ejemplo perfecto de cómo este truco de confianza se desarrolla entre la gente común que felizmente vota en contra de sus propios intereses de clase. Entonces, ¿quién conoce la verdad y, por lo tanto, podría decidir qué se debe enseñar en las escuelas y universidades? La respuesta, por supuesto, es Herbert Marcuse y aquellos que están de acuerdo con él. La noción de falsa conciencia del marxismo es, en esencia, una razón sofisticada para justificar no solo un tipo de esnobismo intelectual, sino también una forma de conocimiento gnóstico, de modo que toda y cualquier crítica de Marcuse y compañía es simplemente una evidencia segura de la falsa conciencia del crítico. ¿Y cómo se va a imponer este conocimiento gnóstico? A corto plazo, desestabilizando el *status quo* a través de la crítica constante de las narrativas dominantes que apoyan el orden establecido y a través de acciones transgresoras, como la ruptura práctica de los códigos

---

56. Marcuse afirma: «La creciente productividad del trabajo crea un aumento excedente de productos que, ya sea privado o centralizado y distribuido, permite un mayor consumo, a pesar de la mayor desviación de la productividad. Mientras esta constelación prevalezca, reduce el valor de uso de la libertad; no hay razón para insistir en la autodeterminación si la vida administrada es la vida cómoda e incluso la "buena". Este es el fundamento racional y material para la unificación de los opuestos, para el unidimensional comportamiento político. Sobre esta base, las fuerzas políticas que trascienden dentro de la sociedad son detenidas, y el cambio cualitativo parece posible solo como un cambio desde fuera». *One-Dimensional Man*, 53. Para traducir esta declaración al español, mientras a las personas se les permita comprar las cosas que quieren y vivir una vida cómoda, no serán políticamente autoconscientes y aceptarán pasivamente el *status quo*.

sexuales burgueses. En última instancia, todo esto requerirá coerción por parte de la fuerza del gobierno. Marcuse puede haber comenzado en parte motivado por el deseo de presentar una alternativa al estalinismo, pero realmente termina prácticamente en el mismo lugar totalitario. La única diferencia real es que Marcuse está seguro de que tiene la verdad y está seguro de que Stalin no.[57]

Dejando a un lado el elitismo totalitario, el principal significado de la política de Marcuse para nosotros radica en la forma en que hace que el sexo sea políticamente importante, como lo hizo Reich antes que él. A pesar de que Marcuse no menciona a las minorías sexuales en su lista de los oprimidos en la cita anterior, entiende que los códigos sexuales son fundamentales para la estructura de la sociedad, lo que significa que la identidad sexual claramente va a ser parte precisamente del mismo programa de reforma educativa que propone. De hecho, *debería* formar una parte importante porque el grupo dominante mantiene su poder en el *status quo* principalmente reprimiendo ciertas expresiones de identidad sexual.

La transformación psicológica del feminismo

Si apropiarse de elementos del pensamiento de Freud por marxistas como Reich y Marcuse es un desarrollo importante en la politización del yo psicológico, entonces otros pensadores y otras tradiciones filosóficas también jugaron un papel importante en este movimiento, como lo indica el desarrollo del pensamiento feminista en la segunda mitad del siglo xx. De hecho, es en la teoría feminista donde las implicaciones radicales del antiesencialismo y los enfoques críticos

---

57. De nuevo, un comentario de Kołakowski es apropiado aquí: «La única característica del milenio que podemos deducir del trabajo de Marcuse es que la sociedad debe ser gobernada despóticamente por un grupo iluminado cuyo título principal para hacerlo es que sus miembros se habrán dado cuenta en sí mismos de la unidad de Logos y Eros, y se habrán desechado de la autoridad vejatoria de la lógica, las matemáticas y las ciencias empíricas [...]. El pensamiento de Marcuse es una curiosa mezcla de desprecio feudal por la tecnología, las ciencias exactas y los valores democráticos, además de un revolucionario nebuloso desprovisto de contenido positivo». *Main Currents*, 3:415-416.

de pensadores como Nietzsche y Marx llegan a buen término. Es en el feminismo donde se emite un desafío fundamental con respecto a lo que podría haber parecido intuitivamente el hecho más obvio sobre los seres humanos: que existen como dos sexos, masculino y femenino, con diferencias y distinciones claramente arraigadas en la biología.

La filosofía antimetafísica de Nietzsche exigía que los seres humanos se convirtieran en autocreadores y, por lo tanto, trascendentes a sí mismos. Este tema fue desarrollado por una de las corrientes filosóficas influyentes del siglo xx, la del existencialismo, más famosamente asociada con el trabajo de Martin Heidegger y Jean-Paul Sartre. El famoso dicho de Sartre «la existencia precede a la esencia» captura maravillosamente el corazón de esta filosofía: ser un «humano» en el sentido de simplemente existir como un fenómeno genético particular no es realmente nada; más bien, los hombres y las mujeres están condenados a ser libres, a moverse por sus decisiones y sus acciones intencionales hacia el futuro. Mientras que un perro es una conciencia, es una criatura del instinto; los hombres y las mujeres son capaces de constituirse a sí mismos por sus acciones conscientes e intencionales.

Sin embargo, a pesar de toda su popularidad en ese momento, el existencialismo de Sartre ahora se parece más a una pieza de museo o una puesta en escena de escuelas posteriores de teoría francesa que a una filosofía viva. En cuanto a la relevancia contemporánea, es el pensamiento de su compañera y amante de toda la vida, Simone De Beauvoir, lo que es de mucha más importancia, especialmente como se expresa en su principal texto de teoría feminista: *El segundo sexo* (1949).[58]

El feminismo a principios del siglo xx operaba en línea con lo que podríamos caracterizar como las preocupaciones del hombre

---

58. Simone de Beauvoir, *The Second Sex*, trans. Constanza Borde y Sheila Malovany-Chevallier, con una introducción de Judith Thurman (New York: Vintage, 2011).

económico, para usar la terminología de Rieff, siendo el derecho laboral, el salario y los derechos de voto los puntos centrales de preocupación. Con De Beauvoir, surge una nueva forma más filosófica y psicológica de pensamiento feminista. *El segundo sexo* es un texto de aprendizaje histórico y filosófico masivo. El primer volumen, *Hechos y mitos,* trata de la idea de la mujer en términos de lo que podríamos llamar las grandes metanarrativas: biológicas, psicológicas y económicas/materiales; luego la historia de la condición de la mujer; y finalmente, la mitología, es decir, la representación cultural de las mujeres a través de la literatura. La carga de este primer volumen es mostrar que las metanarrativas estándar de lo que significa ser mujer no pueden explicar la diversidad de lo que realmente es ser mujer en varias culturas, que la noción de feminidad ha cambiado con el tiempo y que las diversas representaciones literarias de las mujeres se revelan como construcciones ideológicas, no reflejos de la realidad esencial.

Esta discusión prepara el escenario para la dramática frase de apertura de Beauvoir en el segundo volumen, *Experiencia vivida:*

> Uno no nace, sino que se convierte en mujer. Ningún destino biológico, psíquico o económico define la figura que la mujer humana asume en la sociedad; es la civilización en su conjunto la que elabora este producto intermediario entre el macho y el eunuco que se denomina femenino.[59]

Esta afirmación está en consonancia con gran parte del pensamiento que he esbozado en capítulos anteriores, que asume la artificialidad fundamental de la identidad humana formada por las relaciones sociales. Uno podría describirlo tal vez como una aplicación extrema de la noción de Rousseau de que es la sociedad la que nos civiliza, la que nos convierte en lo que somos. Marx también consideraba nuestra identidad como el resultado de nuestras relaciones sociales,

---

59. De Beauvoir, *The Second Sex,* 283.

específicamente determinadas por nuestro lugar en la estructura económica de la sociedad. Sobre todo, la afirmación de De Beauvoir se conecta con Freud y con el advenimiento del psicoanálisis. De hecho, De Beauvoir abre su capítulo sobre psicoanálisis en *El segundo sexo* con el siguiente párrafo:

> El enorme avance que el psicoanálisis hizo sobre la psicofisiología está en su consideración de que ningún factor interviene en la vida psíquica sin haber adquirido sentido humano; no es el objeto corporal descrito por los científicos lo que existe concretamente, sino el cuerpo vivido por el sujeto. La hembra es una mujer, en la medida en que se siente a sí misma como tal. Algunos hechos biológicos esenciales no forman parte de su situación vivida: por ejemplo, la estructura del óvulo no se refleja en él; por el contrario, un órgano de ligera importancia biológica como el clítoris juega un papel primordial en él. La naturaleza no define a la mujer: es ella quien se define a sí misma reclamando la naturaleza para sí misma en su afectividad.[60]

Si bien De Beauvoir no es partidaria acrítica del psicoanálisis, aquí reconoce la importancia de Freud para el estudio de las mujeres. Al desviar la atención de los hechos biológicos empíricos a la vida psicológica interna, abrió nuevas perspectivas para la reflexión, algo que De Beauvoir y las feministas posteriores desarrollarían en direcciones radicales.[61]

Lo que es de importancia para este estudio es la forma en que De Beauvoir hace una clara separación entre género y sexo. Este último es biológico, mientras que el primero es psicológico. En consonancia con su compromiso básico con los supuestos antiesencialistas del existencialismo, ella aquí trae las implicaciones de estos supuestos no

---

60. De Beauvoir, *The Second Sex*, 49.

61. De Beauvoir era, por supuesto, consciente de que el propio Freud no era un pensador particularmente profundo cuando se trataba del asunto de las mujeres, considerándolas como versiones bastante inferiores de los hombres. Ver *The Second Sex*, 50.

solo a la noción de la naturaleza humana, sino también a la división biológica básica entre los sexos. Ser mujer es algo que se aprende a través de la asimilación de las expectativas de la sociedad de lo que una mujer debe ser.

Esta separación de sexo y género es totalmente consistente con los patrones de pensamiento que he señalado anteriormente, particularmente el pensamiento antiesencialista de Nietzsche y las implicaciones de la historización de Hegel de la naturaleza humana, que a su vez subyace al pensamiento de Marx y Marcuse. Pero también es quizás el movimiento más radical en la narrativa hasta ahora. Si la naturaleza humana no es algo que se nos da, sino algo que hacemos o algo que determinamos por nosotros mismos a través de nuestras decisiones y acciones libres, ¿por qué deberíamos vincular la identidad de género a una base fisiológica objetiva? Tal parecería ser un movimiento motivado más por las demandas de la sociedad que por cualquier esencia misteriosa en la que el individuo deba participar inevitablemente. De hecho, en el pasaje anterior, es digno de mención que ser mujer es sentir que una es mujer, una noción que tiene raíces obvias en el yo psicológico y las continuidades con el tema actual del transgenerismo.

Una vez más, al igual que con Reich y Marcuse, vemos aquí la forma en que la política y una comprensión psicológica del yo se unen. De Beauvoir está claramente operando dentro del mismo marco posfreudiano, viendo la opresión como una categoría básicamente psicológica y el resultado de las estructuras de la sociedad. Central en este punto es el papel de la mujer en la maternidad: la reproducción es, dice De Beauvoir con fuerte sarcasmo, lo que permite a las mujeres cumplir su destino natural. Y esto apunta a otro elemento significativo en su argumento: el papel de la tecnología.[62]

---

62. De Beauvoir afirma: «Es a través de la maternidad que la mujer alcanza plenamente su destino fisiológico; esa es su vocación "natural", ya que todo su organismo está dirigido hacia la perpetuación de la especie». *The Second Sex*, 524.

En el capítulo 5, noté la observación de Marx en el *Manifiesto del Partido Comunista* de que la tecnología, en la forma de la automatización del trabajo, inevitablemente relativizaría y luego eliminaría las diferencias entre los sexos. En contexto, es claramente poco más que la relativización de la fuerza física de hombres y mujeres que tenía en mente; el suyo no era un mundo que siquiera soñara con las posibilidades ofrecidas por el tratamiento hormonal y la cirugía de reasignación de género. Pero a medida que el pensamiento marxista del siglo xx se desplazó al ámbito psicológico, surgió el alcance de las posibilidades tecnológicas para eludir y luego eliminar las diferencias de género más allá del área del lugar de trabajo. Y De Beauvoir se erige como una señal y un ejemplo temprano de uno que proporciona un marco teórico para ello.[63]

Para ella, el problema principal es el control de la natalidad. Esto no es sorprendente: la reproducción es la evidencia más obvia de que existe una clara distinción en la función entre hombres y mujeres que tiene sus raíces en la biología. También tiene implicaciones obvias para el comportamiento personal. Para decirlo crudamente, los hombres siempre han sido más libres sexualmente que las mujeres porque pueden tener relaciones sexuales con quien quieran y nunca corren el riesgo de la concepción. La promiscuidad sin penalización ha sido durante mucho tiempo una posibilidad masculina, que se ha vuelto disponible para las mujeres solo con fácil acceso a los anticonceptivos y el aborto. Y dada la forma en que el sexo, desde Shelley y Blake hasta Reich y Marcuse, se asoció cada vez más con las nociones de libertad, parece en retrospectiva haber sido inevitable que el control de una mujer de su propia función reproductiva eventualmente se

63. Comp. el comentario de Beauvoir en una entrevista de 1976 en la revista *Sociedad*: «A medida que la tecnología se expande, la tecnología es el poder del cerebro y no de la fuerza, la lógica masculina de que las mujeres son el sexo más débil y, por lo tanto, deben desempeñar un papel secundario ya no se puede mantener lógicamente». Simone De Beauvoir, entrevista por John Gerassi, «The Second Sex 25 Years Later», *Society* (enero-febrero de 1976), https://www.marxists.org/reference/subject/ethics/de-beauvoir/1976/interview.htm.

convirtiera en un asunto de preocupación política apremiante. De Beauvoir resume su posición sobre la importancia de la tecnología reproductiva de la siguiente manera:

Con la inseminación artificial, la evolución que permitirá a la humanidad dominar la función reproductiva llega a su fin. Estos cambios tienen una enorme importancia para la mujer en particular; ella puede reducir el número de embarazos e integrarlos racionalmente en su vida, en lugar de ser su esclava. Durante el siglo xix, la mujer a su vez es liberada de la naturaleza; ella gana el control de su cuerpo. Liberada de un gran número de servidumbres reproductivas, puede asumir los roles económicos que se le abren, roles que asegurarían su control sobre su propia persona.[64]

Tanto el contenido como el tono de esta declaración son significativos. En cuanto al contenido, está claro que la libertad para la actividad económica es entendida por De Beauvoir como la libertad de las consecuencias (naturales) de la actividad sexual. Vemos aquí lo que ahora es un dado básico de la política de nuestros días: los derechos reproductivos son derechos precisamente por la naturaleza de la libertad que se presupone.[65]

En cuanto al tono, la retórica de De Beauvoir refuerza la idea de que la biología se considera en última instancia como una forma de tiranía, una forma potencialmente alienante de autoridad externa. En lugar de ver la reproducción como el cumplimiento, o al menos un cumplimiento, de lo que significa ser una mujer, De Beauvoir lo ve como un obstáculo potencial para la identidad de

---

64. De Beauvoir, *The Second Sex*, 139.

65. Ver el comentario de De Beauvoir sobre la maternidad: «No hay forma de obligar directamente a una mujer a dar a luz: todo lo que se puede hacer es encerrarla en situaciones en las que la maternidad es su única opción: las leyes o costumbres le imponen el matrimonio, las medidas de anticoncepción y el aborto están prohibidos, el divorcio está prohibido». *The Second Sex*, 67. Aunque De Beauvoir presumiblemente permitiría que una mujer pueda *elegir* concebir incluso en una utopía feminista, el lenguaje que usa sobre la maternidad es típicamente tan negativo que es difícil no considerarla resentida por el hecho de que las mujeres pueden producir hijos y los hombres no.

cualquier mujer. El cuerpo es algo a superar; su autoridad debe ser rechazada; la biología debe ser trascendida por el uso de la tecnología; quién o qué *es* realmente la mujer no son sus cromosomas o su fisiología; más bien, es algo en lo que se convierte, ya sea como un acto de libre elección o porque la sociedad la obliga a ajustarse a sus expectativas. El asalto de Reich y Marcuse a los códigos sexuales como constitutivos de la tiranía burguesa encuentra su contraparte en el asalto de De Beauvoir a la idea de que las diferencias biológicas entre hombres y mujeres deberían ejercer una influencia decisiva en sus respectivos roles. Todo, incluso el binario masculino femenino, debe ser revisado en el mundo del yo psicológico.

Esta distinción entre género y sexo es ahora un elemento básico de las ideas contemporáneas de identidad. Toda la cuestión transgénero depende de ello, porque si el sexo y el género están conectados, entonces un desajuste entre lo que uno es biológicamente y quién es psicológicamente debe considerarse inevitablemente como una disfunción de la mente. Una vez que los dos se separan el uno del otro —algo que solo puede ser realmente plausible en un mundo en el que la psicología en lugar de la biología se ve como fundamentalmente determinante de la identidad— entonces el problema se convierte en uno del cuerpo, para ser tratado con medicamentos y cirugía. Por lo tanto, la tecnología hace que toda la afirmación sea plausible. La tecnología, incluso se podría decir, define la ontología.

El pensador católico Michael Hanby desarrolla precisamente este punto al resumir la conexión entre la tecnología y la actitud filosófica hacia la biología que implica el feminismo (y, argumenta, la homosexualidad):

> Detrás de la conquista tecnológica de la biología humana, ya sea en su forma gay o feminista, hay un dualismo que bifurca a la persona en un cuerpo mecánico sin sentido hecho de «cosas» maleables y la voluntad afectiva o tecnológica que lo preside. La persona como un

todo integrado cae a través del abismo. Este es el fundamento de la distinción ahora ortodoxa entre «sexo» que es «meramente biológico» y «género» que se construye socialmente, así como la idea cada vez más generalizada (y promovida implacablemente) de que la libertad significa nuestra autocreación de ambos.[66]

En el corazón del feminismo de De Beauvoir —de hecho, en el corazón de cualquier sistema que haga una distinción difícil entre biología y género— está un compromiso metafísico (o, tal vez mejor, antimetafísico) de negar la autoridad del cuerpo físico y su significado para la identidad personal. Ese es un movimiento dramático, y como bien sabía De Beauvoir (y Hanby señala), solo puede sostenerse sobre la base del poder tecnológico.[67]

Podemos ver la extensión lógica del pensamiento de De Beauvoir en la escritura de otra feminista de segunda ola, Shulamith Firestone. Su libro *La dialéctica del sexo: En defensa de la revolución feminista* (1970) se basa tanto en Marx como en Reich, entre otros, para hacer lo que podría llamarse la aplicación más consistente de las ideas de Reich a una causa política, de modo que incluso los elementos más básicos de la organización social tradicional serán abolidos. Vale la pena citar el siguiente pasaje en su totalidad:

Y así como el objetivo final de la revolución socialista no era solo la eliminación del privilegio de clase económica sino también de la distinción de la clase económica en sí, así el objetivo final de la revolución feminista debe ser, a diferencia del primer movimiento feminista, no solo la eliminación del privilegio masculino sino además de la distinción de sexo en sí: las diferencias genitales entre los seres humanos

66. Michael Hanby, «The Brave New World of Same-Sex Marriage: A Decisive Moment in the Triumph of Technology over Humanity», *The Federalist*, 19 de febrero de 2014, https://thefederalist.com/2014/02/19/the-brave-new-world-of-same-sex-marriage/.
67. Anterior en el mismo artículo de *Federalist* Hanby hace la sorprendente afirmación de que «la revolución sexual es, en el fondo, la revolución tecnológica y su guerra perpetua contra los límites naturales aplicados externamente al cuerpo e internamente a nuestra autocomprensión».

ya no importarían culturalmente. (Una reversión a una pansexualidad sin obstáculos, la «perversidad polimorfa» de Freud, probablemente reemplazaría a la hetero/homo/bisexualidad). La reproducción de la especie por un sexo en beneficio de ambos sería reemplazada por (al menos la opción de) la reproducción artificial: los niños nacerían de ambos sexos por igual o independientemente de cualquiera de ellos, sin embargo, uno elige mirarlo; la dependencia del niño de la madre (y viceversa) daría paso a una dependencia muy acortada de un pequeño grupo de otros en general, y cualquier inferioridad restante a los adultos en la fuerza física sería compensada culturalmente. La división del trabajo terminaría con la eliminación total del trabajo (a través de la cibernética). La tiranía de la familia biológica se rompería.[68]

Firestone publicó este pasaje en 1970, en un momento en que las predicciones que contiene deberían haber parecido una locura para cualquiera que lo leyera, dado que los desarrollos tecnológicos necesarios para que su visión fuera concebible no estaban disponibles. Observa los diversos elementos que ella dice que serán barridos, que *deben* ser barridos, en la revolución. En primer lugar, se eliminará la distinción entre géneros basada en la diferencia física de los genitales. Eso estaba implícito en De Beauvoir, pero ahora se hace explícito como algo necesario para la verdadera liberación. En segundo lugar, la norma del sexo heterosexual será reemplazada por la pansexualidad polimorfa, esencialmente una libertad para todos en la que los actos sexuales ya no están limitados por códigos morales heterónomos construidos en torno a las normas heterosexuales tradicionales. Una vez más, De Beauvoir era bisexual, y *El segundo sexo* contiene una discusión apreciativa del lesbianismo y la crítica de Freud en ese mismo punto. En tercer lugar, la reproducción, mediante la aplicación de la tecnología, estará disponible tanto para hombres como

---

68. Shulamith Firestone, *The Dialectic of Sex: The Case for Feminist Revolution* (1970; repr., New York: Farrar, Straus and Giroux, 2003), 11.

para mujeres. Una vez más, De Beauvoir insinúa esta idea con su referencia a la inseminación artificial, pero Firestone hace de esto un objetivo explícito de liberación feminista. Cuarto, el papel de la madre será abolido, reemplazado por una forma más comunitaria de educación. El ataque a las ideas tradicionales de familia y de maternidad es básico para el caso de De Beauvoir, pero como se señaló anteriormente, está presente en las obras de radicales anteriores como Godwin y Shelley. Desde esa perspectiva, De Beauvoir y Firestone se destacan como los últimos ejemplos de pensamiento iconoclasta sobre el matrimonio. Quinto, las diferencias en la fuerza física entre niños y adultos serán eliminadas por medios culturales, aunque en la tradición del pensamiento utópico marxista, a Firestone no le importa explicar exactamente qué forma tomará esto. En sexto y último lugar, la tecnología eliminará la necesidad de que los seres humanos trabajen.[69]

Estas predicciones van desde lo irremediablemente ingenuo hasta lo notablemente profético. Del primer tipo, la tecnología puede haber reemplazado a los trabajadores humanos en una variedad de industrias, pero no hay señales de que esto esté llevando a un Shangri-La del tiempo libre. Del segundo, la idea de que la distinción de género será abolida y que la reproducción estará disponible para ambos sexos biológicos, debe haber parecido completamente delirante en ese momento, pero ahora está sucediendo. Incluso la afirmación sobre la reproducción transgénero ya no parece descabellada.

El aspecto más interesante de la declaración, sin embargo, llega al final: el propósito de esta revolución es abolir la «tiranía» de la familia biológica. Firestone apunta al mismo enemigo que Godwin,

69. Freud considera a las lesbianas como mujeres que no han logrado madurar correctamente en términos de su sexualidad, una visión que De Beauvoir critica como arraigada en la «conformidad moralizante» que lo lleva a considerar el lesbianismo como nunca «nada más que una actitud no auténtica». *The Second Sex*, 418-419. Para una buena discusión de los puntos de vista de Freud sobre el lesbianismo, establecidos en el contexto de las relaciones personales con, y sus actitudes profesionales hacia las mujeres, ver Lisa Appignanesi and John Forrester, *Freud's Women* (London: Penguin, 2000), 182-189.

Shelley, Reich, Marcuse y De Beauvoir: la revolución sexual en última instancia tiene un gran objetivo, la destrucción de la familia. Tiene sentido, por supuesto, porque la familia es el medio principal por el cual los valores se transmiten de generación en generación. Desde una perspectiva marxista, eso hace de la familia el medio por el cual la falsa conciencia se transmite y replica con el tiempo. Por lo tanto, su demolición es esencial. Y los medios para esta demolición se encuentran, para Firestone, en las herramientas proporcionadas por la tecnología.

Conclusión

El matrimonio de Freud y Marx a manos de la nueva izquierda bien puede haber comenzado como una boda forzada, pero está claro que ha demostrado ser una relación larga, feliz y fructífera. El hecho de que el sexo sea ahora político es en gran medida el resultado de este matrimonio inusual, y la última iteración de eso, el movimiento transgénero, también se inspira en la psicologización e historización de la naturaleza humana, combinada con el tema principal ahora estándar de la opresión como la imposición de la sociedad de sus propios valores y normas al individuo. Para cualquiera que se pregunte por qué el comportamiento sexual privado tiene un gran significado público y político hoy en día, la historia de la nueva izquierda lo deja claro.

Lo que quizás sea más sorprendente, sin embargo, es que la sexualidad politizada de nuestros días está separada de sus sofisticadas raíces en el pensamiento antiesencialista de personas como Nietzsche, la crítica cultural psicoanalítica de Freud y el pensamiento de Marcuse fundado en las ideas de Hegel y Marx. La sociedad ahora asocia intuitivamente la libertad sexual con la libertad política porque la noción de que, en un sentido muy profundo, estamos definidos por nuestros deseos sexuales es algo que ha penetrado en todos los niveles de nuestra cultura. Incluso las canciones típicas de las estrellas pop ahora proclaman esa idea como verdad, al igual que los comerciales que usan el atractivo sexual para vendernos bienes de consumo. La modestia y los códigos sexuales no necesitan ser simplemente ampliados o redefinidos; para que los humanos sean verdaderamente liberados y verdaderamente humanos, necesitan ser abolidos por completo. Ese fue el evangelio de la revolución sexual de los años 60, y este se ha convertido en el evangelio del mundo consumista de hoy. El sexo como revolución o el sexo como mercancía: ambos se basan en la idea del sexo como la respuesta a los males humanos, y ambos asumen el tipo de yo psicologizado y sexualizado que ha surgido en los últimos 300 años.

Y eso plantea un asunto de gran importancia: cuando comenzamos a pensar en la moralidad sexual hoy, necesitamos entender que en realidad estamos pensando en lo que significa ser humano. Las discusiones sobre lo que constituye y no constituye un comportamiento sexual legítimo no pueden abstraerse de esa pregunta más profunda. En ese punto, los pensadores de la nueva izquierda tienen razón. Uno puede estar en desacuerdo con sus conclusiones —y lo estoy con vehemencia— pero uno debe darles crédito por comprender que cuando abordamos asuntos de moralidad sexual, en realidad estamos abordando preguntas sobre la naturaleza y el propósito de los seres humanos, la definición de felicidad y la relación entre el individuo y la sociedad en general y entre hombres y mujeres. Como el arzobispo Charles Chaput resume el asunto:

> Una vez que el genio está fuera de la botella, la libertad sexual va en direcciones, y toma formas que nadie imaginaba. Y, en última instancia, conduce a preguntas sobre quién es una persona y qué significa ser humano.[70]

La aceptación de la idea básica de Freud, de que el deseo sexual es constitutivo de la identidad, y esto desde la infancia en adelante,

---

70. Chaput, *Strangers in a Strange Land*, 88.

es por lo tanto un parteaguas antropológico, filosófico y político. Conceder este punto significa que los debates sobre los límites de la expresión sexual aceptable se vuelven casi inútiles porque cualquier intento de acorralar el comportamiento sexual se convierte en un movimiento opresivo diseñado para hacer que el individuo no sea auténtico. Y como queda (irónicamente) claro por la propia aprensión poco característica de Reich sobre el tema de la pedofilia, cualquier intento de establecer tales límites basados en la naturaleza intrínseca de ciertos actos sexuales es, en última instancia, arbitrario y políticamente motivado.

Epílogo de la parte 3

Reflexiones sobre la sexualización de la revolución

Las muchas aguas no podrán extinguir el amor,
ni los ríos lo apagarán.

CANTARES 8:7, NBLA

En la introducción, señalé que el recurso al concepto de individualismo expresivo no es en sí mismo suficiente para explicar por qué la revolución expresivista en la comprensión del yo ha tomado la forma específica que tiene, es decir, una que está altamente sexualizada. Lo mismo se aplica a otros intentos de identificar a los villanos de la cultura occidental. La brecha entre la fe y la razón, por ejemplo, a la que el papa Benedicto XVI señaló en su discurso de Ratisbona en 2006, es sin duda importante para comprender el hecho de que la cultura occidental se ha desmoronado, pero no explica las formas precisas de ese desmoronamiento.[1]

Por eso es tan importante la figura de Sigmund Freud. Sus teorías pueden haber sido impugnadas en sus días y en gran parte repudiadas

---

1. Papa Benedicto XVI, «Regensburg Address: Faith, Reason and the University—Memories and Reflections», *Catholic Culture*, 12 de septiembre de 2006, https://www.catholicculture.org /culture/library /view.cfm?id=7155.

en los años posteriores, pero su identificación de los seres humanos como esencialmente sexuales ha demostrado ser revolucionaria como pocas otras ideas en la historia. En sus manos, el hombre natural de Jean Jacques Rousseau se convierte en algo más parecido a los personajes de las novelas oscuramente perversas y sexualmente anárquicas del Marqués de Sade. Sin embargo, a diferencia de Rousseau y Sade, Freud expresó sus teorías en el lenguaje objetivo del lenguaje científico, algo que ha demostrado ser muy convincente para las élites intelectuales de la era moderna.

Sin embargo, las ideas de Freud no debían permanecer confinadas a las élites, ni a las salas de conferencias y clínicas de Viena. Más bien, han llegado a dar forma al imaginario social de la cultura occidental de manera profunda. Uno podría preguntarse por qué esto es así, dado que sus teorías psicoanalíticas están ahora en gran medida desacreditadas, pero la respuesta es seguramente que, al dar un lugar tan clave a los instintos sexuales humanos, identificó algo que es incontestable: el sexo es un poderoso factor motivador en la acción humana y siempre lo ha sido, como lo atestigua su presencia constante en el gran arte y la literatura del mundo.[2] Si el sexo vende, uno podría agregar que también se vende fácilmente, vendido a la imaginación pública como un factor principal en lo que da forma a gran parte del comportamiento humano. Después de Freud, la idea de que el sexo no es simplemente una actividad, sino que es fundamentalmente constitutiva de nuestra propia identidad se vuelve extremadamente plausible.

Una vez que se entendió que la identidad era sexual, entonces era solo cuestión de tiempo antes de que el sexo se volviera político. Y en

---

2. Ver, por ejemplo, Camille Paglia, *Sexual Personae: Art and Decadence from Nefertiti to Emily Dickinson* (New York: Vintage, 1990); Norman O. Brown, *Life against Death: The Psychoanalytical Meaning of History*, 2nd ed. (Hanover, NH: Wesleyan University Press, 1985); Leslie A. Fiedler, *Love and Death in the American Novel*, (Normal, IL: Dalkey Archive, 1997). Uno no necesita aceptar las premisas específicamente freudianas de estos eruditos para estar de acuerdo con su punto general, que el sexo es central para la cultura humana como se evidencia en su arte y literatura.

manos de Wilhelm Reich y Herbert Marcuse, eso es exactamente lo que sucedió. Su genio estaba en la forma en que tomaron la categoría marxista de opresión y la refractaron a través de la idea freudiana de represión. Al hacerlo, psicologizaron la noción de opresión, convirtieron la represión sexual en algo negativo (por lo tanto, poniendo a Freud de cabeza, como Karl Marx había hecho con G. W. F. Hegel), hicieron que la liberación política dependiera esencialmente de la liberación sexual y, por lo tanto, establecieron el marco para la política psicosexual de hoy.

En el contexto del argumento general de este libro, entonces, la conexión Marx-Freud es de singular importancia para comprender por qué el individualismo expresivo ha llegado a tener un componente sexual central. Preparó el escenario para la política de sexo, de la cual el movimiento LGBTQ+ es el ejemplo más reciente e influyente.

También es importante señalar que varios de los otros conceptos esbozados en la parte 1 están encarnados en la revolución de Marx-Freud. Con el ataque despiadado de Nietzsche y Freud a las inconsistencias de los códigos morales y su psicologización de estos como una cuestión de estética culturalmente condicionada, abrieron el camino para lo que en esencia son afirmaciones de emotividad como una forma de subvertir las posturas morales tradicionales: «Su objeción al comportamiento homosexual es simplemente una postura irracional y emocional basada en el condicionamiento social». En manos de la nueva izquierda, esto adquiere una estridencia moral: «Y su postura irracional y emocional basada en el condicionamiento social refleja los intereses políticamente represivos de la sociedad burguesa». El concepto ahora denominado emotividad permite explicar y descartar las afirmaciones morales de cualquier persona con la que uno no esté de acuerdo. Emotividad para ti, pero no para mí.

La psicologización de la opresión y la colocación de la misma en el centro de la historia de la sociedad humana juega directamente con la idea de que la historia es algo que hay que superar. Después de todo, la historia de la humanidad es la historia de la opresión y el victimismo. En Marx esto se entendía en términos económicos, pero a partir de mediados del siglo xx en adelante se convirtió en psicológico, como en las diversas manifestaciones de la teoría crítica que surgieron de las semillas plantadas por la Escuela de Frankfurt: posestructuralismo, poscolonialismo, teoría crítica de la raza, etc. A medida que estos se afianzaron en la academia y en el discurso político, las narrativas históricas estándar de la cultura occidental y las costumbres sociales tradicionales y las actitudes y prácticas comunales que tales narrativas han sido diseñadas para justificar llegaron a ser tratadas simplemente como instrumentos de opresión, para ser deconstruidas, desestabilizadas y, por lo tanto, demolidas. El matrimonio de Marx y Freud proporcionó una base intelectual para la anticultura más amplia.

También es importante señalar que la sexualización de los niños y la politización del sexo preparan el escenario para una lucha entre los derechos de los padres y los del Estado, y para el desmantelamiento de los códigos sexuales tradicionales. Este es otro aspecto de la anticultura de Rieff del tercer mundo. Así como el pensamiento de Marx abolió lo prepolítico al hacer de los seres humanos el producto de las fuerzas económicas, así la nueva izquierda procedió esta abolición convirtiéndolos en el producto de códigos sexuales que se inculcan por primera vez cuando son bebés y niños. El individuo expresivo es ahora el individuo sexualmente expresivo. Y la educación y la socialización no deben estar marcadas por el cultivo de interdictos y tabúes sexuales tradicionales, sino más bien por la abolición de tales y la habilitación de la expresión pansexual incluso entre los niños. Uno podría considerar este cambio como odioso, pero refleja la lógica del individualismo expresivo en el mundo sexualizado que es la progenie de la consumación de las nupcias de Marx y Freud.

Finalmente, un punto de gran importancia es que en el mundo pos-Auschwitz, poscolonial de la segunda mitad del siglo xx, el victimismo llegó a poseer un enorme prestigio en la *moralidad* de Occidente. Al mismo tiempo, la psicologización de la opresión por parte de la nueva izquierda amplió masivamente el número potencial de víctimas. Uno no necesitaba estar en un campo de concentración o un gulag o estar sujeto a la segregación o incluso tener experiencia de pobreza grave para reclamar tal estatus. Ahora bien, uno podría señalar otras formas de no reconocimiento como constitutivas de victimización: no tener las preferencias sexuales de uno afirmadas positivamente por la sociedad en general, por ejemplo, o no poder casarse con una pareja del mismo sexo. Y simplemente tolerar ciertas inclinaciones y actividades sexuales no sería suficiente, porque la tolerancia no es lo mismo que el reconocimiento. De hecho, en realidad implica un grado de desaprobación, de no reconocimiento por parte de la sociedad. Solo la plena igualdad ante la ley y en la cultura en general puede proporcionar eso. Cuando la lucha política se convirtió en una lucha psicológica, también se convirtió en una lucha terapéutica.

En resumen, en la obra de la nueva izquierda se encuentra una justificación filosófica para lo que ahora es común e intuitivo en nuestra cultura: ser libre es ser liberado sexualmente; ser feliz es afirmarse en esa liberación. Por lo tanto, nuestra narrativa ha llegado al punto en que los elementos filosóficos básicos detrás del imaginario social moderno están en su lugar.

Parte 4

TRIUNFOS
DE LA REVOLUCIÓN

8

El triunfo de lo erótico

La pornografía es el intento de insultar al sexo, de ensuciarlo.

D. H. LAWRENCE, *PHOENIX*

Con la aparición de la nueva izquierda, la política revolucionaria de Karl Marx tomó una forma decididamente sexual. Como señalo en el capítulo 10, la manifestación más obvia de este impulso ha sido el movimiento LGBTQ+, que se ha movido mucho más allá de Herbert Marcuse en su filosofía política y, de hecho, entró en la vida y cultura dominante de la América media. Incluso se ha acomodado a la sociedad consumista de una manera que sin duda habría provocado una respuesta ambivalente de los verdaderos revolucionarios si hubieran vivido para verla.[1]

---

1. Por supuesto, es discutible que es la sociedad de consumo la que se ha acomodado a la revolución sexual, encontrando simplemente un conjunto más de mercancías y un mercado más. Ver, por ejemplo, el auge del así llamado «capitalismo despertado», conectado con varias causas sociales, incluida la de LGBTQ+, y la importancia económica masiva de la pornografía en Internet, con incluso las estimaciones más bajas de cuánto dinero gana para la economía de los Estados Unidos de alrededor de seis mil millones de dólares. Ross Benes, «La pornografía podría tener una mayor influencia económica en los Estados Unidos que Netflix», *Quartz*, 20 de junio de 2018, https://finance.yahoo.com/news/porn-could -bigger-economic-influence-121524565.html.

El sexo ahora impregna todos los aspectos de la vida, desde la educación primaria hasta los comerciales, el Congreso y la Suprema Corte. A donde sea que uno mire, el deseo erótico, sexual, ha triunfado. Y, sin embargo, muy pocas personas, fuera de los grupos sectarios de izquierda o del ocasional seminario de posgrado en historia de la política o la psicología, han leído a Wilhelm Reich y Herbert Marcuse. Las costumbres sexuales se han transformado en los últimos 60 años; en el pasado, los Rolling Stones tuvieron que cambiar la letra de *Let's Spend the Night Together* [Pasemos la noche juntos] a *Let's Spend Some Time Together* [Pasemos un tiempo juntos] para poder actuar en *The Ed Sullivan Show;* en cambio, recientemente Miley Cyrus simuló un acto sexual con un micrófono en el escenario en el Festival de Glastonbury, con la aprobación de la audiencia y los medios de comunicación por igual. Lo erótico ha triunfado a medida que el sexo se ha apodera de la imaginación popular, pero esto no ha sido a través de argumentos científicos. Ha sido a través de otros medios culturales.

Esta parte de la historia es tan complicada como cualquiera. Un relato completo del triunfo de lo erótico tendría que considerar la ruptura más amplia de las jerarquías sociales en el siglo xx bajo el impacto de los cambios económicos y sociales, sobre todo los generados por dos guerras mundiales. La tecnología —desde el fácil acceso a la píldora y la legalización del aborto hasta la Internet y la capacidad de acceder a la pornografía con poco riesgo de estigma social— también es crítica. A estos también hay que añadir el impacto de documentos como el *Informe Kinsey* y posteriormente *El informe Hite* sobre la sexualidad.[2]

Dada la vasta naturaleza del tema, quiero centrarme en dos aspectos específicos de la revolución sexual que sirven de puente entre sus

---

2. Para un relato de la revolución sexual que aborda la importancia de varios de estos asuntos, ver Alan Petigny, *The Permissive Society: America, 1941-1965* (Cambridge: Cambridge University Press, 2009). También son útiles los artículos y documentos en Mary E. Williams, ed., *The Sexual Revolution* (San Diego: Greenhaven, 2002).

diversos fundamentos teóricos que encontré hasta ahora y la forma en que sus principios básicos se han convertido en una parte intuitiva de cómo la gente imagina que es el mundo: el movimiento artístico del surrealismo y la popularización y creciente aceptación social de la pornografía.

Arte, política y el ascenso cultural de lo erótico: surrealismo

La elección del surrealismo como ejemplo del ascenso cultural de lo erótico exige justificación. El arte, por supuesto, ha sido una influencia indirecta en el desafío de las normas sexuales y en llevar el contenido sexual explícito al ámbito del discurso público y la conciencia social común.[3] Señalé en el capítulo 4 que poetas como Percy Bysshe Shelley eran muy conscientes e intencionales sobre las ambiciones políticamente transformadoras de su trabajo. Luego, a finales del siglo XIX, el extravagante esteticismo de Oscar Wilde sentó las bases para el posterior ascenso del campo y luego de la cultura gay.[4] Otros autores, como James Joyce, Henry Miller y D. H. Lawrence, por ejemplo, colocaron el sexo y la psicología del sexo en el centro de sus proyectos literarios y, en consecuencia, estuvieron sujetos a censura. Cualquier historia completa de la revolución sexual moderna tendría que abordar tanto el contenido de sus obras literarias como las acciones legales que las rodeaban.[5]

---

3. Ver Eva Kosofsky Sedgwick, *Epistemology of the Closet*, rev. ed. (Berkeley: University of California Press, 2008), que es un estudio fascinante de cómo a finales del XIX y principios del XIX siglo XX la literatura influyó en la formación de conceptos de género y sexualidad.

4. Ver Camille Paglia, *Sexual Personae: Art and Decadence from Nefertiti to Emily Dickinson* (New York: Vintage, 1990), 512-571.

5. *Ulysses* de Joyce fue objeto de varias acciones legales en los Estados Unidos en las décadas de 1920 y 1930. *Tropic of Cancer* de Miller publicado en París en 1934, no se publicó en los Estados Unidos hasta 1961, lo que desencadenó un caso legal que culminó en un fallo de la Suprema Corte en 1964 de que el libro no era obsceno. *Lade Chatterle's Lover* de Lawrence no se publicó en el Reino Unido hasta 1960 y luego fue objeto de un famoso juicio: Regina vs. Penguin Books Ltd, en el que se descubrió que la obra no era obscena. El resultado de este último caso fue el advenimiento de una era de políticas mucho más liberales con respecto a los materiales publicados en Gran Bretaña, en el mismo momento en que otras fuerzas sociales y culturales también estaban presionando hacia un vuelco de las costumbres sexuales tradicionales. Ver, por ejemplo, el poema de Philip Larkin «Annus Mirabilis»,

Sin embargo, el filósofo italiano Augusto Del Noce ha señalado el surrealismo como algo de particular importancia para lo que él caracteriza como «el ascenso del erotismo» por razones que se aclararán a continuación.[6] Ciertamente, las obras de surrealistas como Salvador Dalí cuelgan en muchas casas de personas que saben poco de la filosofía que impulsó el movimiento. Así que el surrealismo ha cruzado claramente del ámbito de la cultura de élite al de algo cursi y común, extendiendo silenciosamente su influencia y sus ideas básicas mucho más allá de las galerías de arte y las colecciones privadas de los ricos.

DEFINIENDO EL SURREALISMO

Surrealismo es el nombre dado a una escuela de expresión artística que surgió en la primera mitad del siglo xx y cuyas figuras principales incluyeron al poeta André Breton, el director de cine Luis Buñuel y, quizás el más famoso, el pintor Salvador Dalí. Había muchos aspectos en el proyecto surrealista, pero la naturaleza del yo y de la identidad era central. Y dado que los surrealistas promovieron su comprensión del yo a través de sus obras de arte, la naturaleza y el propósito de la identidad que proclamaron es de gran interés tanto en términos de su ambición como de sus métodos.[7]

En la base del movimiento surrealista estaba el pensamiento de Sigmund Freud. La filosofía artística que defendía buscaba dar

---

Michigan Quarterly Review 9, no. 3, consultado el 24 de febrero de 2020, http://hdl.handle.net/2027/spo.act2080.0009.003:02.

6. Esta cita es el título del importante ensayo sobre la revolución sexual que Del Noce publicó en 1970. Se reimprime en Augusto Del Noce, *The Crisis of Modernity*, ed. and trans. Carlo Lancelotti (Montreal: McGillQueen's University Press, 2014), 157-186.

7. Dawn Ades y Michael Richardson observan: «Cuestiones de identidad y la constitución del yo atraviesan el surrealismo. Mucho antes de que Foucault anunciara "la muerte del sujeto" o Barthes afirmara que el autor estaba muerto, los surrealistas habían dado implícitamente por sentadas ambas nociones. De hecho, un elemento esencial de la llegada del surrealismo fue precisamente el reconocimiento de que el individualismo ilustrado había dejado de ser una herramienta de emancipación humana y mostraba aspectos cada vez más opresivos». Dawn Ades and Michael Richardson, eds., *The Surrealism Reader: An Anthology of Ideas*, with Krzysztof Fijałkowski (Chicago: University of Chicago Press, 2015), 24.

expresión concreta y artística al inconsciente, siguiendo la idea de Freud de que todo lo que hay allí, todo, es significativo.[8] En el primer *Manifiesto del surrealismo* (1924), André Breton declara que al comienzo del movimiento surrealista, estaba «completamente ocupado con Freud» y estaba particularmente impresionado de que el psicoanalista hubiera señalado la importancia de los sueños para comprender la existencia humana.[9] De hecho, Breton comenta que siempre se ha «sorprendido» del hecho de que las personas le den más importancia a las cosas que suceden cuando están despiertos que a lo que sueñan cuando están dormidos.[10] Una de las razones para esto, es significativa:

> La mente del hombre que sueña está plenamente satisfecha por lo que le sucede. La agónica cuestión de la posibilidad ya no es pertinente. Mata, vuela más rápido, ama lo que contiene tu corazón. Y si mueres, ¿no estás seguro de volver a despertar entre los muertos? Déjate llevar, los acontecimientos no tolerarán tu interferencia. No tienes nombre. La facilidad de todo no tiene precio.[11]

Podríamos resumir este sentimiento diciendo que la gran atracción de los sueños es que el soñador es capaz de ser quien sea o lo que quiera ser en cualquier tipo de mundo que elija imaginar. Por supuesto, la identidad del soñador es algo complicada, dado que los sueños no son las acciones de un individuo consciente sino más bien las manifestaciones del inconsciente. Y eso apunta a la afirmación básica de que es el inconsciente la verdadera base de la identidad individual, lo que es más real sobre la persona. Por lo tanto, hay una inversión de las suposiciones normales aquí, tal vez algo que podríamos describir como la lógica del yo de Jean Jacques

---

8. Herbert S. Gershman, *The Surrealist Revolution in France* (Ann Arbor: University of Michigan Press, 1969), 19.

9. André Breton, *Manifestoes of Surrealism*, trans. Richard Seaver and Helen R. Lane (Ann Arbor: University of Michigan Press, 1969), 12, 22.

10. Bretón, *Manifestoes of Surrealism*, 11.

11. Bretón, *Manifestoes of Surrealism*, 13.

Rousseau presionado hasta su fin último: el yo más auténtico es el yo que está totalmente separado y desinhibido de cualquiera de las condiciones de la vida material. Por lo tanto, una de las primeras ambiciones de Breton fue producir un monólogo que fuera esencialmente una corriente de consciencia, sin filtros por ninguna facultad crítica.[12]

El interés por los sueños impregna el arte surrealista. Está la calidad onírica, y a veces de pesadilla, de las pinturas de Dalí, y su uso dramático, a menudo confuso, de los símbolos. Quizás el ejemplo más famoso de esta fijación por los sueños en la cultura popular es la secuencia de la película *Cuéntame tu vida* de Alfred Hitchcock, en la que el personaje de Gregory Peck recuerda un sueño y se convierte así en la clave para resolver un asesinato. La secuencia fue diseñada por Dalí y consiste en una serie de escenas extrañas, portentosas y, por supuesto, surrealistas. El mensaje es claro: el inconsciente es la guía de la verdad. Para los surrealistas, era clave para la autenticidad individual. También se podría añadir esto: la verdad es, por lo tanto, secreta y oculta; la profundidad opaca debe entenderse como verdad; lo que siempre se ha asumido como obvio debe considerarse inauténtico o problemático. El aspecto antihistórico de una anticultura es evidente. Y eso es aún más claro a partir de las aspiraciones sociales y políticas revolucionarias del movimiento.

SURREALISMO Y REVOLUCIÓN

Había mucho más en el surrealismo que un deseo de dar expresión estética a las nociones freudianas del inconsciente. De hecho, incluso la filosofía subyacente a la utilidad de los sueños tenía implicaciones mucho más allá de la mera estética. La preocupación por los sueños no era, para el surrealista, un caso de arte por el arte. De nuevo, Bretón en el primer *Manifiesto:*

---

12. Breton describe el experimento en el primer *Manifestoes of Surrealism*, 22-24.

¿Por qué no conceder a los sueños lo que ocasionalmente rechazo a la realidad, es decir, este valor de certeza en sí mismo que, en su propio tiempo, no está abierto a mi repudio? ¿Por qué no debería esperar de la señal del sueño más de lo que espero de un grado de consciencia que es diariamente más agudo? ¿No se puede usar el sueño también para resolver las preguntas fundamentales de la vida? ¿Son estas preguntas iguales en un caso como en el otro y, en el sueño, estas preguntas existen?[13]

Por lo tanto, los sueños deben ser considerados como una fuente potencial para el pensamiento y para resolver los problemas más básicos de la vida. Y a medida que el movimiento se desarrolló, estos «problemas» llegaron a ser vistos en una luz claramente política y positivamente enmarcados en relación con las preocupaciones marxistas revolucionarias. Sin embargo, antes de abordar este pensamiento, vale la pena señalar que, al igual que Freud, los surrealistas consideraban que el sexo proporcionaba la dinámica básica para el inconsciente.

Quizás nada apunta a la iconoclasia moral y sexual que los surrealistas deseaban desatar en la sociedad a través de su arte como su rehabilitación del teórico y practicante más notorio del perverso caos sexual, el Marqués de Sade. De hecho, en el primer *Manifiesto surrealista* (1924), Breton elogió a Sade como el gran surrealista sexual porque su comportamiento en el ámbito sexual estaba libre de cualquier control por la razón, la estética o la moral.[14] El erotismo, la glorificación del deseo sexual y el establecimiento del mismo como la norma subversiva y el impulso para reconstruir la personalidad humana y la sociedad, estaba en el centro mismo del proyecto

---

13. *Manifestoes of Surrealism*, 12.
14. Bretón, *Manifestoes of Surrealism*, 26. Comp. con el comentario de Maurice Nadeau: «Veinte siglos de opresión cristiana no han sido capaces de evitar que el hombre tenga deseos y que desee satisfacerlos. El surrealismo proclama la omnipotencia del deseo y la legitimidad de su realización. El Marqués de Sade es la figura central de su panteón. A la objeción de que el hombre vive en sociedad, el surrealismo responde por la destrucción total de los lazos impuestos por la familia, la moral, la religión». *History of surrealism*, trans. Richard Howard (New York: Macmillan, 1965), 50.

político surrealista, y este enfoque hizo de la rehabilitación de Sade un movimiento obvio.[15]

El propio Sade se había convertido en un autor popular en los días embriagadores de la Revolución Francesa temprana, cuando la pornografía y el gusto por lo sexualmente explícito y perverso eran parte integrante del *ethos* revolucionario.[16] El poder político del sexo no es algo nuevo, como tampoco lo es el papel de la literatura popular en la promoción del cambio social revolucionario. La novela de Sade *Justine* fue un éxito de ventas a finales del siglo XVIII y fue adquirida y leída por Lord Byron y Algernon Swinburne en el XIX. Que Sade se convirtiera en el «Marqués Divino» de los surrealistas en el siglo XX era, en retrospectiva, predecible. La libertad política a menudo se ha equiparado con la libertad sexual, como señalamos con William Godwin, Percy Bysshe Shelley y William Blake; y Sade sigue siendo el defensor más infame de esta idea.[17]

Por lo tanto, Sade proporciona un vínculo explícito entre las ambiciones sexuales y políticas de los surrealistas. En su *Discurso al Congreso de Escritores* (1935), Breton enumera a Sade, junto con Arthur Rimbaud y Freud, como un escritor cuyas obras necesitan ser defendidas y expuestas en la plaza pública. Nada, dice él, debería hacer que los surrealistas nieguen su importancia, y significativamente, agrega que nada puede hacer que nieguen la importancia de Marx y Lenin tampoco. Después de citar estos nombres, comienza su párrafo final:

> Desde nuestra posición, mantenemos que la actividad de interpretar el mundo debe seguir vinculada con la actividad de cambiar el mundo. Mantenemos que es el papel del poeta, del artista, estudiar el

---

15. J. H. Matthews, *An Introduction to Surrealism* (University Park: Pennsylvania State University Press, 1965), 156.

16. Ver Faramerz Dabhoiwala, *The Origins of Sex: A History of the First Sexual Revolution* (Oxford: Oxford University Press, 2012), 339.

17. Michael Jones, *Libido Dominandi: Sexual Liberation and Political Control* (South Bend, IN: St. Augustine's Press, 2000), 30.

problema humano en profundidad [...]. No es mediante declaraciones estereotipadas contra el fascismo y la guerra que lograremos liberar ni a la mente ni al hombre de las antiguas cadenas que lo atan y de las nuevas cadenas que lo amenazan. Es por la afirmación de nuestra fidelidad inquebrantable a los poderes de emancipación de la mente y del hombre que hemos reconocido uno por uno y que lucharemos para que se nos reconozca como tal.

«Transforma el mundo», dijo Marx; «cambia la vida», fijo Rimbaud. Estas dos consignas son una para nosotros.[18]

El legislador no reconocido mencionado por Shelley aquí se combina con el revolucionario político de Marx para ofrecer obras de arte que no simplemente describen el mundo, reflejan el mundo o entretienen al mundo. El propósito es cambiar el mundo y eso, en la mente surrealista, mediante una revolución sexual. El propósito del surrealismo era profunda y agresivamente político: derrocar el cristianismo (y sus corolarios: familias y códigos morales que rigen el comportamiento sexual). Y fue hacerlo a través de un énfasis en sus diversas obras de arte sobre los deseos humanos y su logro a través de la autoactualización del individuo.

El papel de Freud en este movimiento no fue tanto el de inspirar, sino el de proporcionar herramientas perspicaces sobre cómo se podría lograr la transformación política. Describiendo las ambiciones de los surrealistas, Herbert Gershman escribe:

Años antes de que se conociera el existencialismo en Francia, los surrealistas habían desarrollado una línea existencial de crítica: no solo la sociedad, sino también el autor (o artista) deben ser transformados por su obra. Ilustrar o iluminar ya no era suficiente. Un compromiso activo que conduzca a una transformación radical de la sociedad y sus partes individuales debe ser el objetivo de todos los que trabajaron en tinta, pintura o arcilla. Con este fin, la lámpara de la razón, que refleja

18. Bretón, *Manifestoes of Surrealism*, 240-241.

las técnicas tradicionales y sirve como reflector de la sociedad, tendría que modernizarse para aceptar las ideas reales, las puras revelaciones del ello. Lo que para Freud había sido una hipótesis terapéuticamente útil derivada de la experiencia se convirtió para los surrealistas en un retrato del hombre que sugería una filosofía de la vida.[19]

En otras palabras, el surrealismo intentó lograr a través del arte lo que Reich intentó hacer en sus escritos: promover la revolución social a través de la aplicación de aspectos de la teoría freudiana a la vida. La diferencia, por supuesto, es que las copias de pinturas de Dalí y compañía encontraron su camino en muchas más salas de mucha más gente común que los volúmenes de Reich y Marcuse. El surrealismo, con su difuminación de los límites, su acento en el subconsciente y sus obvias connotaciones sexuales, penetró fácilmente en el territorio de la cultura popular, como indica la secuencia del sueño en *Cuéntame tu vida* de Hitchcock.

Por lo tanto, el filósofo Augusto Del Noce seguramente tiene razón al identificar el surrealismo como un elemento clave en el auge del erotismo y también en la lucha contra el cristianismo ortodoxo. Que no haya aparecido de manera más significativa en las narrativas de la revolución sexual es, para Del Noce, un descuido significativo. Al igual que el marxismo en general, argumenta, el surrealismo buscó derrocar al cristianismo. El cristianismo representaba precisamente la ideología burguesa opresiva por excelencia y, por lo tanto, necesitaba ser derrocada. Y en el corazón del cristianismo yacían sus códigos sexuales, los medios por los cuales regulaba las vidas individuales. Luego, al igual que con el giro reichiano en el marxismo, el surrealismo quiso hacer esto a través de una redefinición de los seres humanos como seres fundamentalmente sexuales, una redefinición

---

19. Gershman, *Surrealist Revolution*, 18. Comp. con el comentario de Augusto Del Noce: «El surrealismo no debe ser considerado como un fenómeno artístico, en el sentido en que el arte es distinto de otras formas de vida espiritual, sino sobre todo como un fenómeno revolucionario, caracterizado como tal por categorías totalizadoras; de hecho, pretende llevar a cabo no solo una revolución *en* el arte, sino además una revolución *a través del* arte». *Crisis of Modernity*, 211.

que requería un rechazo correspondiente de las restricciones de la moral cristiana. Como Del Noce resume su posición:

> Los surrealistas fueron casi los únicos *en darse cuenta de una verdad fundamental: la batalla decisiva contra el cristianismo solo podía librarse a nivel de la revolución sexual.* Y por lo tanto el problema de la sexualidad y el erotismo es hoy el problema fundamental desde el punto de vista moral.[20]

Y esto nos lleva al corazón de otro tema importante: el surrealismo, como otras formas de arte sexualizado, no simplemente comerciaba con imágenes sexuales de una manera que hacía que lo que siempre había existido estuviera aún más disponible. La pornografía es una planta perenne de la sociedad humana, por lo que uno podría estar tentado a ver el movimiento surrealista como un giro ingenioso en un fenómeno ya existente. Pero no es así. Lo que hizo el surrealismo fue jugar un papel en la erotización general y radical de la modernidad. No se limitó a hacer que las imágenes sexuales estuvieran ampliamente disponibles al amparo de la respetabilidad intelectual; en realidad sirvió para ayudar al proceso por el cual el juicio de la sociedad sobre el valor cultural de la pornografía cambió de algo malo y perjudicial a algo bueno y saludable. Este es el proceso que Del Noce clasifica como «el ascenso del erotismo», algo basado en la idea de que los tabúes sexuales y la moderación eran fundamentalmente negativos en sus efectos. La revolución sexual es solo eso, una revolución, y su vanguardia artística representa un cambio cualitativo, no meramente cuantitativo. Y en el surrealismo este cambio tiene sus raíces en el matrimonio de la noción freudiana de que el inconsciente es el verdadero determinante de lo que somos y la idea marxista de que la liberación humana solo puede lograrse a través de la revolución de las relaciones sociales. Y esto requiere que el arte transforme las actitudes hacia la sexualidad y hacia la identidad. Con

---

20. Del Noce, *Crisis of Modernity*, 177-178; énfasis original.

el surrealismo, la lucha contra el cristianismo en la que la cultura occidental había estado involucrada desde la Ilustración encontró una forma artística específica, una que ahora adorna las paredes de las respetables casas de clase media.[21]

Sin embargo, si el surrealismo convirtió la política sexualmente radical del siglo xx en una forma de arte popular, la verdadera historia de éxito de la revolución sexual es mucho menos articulada filosóficamente y mucho más extensa: el triunfo de la pornografía, cuyo consumo ya no se limita a las sombras de la sociedad o a los sórdidos clubes nocturnos y cines, sino que ahora forma una parte básica de la actividad recreativa para muchos, tanto niños como adultos.

La pornificación de la cultura dominante

En el momento de su muerte, a los 99 años, en 2017, Hugh Hefner era un ejemplo clásico de un héroe de la anticultura tan hábilmente descrita por Philip Rieff. Su vida se había dedicado a derrocar los códigos sexuales de las generaciones anteriores, y su carrera demostró la verdad del viejo adagio «El sexo vende». Aunque su contribución central a la publicación estadounidense, la revista *Playboy,* ahora parece notablemente mansa en comparación con la pornografía disponible rutinariamente en Internet e incluso, se podría agregar, al tipo de travesuras sexualmente explícitas que aparecen en muchos programas de televisión convencionales como *Juego de tronos,* hay pocas dudas de que Hefner jugó un papel clave en hacer que la pornografía sea parte de la corriente cultural dominante y, por lo tanto, en el desmantelamiento de las actitudes públicas tradicionales hacia

---

21. Al reflexionar sobre la crítica a las demostraciones antipornográficas en París, Del Noce comenta: «La reclamación aquí es que la ola erótica es solo una difusión cuantitativamente mayor de la pornografía. Hay un mayor consumo de todo tipo de productos, y por lo tanto [...] No es cierto: lo que ha cambiado es el juicio de valor. Con el erotismo, lo que hasta ayer se consideraba una desvalorización ahora se afirma como un valor». *Crisis of modernity,* 178. En Rieffian esta filosofía es una anticultura.

el sexo.[22] De hecho, el historiador Alan Petigny señala el éxito de los clubes *Playboy* que Hefner fundó como probablemente el signo más importante de «la aparición de una cultura más audaz y menos reticente a principios de los años 60».[23]

El ingenio de Hefner recae en la forma en que fue capaz de eliminar el estigma social típicamente asociado a la pornografía y la venta de sexo como un interés comercial. Esto se ejemplificó en la forma en que se construyó *Playboy*, con su combinación de fotografías emocionantes y entrevistas serias con individuos de importancia cultural, la última de las cuales Hefner agregó a la revista en 1962. Así, entre 1962 y 1969 los entrevistados incluyeron figuras de la cultura popular (Bob Dylan, Bill Cosby, Frank Sinatra); políticos de diversas tendencias, nacionalidades y grados de respetabilidad (Eldridge Cleaver, Fidel Castro, George Lincoln Rockwell, George Wallace, Jawaharlal Nehru); famosos directores de casas de arte (Federico Fellini, Ingmar Bergman); estrellas de cine (Marcello Mastroianni, Jack Lemmon, Michael Caine); filósofos (Bertrand Russell, Jean-Paul Sartre); escritores (Jean Genet, Henry Miller, Norman Mailer, Truman Capote); y así sucesivamente.[24]

Combinar entrevistas de figuras como Orson Welles, Salvador Dalí y los Beatles con fotos desnudas de mujeres hermosas fue una brillante estratagema de marketing. El viejo chiste, que la gente compraba *Playboy* por las entrevistas, era gracioso precisamente porque tenía un tono de plausibilidad. Y la presencia de mujeres en la lista

22. Gail Dines, profesora emérita de sociología y estudios de la mujer en Wheelock College, comenta: «Hoy en día casi no hay pornografía softcore en Internet, porque la mayor parte ha migrado a la cultura pop». Citado en el Boston Women's Health Book Collective, *Our Bodies, Ourselves* (New York: Touchstone, 2011), 59.

23. Petigny, *Permissive Society*, 118.

24. Para obtener una lista completa, consulte Playmate Hound, «A List of Playboy Interviews of the '60s», Ranker, actualizado el 8 de junio de 2017, https://www.ranker.com /list/a-list-of-playboy-interviews-of-the-_60s/playmate-hound. Anthony Giddens señala que la inserción de publicidad ortodoxa junto con historias y noticias no sexuales en revistas softcore jugó un papel importante en la normalización de la cosificación erótica de las mujeres. *The Transformation of Intimacy: Sexuality, Love, and Eroticism in Modern Societies* (Stanford, CA: Stanford University Press, 1992), 119.

de entrevistas (Grace Kelly, Ayn Rand) también ayudó a socavar las afirmaciones de que representaba la cosificación inaceptable de las mujeres. *Playboy* no parecía sórdido; ni parecía estar explotando a las mujeres; más bien, se presentaba como personificando un cierto tipo de estilo de vida: una imagen de hedonismo artístico perspicaz, reflexivo y comprometido. Y el hecho de que las entrevistas a menudo tuvieran admisiones personales sorprendentes y salaces no dañó las ventas en absoluto.

Cuando el entonces candidato presidencial Jimmy Carter confesó en su entrevista de *Playboy* haber cometido adulterio en su corazón, causó una sensación menor. Pero la admisión no era lo más importante, dado que apenas era un pecado espectacular o excepcional el que confesaba. Lo significativo fue que lo hizo públicamente y en una revista comprometida con la integración de imágenes eróticas. Carter era una función de la era del individualismo expresivo, en la que la autenticidad exige que los pensamientos privados se conviertan en parte de la actuación pública; también fue emblemático de una época en la que la pornografía comenzaba a filtrarse en lo convencional de la vida pública.

Incluso el tipo de desnudez en *Playboy* cumplió la función de mezclar la corriente culturalmente dominante con la excitación sexual de un tipo que anteriormente había sido el límite de los rincones más sórdidos de la sociedad. La lista de mujeres populares y conocidas que han posado para la revista a lo largo de los años es larga, e incluye figuras como la cantante Nancy Sinatra, las chicas Bond, Ursula Andress y Barbara Bach, la actriz de cine Natassja Kinski, la presentadora de juegos Vanna White y las estrellas de televisión en horario estelar Joan Collins, Donna Mills y Linda Evans. La primera edición llevaba una famosa foto desnuda de Marilyn Monroe. Todas estas mujeres califican como nombres conocidos, no porque se quitaron la ropa para *Playboy,* sino porque son parte de la industria del entretenimiento convencional y respetable de la segunda mitad del siglo XX. El cruce a la cultura adolescente también estuvo representado por una figura como Geri Horner (anteriormente Halliwell), más conocida como Ginger Spice de la banda de chicas *Spice Girls*. Y al posar para *Playboy*, estas figuras de la cultura pop dominante ayudaron a llevar el tipo de entretenimiento sexualizado que *Playboy* representa a una zona de respeto.

En el momento de su muerte en 2017, Hugh Hefner era una figura de la cultura popular estadounidense dominante, un elemento básico de los programas de entrevistas y la televisión. En 2003, se había convertido en portavoz de la cadena de comida rápida Carl's Jr. y apareció en comerciales junto con una selección de conejitos de *Playboy*. Este movimiento provocó cierta reacción entre los sectores religiosos de la sociedad, pero parece haber fortalecido la venta de la campaña de una de sus hamburguesas. Como comentó un portavoz de la campaña en un comunicado de prensa: «Como ícono pop, Hefner atrae a nuestro público objetivo y comunica de manera creíble nuestro mensaje de variedad».[25] El sexo vende. Incluso vende algo tan prosaico como una hamburguesa. Sobre todo, cuando la cara que lo vende es la de Hugh Hefner, ícono pop.

La sexualización de la cultura pop, de la cual *Playboy* fue una parte importante, se observa en todos lados, pero es algo así como un desarrollo comparativamente reciente. Al comentar sobre las revistas femeninas estadounidenses en 1946, George Orwell hizo la siguiente observación:

> Alguien me acaba de enviar un ejemplar de una revista de moda estadounidense que no nombraremos. Consta de 325 grandes páginas, de las cuales no menos de 15 son sobre artículos de política mundial, literatura, etc. El resto consiste enteramente en cuadros con una pequeña tipografía asomándose por sus bordes: cuadros de vestidos, abrigos de visón, bragas, sostenes, medias de seda, zapatillas, perfumes, labiales,

---

25. Ver el artículo *Carl's Jr.*, Encyclopedia.com, actualizado el 12 de marzo de 2020, https://www.encyclopedia.com/marketing/encyclopedias-almanacs-transcripts-and-maps/carls-jr.

barniz de uñas y, por supuesto, de las mujeres, sin remedio, que las usan o hacen uso de ellas [...].

Una cosa sorprendente cuando uno mira estas imágenes es el estilo de belleza sobrecruzada, agotada e incluso decadente que ahora parece estar luchando. Casi todas estas mujeres son inmensamente alargadas [...].

Una búsqueda bastante diligente a través de la revista revela dos discretas alusiones a las canas, pero si hay alguna parte una mención directa a la gordura o la mediana edad no la he encontrado. Tampoco se menciona el nacimiento y la muerte: ni el trabajo, excepto que se dan algunas recetas para los platos del desayuno.[26]

La descripción habla elocuentemente de la preocupación estadounidense por la belleza física, pero lo que es realmente interesante sobre el comentario de Orwell es lo poco sexy que es. Hay un aspecto no erótico en la forma en que describe los pocos artículos que contiene la revista e incluso la representación de la forma femenina. Si escribiera sobre revistas hoy en día, es difícil imaginar que pudiera hacerlo en tales términos. *Cosmopolitan* suele estar lleno de consejos sobre asuntos sexuales, y sus portadas suelen incluir una imagen altamente sexualizada de una mujer hermosa. El culto a la belleza se ha convertido en el culto a la sexualidad.

Por supuesto, la sexualización de la cultura pop en la que Hefner jugó un papel tan importante en el inicio ha ido mucho más allá de cualquier visión para la integración del sexo ofrecida por *Playboy*. La cultura en la que vivimos ahora ha absorbido en lo convencional contenido sexual mucho más extremo que el que ofrecían sus revistas, videos y clubes. Nuestro mundo ha desarrollado medios tecnológicos de accesibilidad a la pornografía por los cuales incluso los controles sociales anteriores sobre el acceso a dicho material ya no se aplican. En el pasado, el terror adolescente de ser visto en la

---

26. George Orwell, «As I Please 60», in *Essays*, Everyman's Library (New York: Alfred A. Knopf, 2002), 1118-1119.

tienda comprando una copia de *Playboy* o el miedo a ser visto por un vecino entrando en una librería o cine para adultos ejercía una restricción significativa en el comportamiento. Ahora el Internet ha hecho que la pornografía esté más fácilmente disponible y la ha convertido en un asunto que implica mucho menos riesgo personal para el consumidor. Como resultado, la pornografía más extrema es más fácilmente accesible por más personas que en cualquier momento anterior de la historia. Los efectos sociales generales son abundantes y dramáticos.

La lenta llegada de la pornografía *obscena* como un artículo de consumo que conlleva poco o ningún estigma social comenzó a principios de la década de 1970.[27] Ahora el proceso parece estar cerca de completarse. Quizás la evidencia más obvia de que la pornografía ahora es parte de la cultura popular dominante es la forma en que los actores clave en la industria pornográfica se consideran hoy celebridades conocidas. En la introducción de su libro *Pornified* [Pornificados] (2005), Pamela Paul señala cómo las estrellas de cine para adultos se han convertido en nombres familiares: por ejemplo, la autobiografía de Jenna Jameson fue un éxito de ventas, y Ron Jeremy ha sido objeto de un programa de telerrealidad y un documental, además es un habitual en el circuito de conferencias universitarias.[28] Y eso fue en 2005, antes de que nombres como Stormy Daniels se convirtieran en parte de los informes de noticias en horario estelar. Hoy en día, la «chica porno» que Hefner ayudó a nacer se apodera de gran parte de la imaginación cultural. En 2014, un programa exclusivamente en línea, *The Sex Factor* [El factor sexual], permitió a los concursantes competir por la oportunidad de convertirse en una estrella porno.[29]

---

27. Ver los comentarios de Jones sobre la audiencia para *Deep Throat*, una famosa película pornográfica. *Libido Dominandi*, 525.

28. Pamela Paul, *Pornified: How Pornography Is Damaging Our Lives, Our Relationships, and OurFamilies* (New York: Holt, 2005), 7-8.

29. Ver *The Sex Factor: Mainstreaming and Normalizing the Abuse and Exploitation of Women*, Collective Shout, 24 de julio de 2014, https://www.collectiveshout.org/the_sex_factor _mainstreaming_and_normalising_the_abuse_and_exploitation_of_women.

Incluso Hugh Hefner, el decano de la revolución sexual dominante, hoy parece conservador en el contexto del mundo que él, quizás más que nadie, ayudó a crear. Lo porno ahora es la norma.[30]

PORNOGRAFÍA Y FEMINISMO

La respuesta instintiva cristiana a la pornografía es fundamentalmente correcta: la pornografía implica la promoción de la lujuria y la cosificación de las mujeres. Cada vez más, la pornografía también promueve una visión de la actividad sexual que establece la violencia contra las mujeres en su núcleo.[31] Además, hay una fuerte evidencia emergente de que la pornografía da forma a las expectativas sexuales, el comportamiento y las relaciones de quienes la consumen.[32]

A esto podemos añadir que a menudo está estrechamente relacionado con el tráfico sexual.[33] La aparición del término «pornografía de origen ético», incluso entre algunos cristianos profesantes como la

---

30. Ver Pamela Paul, *From Pornography to Porno to Porn: How Porn Became the Norm*, in *The Social Costs of Pornography: A Collection of Papers*, ed. James R. Stoner and Donna M. Hughes (Princeton, NJ: Instituto Witherspoon, 2010), 3-20.

31. El Centro Nacional sobre Explotación Sexual publicó un informe en febrero de 2018, *The Public Health Harms of Pornography*, que es un resumen extremadamente útil de los hallazgos de la investigación de estudios clave revisados por pares y otros documentos presentados en el Capitolio de los Estados Unidos. El subtítulo proporciona un précis útil del conjunto: *How Pornography Fuels Child Sexual Abuse, Compulsive Sexual Behavior, Violence against Women, Commercial Sexual Exploitation, and More*. Uno de los (muchos) comentarios escalofriantes en el informe es la observación en la página 7 de que lo que se describe como «pornografía convencional» ha llegado a «unirse en torno a un guion homogéneo que involucra violencia y degradación femenina». El informe completo está disponible para su descarga al final de https://endsexualexploitation.org/wpcontent/uploads/NCOSE_SymposiumBriefing Booklet_1-28-2.pdf, consultado el 8 de abril de 2019. La conexión entre la pornografía y la cosificación y la violencia contra las mujeres ha sido un elemento básico de gran parte de la literatura feminista durante muchos años; ver la declaración clásica del caso de Andrea Dworkin, *Pornography: Men Possessing Women* (New York: Plume, 1989).

32. Ver Norman Doidge, «Acquiring Tastes and Loves: What Neuroplasticity Teaches Us about Sexual Attraction and Love» in Stoner y Hughes, *Social Costs of Pornography*, 21-56, esp. 30-31. Mark Regnerus ha ofrecido uno de los análisis más poderosos y deprimentes del impacto de la pornografía en las relaciones humanas: ver su *Cheap Sex: The Transformation of Men, Marriage, and Monogamy* (Oxford: Oxford University Press, 2017).

33. La conexión de la pornografía con la prostitución es un área de debate filosófico: ver los ensayos en Jessica Spector, ed., *Prostitution and Pornography: Philosophical Debate about the Sex Industry* (Stanford, CA: Stanford University Press, 2006).

pastora luterana Nadia Bolz-Weber, es algo así como un oxímoron.[34] La pura necedad de esta idea ignora el hecho de que no hay forma de distinguir entre la pornografía que involucra a participantes dispuestos y la que es esencialmente una grabación de violación. Igual de significativo, también ignora el hecho de que, sin importar (para usar su término) el origen «ético» existe una conexión establecida entre el uso de pornografía por parte de hombres y su probabilidad de usar prostitutas.[35]

Comentarios como los de Bolz-Weber sin duda sirven para mantener su nombre en los titulares como irritante de los cristianos socialmente conservadores, pero por lo tanto está construyendo su reputación pública en una hipoteca cuyo interés está siendo pagado por el sufrimiento de las víctimas del tráfico sexual. Tal vez se podría decir que tal celebridad difícilmente es en sí misma «de origen ético».

Sin embargo, a pesar de que Bolz-Weber acaparó titulares, el cambio de actitudes feministas hacia la pornografía apunta a cambios en la actitud general de la sociedad hacia su aceptabilidad social. Una generación anterior de feministas como Andrea

---

34. Ver el comentario de Bolz-Weber en una entrevista con la revista LGBTQ+ *Out in Nuevo Jersey*: «Ahora, hay problemas de justicia y explotación dentro de la industria del porno, sin duda, pero eso no significa que el consumo de pornografía deba ser vergonzoso. Hay pornografía de origen ético. Hay gente que dice que es inmoralidad sexual, pero si tomas a liberales y conservadores que muestran indignación e hicieron un diagrama de Venn de aquellos que consumen pornografía, verías una gran superposición». Johnny Walsh, «Nadia Bolz-Weber Does Ministry Differently», *Out in New Jersey*, 21 de octubre de 2018, https://outinjersey.net/nadia-bolz-weber-does-ministry-differently/. Bolz-Weber sin duda tiene razón cuando ve un nivel de hipocresía en gran parte de la indignación por la pornografía. Pero la hipocresía del consumidor no niega la validez de los argumentos contra la pornografía como inmorales, ni relativiza las relaciones explotadoras de las que depende la industria pornográfica.

35. Ver «How Porn Fuels Sex Trafficking», Fight the New Drug, 23 de agosto de 2017, https://fightthenewdrug.org/how-porn-fuels-sex-trafficking/. Ver también «The Porn Industry's Dark Secrets», Fight the New Drug, 23 de agosto de 2017, https://fightthenewdrug.org/the-porn-industrys-dark-secrets/. En un artículo de 2015, JuanHenry Westen Gail Dines dice: «La mayor educadora sexual de los hombres jóvenes hoy en día es la pornografía, que es cada vez más violenta y deshumanizante, y cambia la forma en que los hombres ven a las mujeres». Westen, «Want to Stop Sex Trafficking? Look to America's Porn Addiction», *Huffington Post*, actualizado el 30 de marzo de 2015, https://www.huffpost.com/entry/want-to-stop-sex-traffickb6563338?ncid=engmodushpmg00000006.

Dworkin y Catherine MacKinnon consideraban la pornografía como parte de la dominación masculina de las mujeres dentro de una sociedad patriarcal:

> Las mujeres están en la pornografía para ser violadas y tomadas, los hombres para violarlas y tomarlas, ya sea en la pantalla o por cámara o pluma, en nombre del espectador [...]. Si la pornografía no se ha convertido en sexo hacia y desde el punto de vista masculino, es difícil explicar por qué la industria de la pornografía produce diez mil millones de dólares al año vendiéndola como sexo principalmente a hombres.[36]

Las últimas décadas, sin embargo, han visto el surgimiento de feministas de propornografía, quizás la más famosa Camille Paglia, quien se declara a sí misma como «radicalmente propornografía y proprostitución».[37]

Menos enfáticamente, pero quizás más significativamente, el *Boston Women's Health Book Collective* declara lo siguiente sobre la pornografía en lo que podría decirse que es el texto sagrado del feminismo estadounidense moderno:

> A lo que se reduce a nivel personal es que lo que algunas mujeres consideran excitante, otras pueden considerarlo poco atractivo o degradante. Al igual que con las fantasías, lo que ves en el erotismo/pornografía puede ayudarte a explorar y disfrutar de un aspecto de tu deseo sexual sin tener que actuar en ello.[38]

---

36. Catherine A. MacKinnon, *Toward a Feminist Theory of the State* (Cambridge, MA: Harvard University Press, 1989), 139. Comp. Dworkin, *Pornography*, 200-201: «La palabra sexoservidora es incomprensible a menos que uno esté inmerso en el léxico de la dominación masculina. Los hombres han creado el grupo, el tipo, el concepto, el epíteto, el insulto, la industria, el comercio, la mercancía, la realidad de la mujer como sexoservidora. La mujer como sexoservidora existe dentro del sistema objetivo y real de dominación sexual masculina. La pornografía en sí misma es objetiva y real y central para el sistema sexual masculino. La valoración de la sexualidad de las mujeres en la pornografía es objetiva y real porque las mujeres son tan consideradas y valoradas».

37. Camille Paglia, *Sex, Art, and American Culture: Essays* (New York: Vintage, 1992), 11.

38. Women's Health Book Collective, *Our Bodies, Ourselves*, 80.

Esto habla elocuentemente del impacto del individualismo terapéutico y expresivo en el feminismo: el estatus moral de la pornografía es irrelevante; la gran pregunta es si funciona para el individuo, si mejora la comprensión o la experiencia del individuo de su propia sexualidad, si da placer. Este feminismo está muy lejos del mundo de Dworkin y MacKinnon y, sin embargo, refleja tanto la dinámica terapéutica de la cultura moderna como la medida en que la pornografía se ha convertido en parte de lo convencional. De hecho, la principal crítica a la pornografía que hace el *Boston Women's Health Book Collective* está en el capítulo 3 de *Nuestros cuerpos, nuestras vidas* que analiza la imagen corporal. El principal delito de la pornografía es que crea expectativas poco realistas con respecto a la perfección de la forma femenina. En otras palabras, no es malo porque contraviene los códigos tradicionales de la moral sexual. Es malo porque puede tener un efecto perjudicial en la sensación interna de bienestar de algunas mujeres con su apariencia física. Es malo cuando falla la prueba terapéutica.[39]

EL SIGNIFICADO SOCIAL DE LA PORNOGRAFÍA

Dejando de lado la cuestión de sus orígenes y «abastecimiento», también debemos tener en cuenta que la pornografía tiene un significado social más profundo. Desde esta perspectiva, la cuestión de si las personas involucradas en los actos sexuales representados en imágenes y películas pornográficas han consentido tales cosas es irrelevante para el mensaje que se está comunicando. Los mundos de fantasía que no se controlan tienen la costumbre de afectar la realidad y rehacerla a su propia imagen. Y eso se aplica tanto, si no es que más, en el ámbito de la sexualidad como en cualquier otra área.

Como Roger Scruton ha señalado, los encuentros sexuales reales son interpersonales:

---

39. Women's Health Book Collective, *Our Bodies, Ourselves*, 58-60.

El principio de «realidad» por el cual se regula el acto sexual normal es un principio de encuentro personal, que nos ordena respetar a la otra persona, y respetar, también, la santidad de su cuerpo, como la expresión de otro yo.[40]

Scruton —¡quien no es marxista!— procede a aplicar el término marxista «fetichizado» a lo que la fantasía sexual (y, por lo tanto, pornografía *a fortiori*) hace a los actos sexuales: la otra persona no se convierte en un fin sino más bien en un medio para un fin, el del placer personal y la satisfacción sexual del consumidor individual. En resumen, las fantasías sexuales que se muestran en la pornografía tienen potentes implicaciones metafísicas y éticas: proyectan una visión muy específica del mundo y de otros yo. En términos de Taylor, moldean profundamente el imaginario social.[41]

Quizás el punto más obvio en este contexto es que la pornografía separa el sexo del encuentro corporal real. La moral sexual tradicional, que consideraba que la actividad sexual estaba restringida a la que había entre un hombre y una mujer en una relación de por vida, asumía que la actividad sexual legítima tenía que implicar un encuentro corporal interpersonal real dentro del contexto de una relación social más amplia y continua. Eso significaba que algún tipo de respeto por las necesidades y los deseos de la otra persona era necesario en cualquier acto sexual. Esto sigue vigente incluso en nuestros días de ética sexual caótica en forma de consentimiento, ya que proporciona la única condición previa necesaria para hacer que un encuentro sexual sea moralmente aceptable. Cuando falta este respeto, el acto se considera violación, como agresión a la otra persona. Y podríamos notar que la agresión sexual siempre ha sido, y sigue siendo, típicamente considerada como más grave que otras

---

40. Roger Scruton, *Sexual Desire: A Moral Philosophy of the Erotic* (New York: Free Press, 1986), 346.

41. Scruton afirma: «En su mundo [del fantasista sexual], el encuentro sexual ha sido "fetichizado" para usar el término marxista adecuado, y cualquier otra realidad humana ha sido envenenada a expensas del otro». *Sexual Desire*, 346.

formas de atención física no deseada. Una bofetada en la cara puede ser muy desagradable, pero no conlleva el estigma social ni las consecuencias legales de una violación, y eso por una buena razón: la agresión sexual golpea profundamente a quienes somos en el núcleo de nuestro ser. Niega nuestro ser pleno y nuestra identidad. Sin embargo, la pornografía también ataca todo esto. Separa el placer sexual del observador del encuentro corporal y, por lo tanto, lo convierte en un asunto privado y personal, y trivializa el acto sexual retratado haciéndolo significativo solo como una cuestión de entretenimiento de terceros.

Este mensaje —que el sexo tiene que ver con el individuo y la satisfacción personal y el placer que puede derivar de él sin referencia al otro— está en consonancia con lo que hemos notado sobre el surgimiento del hombre psicológico y la sociedad terapéutica, en la que la felicidad es un sentido interno de bienestar psicológico personal. Uno no tiene que leer a Freud y Reich para ser persuadido de esa visión de la vida. Uno puede simplemente ver pornografía, o, de hecho, las abundantes tramas sexuales de innumerables películas, comedias, telenovelas e incluso comerciales. Si la libertad y la felicidad se personifican en la satisfacción sexual, entonces la pornografía se convierte en un medio, tal vez el medio obvio y ciertamente el más fácil y menos costoso personalmente, de liberación y realización.

Estrechamente relacionado con este desapego del sexo del encuentro corporal está el desapego del sexo de la narrativa interpersonal. Una vez más, una de las características de los códigos morales tradicionales que restringían la actividad sexual legítima dentro de los límites del matrimonio era que también significaba que los actos sexuales recibían su significado en gran parte debido al contexto narrativo más amplio en el que ocurrían. Dentro de tal marco, la relación entre un esposo y una esposa es única precisamente porque es la única relación que cada uno de ellos tiene que está marcada, o sellada, por la intimidad sexual. Y que la intimidad sexual, por lo tanto, posee significado debido a su contexto continuo. Es lo único que hace que la amistad de un esposo y una esposa sea única en comparación con cualquiera de las otras relaciones y cualquiera de las otras narrativas interpersonales que dan forma a sus identidades. Los votos matrimoniales anglicanos tradicionales (en la riqueza y en la pobreza, en salud y en enfermedad, hasta que la muerte nos separe) dan testimonio de esta cualidad distintiva. Los encuentros sexuales entre un esposo y una esposa encuentran su significado más profundo no en el placer personal del momento, sino en la forma en que esos encuentros están destinados a fortalecer y reforzar la relación única que existe entre los dos socios, una relación moldeada por un pasado y presente compartidos encaminado a un futuro compartido.

Una vez más, la pornografía, con su mensaje de que el sexo se trata de satisfacción personal, se centra en el placer del momento presente, sin referencia al pasado o al futuro. Promueve una visión del sexo como la actividad del *orgiast sempiterno*, el que vive para el placer sexual en el aquí y ahora sin pensar en el futuro. Presenta una visión del sexo en la que los participantes se mueven sin esfuerzo de un encuentro en el presente al siguiente sin consecuencias significativas. En este sentido, es continua con las innumerables tramas de películas, telenovelas y comedias en las que las relaciones sexuales existen y se rompen con un costo emocional mínimo para los involucrados. La pornificación de la cultura implica inevitablemente la trivialización del sexo.

Mucha evidencia también sugiere que la pornografía ha ejercido un efecto dramático en las expectativas sexuales, especialmente las de los hombres, y ha servido particularmente mal a las mujeres en este sentido. Esta observación ha sido un elemento básico de la crítica feminista tradicional. Comentando sobre el papel de la pornografía en la promoción de la violencia sexual, la teórica feminista Adrienne Rich señala:

La pornografía no crea simplemente un ambiente en el que el sexo y la violencia son intercambiables; *amplía la gama de comportamientos considerados aceptables de los hombres en las relaciones heterosexuales,* un comportamiento que despoja reiterativamente a las mujeres de su autonomía, dignidad y potencial sexual, incluido el potencial de amar y ser amados por las mujeres en reciprocidad e integridad.[42]

Uno podría basarse en lo que Rich dice aquí para plantear una conexión con el lesbianismo: como la pornografía alienta a los hombres a tratar a las mujeres como objetos y abusar de ellas, ¿no es probable que las mujeres busquen de otras mujeres el tipo de compañía emocional en la que la actividad sexual debidamente ordenada está destinada a ser el sello?

Sin embargo, incluso entre los *orgiasts sempiternos* de la cultura de la pornografía, es interesante notar de pasada que hay evidencia que sugiere que la necesidad de narrativa, la necesidad de saber algo sobre la persona con la que uno se involucra en la actividad sexual, la necesidad de historia, de un pasado, es algo de lo que la industria del sexo comercial es consciente. La evidencia de este sentimiento proviene de una fuente poco probable. En 2017, la Fundación para la Robótica Responsable emitió un informe titulado *Our Sexual Future with Robots* (Nuestro futuro sexual con robots), en el que se abordaba el tema de lo que haría realmente satisfactorio un encuentro sexual con una máquina. El siguiente comentario es interesante:

Es una cuestión empírica si un robot puede o no generar la misma experiencia que un ser humano. Esto es dudoso cuando escuchamos las narrativas de algunas trabajadoras sexuales que sugieren que el placer de otro humano a menudo puede estar vinculado a entrar

---

42. Adrienne Rich, «Compulsory Heterosexuality and Lesbian Existence», *Signs* 5 (1980): 641; énfasis original. Existe una creciente evidencia empírica de que la afirmación filosófica de Rich es correcta: ver Mary Anne Layden, «Pornography and Violence: A New Look at the Research», in Stoner and Hughes, *Social Costs of Pornography*, 57-68; A. J. Bridges, R. Wosnitzer, E. Scharrer, C. Sun, and R. Liberman, «Aggression and Sexual Behavior in Best-Selling Pornography Videos: A Content Analysis Update», *Violence against Women* 16, no. 10 (2010): 1065-1085.

en la vida y los vínculos emocionales de otro humano y sentir su disfrute. Como dice una trabajadora sexual: «A mis clientes siempre les gustaba empujar los límites. Les gusta el hecho de que se están metiendo debajo de tu piel [...]. También les gusta conocer al verdadero tú [...]».

Otras trabajadoras sexuales nos dicen que a los clientes les gusta festejar con ellas uniéndose a ellas en el consumo de drogas y conociendo su historia de fondo como una novia real.[43]

Para los expertos en robótica, este elemento relacional plantea el desafío específico de hacer robots con una historia de vida falsa, pero seguramente apunta al hecho general de que el sexo podría no ser reducible a una liberación meramente física después de todo. Como el intento de hacer del sexo simplemente una cuestión de placer corporal personal instantáneo y puntual está en desacuerdo con nuestra comprensión intuitiva de que el sexo es más significativo que eso, y como todos sabemos que la agresión sexual es intrínsecamente más atroz que una simple bofetada, al menos la evidencia anecdótica sugiere que el desapego de los encuentros sexuales de una narrativa interpersonal más profunda elimina algo que los seres humanos quieren. El sexo no es reducible a un momento de placer físico personal; hay una dimensión psicológica que tiene referencia a la otra persona involucrada en el encuentro. El sexo es relacional, para bien o para mal, como indican los informes de robótica y fenómenos tan modernos como el movimiento *#MeToo* [#YoTambién].

Pero si la pornografía separa el sexo del contexto narrativo pasado, también lo separa de las consecuencias futuras. Se podría argumentar que esto también es cierto para el aborto y la anticoncepción y que,

43. Noel Sharkey, Aimee Van Wynsberghe, Scott Robbins and Eleanor Hancock, *Our Sexual Future with Robots: A Foundation for Responsible Robotics Consultation Report* (The Hague, Netherlands), 13, consultado el 6 de abril de 2019, https://responsible-robotics-myxf6pn3xr .netdna-ssl.com/wp-content/uploads/2017/11/FRR-Consultation-Report-Our-Sexual-Future-with-robots-.pdf.

por lo tanto, la pornografía es parte de una cultura más amplia de desapego del sexo de cualquier contexto más amplio. Hay cierta plausibilidad a esta acusación, ya que tanto el aborto como la anticoncepción permiten separar el sexo de la producción de niños, las consecuencias más obvias del sexo. Pero la pornografía implica un desapego mucho más radical del sexo del futuro, incluso que el proporcionado por el aborto. El consumidor de pornografía está completamente alejado de cualquier consecuencia necesaria sobre la base de que no está participando personalmente en ningún acto sexual con otra persona en absoluto. Esto le permite sentir que no es vulnerable a las consecuencias. El hombre que tiene un encuentro causal de una noche o utiliza los servicios de una prostituta todavía se expone en algún nivel al riesgo interpersonal y las consecuencias concomitantes. Tiene que entregar dinero; sabe que existe el peligro de que la mujer se lo diga a su esposa; puede ser atrapado por la policía; y así sucesivamente. El hombre solitario sentado frente a la pantalla de una computadora en la privacidad de su propia casa es fácilmente capaz de persuadirse a sí mismo de que no arriesga prácticamente nada. No se le exige nada, y no da nada a cambio. Es, para usar el término de Mark Regnerus, sexo muy barato.[44]

Finalmente, la pornografía separa el sexo de cualquier contexto ético. La ética es una función de la narrativa, una función de las relaciones, una función del contexto y las consecuencias, y debido a que todo esto está ausente en el consumo de pornografía, el mensaje constante que se proyecta es que el sexo en sí mismo no tiene un contexto ético o contenido moral intrínseco. Una vez más, el hecho de que Bolz-Weber se refiera a la «pornografía de origen ético» y,

---

44. Por supuesto, tal hombre puede estar tomando riesgos significativos, dada la realidad del seguimiento web e incluso de ver inadvertidamente contenido ilegal. Pero es mucho más fácil para él convencerse a sí mismo de que tales riesgos contemporáneos son remotos que para un miembro de una generación anterior hacerlo en relación con los riesgos más obviamente inmediatos que enfrentó. Y los actores en la pantalla no representan ningún peligro para él en absoluto.

por lo tanto, plantee la cuestión de su origen como el único criterio para juzgar la moralidad de la pornografía es traicionar el hecho de que considera que la pornografía en sí misma, como un concepto, no tiene ningún valor moral de una manera u otra más allá de la relacionada con si los actos representados son consensuados. Esta creencia pasa por alto el punto hecho por Mona Charen, que la pornografía es degradante, y no simplemente para las mujeres involucradas, un punto que ella ve como pasado por alto incluso por las críticas feministas:[45]

> Las feministas veían lo porno, precisamente, a mi juicio, como una degradación de las mujeres. Sin embargo, siempre interpretan la vida a través de la estrecha lente de la opresión de las mujeres por parte de los hombres, lo que les impide ver que su daño es a la dignidad humana y no solo a las mujeres como grupo. La pornografía fomenta la inmoralidad porque trata a las personas como medios, no como fines, que es exactamente lo que hace el sexo casual. La pornografía es, en cierto sentido, el punto final lógico de la revolución sexual porque completa la separación del sexo del amor y las relaciones. La liberación sexual se mercantiliza, se empaqueta y se vende. El derecho al placer puede estar asegurado, 24/7, pero lleva consigo la degradación de los seres humanos.[46]

---

45. Las palabras del filósofo católico Dietrich von Hildebrand con respecto al sexo fuera del contexto de la relación matrimonial tienen claras implicaciones para el significado metafísico subyacente de la pornografía: «En el momento en que trato el sexo físico como algo completo en sí mismo y no tengo en cuenta su función más profunda, es decir, en el amor matrimonial, falsifico su significado último y me vuelvo ciego al misterio que contiene. El sexo físico es ciertamente algo distinto del amor, pero, sin embargo, entre él y el amor matrimonial subsiste una armonía preestablecida. Su verdadero significado como experiencia es inseparable de su carácter como expresión y flor de un tipo específico de amor». *In Defense of Purity: An Analysis of the Catholic Ideals of Purity and Virginity* (Steubenville, OH: Hildebrand, 2017), 7.

46. Mona Charen, *Sex Matters: How Modern Feminism Lost Touch with Science, Love, and Common Sense* (New York: Crown Forum, 2018), 53. Roger Scruton hace una observación similar en términos de la diferencia estética entre el arte erótico y la pornografía: «Al distinguir lo erótico y lo pornográfico, realmente estamos distinguiendo dos tipos de interés: el interés en la persona encarnada y el interés en el cuerpo [...]. La pornografía, como la esclavitud, es una negación del sujeto humano, una forma de negar la demanda moral de que los seres libres deben tratarse unos a otros como fines en sí mismos». Roger Scruton, *Beauty: A Very Short Introduction* (Oxford: Oxford University Press, 2009), 159.

El punto final de Charen es el más perceptivo: la pornografía personifica la revolución sexual porque presenta el sexo como un acto meramente físico y placentero que está divorciado de cualquier significado relacional mayor.

Y eso, a su vez, significa que la pornografía es simplemente una manifestación de nuestro mundo contemporáneo de terapia e individualismo expresivo, donde el sexo en sí mismo no tiene un contenido moral intrínseco y la ética sexual pende del hilo del consentimiento. Por lo tanto, podríamos concluir que personas como Bolz-Weber, aunque obviamente no figuran entre los pensadores más profundos sobre el tema de la ética sexual, son sin embargo grandes ejemplos del espíritu terapéutico y expresivista de la época: si la pornografía funciona para ti, si promueve esa sensación de bienestar interior que es el imperativo moral básico de la era terapéutica, entonces, mientras nadie se haya perjudicado en su producción, mientras todos en el set de filmación consientan (y no nos preocupemos demasiado por la naturaleza problemática de definir y discernir el consentimiento), entonces todo está bien. Este pensamiento es un elemento básico de cómo se concibe el sexo en nuestro imaginario social moderno.

CULTURA POP PORNIFICADA
Si la carga de este capítulo ha sido mostrar que la mercadotecnia del sexo tiene un papel fundamental en la sociedad moderna, ya sea a través de las ambiciones pretenciosas de los surrealistas o el hedonismo puro de Hefner y sus hijos espirituales, entonces vale la pena reflexionar por un momento sobre qué tan total ha sido el triunfo de lo erótico.

Señalé en el capítulo 6 que una de las principales contribuciones de Freud fue su afirmación de que los niños son seres sexuales, que la sexualidad no puede ser algo que se limita al período de la vida después de la pubertad. Esa idea se apodera de la imaginación educativa popular, donde cada problema sexual, desde el embarazo adolescente hasta las enfermedades de transmisión sexual, debe abordarse desde la perspectiva de una mayor educación sexual, y la de un tipo meramente técnico, divorciado de cualquier marco moral tradicional. La aparición de los derechos de los homosexuales, y ahora los derechos de las personas transgénero, solo ha servido para intensificar la presión por dicha educación sexual cada vez más temprano en la vida de un niño.[47]

Sin embargo, no es solo en el campo de la educación donde vemos el triunfo de lo erótico, o quizás mejor dicho de lo pornográfico. El ámbito de la cultura pop también proporciona mucha evidencia de esto. Los programas de telerrealidad, la apoteosis del individualismo expresivo como entretenimiento, está llena de temas sexuales, al igual que las telenovelas, las comedias y las películas. El viejo chiste de que las actrices solo aparecen desnudas «cuando la trama lo exige» ahora parece algo inútil; en un mundo en el que lo erótico ha triunfado, es probable que la trama siempre lo exija porque eso es lo que el público ha llegado a esperar como signo de autenticidad. El movimiento #MeToo ha planteado preguntas obvias sobre cómo filmar tales escenas en la era moderna, pero uno podría responder que tales preguntas ocurren solo en un mundo en el que los encuentros sexuales desnudos en la pantalla se han vuelto aparentemente indispensables, un mundo en el que lo erótico ya ha triunfado.

La música pop es particularmente interesante en este sentido. Es quizás uno de los productos por excelencia de la sexualización de nuestra cultura individualista expresiva que se centra en la actuación pública de todos y cada uno de los sentimientos internos. También es un gran ejemplo de la forma en que la juventud se ha convertido en una prioridad de nuestra cultura, tanto por los fundamentos filosóficos del individualismo expresivo (en el que la sociedad es la que

---

47. Ver, por ejemplo, Colleen Shalby, «Controversial Sex Education Framework for California Approved despite Protest», *Los Angeles Times*, 10 de mayo de 2019, https://www.latimes.com/local/lanow/la-me-sex-education-california-20190510-story.html.

corrompe, que otorga así a la infancia una cierta autenticidad de la que carece la edad adulta) como por la importancia de la mercadotecnia juvenil para la economía de consumo. Y las letras, la estética y las preocupaciones de muchos de sus principales ejemplos son profundamente sexuales.

Cuando una bomba terrorista explotó en el concierto de Ariana Grande en Manchester, Reino Unido, en 2017, *The New York Times* informó sobre la tragedia e hizo la observación pasajera de que la audiencia estaba compuesta por «admiradores adolescentes».[48] Esa afirmación no es sorprendente ya que Grande se comercializa para adolescentes. Lo que es interesante, sin embargo, es que sus letras son muy explícitas sexualmente, con frecuentes referencias a las relaciones sexuales, el deseo sexual insaciable y los encuentros sexuales casuales. En su canción *Right There* [Justo ahí], con un caballero conocido como «Big Sean», incluso ofrece un resumen conciso de cómo el individualismo expresivo y lo terapéutico encuentran expresión en una cultura altamente sexualizada. La claridad concisa de Grande en este sentido seguramente debería hacer que el detallista Charles Taylor y el opaco Philip Rieff se reverdezcan de envidia, ya que celebra los deseos individuales y se pregunta cómo algo que «se siente tan bien» puede estar mal.[49] Por supuesto, podría objetarse que la gente compre música pop por cómo los hace sentir, no por las letras. Pero seguramente hay algo significativo en el hecho de que los artistas pop ahora comercializan canciones sexualmente explícitas, a menudo acompañadas de videos eróticos, a los adolescentes. Si las letras no importan, ¿por qué tantas de estas canciones están preocupadas por el sexo? Esta realidad seguramente indica algo de la forma en que el sexo ha llegado a ser el lenguaje dominante para

---

48. Rory Smith and Sewell Chan, «Ariana Grande Manchester Concert Ends in Explosion, Panic and Death», *New York Times*, 22 de mayo de 2017, https://www.nytimes.com/2017/05/22/world/europe/ariana-grande-manchester-police.html.

49. Para la letra de la canción, ver Ariana Grande, *Right There*, AZLyrics, consultado el 23 de julio de 2019, https://www.azlyrics.com/lyrics/arianagrande/rightthere.html.

el individualismo expresivo en nuestra cultura contemporánea. Estos cantantes serían objeto de burla si produjeran canciones con letras que abogaran por el celibato o criticaran la actividad sexual prematrimonial. Lo erótico/pornográfico ha triunfado en nuestra cultura hasta el punto de que la defensa de las costumbres sexuales tradicionales ha llegado a ser considerada en el mejor de los casos como ridícula, en el peor como francamente inmoral y opresiva. Cuando Nadia Bolz-Weber hizo un llamado para que la gente enviara sus anillos de pureza para poder derretirlos y rehacerlos en una vagina gigante, no solo estaba participando en uno de sus intentos típicamente desesperados de agarrar un titular impactante, sino que también estaba jugando con las prioridades de nuestro *Sittlichkeit* contemporáneo, que recompensa y enaltece a aquellos que ponen sus rostros en contra de cualquier cosa que se parezca a la modestia tradicional o los códigos sexuales. El imaginario social ha hecho que el pensamiento reichiano sea intuitivo.

La afirmación filosófica que estoy haciendo aquí es que la normalización de la pornografía en la cultura dominante está profundamente conectada a la cultura dominante rechazando cualquier tipo de orden sagrado. La pornografía lleva consigo una filosofía del sexo y de lo que significa ser humano que es contrario a las perspectivas religiosas tradicionales, en el caso de Occidente principalmente cristiana. Por lo tanto, es a la vez sintomático y constitutivo del mundo decreado y desacralizado que emerge en los tiempos modernos, con raíces en Rousseau y el romanticismo, y con una expresión aguda en modismos filosóficos y científicos por Marx, Nietzsche, Darwin, Freud y la nueva izquierda. El triunfo de la pornografía es a la vez evidencia de la muerte de Dios y un medio por el cual es asesinado.[50]

---

50. Está surgiendo evidencia empírica que apoya mi punto filosófico sobre las implicaciones metafísicas de la pornografía. En un importante artículo de 2017, los sociólogos Samuel L. Perry y George M. Hayward argumentan que existe un vínculo claro entre el uso de la pornografía y el rechazo de las creencias religiosas tradicionales, particularmente entre los adolescentes. Ver Perry y Hayward, «Seeing Is (Not) Believing: How Viewing Pornography

El triunfo de lo erótico y la anticultura

Rieff, siguiendo a Freud, ve las culturas definidas por lo que prohíben, específicamente aquellas actividades y relaciones sexuales que prohíben.

Desde esta perspectiva, entonces, el triunfo de lo erótico, con su rechazo integral de los códigos sexuales tradicionales, marca la muerte de la cultura tradicional y la llegada de la anticultura. Expresado en otra terminología rieffiana, encarna la muerte del primer y segundo mundo, construido sobre el orden sagrado, y el surgimiento de un tercer mundo, construido sobre el rechazo de cualquier orden sagrado. No es que los terceros mundos se basen en segundos mundos; los repudian y los demuelen.

El surrealismo y la incorporación de la pornografía son fundamentales para este desarrollo. Para los surrealistas, el proyecto estaba íntimamente conectado con la idea de la revolución socialista, y Breton y sus colegas identificaron correctamente el derrocamiento de la moral sexual como el medio para derrocar una cultura occidental que se construyó sobre una ética sexual cristiana. Hugh Hefner y aquellos que lo siguieron pueden no haber tenido los mismos objetivos políticos autoconscientes que los surrealistas, pero su impacto no ha sido menos revolucionario. La pornografía y la pornificación de la cultura pop han sido fundamentales para la destrucción de las normas sexuales, para el refuerzo de una visión individualista expresiva de la identidad y para la transformación de Occidente. En el fondo, hace de la gratificación sexual individual el estándar de oro de la felicidad humana personal y, por lo tanto, hace que el sexo sea una cuestión del ideal terapéutico, no de ningún tipo de moralidad objetiva; prioriza el instante presente sobre el pasado o el futuro; y promueve una visión de la historia que juega precisamente con el tipo de narrativa que se apodera de la imaginación popular: el pasado es

Shapes the Religious Lives of Young Americans», *Social Forces* 95, no. 4 (2017): 1757-1788, https://www.ncbi.nlm.nih.gov/pmc/articles/PMC5439973/.

una tierra de represión sexual y, por lo tanto, de opresión. El presente y el futuro ofrecen la oportunidad de libertad precisamente a través del rechazo de las costumbres sexuales de ese pasado y las prácticas sociales relacionadas. Y la naturaleza de raíz y ramificación de esta revolución no debe subestimarse: no busca simplemente expandir las categorías morales tradicionales, sino demonizarlas y destruirlas. Hugh Hefner no buscaba ampliar la definición de modestia más de lo que Miley Cyrus o Ariana Grande están tratando de ampliar el concepto de castidad a través de sus actuaciones teatrales y letras explícitas. Debatir sobre las longitudes de las faldas o la aceptabilidad de los bikinis asume un concepto de modestia y luego busca encontrar dónde podrían estar sus límites en un momento dado. La pornografía busca hacer del concepto mismo de modestia una noción ridícula y poco realista en su totalidad. Ya sea que el ataque provenga de la nueva izquierda, con su visión de la modestia como un instrumento ideológico de opresión, o de los hedonistas, para quienes la idea es simplemente una herramienta utilizada por los aguafiestas para evitar que otros se diviertan y sean quienes quieren ser, el resultado es el mismo: la modestia es inmoral, y las personas modestas son reprimidas, incompletas, y menos satisfechas de lo que podrían o deberían ser.

Uno podría responder diciendo que otras culturas, el primer y segundo mundo, tenían un lugar para el sexo que hoy podríamos caracterizar como pornográfico. El texto sánscrito *Kama Sutra* podría ser uno de esos ejemplos, a los que podríamos agregar las aventuras sexuales de los dioses griegos. La diferencia entre estos ejemplos antiguos y el sexo en el mundo moderno, sin embargo, es que la pornografía separa el sexo de cualquier tipo de significado trascendente. *Kama Sutra* buscaba establecer el placer sexual en el contexto más amplio de una vida feliz bien vivida, y las aventuras sexuales de los dioses griegos no fueron pensadas como patrones normativos de comportamiento por los cuales la sociedad podría organizarse. Nadie puede negar que el sexo ha sido una poderosa fuerza cultural. Pero el desapego del sexo de cualquier narrativa metafísica más grande y su ubicación en el centro de cómo pensamos de nosotros mismos es nuevo y, se podría agregar, letal para las culturas del primer y segundo mundo.

Esto me lleva a la cuestión de cómo este cambio da forma al imaginario social. Esta transformación de las costumbres sexuales ha afectado profundamente al *Sittlichkeit* de la sociedad, ese marco de valores que proporciona la gramática y la sintaxis del reconocimiento, aquel por el cual el individuo expresa su identidad personal de una manera que es reconocida por los demás. Como se señaló en la parte 3, la idea de que la sexualidad es identidad es ahora básica e intuitiva en el Occidente, y esto significa que todos los asuntos relacionados con el sexo son, por lo tanto, asuntos que conciernen a quiénes somos en el nivel más profundo. El sexo es identidad, el sexo es política, el sexo es cultura. Y el centro de este pensamiento es la noción de que los códigos sexuales tradicionales que valoran el celibato y la castidad en realidad militan contra la autenticidad, algo que ahora es intuitivo. Señalé en la introducción que nadie tiene que haber visto la película *Virgen a los 40* para saber que es una comedia, porque la idea de alguien virgen de mediana edad hoy en día es evidentemente cómica. En nuestro mundo, habla de alguien que es de alguna manera inadecuado o que no ha podido ser un ser humano completamente realizado. Llegar a los 40 años sin ser sexualmente activo es indicativo de una vida fallida. Ese es el resultado de una cultura, de un imaginario social, en el que la satisfacción sexual personal en el contexto de la libertad sexual acorralada solo por la noción de consentimiento se presenta como la norma a la cual aspirar para una propia identidad humana.

Sin embargo, este triunfo de lo erótico a través de la crudeza de la pornografía y la vulgaridad de la sociedad en la que la pornografía puede entrar plausiblemente en lo convencional de la cultura es también, para usar una frase de Mario Vargas Llosa, la desaparición del erotismo. La desaparición de los tabúes y la exhibición pública de lo que debería ser más privado e íntimo destruye cualquier misterio, y significado trascendente, que pueda aplicarse al sexo y la sexualidad. Cuando el sexo se reduce a nada más que una función biológica agradable, una actividad recreativa sin significado intrínseco más allá del placer inmediato que implica, y está restringido por nada más que el concepto a menudo confuso y complicado del consentimiento mutuo, entonces los seres humanos se reducen a sí mismos. Para citar a Llosa:

> La inanidad y la vulgaridad que ha ido socavando la cultura también ha dañado de alguna manera uno de los logros más importantes de la sociedad democrática en nuestros días: la liberación sexual, la desaparición de muchos tabúes y prejuicios que rodean la vida erótica. Porque, como en el arte y la literatura, la desaparición de la idea de forma en materia de sexo no es un progreso sino un movimiento hacia atrás que desnaturaliza la libertad y empobrece el sexo, reduciéndolo a algo puramente instintivo y animalista.[51]

Esa sociedad cruda y vulgar es el mundo en el que vivimos ahora y, si somos honestos, del que somos cómplices. El imaginario social moderno en el que la revolución sexual es profundamente influyente es el imaginario social de todos nosotros.

---

51. Mario Vargas Llosa, *Notes on the Death of Culture: Essays on Spectacle and Society*, trans. John King (New York: Picador, 2012), 99.

9

El triunfo de lo terapéutico

¡Gloria al hombre en las alturas! Porque el hombre es el dueño de las cosas.

ALGERNON SWINBURNE, «HIMNO DEL HOMBRE»

Si el triunfo de lo erótico es evidente a través de la prevalencia y la influencia de la pornografía en la sociedad actual, también debe entenderse como parte del cambio mucho más amplio en las nociones dominantes de individualidad y realización humana. Esto fue caracterizado por Philip Rieff como «el triunfo de lo terapéutico», la frase que usó para el título de su importante libro de 1966; en retrospectiva, sin embargo, el triunfo acababa de comenzar a mediados de la década de 1960. Los más de 50 años transcurridos desde esa fecha han sido testigos de la lenta y constante transformación de todos los ámbitos de la vida pública por parte de lo terapéutico. Y en ningún lugar es esto más evidente que en asuntos de ética pública, ya sea definidos por la ley, por los pensadores más influyentes en el campo, o en el comportamiento que ha llegado a ser casi rutinario en los campus universitarios. De hecho, si uno desea ver cuán profundas son las patologías identificadas en la narrativa en las partes 2 y 3 en la cultura occidental moderna, entonces uno no necesita ver más allá de la Suprema Corte de los Estados Unidos, las aulas de la *Ivy League* y el comportamiento estudiantil y las protestas en el campus que han tomado tantos titulares en los últimos años. La lógica de los tres es esencialmente la misma: la del individualismo expresivo que se manifiesta en la esfera pública y, a menudo, impulsado por preocupaciones terapéuticas.

La Suprema Corte y el matrimonio gay

En teoría, es el papel de los tribunales de justicia interpretar la ley y aplicarla a las cuestiones y los problemas contemporáneos a medida que se presentan. Sin embargo, es precisamente esa cuestión de interpretación la que hace que los juicios jurídicos sean un fenómeno histórico tan interesante. Los jueces también son seres humanos; tienen un contexto histórico y una conciencia históricamente formada; y, por lo tanto, están sujetos a que sus opiniones y su enfoque del significado de los textos jurídicos estén moldeados por la cultura que los rodea y por la forma en que entienden que la sociedad se ha desarrollado. Cuando se trata de la Constitución estadounidense, el originalismo (la convicción de que la ley debe leerse de acuerdo con la comprensión de quienes la redactaron originalmente) puede haber recibido una nueva vida a través del trabajo de Antonin Scalia, pero apenas ha conseguido imponerse en una serie de decisiones clave. De hecho, numerosas decisiones de la Suprema Corte proporcionan evidencia de primera clase de la naturaleza generalizada de una variedad de temas que hemos explorado en capítulos anteriores, desde el surgimiento del individualismo expresivo y la psicologización del yo hasta la tendencia antihistórica que irónicamente a menudo se ha vestido bajo el disfraz de estar en «el lado correcto de la historia».

Quizás el ejemplo más obvio de este cambio es el fallo de la mayoría de 2015 en *Obergefell contra Hodges*, que encontró el derecho al matrimonio gay en la Constitución. Esta decisión captura el espíritu de nuestra época de muchas maneras, dado que refleja el cambio de actitudes hacia el sexo y el matrimonio. Sin embargo, el fallo no surgió en el vacío, sino que representó la culminación de una trayectoria de decisiones legales que comenzó algunas décadas antes, más obviamente en la decisión de la Suprema Corte en el caso de *Planned Parenthood of Southeastern Pennsylvania contra Casey*, 505 U.S. 833, 851 (1992). Cuando la decisión *Obergefell contra Hodges* se establece en el contexto de esta narrativa más larga, queda claro cuán profundamente arraigados están los cambios en nuestra cultura de lo que *Obergefell contra Hodges* puede reflejar y de lo que depende. El matrimonio gay no hizo que el matrimonio gay sea plausible; la Suprema Corte no hizo plausible el matrimonio homosexual. El matrimonio gay es plausible debido a la transformación más amplia del imaginario social que hemos notado en capítulos anteriores, y los antecedentes y la justificación ofrecidos por la mayoría para la decisión de Obergefell demuestran este hecho.

PLANNED PARENTHOOD OF SOUTHEASTERN PENNSYLVANIA CONTRA CASEY (1992)

El caso de la Suprema Corte de *Planned Parenthood of Southeastern Pennsylvania contra Casey* fue presentado por varias clínicas de aborto de *Planned Parenthood* contra un proyecto aprobado de la ley de Pensilvania que buscaba imponer restricciones al aborto, como la necesidad de asesoramiento previo al aborto y el consentimiento conyugal. Fue históricamente significativo como una oportunidad, después de varios nombramientos por presidentes republicanos pro-vida, para que *Roe contra Wade*, 410 U.S. 113 (1973), fuera revocado como precedente por la Suprema Corte. De hecho, resultó ser una decepción desde esa perspectiva porque no hizo nada para anular las tenencias centrales de *Roe*. Pero esa no es la preocupación aquí. El verdadero interés de la decisión para mi argumento en este libro no radica tanto en los detalles de sus hallazgos con respecto al aborto como en la definición de libertad personal que expresó y también en la forma en que aplicó el principio de precedente legal. La declaración sobre la libertad personal y la autodefinición que contenía se ha vuelto infame desde entonces por la forma en que efectivamente da estatus legal a una noción subjetiva y plástica de lo que significa ser humano. La poiesis aquí triunfa decisivamente sobre la mímesis. El pasaje clave dice lo siguiente:

> En el corazón de la libertad está el derecho a definir el propio concepto de existencia, de significado, del universo y del misterio de la vida humana. Las creencias sobre estos asuntos no podían definir los atributos de la personalidad si se formaban bajo la compulsión del Estado.[1]

Esta es una articulación concisa del individualismo expresivo y la subjetividad psicológica con respecto al yo que hemos trazado en su desarrollo desde Jean Jacques Rousseau hasta nuestros días. Tal declaración realmente debería considerarse incoherente cuando proviene de un cuerpo legal porque podría decirse que es místico en su enfoque de la personalidad. ¿Y para qué existe la ley si no es para establecer o mantener bajo algún tipo de compulsión o restricción una noción más amplia de la personalidad humana que trascienda las convicciones personales de cualquier individuo dado? Los asesinos en serie y los abusadores de niños todavía (afortunadamente) no tienen el derecho de «definir su propio concepto de existencia» en los Estados Unidos del siglo xxi. Su derecho a definir su propio concepto de existencia está restringido por el hecho de que sus llamamientos elegidos son ilegales y están sujetos a severas sanciones legales. Sin embargo, esta declaración suena tan plausible y se presenta como parte de lo que se supone que es un argumento legal serio porque captura con tanta precisión la forma en que la mayoría

---

1. Planned Parenthood of Southeastern Pennsylvania contra Casey, 505 U.S. 833, 851 (1992), https:// www.law.cornell.edu/supremecourt/text/505/833.

de las personas —incluidos, al parecer, varios jueces de la Suprema Corte— se imaginan a sí mismos. Es consistente, podríamos decir, con el *Sittlichkeit,* el marco ético, de la sociedad en general y, por lo tanto, es inmune a un desafío significativo. Resuena con las intuiciones del imaginario social moderno. Y su importancia para los fallos posteriores sobre la homosexualidad y el matrimonio gay radica en el hecho de que consolida en la ley la noción de libertad individual que subyace al concepto moderno de individualidad que encontramos expresado en la revolución sexual.

El segundo aspecto significativo de la opinión del tribunal es el peso que se le da a la naturaleza precedente de *Roe contra Wade* en la configuración de la decisión. La opinión de *Casey* comienza con la declaración de que «la libertad no encuentra refugio en una jurisprudencia de duda» y luego procede a comentar que el hecho de que *Roe contra Wade* estableciera un claro precedente legal sobre el tema del derecho al aborto había formado una parte importante del razonamiento de la corte. Por supuesto, los precedentes legales no son absolutos y pueden ser anulados, pero se deben utilizar criterios específicos para asegurarse de que estos no sean hechos comunes. La anulación casual del precedente quitaría autoridad y la estabilidad de la corte. El estándar utilizado en este caso para decidir si el precedente debía ser revocado era si la participación central en *Roe* había demostrado no ser factible o había sido socavada por los desarrollos en el derecho constitucional en los años posteriores al fallo. El dictamen afirmaba que no era así y, por lo tanto, se mantenía el precedente.

Las complejidades de la aplicación del precedente en este caso específico no son lo que más interesa en el desarrollo del derecho constitucional en los años previos a *Obergefell contra Hodges.* Más bien, es la aplicación arbitraria de este principio, como lo revela un caso posterior, lo que es tan revelador sobre la forma en que las decisiones legales reflejan la dinámica de la cultura —o para usar el término de Rieff, la anticultura— de nuestros días. La voltereta sobre el precedente que involucró el caso posterior de *Lawrence contra Texas,* 539 U.S. 558 (2003), habla elocuentemente de lo que realmente impulsa algunas de estas decisiones clave.

LAWRENCE CONTRA TEXAS (2003)

La segunda decisión importante de la Suprema Corte, una que proporciona antecedentes legales más directos para *Obergefell contra Hodges,* es el caso de 2003 de *Lawrence contra Texas.* La ley de Texas en ese momento prohibía cierto contacto sexual íntimo entre personas del mismo sexo, y esto estaba siendo desafiado por dos hombres que habían sido detenidos mientras participaban en tal conducta en su propio hogar y posteriormente fueron condenados por sodomía. La Suprema Corte falló a favor de los dos hombres y, por lo tanto, derrocó una sentencia anterior en el caso de 1986 de *Bowers contra Hardwick,* 478 U.S. 186 (1986), en la que el tribunal había confirmado una ley de Georgia que prohibía el sexo oral y anal entre adultos que consentían.[2]

Lo que hace que el fallo en *Lawrence contra Texas* sea interesante es tanto su claro movimiento hacia la actividad homosexual legítima como también la voluntad de algunos de los jueces de derrocar el precedente legal de una manera que parecería antitética a la lógica que proporcionó la justificación para el fallo en *Planned Parenthood contra Casey.* Esta preocupación formó una parte central de la opinión disidente del juez Antonin Scalia.

En su discordia, Scalia señala que tres miembros de la mayoría en *Planned Parenthood contra Casey* habían argumentado en esa decisión que el precedente de *Roe contra Wade* debería ser confirmado porque si la Suprema Corte permitiera que su decisión se afectara

2. Bowers v. Hardwick, 478 U.S. 186 (1986), https://www.law.cornell.edu/supremecourt/text/478/186; Lawrence v. Texas, 539 U.S. 558 (2003), https://www.law.cornell.edu/supremecourt/text/02-102%26amp.

por la oposición popular generalizada a sus decisiones, entonces perdería su legitimidad.[3] Por el contrario, el fallo en *Lawrence contra Texas* hizo de tal crítica popular una base para anular el precedente de *Bowers contra Hardwick.* Scalia cita la decisión de la siguiente manera: «Bowers, dice la Corte, ha sido objeto de [críticas] sustanciales y continuas, desaprobando su razonamiento en todos los aspectos, no solo en cuanto a sus suposiciones históricas».[4] Scalia señala en primer lugar que esta crítica no es especificada por la mayoría y que esto también se aplica al fallo en *Roe contra* Wade. Luego procede a señalar que otra razón citada para revocar la decisión de *Bowers contra Hardwick* es que no hay una dependencia individual o social significativa en ella que impida que sea revocada. En este contexto, Scalia señala que el principio que refleja, la creencia de que cierto comportamiento sexual es inmoral e inaceptable, ha sido básica para la regulación legal de la moralidad sexual desde la antigüedad. Además, este principio, concretamente representado en la decisión de *Bowers contra Hardwick,* fue una fuente importante para el fallo en el caso *Barnes contra Glen Theatre, Inc.*, 501 U.S. 560 (1991).[5] En resumen, anular *Bowers contra Hardwick* es un movimiento extremadamente significativo por parte de la corte.[6] Más adelante en su opinión, Scalia incluso llega a ser específico (y, en retrospectiva, profético) sobre qué

---

3. Scalia cita lo siguiente de la opinión controladora en *Planned Parenthood contra Casey*: «Cuando, en el desempeño de sus funciones judiciales, la Corte decida un caso de tal manera que resuelva el tipo de controversia intensamente divisiva reflejada en *Roe* [...] su decisión tiene una dimensión que la resolución del caso normal no conlleva. Dominar bajo fuego en ausencia de la razón más convincente [...] subvertiría la legitimidad de la Corte más allá de cualquier cuestión seria». *Scalia's Court: A Legacy of Landmark Opinions and Dissents*, with edits and commentary by Kevin A. Ring (Washington, DC: Regnery, 2016), 359.

4. *Scalia's Court,* 360.

5. Este caso involucró la constitucionalidad de una ley de Indiana que prohibía la desnudez total en lugares públicos y que se había aplicado a clubes que albergaban bailarines desnudos para el entretenimiento de los clientes. La Suprema Corte dictaminó que un estado tiene la autoridad constitucional para prohibir la desnudez pública, incluso cuando era parte de una actividad artística, como el baile, porque la ley en cuestión «promueve un interés gubernamental sustancial en proteger el orden social y la moralidad». Ver Barnes v. Glen Theatre, Inc., 501 U.S. 560 (1991), https://www.law.cornell.edu/supremecourt/text/501/560.

6. *Scalia's Court,* 361.

instituciones sociales y legales podrían verse afectadas por la lógica de la decisión: «Este razonamiento deja en terrenos bastante inestables las leyes estatales que limitan el matrimonio a las parejas del sexo opuesto».[7] El comentario final de Scalia sobre la sección del fallo que trataba sobre el estado del precedente legal va al meollo del asunto. El enfoque inconsistente del precedente, declara, «ha expuesto la extraordinaria deferencia de *Casey* al precedente por el expediente orientado a los resultados que es».[8]

Si bien los detalles del papel del precedente en la interpretación legal están mucho más allá del alcance de este libro, este último comentario resuena claramente con otro aspecto de nuestro argumento anterior. Así como la definición mística de personalidad de Anthony Kennedy en *Planned Parenthood contra Casey* representa los supuestos de la cultura más amplia del individualismo expresivo en un contexto judicial, así el giro filosófico que Scalia señala entre ese fallo anterior y el enfoque en *Lawrence contra Texas* parecería indicar el tipo de enfoque pragmático de las decisiones legales que generaría una cultura de egoísmo psicologizado y una ética basada en la felicidad personal. La cuestión clave no es la coherencia filosófica en la interpretación y aplicación de la ley, sino el resultado terapéutico que debe lograrse por cualquier medio plausible necesario. Si la sociedad necesita el derecho al aborto para mantener felices a las mujeres, entonces la ley debe hacerse para producir tales resultados. Si la sociedad requiere la afirmación de ciertas actividades e identidades sexuales para afirmar a ciertas clases de individuos, entonces la ley debe hacerse para producir esos resultados, incluso si los métodos utilizados para lograr estos dos resultados son inconsistentes entre sí y tal vez incluso antitéticos. Scalia no utiliza el lenguaje de la terapia, pero su veredicto sobre el razonamiento de sus colegas indica que lo que está describiendo es la cultura de la terapia que se manifiesta en

---

7. *Scalia's Court*, 371.
8. *Scalia's Court*, 362.

las sentencias de la Suprema Corte. El escenario se está configurando claramente de tal manera que la resistencia legal al matrimonio gay resultará inútil: la personalidad se ha redefinido y se ha establecido el objetivo terapéutico de las decisiones legales.

Sin embargo, antes de pasar al caso *Obergefell contra Hodges*, hay un caso más significativo de la Suprema Corte que es relevante.

ESTADOS UNIDOS CONTRA WINDSOR (2013)

El trasfondo de *United States contra Windsor* fue proporcionado por la Ley de Defensa del Matrimonio de 1996 (DOMA), promulgada por el presidente Bill Clinton, que excluyó a las parejas del mismo sexo de la definición federal de matrimonio. En 2007, Edith Windsor se casó con su pareja del mismo sexo, Thea Spyer, en Ontario, Canadá. La pareja vivía en los Estados Unidos, en el estado de Nueva York, y cuando Spyer murió en 2009, Windsor intentó reclamar la exención del impuesto federal sobre el patrimonio a la que tienen derecho los cónyuges legalmente reconocidos. Esta reclamación fue denegada bajo los términos de la sección 3 de DOMA, que excluía las asociaciones entre personas del mismo sexo, y Windsor demandó. Su reclamo fue confirmado tanto por un tribunal de distrito como por el Tribunal de Apelaciones del Segundo Circuito en 2012. Luego, con el caso pendiente para la Suprema Corte, el Departamento de Justicia anunció que no buscaría defender a DOMA. En este punto, un grupo asesor legal bipartidista de la Cámara de Representantes votó para tomar la demanda con miras a determinar la constitucionalidad de la sección 3.

El Tribunal Supremo dictaminó, por una mayoría de cinco a cuatro, que el artículo 3 era anticonstitucional y, por lo tanto, anuló efectivamente el principio central de la DOMA, según el cual el matrimonio debía definirse exclusivamente como entre un hombre y una mujer. Dada la forma en que las actitudes culturales hacia el matrimonio gay habían cambiado desde la aprobación de DOMA, la decisión tal vez no fue una sorpresa. Lo que fue sorprendente, sin embargo, fue la caracterización por parte de la mayoría de la corte del motivo de los opositores al matrimonio gay que subyacen a DOMA.

El pasaje pertinente dice lo siguiente:

> La desviación inusual de DOMA de la tradición habitual de reconocer y aceptar las definiciones estatales de matrimonio aquí opera para privar a las parejas del mismo sexo de los beneficios y las responsabilidades que vienen con el reconocimiento federal de sus matrimonios. Esta es una fuerte evidencia de una ley que tiene el propósito y el efecto de la desaprobación de esa clase. El propósito declarado y el efecto práctico de la ley aquí en cuestión son imponer una desventaja, un estatus separado y, por lo tanto, un estigma sobre todos los que contraen matrimonio entre personas del mismo sexo hechos legales por la autoridad incuestionada de los Estados.[9]

En términos técnicos legales, el tribunal está aquí alegando que la motivación detrás de DOMA fue una animadversión anticonstitucional. Eso significa que la única razón por la que en DOMA el gobierno federal se encargó de regular el matrimonio, un asunto tradicionalmente dejado a los estados individuales, fue para marginar a un grupo en particular protegido por la ley, es decir, los homosexuales.

Lo sorprendente de esta afirmación es que efectivamente niega que haya una base racional para definir el matrimonio como entre un hombre y una mujer. Esto es interesante desde la perspectiva del emotivismo que Alasdair MacIntyre ha identificado como la forma en que la discusión ética opera típicamente hoy en día. Lo que tenemos aquí es un ejemplo de tal emotivismo que se usa polémicamente para descartar los argumentos a favor de DOMA, una afirmación que ve el emotivismo como la reserva de un lado (partidarios de DOMA) en oposición a los argumentos racionales del otro (aquellos que buscan derribar DOMA). Sin embargo, los partidarios del

---

9. El texto completo de la decisión figura en el caso United States v. Windsor, 699 F. 3d 169 (2013), https://www.law.cornell.edu/supremecourt/text/12-307.

matrimonio tradicional tienen numerosos argumentos que considerarían racionales, por ejemplo, el abrumador consenso de la tradición con respecto al matrimonio como entre un hombre y una mujer y el papel de la procreación y la vida familiar. El hecho de que tales asuntos puedan ser descartados tan fácilmente como irracionales y (presumiblemente) como nada más que una cobertura engañosa para marginar a las parejas homosexuales, apunta hacia el triunfo del tipo de patologías culturales delineadas en capítulos anteriores. El estándar de racionalidad con el que opera la mayoría de los jueces no es el estándar de racionalidad en, digamos, el *Libro de Oración Común*, que argumenta que el matrimonio está ordenado para cumplir tres funciones básicas: la procreación y crianza de los hijos, la comodidad y el apoyo mutuo, y un contexto para las relaciones sexuales legítimas. Uno podría estar en desacuerdo con la definición del *Libro de oración común*, pero descartarlo como irracional y como un manto para la intolerancia implica tanto una comprensión particular de lo que constituye un argumento racional como un notable acto de telepatía por el cual las motivaciones ocultas de ciertos grupos pueden ser discernidas por los miembros de la Suprema Corte. Esto último es altamente improbable; lo primero requiere un acto de arrogancia cultural por el cual las élites de la cultura contemporánea tienen un aparente monopolio sobre lo que puede ser declarado racional.

Otro aspecto digno de mención de la sentencia *Estados Unidos contra Windsor* es la preocupación de la mayoría de que DOMA consagre la desigualdad. Esto en sí mismo es un argumento que se basa en cambios interesantes en la noción de para qué son los seres humanos y el matrimonio. Bajo DOMA, cada individuo disfrutaba de los mismos derechos y trabajaba bajo las mismas restricciones que todos los demás. Los hombres, heterosexuales y homosexuales, podían casarse con mujeres y no podían casarse con hombres. Las mujeres, heterosexuales y lesbianas, podían casarse con hombres y no podían casarse con mujeres. Entonces, ¿cómo es que esto puede interpretarse como una consagración de la desigualdad? Parecería que tal juicio solo puede entenderse en una situación en la que la igualdad se define como la capacidad de cada individuo para redefinir el matrimonio de la manera en que él o ella elija. Esta noción presumiblemente no es lo que la Suprema Corte estaba tratando de lograr conscientemente, pero hay algunas preguntas obvias que hacer sobre el fallo a este respecto. ¿Por qué el matrimonio no puede ser entre un hombre y dos o más mujeres? ¿Por qué debería restringirse el matrimonio a una relación que es exclusivamente humana? ¿No se podría hacer el caso de que negarse a reconocer la poligamia o un matrimonio entre un hombre y un perro marginaría a su vez a las comunidades polígamas y zoófilas?

Tales preguntas pueden parecer desagradables, pero eso nos lleva al corazón de lo que está sucediendo aquí. El rechazo de los argumentos tradicionales a favor del matrimonio y la afirmación de que DOMA consagra la desigualdad son realmente una función de los gustos más amplios de la cultura en la que tiene lugar el juicio. La poligamia y (aún más) la bestialidad, siguen estando fuera del marco actual de lo socialmente aceptable. Y es ese marco el que en última instancia determina lo que es juicio racional y lo que es animadversión irracional.

En resumen, los tres fallos de la Suprema Corte anteriores establecieron la escena y establecieron la lógica para la decisión sobre el matrimonio homosexual en *Obergefell contra Hodges*. El tribunal esencialmente afirmó el individualismo expresivo en *Planned Parenthood contra Casey*, reveló a través de su cambio repentino en el uso de precedentes legales en *Lawrence contra Texas* que los principios que guían sus fallos fueron profundamente moldeados por los resultados terapéuticos deseados por la cultura en general, y demostró por un acto de amnesia cultural deliberada en *Estados Unidos contra Windsor* que los defensores del matrimonio tradicional podrían ser plausiblemente descartados como motivados por prejuicios irracionales. De hecho, a raíz de estos tres fallos, es difícil creer que alguna vez hubo alguna duda sobre cómo fallaría el tribunal en *Obergefell contra Hodges*.

OBERGEFELL CONTRA HODGES (2015)

Después de la sentencia en *Estados Unidos contra Windsor*, numerosos casos relacionados con matrimonios homosexuales se dieron paso en el sistema judicial hasta que, en 2015, la Suprema Corte se pronunció sobre el asunto en el caso *Obergefell contra Hodges*. Concluyó, de nuevo por una mayoría de cinco contra cuatro, que el matrimonio homosexual estaba protegido por la Constitución.

El fallo de que el matrimonio gay es constitucional y, por lo tanto, debe ser reconocido por los estados se basa en cuatro principios particulares como se establece en la opinión de la mayoría:

> Una primera premisa de los precedentes pertinentes de la Corte es que el derecho a la elección personal con respecto al matrimonio es inherente al concepto de autonomía individual. [...] Un segundo principio en la jurisprudencia de este Tribunal es que el derecho a contraer matrimonio es fundamental porque apoya una unión de dos personas diferente a cualquier otra en su importancia para las personas comprometidas. [...] Una tercera base para proteger el derecho a contraer matrimonio es que salvaguarda a los niños y las familias y, por lo tanto, extrae significado de los derechos conexos de crianza, procreación y educación. Cuarto y último, los casos de esta Corte y las tradiciones de la Nación dejan en claro que el matrimonio es una piedra angular de nuestro orden social.[10]

Estos cuatro puntos: la autonomía, la naturaleza fundamental de una unión de dos personas, el salvaguardar a los niños y las familias, y la importancia de la tradición de la nación, ofrecen una combinación

---

10. Obergefell v. Hodges, 576 U.S. ___ (2015), https://www.law.cornell.edu/supremecourt/text/14-556#writing-14-556-OPINION-3.

elocuente, aunque bastante extraña de razones para legitimar el matrimonio homosexual.

El primer punto, que el derecho a la elección personal en el matrimonio es inherente al concepto de autonomía individual, representa el triunfo del individualismo expresivo en la sociedad, como se refleja en el razonamiento de la corte, que vimos en el infame pasaje de Kennedy sobre la autodefinición en *Planned Parenthood contra Casey*. Esto no es exclusivo de la comunidad LGBTQ+, sino que es algo que nos pertenece a todos y apunta a uno de los argumentos subyacentes de este libro: la revolución sexual es una manifestación de una revolución mucho más profunda en lo que significa ser un yo. Esto ayuda a explicar en parte por qué el matrimonio gay es tan plausible: se conecta con la comprensión predominante de lo que significa ser un individuo libre que impregna la cultura moderna.

El segundo punto, que el derecho a casarse es fundamental porque apoya una unión de dos personas como ninguna otra, es vulnerable a las críticas que señalamos en la sección sobre *Estados Unidos contra Windsor*. Sí, es cierto que el matrimonio ha sido tradicionalmente una unión de dos personas. Sin embargo, históricamente su singularidad ha estado típicamente conectada tanto a la procreación como a su ser un vínculo de por vida, los cuales ya no se aplican en la sociedad moderna, dada la existencia de leyes de divorcio sin culpa.

También ha sido tradicionalmente una unión de dos personas entre personas del sexo opuesto. La cuestión del número ha sido en realidad menos importante que la cuestión del sexo. La poligamia, por ejemplo, está históricamente atestiguada como una práctica. Pero el concepto de matrimonio que asume la poligamia es una de las relaciones entre diferentes sexos, típicamente un hombre y dos o más mujeres. Entonces, ¿por qué la visión tradicional del número de partes involucradas goza del estatus de una posición normativa y racional mientras que la noción tradicional del sexo de las personas involucradas no lo hace? La respuesta es seguramente que los cánones de la razón que están operativos aquí no están determinados por la definición de matrimonio, sino más bien por los gustos contemporáneos de la cultura más amplia. Y estos gustos son en sí mismos una función de las costumbres sexuales y el individualismo expresivo de la época. Son intuiciones del imaginario social moderno. Si bien todavía es desagradable argumentar a favor de la poligamia (y por lo tanto el matrimonio normativo de dos personas es una posición fácil de asumir, dado que es menos probable que sea desafiado), también es desagradable argumentar en contra del matrimonio homosexual, dado que esto implicaría privar a las personas homosexuales de la oportunidad de felicidad que implica el matrimonio y que se les está negando.

Para poner el argumento de una manera ligeramente diferente: en 2015 la sociedad ya había aceptado la legitimidad de la actividad sexual homosexual, que a su vez supone el divorcio de la actividad sexual de su contexto tradicional dentro del matrimonio con el propósito de la procreación. Por lo tanto, el matrimonio gay es un asunto fácil de vender a la cultura en general sobre la base de que los fundamentos para objetarlo ya han sido concedidos. El matrimonio polígamo, sin embargo, todavía está fuera de los límites de lo aceptable porque la sociedad simplemente no ha tenido tiempo suficiente para acostumbrarse a la idea de la poligamia como una opción legítima de estilo de vida. Esto sin duda se ve reforzado en el imaginario popular por, entre otras cosas, sus connotaciones del fundamentalismo mormón y también la explotación de las mujeres, ninguna de las cuales ayudará a que gane popularidad, dada la tendencia general en la sociedad actual a considerar el conservadurismo religioso en general como algo siniestro y su aborrecimiento de cualquier cosa que pueda parecer que implica la explotación masculina de las mujeres.[11]

---

11. Ver por ejemplo, Libby Copeland, «Is Polygamy Really So Awful?», *Slate*, 30 de enero de 2012, https://slate.com/human-interest/2012/01/the-problem-with-polygamy.html.

368   Parte 4: Triunfos de la Revolución

El tercer punto, que el matrimonio protege a las familias y los niños, es sin duda una retórica tranquilizadora: ¿quién quiere apoyar lo que podría verse como un debilitamiento de las familias o pone en peligro a los niños? Pero el hecho es que la ley estadounidense no prioriza la protección de los niños en sus leyes matrimoniales. La existencia de un divorcio sin culpa, por el cual los matrimonios pueden disolverse a voluntad sin ningún motivo más allá del deseo de las partes contratantes (o, en algunas jurisdicciones, efectivamente solo una de ellas), significó que en 2015 el matrimonio ya era una institución extremadamente débil en lo que respecta a su papel en la protección de los niños, a pesar de las leyes relativas a las obligaciones de manutención de los hijos después del divorcio. Por lo tanto, cuando el tribunal señala el significado que la institución extrae de sus diversos derechos conexos, este argumento parece tener más que ver con los sentimientos de valor personal que los cónyuges podrían derivar del matrimonio y sus elementos concomitantes que con cualquier cosa que tenga que ver con apoyar realmente la institución de la familia como un bien social en sí mismo. En resumen, esta razón utiliza un lenguaje atractivo y tradicional que, cuando se establece en el contexto cultural y legal más amplio, es realmente una máscara para una preocupación terapéutica subyacente. Y no hace falta decir que un matrimonio gay no puede producir hijos. Se puede manipular, hacerlo a través del ajuste de las leyes de adopción y subrogación, pero en sí mismo es inherentemente estéril. Por lo tanto, otorgar a una pareja gay el derecho a casarse no trae, en sí mismo, la existencia de una familia; eso depende de otras leyes y prácticas sociales, una vez más, señalando el hecho de que este fallo no puede aislarse de una serie de otras prácticas y creencias sociales que ya gozan de estatus dentro del imaginario social. Es tanto un síntoma de la definición cambiante de matrimonio dentro de la sociedad como una causa contribuyente.

El cuarto y último punto, que la tradición de la nación apunta al papel del matrimonio como piedra angular de la sociedad, es otro ejemplo más del uso selectivo de la tradición y la definición plástica del matrimonio con la que opera la mayoría. Cuando la tradición puede ser editada de tal manera que confirme el gusto moderno, entonces la tradición aparentemente tiene autoridad. Cuando la tradición va en contra de las exigencias del gusto contemporáneo, por ejemplo, cuando define el matrimonio como entre un hombre y una mujer, debe descartarse por no tener una base racional, como motivada por animadversión, como perpetuadora de la desigualdad, como una afrenta a la dignidad de la comunidad gay y lésbica, y como una negación de las libertades fundamentales esenciales de lo que significa ser humano.

En la medida en que el matrimonio ha sido una piedra angular del orden social, se ha definido el matrimonio de una manera particular, como un vínculo de por vida entre un hombre y una mujer hasta que la muerte los separe o alguna causa extrema, como el adulterio o el abuso, proporcione motivos para la disolución. Por lo tanto, es ilegítimo cambiar el significado del matrimonio en algo sin precedentes y luego afirmar que la tradición indica que esto ha demostrado ser tan vital para la sociedad a lo largo del tiempo. Uno podría hacer lo mismo con cualquier institución o idea histórica. Por ejemplo, la democracia representativa ha demostrado ser una piedra angular de la sociedad; por lo tanto, vamos a conceder el voto a perros y gatos. Este tipo de argumento, que se encubre en el lenguaje de la historia para derrocar precisamente la historia en la que supuestamente basa su caso, representa una forma de nominalismo que es tan impresionante en su audacia como incoherente en su lógica. Utiliza una apelación a la tradición para derrocar elementos clave de la tradición cambiando fundamentalmente, sin suficiente reconocimiento, el significado mismo de un término clave.

Pero lo realmente interesante no es que el razonamiento sea problemático; señalamos antes el uso flexible, incluso contradictorio, del precedente en las sentencias que proporcionan los antecedentes de *Obergefell contra Hodges.* Más bien, es el hecho de que tal razonamiento no se considera problemático en absoluto. Que resultara plausible —más que eso, que la mayoría de la corte creyera que era un argumento sólido y en realidad bastante convincente— habla elocuentemente de la lógica ética de la sociedad dentro de la cual se formuló. Es emotivismo. Aquellas partes de la tradición que apoyan los gustos contemporáneos son prueba positiva de la corrección de la opinión; aquellos que no son útiles para apoyar la conclusión deseada o que se oponen a los gustos contemporáneos pueden ser descartados como anticuados o motivados por la intolerancia o simplemente ignorados. Y el tribunal puede hacer esto con seguridad porque está hablando a una sociedad en general que piensa exactamente de la misma manera. El fallo y sus argumentos de apoyo están absolutamente conectados con, y de hecho dependen de, los cambios en el pensamiento sobre el yo, la naturaleza humana, la sexualidad y la naturaleza de la opresión y la libertad que hemos rastreado en capítulos anteriores. La revolución sexual es, como hemos señalado antes, simplemente una manifestación de la revolución más amplia en la identidad que ha tenido lugar en los últimos 400 años.

Ética de la *Ivy League*

Si los fallos de la Suprema Corte sobre el tema del matrimonio gay reflejan muchas de las patologías culturales que hemos señalado en capítulos anteriores, es discutible que estas reciban algunas de sus expresiones más consistentes y sofisticadas en el pensamiento ético de Peter Singer, profesor de bioética de la fundación Ira W. DeCamp en la Universidad de Princeton. Como se puede entender que la Suprema Corte representa las tendencias generales del establecimiento legal, a un especialista en ética de la *Ivy League* seguramente se le puede otorgar el mismo estatus en el mundo académico. Algunos de los puntos de vista de Singer, como los que están a favor del infanticidio, están por delante de los gustos de la sociedad contemporánea, pero como él argumenta, son consistentes con los argumentos que ofrece para asuntos con los que gran parte de la sociedad tiene poco o ningún problema, como el aborto.

Singer es famoso por ocupar una serie de posiciones que lo marcan como controvertido, como sus primeros trabajos sobre los derechos de los animales, que ahora se consideran fundamentales en el surgimiento de la liberación animal moderna y los movimientos veganos.[12] Si bien el pensamiento de Singer ha experimentado un desarrollo en los últimos años, con su aceptación de la idea de que existen cosas como estándares morales objetivos, algo que anteriormente rechazó, esto no es preocupante para mi argumento. Más bien, son sus puntos de vista sobre el aborto, el infanticidio y la eutanasia los que son de interés aquí. En estos ámbitos, Singer tiene la distinción de escribir con gran claridad y de no dudar en sacar las obvias conclusiones lógicas de sus premisas básicas. Y estos temas también presionan hacia el corazón de lo que significa ser una persona y lo que significa vivir una vida plena. Por dramáticos que puedan parecer sus puntos de vista en estas áreas, es al menos alguien sorprendentemente libre de sentimientos al presionar sus argumentos, algo que hace que su posición —y por lo tanto las implicaciones de la cultura de la que forma parte— sea notablemente clara. Singer también se niega rotundamente a basar sus argumentos en premisas liberales estándar, en parte porque entiende que tales premisas a menudo están llenas de parásitos de, o al menos permiten que los términos del debate sean establecidos por, actitudes arraigadas en una metafísica cristiana.[13] Singer es una versión moderna

---

12. Ver Peter Singer, *Animal Liberation* (1975; repr., New York: Ecco, 2002).
13. Ver el perspicaz comentario de Singer: «Durante los siglos de dominación cristiana del pensamiento europeo, las actitudes éticas [hacia el asesinato] basadas en estas doctrinas [es decir, el excepcionalismo humano y la inmortalidad] se convirtieron en parte de la ortodoxia moral incuestionada de la civilización europea. Hoy en día las doctrinas ya no son generalmente

del loco de Friedrich Nietzsche, exigiendo que los liberales educados de su época se enfrenten a las dramáticas implicaciones de la muerte de la forma cristiana de imaginar el mundo.

Sin embargo, lo que hace que Singer sea particularmente interesante para este libro no son los argumentos que propone para justificar el aborto, el infanticidio y la eutanasia, sino más bien los motivos por los que cree que tales cosas podrían estar mal. Para entender esto, primero necesitamos ver por qué encuentra que los argumentos liberales estándar a favor de cosas como el aborto en última instancia no son persuasivos.

PROBLEMAS CON LOS ARGUMENTOS DE PROELECCIÓN

Al abordar el tema del aborto, Singer enumera una serie de argumentos liberales estándar para el aborto. Primero, señala el momento del nacimiento como la forma más obvia de establecer un punto en el que matar al feto se vuelve inaceptable. Este es el que, en sus palabras, «se adaptaría mejor a los liberales» porque es instintivamente más difícil aceptar el asesinato de un ser que «todos podemos ver, oír y abrazar» que uno al que estos no se aplican.[14] En resumen, Singer señala el hecho de que esta línea divisoria realmente refleja lo que podríamos llamar una cuestión estética, y dados los argumentos de capítulos anteriores de este libro, no debería ser una sorpresa que la estética ofrezca una base plausible para el pensamiento ético.

Sin embargo, a medida que procede a comentar, el nacimiento sigue siendo algo arbitrario. El hecho de que los niños puedan nacer prematuramente y sobrevivir al nacimiento indica que en algún momento del útero tienen las mismas características y la misma capacidad de conciencia y de experimentar dolor.[15] Podríamos reformular

---

aceptadas, pero las actitudes éticas a las que dieron lugar encajan con la profunda creencia occidental en la singularidad y los privilegios especiales de nuestra especie, y han sobrevivido». *Writings on an Ethical Life* (New York: Ecco, 2000), 129-130.

14. Singer, *Writings on an Ethical Life*, 147.
15. Singer, *Writings on an Ethical Life*, 147.

esto diciendo que los argumentos estéticos en los que se basa la visión del «nacimiento como línea divisoria» se basan simplemente en nuestra incapacidad para ver al niño en el útero y, por lo tanto, son demostrablemente arbitrarios. Esta es una de las razones por las que las ecografías han cambiado significativamente las actitudes hacia el aborto: no han cambiado la naturaleza del niño en la mujer, pero han cambiado la experiencia estética de tales niños por adultos. Pasar por el canal de parto realmente no cambia nada, excepto la inmediatez de la experiencia del niño por parte de los demás.[16]

Un segundo argumento liberal a favor del aborto que Singer examina es el de la viabilidad, el punto en el que el fallo de la Suprema Corte en *Roe contra Wade* trazó la línea divisoria. Singer encuentra que esta posición carece de dos aspectos. En primer lugar, es necesario proporcionar una justificación de por qué la viabilidad debe ocupar un lugar tan clave en el argumento de proelección. En segundo lugar, la viabilidad es en sí misma una categoría elástica, sujeta al nivel de la ciencia y la atención médica disponibles y, por lo tanto, sujeta a las vicisitudes tanto del tiempo como del espacio. Un feto viable en el siglo xxi puede no haber sido viable en el xvi, y un feto viable en el Manhattan moderno puede no ser viable en el Mogadiscio de hoy. ¿Son las metafísicas de la personalidad y las preguntas concomitantes de la santidad de la vida simplemente las funciones de la casualidad con respecto a dónde y cuándo concibe la mujer? Tampoco es la dependencia total de la madre para la existencia un argumento que le da a la madre derechos soberanos de vida o muerte sobre el niño. Existen numerosos contextos en los que una persona depende totalmente para sobrevivir de otra en los que no consideramos que esta última tenga derecho a matar a la primera.[17]

---

16. El defensor de la provida y filósofo Francis J. Beckwith cita a Singer en apoyo de su propio argumento de que la ubicación (en el útero / fuera del útero) no hace ninguna diferencia en el estado moral del niño. *Defending Life: A Moral and Legal Case against Abortion Choice* (Cambridge: Cambridge University Press, 2007), 154.

17. Singer, *Writings on an Ethical Life*, 148.

Singer también aborda otras formas en que los liberales han intentado establecer un límite decisivo más allá del cual el aborto es inaceptable. Descarta la idea de «aceleración», o el momento en que el alma entra en el cuerpo del niño, señalado por el primer movimiento del bebé, como una pieza de mistificación teológica. También rechaza el momento en que el niño siente dolor como arbitrario, aunque aquí señala el hecho de que el argumento del dolor no logra ni lo que los provida desean (protección del niño contra el daño desde el mismo momento de la concepción) ni lo que desean los proelección (porque empuja el límite para el aborto a las primeras etapas del embarazo cuando la mujer podría no saber realmente que ha concebido).[18]

Singer también rechaza el argumento de que las leyes de aborto simplemente llevan los abortos a la clandestinidad, haciéndolos ilegales, pero no deteniéndolos. Eso, señala, es un argumento en contra de las leyes de aborto, no un argumento a favor de la legitimidad moral del aborto considerado en sí mismo.[19] También rechaza la idea de que, como un «crimen sin víctimas» análogo a los actos homosexuales entre hombres adultos que consienten, debería estar fuera del alcance de la legislación. Esta noción cae porque el debate mismo sobre el aborto es realmente un debate sobre el estado del bebé en el útero y, por lo tanto, sobre si el aborto puede clasificarse como que no involucra a una víctima.[20]

Finalmente, aborda el argumento feminista estándar de que el feto es parte del cuerpo de la mujer, para que ella lo trate como ella elija. En los casos de violación e incesto, este razonamiento es particularmente poderoso: la mujer puede entonces argumentar que tiene un ser alienígena en su cuerpo, que depende parasitariamente de ella para su existencia. Singer rechaza este argumento por motivos utilitarios: si el efecto general de abortar al niño fue peor que mantener

18. Singer, *Writings on an Ethical Life*, 149-150.
19. Singer, *Writings on an Ethical Life*, 150-151.
20. Singer, *Writings on an Ethical Life*, 151-152.

al niño (visto en términos de la felicidad general que se acumularía para el mundo a través del nacimiento de otro ser humano), entonces la mujer no tiene derecho absoluto a disponer del niño como ella elija, por difícil que sea la situación en la que se haya encontrado sin culpa propia.[21]

Dado que la desacreditación de Singer de los argumentos liberales clásicos a favor del aborto es una con la que los defensores provida pueden encontrar mucho terreno común, ¿por qué es probablemente el defensor intelectual más notorio del aborto y el infanticidio? Si las razones estándar para el aborto son tan deficientes, ¿qué argumentos considera convincentes?

EL RECHAZO DEL EXCEPCIONALISMO HUMANO

En el corazón de la visión ética de Singer sobre el aborto hay una distinción fundamental que hace entre ser humano y ser una persona. No niega que el feto es un ser humano; más bien, rechaza la idea de que la mera pertenencia a la especie *Homo sapiens* es suficiente para hacer de uno una persona y, por lo tanto, estar sujeto a los derechos que se asocian a la personalidad.

Hay dos líneas básicas en este argumento. Primero, está el rechazo de Singer a lo que él llama «especismo». Para él, la idea del excepcionalismo humano, aquello que coloca a la humanidad en una categoría diferente de la de, por ejemplo, iguanas o chimpancés, es altamente problemática y confusa, construida sobre bases metafísicas o religiosas ilegítimas:

> La creencia de que la mera pertenencia a nuestra especie, independientemente de otras características, hace una gran diferencia en la maldad de matar a un ser es un legado de doctrina religiosa que incluso aquellos que se oponen al aborto dudan en traer al debate.[22]

21. Singer, *Writings on an Ethical Life*, 152-155.
22. Singer, *Writings on an Ethical Life*, 156.

En resumen, los argumentos de la santidad de la vida tal como operan en el debate sobre el aborto son en la práctica la santidad de los argumentos de la vida *humana,* construidos sobre una premisa falsa, la del estatus único de la humanidad. Esta convicción, de que la diferencia entre los seres humanos y otros animales necesita ser relativizada, subyace al trabajo anterior de Singer sobre los derechos de los animales y ha llegado a caracterizar el ala radical del movimiento contemporáneo por la liberación animal.[23] Los seres humanos son, según Singer, generalmente esclavos del especismo, que, al igual que el racismo, postula una superioridad innata de un grupo sobre otros con fundamento en última instancia injustificable. Por lo tanto, ni la consciencia ni la capacidad de sentir dolor nos permiten separar definitivamente a nuestra especie de las demás. Esto es claro en nuestras prácticas relativas a poner fin a la vida. Matamos vacas sanas para comer, matamos perros y gatos y otros animales cuando son viejos y enfermos, pero preservamos la vida de las personas que están sufriendo un mayor dolor a través del cáncer o que tienen menos autoconsciencia gracias a los estragos de la enfermedad de Alzheimer que una oveja sana. Sin embargo, estamos felices de enviar a este último al matadero simplemente para proporcionar comida a nuestras mesas. A la luz de esto, lo que Singer desea es hacer que los animales, también, formen parte de la discusión de la ética de la vida y evitar cualquier argumento basado en el excepcionalismo humano.[24]

---

23. Ver, por ejemplo, el provocativo título de un artículo de 2012 de Ingrid Newkirk en el sitio web de People for the Ethical Treatment of Animals (PETA), «A Rat Is a Pig Is a Dog Is a Boy», PETA, 28 de agosto de 2012, actualizado el 6 de marzo de 2015, https://www.peta .org/blog/rat-pig-dog-boy/. Newkirk había usado por primera vez esta frase en una entrevista con la revista el *Washingtoniano* en 1986. Ver también Wesley J. Smith, *A Rat Is a Pig Is a Dog Is a Boy: The Human Cost of the Animal Rights Movement* (New York: Encounter Books, 2010), 3.

24. Singer, *Writings on an Ethical Life*, 44-46. Wesley Smith comenta que, aunque Singer no es técnicamente un defensor de los derechos de los animales (por ejemplo, permite la experimentación médica en animales para el beneficio humano en circunstancias en las que no hay un enfoque alternativo), es su rechazo del excepcionalismo humano que es la condición previa de la filosofía y la estrategia del movimiento moderno de los derechos de los animales. *A Rat Is a Pig,* 33.

En segundo lugar, habiendo rechazado el excepcionalismo humano como base para la discusión sobre temas de la vida, Singer propone en cambio el asunto de la consciencia como la base para comprender a una criatura como persona. Singer hace su análisis bajo varios encabezados. Primero, siguiendo a John Locke, argumenta que una persona tiene un sentido de su propia existencia a lo largo del tiempo. Es consciente de que tiene un pasado, un presente y un futuro. Como consecuencia, tal criatura también tendrá la capacidad de desear, de moverse intencionalmente hacia el futuro.[25] En segundo lugar, para ser una persona, una criatura tiene que ser autónoma; es decir, tiene que ser capaz de tomar decisiones. La decisión más crítica en este asunto es la de continuar viviendo en lugar de morir, lo que a su vez supone que la criatura es consciente de la diferencia entre la vida y la muerte. Por lo tanto, podríamos decir que la autonomía también asume un nivel de racionalidad en el sentido de que las decisiones que la criatura autónoma puede tomar se hacen sobre la base de un proceso de razonamiento más que por instinto.[26] Por ejemplo, el ratón que huye del gato lo hace sobre la base de una reacción instintiva, no a través del razonamiento discursivo basado en el deseo consciente de mantenerse con vida. La mujer que no salta a la jaula para acariciar al león hambriento está actuando sobre la base de la razón: sabe que los leones hambrientos comen a las personas, que ser comida la matará y que desea evitar la muerte y mantenerse con vida.

Dados estos criterios, está claro que para Singer un niño en el útero no es una persona. El niño no tiene conciencia de un pasado, presente o futuro; no es autónomo; y no tiene capacidad de reflexión racional. En definitiva, para Singer no es una persona y por tanto no posee los derechos que esa personalidad conlleva. Aquí es donde el rechazo de Singer al excepcionalismo humano, al especismo, se vuelve singularmente importante: al niño en el útero no se le debe

25. Singer, *Writings on an Ethical Life*, 130.
26. Singer, *Writings on an Ethical Life*, 137-138.

dar un estatus más especial que el que se les da a otras criaturas en una etapa similar de desarrollo:

> Mi sugerencia, entonces, es que no otorguemos a la vida de un feto mayor valor que la vida de un animal no humano en un nivel similar de racionalidad, autoconsciencia, pensamiento, capacidad de sentir, etc.[27]

Dado que rutinariamente matamos animales sin más razón que querer poner carne en nuestros platos, el punto de Singer es que no tenemos ninguna base para proteger a los niños en el útero. ¿Sienten dolor? Bueno, también lo hace el ciervo disparado por el cazador, y el ciervo es posiblemente tan autoconsciente como el niño en el útero. Entonces, ¿por qué discriminar entre los dos? Una vez que se ha rechazado el estatus excepcional de la especie humana, no parece haber motivos para hacerlo.

Por supuesto, la implicación de los puntos de vista de Singer sobre la personalidad va más allá del asunto del aborto. El mismo problema de la personalidad se aplica también a los niños recién nacidos. Señalamos anteriormente que él (como los defensores provida) considera que el mero hecho de haber pasado por el canal de parto es irrelevante para la cuestión de si el niño debe ser protegido de la muerte. Singer no duda en extraer las implicaciones obvias para el infanticidio:

> No considero el conflicto entre la posición que he adoptado y las opiniones ampliamente aceptadas sobre la santidad de la vida infantil como un motivo para abandonar mi posición. Estos puntos de vista ampliamente aceptados deben ser cuestionados.[28]

A esto podemos añadir el tema del asesinato de aquellos que nunca ganan personalidad (como lo define Singer) como los discapacitados

27. Singer, *Writings on an Ethical Life*, 156.
28. Singer, *Writings on an Ethical Life*, 161.

mentales graves o aquellos que lo han perdido a través de los estragos de la demencia.[29]

¿CUÁNDO ESTÁN MAL EL ABORTO Y EL INFANTICIDIO?

Los argumentos de Singer de que el aborto y el infanticidio no son necesariamente incorrectos, por supuesto, no requieren lógicamente que tales cosas se consideren siempre legítimas. El propio Singer lo tiene muy claro. Pero ¿sobre qué base, entonces, argumentaría Singer que los casos específicos de infanticidio se considerarían legítimos? La respuesta es sencilla: donde el efecto en los padres sería profundamente negativo. En un pasaje que vale la pena citar en su totalidad, Singer deja este punto muy claro:

> La diferencia entre matar a los bebés discapacitados y a los normales no radica en ningún supuesto derecho a la vida que este último tenga y del que el primero carezca, sino en otras consideraciones sobre el asesinato. Lo más obvio es la diferencia que a menudo existe en las actitudes de los padres. El nacimiento de un niño suele ser un evento feliz para los padres. Hoy en día es común que el niño haya sido planeado. La madre lo ha llevado durante nueve meses. Desde el nacimiento, un afecto natural comienza a unir a los padres a él. Entonces, una razón importante por la que normalmente es algo terrible matar a un bebé es el efecto que el asesinato tendrá en sus padres.
>
> Es diferente cuando el bebé nace con una discapacidad grave. Las anomalías de nacimiento varían, por supuesto. Algunos son triviales y tienen poco efecto en el niño o sus padres, pero otros convierten

---

29. En una entrevista en su sitio web, Singer hace el siguiente comentario en respuesta a una pregunta sobre las personas con demencia: «Cuando un ser humano una vez tuvo un sentido del futuro, pero ahora lo ha perdido, debemos guiarnos por lo que él o ella hubiera querido que sucediera en estas circunstancias. Así que, si alguien no hubiera querido ser mantenido vivo después de perder la conciencia de su futuro, podemos estar justificados para poner fin a su vida; pero si no hubieran querido ser asesinados en estas circunstancias, esa es una razón importante por la que no deberíamos hacerlo». *Frequently Asked Questions*, Peter Singer, consultado el 25 de junio de 2019, https://petersinger.info/faq/.

el evento normalmente alegre del nacimiento en una amenaza para la felicidad de los padres y cualquier otro hijo que puedan tener.[30]

La tradición filosófica de Singer es la del utilitarismo, con su creencia de que lo correcto o incorrecto de un curso de acción particular está íntimamente conectado con si promueve la felicidad. Pero en el contexto del argumento de este libro, podemos ver que tal enfoque filosófico también está estrechamente relacionado con la psicologización del yo que hemos notado como una parte distinta de la era terapéutica moderna. La felicidad como un sentido interno de bienestar psicológico es el sello distintivo de la era terapéutica, y aquí vemos que se despliega como el criterio principal para decidir si un bebé debe vivir o morir.

Singer no está dispuesto a hacer del bienestar psicológico inmediato de los padres biológicos el único criterio sobre si un bebé debe vivir o morir, aunque se niega a hacer que el asesinato de un bebé sea moralmente equivalente al de una persona, incluso cuando ese asesinato es ilegítimo según su criterio. La realidad práctica de la existencia de padres que están dispuestos a adoptar bebés no deseados, y la felicidad que esto traería a tales, hace que el asesinato voluntario de recién nacidos sea algo que está mal. Hacerlo priva a otros de la felicidad. Una vez más, para citar al propio Singer, en respuesta a la pregunta de si sería correcto matar a un bebé perfectamente sano:

> La mayoría de los padres, afortunadamente, aman a sus hijos y se horrorizarían con la idea de matarlos. Y eso es algo bueno, por supuesto. Queremos alentar a los padres a cuidar a sus hijos y ayudarlos a hacerlo.
>
> Además, aunque un bebé recién nacido normal no tiene sentido del futuro y, por lo tanto, no es una persona, eso no significa que esté bien matar a un bebé así. Solo significa que el mal hecho al bebé no es tan grande como el mal que se le haría a una persona que fue

---

asesinada. Pero en nuestra sociedad hay muchas parejas que estarían muy felices de amar y cuidar a ese niño. Por lo tanto, incluso si los padres no quieren a su propio hijo, sería un error matarlo.[31]

Lo que es digno de mencionar aquí es que Singer es consistente con su premisa básica, que los bebés no son personas y, por lo tanto, no tienen derecho a los derechos que tienen las personas reales. La cuestión de la legitimidad del infanticidio no tiene nada que ver con la calidad intrínseca de la vida infantil y tiene todo que ver con el impacto psicológico que esto puede o no tener en aquellos que ya existen como personas reales: padres biológicos, hermanos, padres adoptivos potenciales. Esta es la ética de lo terapéutico.

Por supuesto, la posición de Singer plantea problemas inmediatos para la cuestión del aborto: si el feto está perfectamente sano, entonces el argumento de que debería ser llevado a término para que pudiera ser adoptado al nacer por padres infértiles, que quieren un hijo y así serían felices, parecería aplicarse. Como el propio Singer ha declarado en numerosas ocasiones, el mero hecho de pasar por el canal de parto no altera el estado del niño considerado en sí mismo de ninguna manera significativa. Sin embargo, Singer, aunque reconoce las complicaciones en el asunto del infanticidio, no presiona la lógica aquí de nuevo en el útero mismo. Presumiblemente, lo terapéutico triunfa incondicionalmente en el útero: la salud mental y los deseos de la mujer que lleva al niño son los únicos factores decisivos para que el niño en el útero pueda vivir.

Al igual que con el progreso de la Suprema Corte hacia el matrimonio homosexual, la ética de Peter Singer está impulsada por el imperativo de la felicidad personal de aquellos con suficiente autoconsciencia para calificar como personas. La única autoridad que

31. *Frequently Asked Questions*, Peter Singer, consultado el 25 de junio de 2019, https://petersinger.info/faq/. Comp. Singer, *Writings on an Ethical Life*, 193: «Matar a un bebé discapacitado no es moralmente equivalente a matar a una persona. Muy a menudo no está mal en absoluto».

realmente cuenta es la sensación de bienestar de las partes involucradas. Quizás lo más significativo es que la recepción positiva de su ética, como la de los fallos de la Suprema Corte sobre el matrimonio homosexual, indica cuán profundamente las patologías básicas del individualismo expresivo y la psicología del hombre han llegado a impregnar el imaginario social.

Campus anticultura

Si el individualismo expresivo del hombre psicológico es evidente tanto en las decisiones judiciales clave de la Suprema Corte como en la ética de un pensador influyente como Peter Singer, también es una fuerza poderosa en la configuración de los campus universitarios y universidades. En el capítulo 3, notamos que la reconstrucción de Rousseau de la relación entre la naturaleza y la cultura era tal que exigía una nueva comprensión del propósito de la educación. Si la sociedad era el problema, no la solución, entonces la educación debía centrarse en permitir que los individuos se expresaran naturalmente en lugar de obligarlos a aprender las creencias, los valores y las costumbres que realmente los llevarían a ser falsos para sí mismos y, por lo tanto, no auténticos. A esto podríamos agregar la agudización posterior de esta idea básica —que la sociedad corrompe y lo hace naturalizando ciertas formas de pensar generadas culturalmente— refractada a través del pensamiento de Nietzsche y Marx, por la cual la historia de la cultura se convierte en una narrativa de poder y explotación, un cuento en el que los héroes aparentes son realmente los villanos y los verdaderos héroes son aquellos que han sido explotados, marginados e incluso borrados de las narrativas dominantes. Reúna estas dos vertientes y tendrá otra señal importante de la transformación generalizada y profunda en la sociedad que ha tenido lugar: una cultura transformada de la educación superior. Esto es particularmente evidente en los recientes debates de alto perfil sobre la libertad de expresión que han tenido lugar en ciertos campus universitarios. Sin embargo, en contexto, estos debates son totalmente explicables, dada la forma en que hemos argumentado en este libro que la sociedad occidental ha cambiado.

LIBERTAD DE EXPRESIÓN

Algo extraño pero totalmente explicable sucede cuando el yo es psicologizado: cosas que antes se consideraban bienes incuestionables llegan a ser vistas como malas y perjudiciales para la sociedad. Esto se debe a que la comprensión cambiante del yo trae consigo una comprensión cambiada de lo que constituye y no constituye un asalto al yo. Por ejemplo, en un mundo en el que la comprensión dominante del yo es la formada por la *polis*, como por el hombre político de Rieff, entonces los asaltos a la *polis* o a las instituciones cívicas se considerarán delitos graves. Por lo tanto, en tiempos de guerra nacional, cuando las personas llegan a pensar en sí mismas de manera muy consciente en términos de patriotismo, ser un traidor a la causa nacional es el mal supremo. También podríamos pensar en el destino de Sócrates en la antigua Atenas, condenado a muerte por negar los dioses tradicionales en los que descansaba en parte la identidad ateniense. En un mundo en el que la afiliación religiosa es fundamental para la autocondición, la blasfemia se convierte en un crimen social muy grave, como lo demuestran, por ejemplo, las controversias que rodean a *Los versos satánicos* de Salman Rushdie y el caso *Charlie Hebdo*. Y donde prevalecen las categorías económicas, los delitos contra la propiedad tendrán un caché particular.

En un mundo en el que el yo se construye psicológicamente y en el que lo terapéutico es el ideal ético, por lo tanto, debemos esperar que la noción de lo bueno y lo malo, de lo que es un comportamiento apropiado e inapropiado, cambie en consecuencia. La noción de asalto a la persona no se convierte simplemente, o incluso tal vez principalmente, en un asunto que implica daños al cuerpo o a la propiedad; se vuelve psicológico, algo que daña el yo interior o dificulta esa sensación de bienestar psicológico que se encuentra en el corazón de lo terapéutico. En tal contexto, la libertad de expresión se convierte no tanto en parte de la solución como en parte del problema. Las democracias liberales han asumido durante mucho tiempo que el libre intercambio de ideas en la sociedad es un medio para prevenir el totalitarismo y promover el bien común. En el mundo del hombre psicológico, sin embargo, sirve más bien para dar protección legal a las agresiones (verbales) a la persona.

Notamos en el capítulo 7 que Herbert Marcuse considera la tolerancia y la libertad de expresión como parte de la ideología represiva de la sociedad capitalista moderna y que este pensamiento tiene implicaciones para la forma en que la nueva izquierda ve la educación. Aquí está de nuevo, haciendo esencialmente el mismo punto con claridad inequívoca:

> Cuando la tolerancia sirve principalmente a la protección y preservación de una sociedad represiva, cuando sirve para neutralizar la oposición y hacer que los hombres sean inmunes contra otras y mejores formas de vida, entonces la tolerancia ha sido pervertida. Y cuando esta perversión comienza en la mente del individuo, en su consciencia, en sus necesidades, cuando los intereses heterónomos lo ocupan antes de que pueda experimentar su servidumbre, entonces los esfuerzos para contrarrestar su deshumanización deben comenzar en el lugar de entrada, allí donde la falsa consciencia toma forma (o más bien: se forma sistemáticamente), debe comenzar con detener las palabras e imágenes que alimentan esta consciencia. Sin duda, esto es censura, incluso precensura, pero abiertamente dirigida contra la censura más o menos oculta que impregna los medios libres.[32]

Lo que es de notar es que uno no tiene que aferrarse al marxismo psicologizado que Marcuse propugna para estar de acuerdo con lo

---

32. Herbert Marcuse, «Repressive Tolerance», in Robert Paul Wolff, Barrington Moore Jr. and Herbert Marcuse, *A Critique of Pure Tolerance* (Boston: Beacon, 1970), 111.

que está diciendo aquí. Basta con aferrarse a la idea de que el yo debe ser considerado como un fenómeno principalmente psicológico para estar de acuerdo en que las palabras e imágenes que promueven o refuerzan puntos de vista psicológicamente poco saludables deben ser censuradas o silenciadas.

Hay otros fenómenos culturales que apuntan a esta tendencia psicologizante básica en relación con el comportamiento que la sociedad en general considera aceptable. La aparición de los conceptos de crímenes de odio y discurso de odio otorga un estatus significativo a las dimensiones psicológicas de una acción criminal. Si David asesina a Miguel porque es gay o negro, entonces Miguel no está más muerto que si David lo asesinara porque quería robar su billetera o su esposa, porque era pelirrojo, o simplemente porque quería quitarle la vida a alguna persona al azar. Pero la ley ahora considera que el odio agrava un crimen, por lo que David será acusado de tal cosa y enfrentará penas potencialmente incrementadas. Es lo mismo con la categoría de discurso de odio. Ciertas formas de expresión han sido criminalizadas en algunas democracias precisamente por su conexión con la violencia. Y una vez que la violencia llega a ser vista para incluir lo psicológico, estas leyes se vuelven algo elásticas en su alcance.[33] Y es este último, el discurso de odio, el que está demostrando ser un concepto tan problemático en los campus precisamente porque atraviesa las nociones estándar de la libertad de expresión como un bien social al servicio de la protección de las diversas identidades que han llegado a gozar de un estatus privilegiado en el mundo del hombre psicológico.[34]

---

33. En el Reino Unido (que no tiene una constitución escrita que consagre el derecho a la libertad de expresión), la Ley de orden público de 1986 se ha revisado a lo largo de los años y ahora incluye disposiciones contra ciertas formas de expresión que pueden provocar odio y violencia contra las personas por motivos de discriminación contra las personas. de raza, religión u orientación sexual. Dada la forma flexible en que se puede interpretar el odio y la violencia, la ley tiene un rango potencialmente muy amplio.

34. Hay otros aspectos de la ley que indican la creciente importancia de las categorías psicológicas en nuestra era terapéutica, como la concesión de daños por «angustia emocional»,

EL CASO DE MIDDLEBURY COLLEGE
Y CHARLES MURRAY

Quizás el ejemplo más dramático de conflicto en el campus sobre la libertad de expresión en los últimos años involucró la invitación del politólogo Charles Murray para hablar con el club *American Enterprise* en *Middlebury College* en marzo de 2017. La conferencia provocó apasionadas protestas estudiantiles que finalmente llevaron a que el evento fuera abandonado y los manifestantes hirieran a Allison Stanger, miembro de la facultad de Middlebury que había aceptado ser interlocutor de Murray.[35] El crimen de Murray fue que había argumentado anteriormente en su carrera que la inteligencia jugó un papel en las divisiones económicas de Estados Unidos, un punto visto por sus oponentes como una justificación de los prejuicios raciales y de clase.[36]

Es fácil descartar el incidente de Middlebury como un ejemplo de lo que se ha llegado a llamar «la generación de los copos de nieve», un término peyorativo utilizado para describir la supuesta incapacidad de la nueva generación de estudiantes universitarios para comprometerse con cualquier punto de vista con el que no estén de acuerdo. Este enfoque simplista no tiene en cuenta dos factores importantes. En primer lugar, dicha sensibilidad debe tener una causa o causas previas dentro de la cultura más amplia en la que se produce. En segundo lugar, esta explicación ignora los fundamentos

---

donde tal solía ser una función de la pérdida del cuerpo o de la propiedad. También se podría agregar el uso de declaraciones sobre el impacto en la víctima en la fase sancionable de los casos penales, por lo que el «valor» de la muerte de alguien se evalúa esencialmente por su impacto en la familia y los amigos cercanos. Para ser claros, no estoy aquí discutiendo sobre la validez o los méritos de los fenómenos descritos; simplemente estoy destacando el hecho de que tales cosas surgen dentro de una sociedad que piensa en sí misma de ciertas maneras.

35. Peter Beinart, un periodista liberal, ofrece un relato útil del evento, junto con reflexiones sobre su significado cultural y político: «A Violent Attack on Free Speech at Middlebury». *The Atlantic*, 6 de marzo de 2017, https://www.theatlantic.com/politics/archive/2017/03/middlebury-free-speech-violence/518667/.

36. Ver Richard J. Herrnstein and Charles Murray, *The Bell Curve: Intelligence and Class Structure in American Life* (New York: Free Press, 1996); Charles Murray, *Coming Apart: The State of White America, 1960–2010* (New York: Crown Forum, 2012).

ideológicos autoconscientes de tales protestas al reducirlas al equivalente de rabietas infantiles.

En cuanto a la primera, la carga de este libro ha sido explicar las patologías de nuestra cultura y las razones por las que el discurso en sí mismo ha llegado a ser considerado violencia. Esa es una función de la sociedad psicologizada en la que vivimos y que se ha estado elaborando durante muchos siglos. La crítica de los «copos de nieve» por parte de aquellos que viven y respiran la atmósfera del individualismo expresivo es, por lo tanto, una causa para que todos nosotros nos involucremos en el autoexamen.

En cuanto al segundo, estos fundamentos ideológicos se hacen explícitos en una de las páginas web prominentes presentada por estudiantes de Middlebury que se oponen a eventos como la conferencia de Murray. La declaración de misión de la publicación en línea *Beyond the Green: Collective of Middlebury Voices* [Más allá del verde: Colectivo de voces de Middlebury] contiene el siguiente pasaje:

> Sentimos que individualmente, nuestras voces a menudo son ignoradas frente al discurso hegemónico de Middlebury, pero colectivamente podremos comprometernos con la comunidad de Middlebury de manera más efectiva. Somos un grupo radical, antirracista, antisexista, anticlasista, anticapacitismo y antihomofóbico (así como fuertemente opuesto a todas las formas de opresión) que rechaza el paradigma «liberal» estructuralmente conservador que existe en Middlebury. Las razones detrás de nuestra formación son muchas, pero la predominante es un sentimiento de alienación dentro del diálogo del campus: el llamado «libre mercado de ideas» en el campus es una ilusión, una que existe solo para apoyar una ideología fuerte. Puede que no siempre estemos de acuerdo, y queremos dejar espacio para desafiarnos unos a otros. Sin embargo, en última instancia, compartimos los mismos principios y las mismas intenciones, y estamos comprometidos a avanzar con solidaridad y propósito. Además, reconocemos el potencial y la probabilidad de que los artículos que publicamos puedan ser

desordenados y emocionales porque las cosas sobre las que escribimos estarán muy cerca de nuestras experiencias vividas. En lugar de adoptar la idea de que todo el trabajo escrito en el ojo público debe ser desapasionado, damos la bienvenida al hecho de que nuestros artículos se escribirán con pasión, con amor, con ira y, en general, con propósito. Estamos cansados de tener que comprometernos con aquellos que devalúan repetidamente nuestras experiencias y nuestros valores. Al crear nuestra propia plataforma, nos estamos unificando frente a este desprecio intencional y rechazando la idea de que debemos conformarnos con la narrativa dominante de Middlebury.[37]

El pasaje es un ejemplo bastante soberbio de la política radicalizada de la sociedad terapéutica. En primer lugar, vale la pena señalar el lenguaje del sentimiento que impregna la declaración y que se supone que tiene una tremenda fuerza argumentativa: los artículos probablemente serán «desordenados y emocionales» porque están conectados con «experiencias vividas» y escritos con «pasión, con amor, con ira», y los enemigos son aquellos que «devalúan nuestras experiencias». Este es el lenguaje de las emociones subjetivas, el individualismo expresivo y el ideal terapéutico que la sociedad ha estado cultivando. También hace que la razón sea irrelevante (o irrelevante hasta que las personas estén en sintonía con las emociones adecuadas). Estos estudiantes de Middlebury podrían describirse como canalizando los espíritus de Rousseau y Shelley, pero sin su creencia subyacente en una naturaleza humana normativa como el horizonte universal del compromiso. No hay metanarrativa de la naturaleza humana en su conjunto o una unidad aquí, sino solo la proporcionada por la opresión de ciertos grupos marginados.

En segundo lugar, la declaración también asume que las categorías básicas de la política de identidad moderna son indiscutibles. Claramente, cualquiera que no esté de acuerdo con la posición de

---

37. «Mission», *Beyond the Green: Collective of Middlebury Voices*, consultado el 27 de junio de 2019, https://beyondthegreenmidd.wordpress.com/mission/.

los estudiantes sobre los derechos LGBTQ+ será descartado no solo como incorrecto sino como prejuicioso. El lenguaje estándar de *fobia* está aquí, descartando desde el principio cualquier noción de que objetar la fluidez que marca las nociones actuales de sexo e identidad podría basarse en cualquier tipo de reflexión racional. Al igual que la opinión de la Suprema Corte en *Estados Unidos contra Windsor*, es una animadversión irracional que estos estudiantes consideran como defensores motivadores de las costumbres sexuales tradicionales.

En tercer lugar, la referencia al «paradigma "liberal" estructuralmente conservador» de Middlebury y a la naturaleza ilusoria del «llamado "libre mercado de ideas"» indica que este es claramente el territorio de Marcusan. La libertad de expresión, lo que la mayoría de nosotros consideraríamos intuitivamente como un bien social básico, es parte del problema, no la solución. Y solo restringiendo el discurso se escucharán las voces marginadas de los oprimidos.

El sitio web *Beyond the Green* también alberga una carta que desafía a la universidad por permitir que Murray visitara el campus. Una vez más, el idioma es precisamente lo que uno esperaría del tipo de cultura que ha surgido en los últimos siglos. Aquí hay un pasaje particularmente interesante:

> Entiendo que, como institución de aprendizaje, tienen la responsabilidad de desafiar a sus estudiantes y proporcionar una atmósfera abierta al debate intelectual. En general, creo que es importante incluir algunos puntos de vista que difieren de la atmósfera política general del campus. Sin embargo, también tienen la responsabilidad de defender la humanidad y la dignidad de sus estudiantes de color, lo que no es posible si esa dignidad y humanidad se consideran un tema apropiado de debate en el campus.[38]

---

38. Erica Robinson, «Open Letter to Middlebury Leadership regarding the Recent Protest», *Beyond the Green: Collective of Middlebury Voices*, consultado el 27 de junio de 2019, https://beyondthegreenmidd.wordpress.com/2017/03/15/open-letter-to-middlebury-leadership-regarding-the-recent-protest/.

Las preocupaciones específicas de la carta son los comentarios hechos por Murray con respecto a los estudiantes de color en una visita anterior. Lo que se nota es el lenguaje de la dignidad que utiliza el escritor. Observé en el capítulo 2 que Charles Taylor ve el surgimiento de la dignidad como un concepto éticamente normativo que está directamente conectado con el surgimiento del individualismo expresivo derivado de Rousseau. Añadiría que la dignidad es en sí misma una inferencia de la enseñanza cristiana de que todos los seres humanos están hechos a imagen de Dios. Pero en nuestro clima actual, esta dignidad universal ha sido psicologizada, y la concesión de dignidad ha llegado a igualarse con la afirmación de aquellas identidades psicologizadas que gozan de un estatus especial en nuestra cultura. Aquí vemos una noción tan psicologizada de dignidad aplicada al asunto de la conferencia de Murray (incluso su mera presencia) en Middlebury, las cuales son vistas como inherentemente opresivas. Una vez más, declarar que esta es la reacción de un copo de nieve es trivializar las profundas raíces culturales y filosóficas que subyacen a este lenguaje y esta actitud. El fruto de la psicologización del yo y la politización de ciertas identidades dentro de esta cultura psicologizada conducen precisamente a este tipo de preocupación por la libertad de expresión. Aquellos de nosotros que creemos que la libertad de expresión es un bien social necesario puede que no nos guste lo que leemos aquí, pero no podemos afirmar que no tenga sentido, dada la cultura más amplia dentro de la cual todos vivimos ahora. De hecho, refleja en una forma política radical las intuiciones del imaginario social.

También es importante tener en cuenta que la creciente intolerancia en los campus que representan las protestas de Middlebury no puede aislarse de la cuestión más amplia de la filosofía educativa. La enseñanza de la historia, por ejemplo, ahora está dominada en muchos lugares por defensores de la teoría crítica y, por lo tanto, preocupada por las categorías de poder y marginación. El estado actual de la disciplina de la historia proporciona un buen ejemplo de este pensamiento.

EL ESTADO DE LA DISCIPLINA HISTÓRICA

Una visita al sitio web del Departamento de Historia de la Universidad de Harvard revela que no hay un curso básico centrado exclusivamente en la Reforma o el Renacimiento en ningún lugar, sino que hay cursos titulados Historia asiático-americana, Historia de los nativos americanos y Violencia colonial británica. Mientras que toda la historia de la Europa moderna temprana se trata en un solo curso —que abarca los años 1450 a 1789— otra proposición, Feminismos y pornografía, dedica un semestre entero a solo dos décadas, de 1975 a 1995.[39] En resumen, parecería que hoy se pueden pagar grandes sumas de dinero para emerger de una de las instituciones educativas preeminentes de Estados Unidos con un conocimiento más profundo del significado cultural de Gloria Steinem y las películas porno de finales del siglo XX que de Martín Lutero y los cambios sísmicos intelectuales, culturales, económicos y políticos de los siglos XVI y XVII.

Permítanme ser claro: no estoy diciendo aquí que temas como la violencia colonial británica e incluso la pornografía sean objetos ilegítimos de investigación histórica. Pero me intrigan las prioridades que representan esos planes de estudio. No es que los diversos enfoques teóricos que subyacen a las prioridades que indican —ya sean poscoloniales, *queer* o feministas— estén complementando lagunas previas dentro de la disciplina histórica. Me parece que lo están desestabilizando bastante en su conjunto. Si es el caso de que un curso sobre pornografía y feminismo simplemente está expandiendo el canon de los temas a estudiar o los límites que constituyen la disciplina de la historia, entonces una comprensión sólida de los temas centrales y los métodos de la disciplina seguramente

---

39. Harvard University Department of History, consultado el 5 de marzo de 2020, https://history.fas.harvard.edu.

serían el requisito previo necesario para abordar estos temas. En cambio, la falta de tales sugiere que el juego es abolir los límites y los cánones por completo, presumiblemente como construcciones de varios imperialismos anteriores, culturales, sexuales y de otro tipo. El propósito es la desestabilización de la disciplina, y todo esto sirve para institucionalizar la amnesia cultural que forma parte de nuestra anticultura tercermundista.

Sostengo a continuación que se trata de una cuestión política. Pero también es importante tener en cuenta que además es un asunto terapéutico. Las tradiciones y los cánones disciplinarios vienen con una autoridad externa dada, y el propósito de la educación y el estudio implica someterse a ellos como una disciplina para (por decirlo de alguna manera paradójica) desarrollar un nivel de dominio sobre ellos. El propósito de tal estudio no es, en última instancia, la afirmación del yo del estudiante; más bien, es la transformación del yo del estudiante a través del compromiso con algo externo a él, que le exige. Y así, esta transformación del currículo histórico es una pieza con debates más amplios en los campus sobre la libertad de expresión y los espacios seguros. Estos, también, son realmente funciones de un compromiso cultural más amplio con lo terapéutico y con la idea de que los seres humanos son más auténticos cuando su vida interior se vive externamente, sin interferencias opresivas de la sociedad en general.

Esto se conecta con la segunda área en la que los ideales terapéuticos y el individualismo expresivo de esta era actual son significativos en la educación: la transformación de la autoridad de las instituciones educativas. Una vez más, este es un ámbito en el que se podría decir mucho si tuviéramos tiempo ilimitado, pero como ese no es el caso, quiero centrarme en un solo aspecto de la naturaleza cambiante de las instituciones tradicionales en nuestro tiempo. Una vez que fueron contextos autorizados para la formación personal a través de planes de estudio eso sirvió para ayudar a los individuos a comprender y operar mejor dentro de sus sociedades. Hasta cierto punto, eso todavía se aplica en las disciplinas CTIM (ciencia, tecnología, ingeniería y matemáticas) porque capacitan a los estudiantes para vocaciones específicas, a diferencia de las humanidades y las ciencias sociales, pero incluso allí, el divorcio de CTIM de las humanidades en muchas instituciones apunta a una desafortunada instrumentalización, y por lo tanto reducción, de la razón humana.

Numerosos factores han saboteado la autoridad institucional, y la educación superior es en muchos sentidos simplemente un aspecto de un fenómeno cultural mucho más amplio. Por ejemplo, el hecho de que los estudiantes paguen por su educación generalmente se considera algo bueno. Hace que los profesores y las instituciones rindan cuentas. Pero es discutible que también juega en la idea de que la educación es una mercancía y el estudiante es un consumidor. Ese es un modelo muy diferente de, digamos, el que dio origen a la universidad en la Edad Media e incluso al que yo mismo experimenté en Cambridge en la década de 1980: las autoridades universitarias nunca me dejaron ninguna duda de que la institución no me necesitaba, que tenía el privilegio de estar allí y que, por lo tanto, tenía que seguir las reglas. En un mundo en el que los estudiantes toman grandes préstamos para la educación, hay ventajas: como mencioné, a los profesores, por ejemplo, teóricamente se les hace mucho más responsables. Y si el estudiante no paga, existe la gran pregunta de quién lo hace. Pero también hay desventajas de las que debemos ser conscientes, más obviamente, en un mundo en el que el ideal terapéutico y el individualismo expresivo marcan la estructura ética de la sociedad, los estudiantes como clientes pueden sentirse con derecho a que las normas educativas no se ajusten a los objetivos educativos tradicionales, sino más bien a aquellos que juegan directamente con ese sentido interno de bienestar psicológico que es central para la idea de lo terapéutico.

También es importante señalar que la cuestión de los planes de estudios universitarios se conecta con la abolición de lo prepolítico; en otras palabras, como se señala en la parte 3, en nuestra era todas las áreas de la vida son de importancia política. Ahora, muchos conservadores desearían disentir de este punto de vista. Argumentarían que los «pequeños pelotones» del mundo de Edmund Burke, aquellas instituciones mediadoras para la organización social, como la iglesia, el club deportivo, incluso las reuniones en el bar local, proporcionan un contexto prepolítico para la interacción fuera del campo político. Pero desafortunadamente, una vez que uno de los lados en el debate político elige politizar un tema, entonces todas las partes tienen que jugar ese juego. Y el individualismo radical de la derecha libertaria, tanto como el comunitarismo marxista de la izquierda, tiende hacia esta dirección, porque cualquier acorralamiento del comportamiento individual puede verse como un asalto político a la soberanía personal. La verdad es que ahora vivimos en un mundo en el que todo está politizado, y no tenemos más remedio en la plaza pública que aceptar esto y comprometernos en consecuencia.

Una vez más, esta politización se conecta tanto con el propósito de la educación como con el plan de estudios. Para retomar la historia de Harvard nuevamente, está claro que el plan de estudios refleja las preocupaciones políticas de la actualidad. La pornografía, el feminismo, la violencia colonial, el racismo y las historias de las minorías son prominentes, incluso cuando la Reforma y el Renacimiento no lo son. Por supuesto, la respuesta será que las prioridades curriculares tradicionales también reflejaron los intereses políticos de la clase dominante del período en el que se desarrollaron. Eran los currículos de hombres muertos, blancos, occidentales y heterosexuales. Y ahí radica el problema: para aquel para quien todo es político, no hay contexto para discutir cosas como el contenido de un currículo de una manera pre o no política. El contenido es simplemente parte de la lucha política. Esta es la razón por la que tales debates son tan infructuosos: generalmente implican el choque de dos o más formas completamente inconmensurables de ver el mundo. Como diría Alasdair MacIntyre, representan la afirmación y la afirmación contraria de las preferencias emocionales disfrazadas con la ropa endeble de la objetividad académica.

Esto también ayuda a explicar la razón por la cual la diversidad disciplinaria actual en las humanidades no es simplemente una expansión o ampliación de lo que ha sucedido antes. No es que la historia *queer* simplemente esté complementando las lagunas en las narrativas históricas anteriores; su intención es más bien desestabilizar las narrativas recibidas del pasado y las supuestas estructuras de poder en el presente que dependen de ellas, y ese es un propósito político basado en la abolición de lo prepolítico como categoría viable. Es parte de la misma cultura educativa que se amotinó para silenciar a Charles Murray en Middlebury.

Conclusión

Si hay alguna duda sobre la forma generalizada en que el individualismo expresivo y las preocupaciones terapéuticas del hombre psicológico han llegado a dar forma al *Sittlichkeit* de la sociedad moderna, entonces esto debería disiparse con un momento de reflexión sobre el camino de la Suprema Corte para encontrar el matrimonio gay en la Constitución, por la ética de la *Ivy League* de Peter Singer y por la presión actual sobre la libertad de expresión en los campus universitarios. Las tres son funciones de una noción de autoexpresión que coloca la autoexpresión y el bienestar individual en el corazón de lo que significa ser humano.

Los tres también reflejan aspectos particulares tanto del emotivismo observado por MacIntyre como de la anticultura descrita por Rieff. Detrás del camino a *Obergefell* hay una comprensión fundamentalmente diferente de lo que es una persona, como lo ejemplifica el contraste entre los argumentos de Kennedy y Scalia en *Casey*. Para Singer, no hay esencia humana que haga que hablar de personalidad para un feto, o incluso un bebé recién nacido, sea significativo, a diferencia de los defensores provida cuya posición rechaza. Y para los manifestantes del campus, la libertad de expresión es simplemente una licencia para oprimir a otros con lenguaje y argumentos de odio, y no, como afirmarían sus oponentes, el único medio por el cual las malas ideas pueden ser examinadas y rechazadas. En cada caso, no hay un terreno común sobre el cual construir un consenso. Particularmente en el caso de la afirmación de la Suprema Corte de que las objeciones religiosas a la homosexualidad son realmente impulsadas por la animadversión, está claro que la idea del emotivismo ahora puede funcionar en un entorno polémico como algo utilizado para desacreditar a la oposición: «*Sus* puntos de vista son irracionales y arraigados en la emoción; *los míos* están arraigados en la razón». La misma lógica parece ser utilizada por Singer al ver los argumentos provida como en última instancia basados en el sentimiento («Los bebés recién nacidos son lindos...») y por los manifestantes del campus contra la libertad de expresión («¿Por qué dar una plataforma a los fanáticos irracionales?»). El emotivismo explica por qué el otro lado está equivocado.

En cuanto a la anticultura, lo más llamativo de los tres casos de estudio de este capítulo es el rechazo de la historia. En cada uno toma una forma diferente, pero la trayectoria antihistórica está ahí. En el caso de la Suprema Corte y *Obergefell,* el precedente funciona en los argumentos solo cuando es útil que lo haga. Cuando es problemático, puede ser ignorado.

Con Singer, el asunto es más complicado. En primer lugar, cualquier posición proaborto es inevitablemente hasta cierto punto antihistórica porque exige la eliminación de las consecuencias de la historia, a saber, la concepción. Ese es el punto básico de Rieff sobre el aborto en *My Life among the Deathworks* [Mi vida entre las obras de la muerte]. Pero Singer va más allá con su defensa del infanticidio, justificado sobre la base de la felicidad de los padres, y de la eutanasia. Estos son rechazos deliberadamente iconoclastas de la práctica y las creencias pasadas. Ni el aborto ni el infanticidio están sin precedentes en la historia, pero no han sido ampliamente sancionados en Occidente desde la antigüedad, y el argumento de Singer se basa en dos nociones muy modernas: el rechazo del excepcionalismo humano y el imperativo de la felicidad personal. En cuanto a los campus, las protestas contra la libertad de expresión son parte de una patología educativa mucho más amplia. La transformación de las humanidades en disciplinas por las cuales el pasado no es tanto examinado como fuente de sabiduría sino rechazado como un cuento de opresión es clave para este impulso anticultural. Negar la libertad de expresión en el campus es simplemente una extensión de ver toda la historia como un discurso hegemónico diseñado para mantener a los poderosos en el poder y para marginar y silenciar a los débiles. Es el resultado combinado de la abolición de lo prepolítico y la aparición de una cultura en la que la opresión se conceptualiza como psicológica. Ambas son patologías de la anticultura de Rieff porque ambas militan en contra de cualquier noción de autoridad externa tradicional. Y como comenta Rieff: «El olvido es ahora la forma curricular de nuestra educación superior».[40] Eso, dice, garantiza que esta generación será la primera de la nueva barbarie, comprometida con la denigración, la destrucción y el borrado del pasado, no solo de sus artefactos, sino también de sus valores y prácticas sociales.[41]

En las decisiones recientes de la Suprema Corte, en los escritos de Peter Singer y en las travesuras de los habitantes del campus universitario moderno, parecería claro que Rieff tiene razón. La amnesia cultural está a la orden del día, un imperativo político, un aspecto fundamental del imaginario social.

---

40. Phillip Rieff, *My Life among the Deathworks: Illustrations of the Aesthetics of Authority,* ed. Kenneth S. Piver, vol. 1 of *Sacred Order / Social Order* (Charlottesville: University of Virginia Press, 2006), 106.

41. Ver *Forgetfulness*, pág. 100, en el capítulo 2.

10

El triunfo de la T

Las niñas serán niños y los niños serán niñas.
Es un mundo mezclado, confuso, sacudido.

RAY DAVIES, «LOLA»

Como dije en la introducción, este libro no es tanto un estudio del movimiento LGBTQ+ como un prolegómeno para tal discusión. Mi propósito en todo momento ha sido mostrar cómo las ideas que hoy impregnan tanto las filosofías conscientes como las intuiciones que dominan el imaginario social tienen profundas raíces históricas. Que una afirmación tan contradictoria como «Soy una mujer atrapada en el cuerpo de un hombre» ahora tenga sentido para las personas que no están escolarizadas en la teoría crítica o el posestructuralismo revela la profundidad de la penetración de muchas de las ideas sofisticadas de esas escuelas en el tejido básico de la sociedad.

Es apropiado, sin embargo, ofrecer algunas reflexiones sobre cómo los diversos conceptos analíticos y las ideas que he descrito en capítulos anteriores se pueden aplicar al movimiento LGBTQ+ de una manera que ayude a darle sentido. Por lo tanto, en este capítulo

quiero ver una serie de asuntos específicos: la naturaleza extraña de
la coalición LGBTQ+ y cómo la historia de su formación refleja
una serie de patologías culturales que he notado; el desafío que la
adición del transgenerismo a la alianza ha traído a su paso, especialmente a las formas más tradicionales de feminismo; y los llamados
Principios de Yogyakarta y cómo encarnan una manifestación sexual
del individualismo expresivo. Al hacerlo, debe quedar claro que la
alianza LGBTQ+ representa el último y más poderoso ejemplo de
una anticultura, una obra de muerte y un rechazo de la naturaleza,
respaldado por la ética estética y emotiva que es tan típica de una
era terapéutica.

El enemigo de mi enemigo es mi amigo

El acrónimo familiar LGBTQ+ se ha expandido a lo largo de los años
para mantenerse al día con el rango de minorías sexuales que representa, de modo que a menudo ahora termina con un signo de «+»
para indicar su naturaleza algo abierta. Sin embargo, por mucho
que las iniciales se presenten en nuestra cultura como indicando una
alianza natural, y por mucho que los grupos que representan típicamente se presenten al mundo más amplio como tales, es de hecho
el caso de que el acrónimo ha surgido de circunstancias históricas en
lugar de características intrínsecas a cada categoría.

Todos los grupos representados en el LGBTQ+ comparten una
serie de cosas en común. Desde la perspectiva de mi narrativa anterior, son claramente psicológicos y sexuales en términos de su comprensión de la individualidad. Identificarse por la orientación sexual
o identificar el género por convicción psicológica interna ubica al
LGBTQ+ dentro del mundo del individualismo expresivo y el hombre psicológico. La realidad es interna y psicológica, no externa y
natural. Pero decir eso no es decir mucho en absoluto. Como sostengo en el capítulo final, todos los occidentales del siglo XXI son
individuos expresivos y seres psicológicos. Ese hecho general no gana

la membresía de nadie en ninguna comunidad occidental en particular, y LGBTQ+ es una comunidad muy específica.

El primer asunto y quizás el más obvio a discutir es la extraña naturaleza de la alianza LGBTQ+. Tan familiar se ha vuelto este acrónimo que es posible pasar por alto por completo el hecho de que está lejos de ser una confederación obvia o natural de minorías sexuales. Esto es quizás más evidente en el asunto de la T y la Q, ya que tanto el transgenerismo como la teoría *queer* se basan en una negación básica de la naturaleza fija del género, algo que por el contrario la L y la G asumen. Así, a diferencia de la L y la G, la T y la Q son ideologías transgresoras en el sentido de que apuntan a la demolición de cualquier construcción de la realidad que tome la idea de lo masculino y lo femenino como representantes de algo que es esencial en la raíz.

De hecho, sin embargo, incluso la conexión entre la L y la G está lejos de ser natural u obvia, a pesar de la tendencia de pensar en ambos bajo la categoría general de homosexualidad o atracción por el mismo sexo. Este punto queda claro en un influyente ensayo de 1980 de la autora feminista Adrienne Rich sobre el tema de lo que ella llama «heterosexualidad obligatoria».[1] Este es su término para lo que ella percibe como el establecimiento de la heterosexualidad como culturalmente normativa, particularmente la heterosexualidad definida por los deseos eróticos y las prácticas sexuales de los hombres, lo que ha creado una situación en la que toda la actividad sexual se entiende en relación con ese estándar.[2] El centro de su argumento

---

1. Adrienne Rich, «Compulsory Heterosexuality and Lesbian Existence», *Signs* 5 (1980): 631-660.

2. Rich describe su enfoque y argumento general de la siguiente manera: «Mi impulso organizador es la creencia de que no es suficiente para el pensamiento feminista que existan textos específicamente lésbicos. Cualquier teoría o creación cultural / política que trate la existencia lésbica como un fenómeno marginal o menos "natural", como mera "preferencia sexual", o como la imagen especular de las relaciones homosexuales heterosexuales o masculinas se debilita profundamente por ello, cualesquiera que sean sus otras contribuciones». *Compulsory Heterosexuality*, 632.

es la noción de que la homosexualidad masculina y el lesbianismo femenino son fenómenos radicalmente diferentes, tanto en términos de las expresiones físicas del deseo sexual que implican como en términos del comportamiento social de los dos grupos. Cada grupo experimenta y responde a la cultura heterosexual dominante de diferentes maneras.

Un ejemplo que Rich ofrece para aclarar este punto son las diferentes formas en que los hombres gays y las mujeres lesbianas experimentan el lugar de trabajo. La lesbiana está obligada a *actuar* como una heterosexual, a hacerse atractiva para los hombres, para sobrevivir en el lugar de trabajo, mientras que al homosexual no se le exige que se haga atractivo para las mujeres. Por lo tanto, la lesbiana tiene que negar su identidad, de hecho, contradecir su identidad, en sus interacciones sociales. El homosexual masculino no tiene que hacerlo; no se le ha hecho ningún requisito análogo de ser atractivo para una colega; por lo tanto, es libre en el lugar de trabajo para ser quien realmente es. En resumen, la estructura heterosexual y patriarcal dominante de la sociedad significa que no hay equivalencia entre gays y lesbianas; su experiencia del mundo es profundamente diferente.[3]

Uno puede estar en desacuerdo con el argumento básico de Rich —que la heterosexualidad y el patriarcado definen todo en nuestro mundo— pero eso no es relevante para mi punto aquí. Lo importante es el hecho de que tenemos en Rich a un pensador representativo que argumenta que la homosexualidad y el lesbianismo no son simplemente las versiones masculina y femenina de un solo fenómeno más amplio (atracción erótica hacia el mismo sexo). Ella está diciendo que en realidad son dos fenómenos diferentes debido

---

3. Rich afirma: «[Hay] una diferencia específica entre las experiencias de las lesbianas y los hombres homosexuales. Una lesbiana, en el fondo de su trabajo debido a prejuicios heterosexistas, no se ve simplemente obligada a negar la verdad de sus relaciones externas o de su vida privada; su trabajo depende de que ella finja ser no solo heterosexual sino una *mujer* heterosexual en términos de vestirse y desempeñar el papel femenino y deferente que se requiere de las mujeres "*reales*"». *Compulsory Heterosexuality*, 642.

a cómo se encuentran en relación con las estructuras de poder más amplias de la sociedad que conducen inevitablemente a experiencias completamente diferentes de esa sociedad. Y eso indica que no hay nada intrínseco a la L y la G en LGBTQ+ que sugiera que automáticamente van a ser socios en una causa común.

Rich presiona este punto aún más, llegando a sugerir que poner entre corchetes a lesbianas y gays es nada menos que un acto de opresión contra los primeros:

> Históricamente, las lesbianas han sido privadas de una existencia política a través de la «inclusión» como versiones femeninas de la homosexualidad masculina. Equiparar la existencia lésbica con la homosexualidad masculina porque cada una está estigmatizada es negar y borrar la realidad femenina una vez más.[4]

Lo que Rich afirma aquí es que agrupar a lesbianas y homosexuales masculinos en una categoría común es, irónicamente, un acto de dominación masculina que niega la identidad femenina. Una vez más, la veracidad de la afirmación no es lo importante; más bien, lo que es significativo es el hecho de que esta afirmación se hace en absoluto. No debemos permitir que nuestra familiaridad con la realidad de la alianza LGBTQ+ nos ciegue ante el hecho de que ninguno de los elementos a partir de los cuales se constituye estaba automáticamente destinado a ser el socio natural de ninguno de los demás.

Sin embargo, las razones para mantener la homosexualidad y el lesbianismo separados van más allá de los asuntos de estatus social y económico. También se conectan con lo erótico. Rich de nuevo:

> Percibo la experiencia lésbica como una experiencia profundamente *femenina,* con opresiones, significados y potencialidades particulares que no podemos comprender mientras simplemente la entretejamos con otras existencias sexualmente estigmatizadas [...]. Pero a medida

---

4. Rich, *Compulsory Heterosexuality*, 649.

que profundizamos y ampliamos el rango de lo que definimos como existencia lésbica, a medida que delineamos un continuo lésbico, comenzamos a descubrir lo erótico en términos femeninos: como aquello que no se limita a ninguna parte del cuerpo o únicamente al cuerpo mismo, como una energía no solo difusa sino, como la ha descrito Audre Lorde, omnipresente en el «compartir la alegría, ya sea física, emocional, psíquica» y en compartir el trabajo; como la alegría empoderadora que «nos hace menos dispuestos a aceptar la impotencia, o aquellos otros estados de ser suministrados que no son nativos de mí, como la resignación, la desesperación, el autoolvido, la depresión, la autonegación».[5]

Dos cosas son importantes aquí. Primero, hay un vínculo asumido en la mente de Rich entre la experiencia física de ser mujer y la distinción entre la homosexualidad masculina y el lesbianismo. Eso significa que la L y la G no pueden estar intrínsecamente unidas porque los cuerpos, y las diferencias corporales, son importantes. En pocas palabras, las mujeres experimentan el mundo de manera diferente porque son físicamente diferentes de los hombres. El vínculo aquí entre el lesbianismo y el feminismo es significativo: un feminismo, es decir, que asume que las distinciones corporales entre hombres y mujeres son importantes y que las experiencias únicas del cuerpo femenino, como la menstruación, el embarazo, etc., son vitales para la causa feminista. Por implicación, entonces, este enlace indica que cuando la L y la G se unen, como lo han hecho en el movimiento LGBTQ+, las diferencias corporales deben dejarse de lado o atenuarse de alguna manera. En 1980, Rich no podría haber sabido que estaba aquí identificando un asunto que tendría un gran significado para el feminismo como un todo, una vez que el lesbianismo se unía a la causa LGBTQ+ más amplia.

En segundo lugar, Rich señala una diferencia erótica entre homosexuales masculinos y lesbianas. Para ella, los dos grupos también se

---

5. Rich, *Compulsory Heterosexuality*, 650.

distinguen por la forma de satisfacción sexual que favorecen. Aunque ella no es explícita aquí, el problema subyacente es que la homosexualidad masculina se centra en el sexo con penetración y el orgasmo genital. Para la lesbiana, la satisfacción sexual es algo diferente. Es una categoría mucho más amplia que no se centra exclusivamente en el contacto genital. En términos de Rich, el lesbianismo se caracteriza menos por la actividad genital y más por una relación emocional profunda y erótica.

El mismo tipo de preocupación se encuentra en el volumen del *Boston Women's Health Book Collective, Women and Their Bodies: A Course* [Las mujeres y sus cuerpos] (1970), un libro que, a través de sus numerosas revisiones, expansiones y reimpresiones, se ha convertido en un texto feminista estándar.[6] La sección sobre sexualidad fue en parte una crítica vigorosa de permitir que los intereses y las categorías masculinas dominen la discusión de la sexualidad femenina, particularmente en lo que se refiere a la violencia percibida de la penetración. Desde médicos hasta pornógrafos, los autores encontraron que la visión dominante del sexo era la promovida y vigilada por la sociedad patriarcal, con el enfoque en la virginidad como reducción efectiva de las mujeres a objetos para ser conquistados y colonizados por los hombres. Esto era algo que incluso la revolución sexual simplemente había exacerbado a través de su promoción de la mujer promiscua como un ideal, un ideal masculino.[7] Todo el texto, incluso en su discusión de la homosexualidad femenina, está diseñado para separar la discusión de la experiencia femenina del mundo de cualquier influencia masculina, y la idea de que las lesbianas y

---

6. La obra original era una escritura a máquina samizdat. El título fue cambiado más tarde a *Our Bodies, Ourselves*, y la obra fue publicada oficialmente en 1973 por Simon y Schuster.
7. Boston Women's Health Book Collective, *Women and Their Bodies* (Boston: New England Free Press, 1970), 16-17, 23-24. La primera edición es conscientemente arraigada en el pensamiento de la nueva izquierda, como indica la primera frase del texto principal: «Marcuse dice que "la salud es un estado definido por una élite"». El título de la sección es indicativo del marco ideológico del conjunto: *Women, Medicine and Capitalism. Women and Their Bodies*, 6.

los gays podrían tener alguna causa común nunca se acepta. Y esta separación está conectada a las realidades biológicas. El énfasis en el libro en la experiencia del mundo que sienten las mujeres y en las narrativas personales apunta claramente a la importancia de la psicología para el argumento. Pero este elemento psicológico nunca se separa de la constitución fisiológica de lo que significa ser mujer. De hecho, los autores critican a Sigmund Freud por sentar las bases de denigrar el cuerpo femenino a través de su teoría de que las mujeres, debido a su falta de genitales masculinos, construyeron la identidad femenina como la de un hombre incompleto.[8] Además, argumentan que es precisamente la ignorancia de las mujeres de la biología de sus órganos reproductivos lo que las hace vulnerables y víctimas del control de los hombres. Un feminismo que da tal lugar a la biología proporciona un contexto para un lesbianismo que no puede verse a sí mismo como análogo a la homosexualidad masculina precisamente porque es homosexualidad *masculina*.[9]

Entonces, si hay un fuerte argumento para que las lesbianas y los gays no sean conmensurables, ¿cómo es que se han convertido en aliados en las luchas políticas y culturales de nuestro tiempo? En la década de 1970, lesbianas y gays tuvieron una relación muy tensa que creó serias preguntas sobre si alguna vez podrían trabajar juntos como dos partes de un movimiento unificado para la liberación sexual. Y no era simplemente la inconmensurabilidad filosófica del lesbianismo y la homosexualidad masculina lo que era el problema. El sexismo, también, era desenfrenado en la comunidad gay de una manera que mantenía a las mujeres fuera de posiciones significativas de poder dentro del movimiento.[10] Sin embargo, en la década de 1980, surgió

---

8. Women's Health Book Collective, *Women and Their Bodies*, 8.

9. Women's Health Book Collective, *Women and Their Bodies*, 9-10. En 2011, el libro contenía secciones sobre mujeres transgénero, lo que indica un cambio sísmico en la importancia de la biología femenina para el feminismo, un cambio provocado por la causa común que las lesbianas y los gays formaron en la década de 1980.

10. Eric Marcus, *Making Gay History: The Half Century Fight for Lesbian and Gay Equal Rights* (New York: HarperCollins, 2002), 154.

un movimiento unido para la liberación gay, que incluía tanto a lesbianas como a gays. Y la razón de esto es bastante simple: su victimismo compartido como minorías sexuales marginadas finalmente demostró ser más fuerte que las diferencias sociales, económicas, biológicas y filosóficas que teóricos como Adrienne Rich señalaron.

Señalé en la parte 3 que el victimismo surgió como una virtud clave, tal vez *la* virtud clave, de la tradición marxista del pensamiento de la nueva izquierda. Fusionado con la noción sexualizada de la identidad iniciada por Freud y reforzada por el colapso del colonialismo europeo en las décadas posteriores a la Segunda Guerra Mundial, un sentido compartido de victimismo proporcionó una base obvia para construir un movimiento político entre gays y lesbianas y también uno que resonaría con el *Sittlichkeit* de una sociedad occidental que se sentía culpable por su historia pasada de esclavitud, explotación y marginación de las minorías. Todo lo que se necesitaba para una alianza con LG era un catalizador.

Dos momentos catalíticos clave se destacan en la narrativa: los disturbios de Stonewall de 1969 y la crisis del SIDA de la década de 1980. En cuanto a lo primero, la redada policial en el Stonewall Inn, un bar gay en Greenwich Village, y los disturbios y protestas posteriores son cosa de la leyenda LGBTQ+ y generalmente se consideran como el momento en que el activismo gay surgió como una fuerza política autoconsciente. Por supuesto, la historia no es tan simple: el activismo por los derechos de los homosexuales no se inventó en junio de 1969, pero ha llegado el momento de funcionar como una especie de hito histórico.

Antes de Stonewall, las décadas de 1950 y 1960 habían sido testigos de una creciente autoconsciencia política y activismo entre gays y lesbianas. Por ejemplo, en 1956, un grupo en Washington D. C., conocido como el Consejo para la Derogación de Leyes Injustas se había quejado de que la legislación de derechos civiles que el Congreso estaba considerando entonces no tenía en cuenta a los homosexuales ni al hecho de que muchos de los principales defensores de los derechos civiles de los negros eran antihomosexuales.[11] En la década de 1960, tales protestas continuaron, pero siguieron siendo relativamente pequeñas, incluso cuando fueron señaladas por el FBI. Así, en octubre de 1965, hubo una protesta frente a la Casa Blanca escenificada por las Asociaciones Homófilas de la Costa Este contra las políticas federales de discriminación con respecto a gays y lesbianas. El FBI señaló que la protesta consistía en «35 individuos», no exactamente un movimiento de masas, sino un indicativo de un movimiento que comenzaba a ganar cierta notoriedad.[12]

Stonewall, sin embargo, fue un momento clave en el activismo gay masculino. Para empezar, marcó un nuevo conjunto de ambiciones. Las llamadas organizaciones homófilas de años anteriores habían argumentado a favor de los derechos de los homosexuales sobre la base de que los homosexuales estaban tan comprometidos con los ideales estadounidenses como cualquiera, que, por ejemplo, ser gay era bastante compatible con ser patriótico y con una vida limpia; por lo tanto, no significaba que uno debiera ser considerado un mayor riesgo de seguridad cuando se trataba de empleo gubernamental. Por lo tanto, este movimiento homófilo podría describirse como conservador y como que desea la asimilación al *status quo* cultural. No fue revolucionario en ningún sentido político profundo. Después de Stonewall, sin embargo, el activismo gay se volvió análogo (y fue profundamente influenciado por) el pensamiento de la nueva izquierda que dio forma a las protestas políticas generales de finales de la década de 1960. Era autoconscientemente radical y revolucionario. No buscaba

---

11. Linda Hirshman, *Victory: The Triumphant Gay Revolution* (New York: HarperCollins, 2012), 52.

12. Marcus, *Making Gay History*, 71. La parte 3 del libro de Marcus (una historia oral compuesta de testimonios de primera mano de numerosos activistas homosexuales) cubre los años 1961 a 1968 y es una excelente fuente para rastrear la creciente autoconfianza del movimiento por los derechos de los homosexuales en los años inmediatamente anteriores a Stonewall.

un acomodo con la cultura, sino una transformación fundamental de la cultura. Neil Miller expresa el asunto de la siguiente manera:

Más que nada, la revolución gay [de finales de la década de 1960] representó un cambio en la consciencia. Abogaba nada menos que por la transformación completa de la sociedad. Lo que distinguió a la nueva generación de liberacionistas homosexuales de los homófilos fue algo más que un mayor grado de activismo. Como Dennis Altman, el escritor australiano que fue el cronista más perspicaz de las ideas detrás del movimiento de liberación gay en sus inicios, señaló: «Ya no se hace la afirmación de que las personas homosexuales pueden encajar en la sociedad estadounidense, que son tan decentes, tan patrióticas, tan limpias como cualquiera. Más bien, se argumenta, es la propia sociedad estadounidense la que necesita cambiar». Para los jóvenes radicales no había necesidad de crear una imagen pública «favorable». [...] Ahora lo insolente era hermoso.[13]

Es justificable —de hecho, indiscutible— que el eventual triunfo de los derechos de los homosexuales, en forma de matrimonio gay, se basó no tanto en «lo insolente es hermoso» sino en imágenes tranquilizadoras de la domesticidad gay como las presentadas en comedias como *Will and Grace*. Esas imágenes son más parecidas a las estrategias homófilas de la era anterior a Stonewall. Pero también es seguro que la autoconsciencia política y la posterior y poderosa organización política que preparó el terreno para el matrimonio gay solo surgieron realmente en la era posterior a Stonewall como resultado de la agresiva autoconfianza de un movimiento decidido a ocupar un lugar importante en la imaginación cultural. Además, los disturbios de Stonewall proporcionaron un elemento clave más a la narrativa gay que resonó profundamente dentro de la cultura occidental: el victimismo. La imagen de la policía allanando gratuitamente un

13. Neil Miller, *Out of the Past: Gay and Lesbian History from 1869 to the Present* (New York: Alyson Books, 2006), 339-340.

bar donde los hombres homosexuales simplemente se reunían y no eran violetos ni hacían daño a otros dejó en claro quiénes eran los bravucones y quiénes eran las víctimas. Y es este estado compartido el que iba a resultar crítico para que la L y la G encontraran una causa común.

El momento más importante en la narrativa del victimismo, sin embargo, no fue Stonewall. El evento clave, el que unió a la L y a la G y que presentó poderosas imágenes de hombres homosexuales como víctimas, ocurrió más de una década después, con la llegada del SIDA en la década de 1980.[14]

La crisis del SIDA es fascinante por varias razones. Por ejemplo, la comunidad gay estaba profundamente dividida sobre cómo responder a ella en los primeros años a medida que la enormidad total de la situación comenzó a aparecer y cuando surgieron serias preguntas sobre el estilo de vida y el comportamiento. Bill Kraus, un político de San Francisco que iba a morir de SIDA, intentó sin éxito promover prácticas de sexo seguro al recomendar el cierre de los saunas gays de la ciudad, puntos focales para la actividad sexual gay desinhibida. Esta idea fue comparada por un opositor gay del plan como dar «a la Mayoría Moral y a los de la derecha el combustible que han estado esperando para alimentar las llamas que nos aniquilarán».[15] La retórica es interesante: cualquier inhibición de la libertad sexual, incluso la diseñada para prevenir la transmisión de una enfermedad mortal, se considera inaceptable debido a su percepción de moralización odiosa o potencial para promover tal. Ese sentimiento está totalmente en consonancia con una cultura terapéutica de individualismo expresivo, en la que las únicas preocupaciones éticas significativas son el momento presente y la capacidad de los individuos para realizarse a sí mismos de la manera que elijan en ese momento.

---

14. Un excelente relato de la crisis del SIDA es el de David France, *How to Survive a Plague: The Story of How Activists and Scientists Tamed AIDS* (New York: Vintage, 2017).
15. Molinero, *Out of the past*, 415-416.

La historia posterior de la crisis del SIDA es la historia de la batalla por el acceso a los medicamentos que nuevamente refleja una serie de patologías culturales que he señalado en este libro. La actividad sexual pos-Freud no es, en sí misma, moral o inmoral. Es solo una actividad. Para la mente moderna pos-Freud, pos-Nietzsche, aquellos que argumentan que los actos sexuales tienen un contenido moral intrínseco simplemente están expresando preferencias estéticas irracionales arraigadas en el condicionamiento cultural del simple prejuicio. El sexo se vuelve moralmente significativo solo porque es una expresión del yo o de la identidad personal, por lo que cualquier discusión moral sobre los actos sexuales o sus consecuencias debe establecerse en ese contexto.[16] Si gay es una identidad, entonces la narrativa se convierte en una en la que el SIDA se presenta como matar a las personas por lo que son, no por lo que hacen. No son responsables de su propia enfermedad y muerte más que del color de su piel; son víctimas.

En este contexto, el SIDA no es una crisis moral que debe resolverse mediante una reforma moral, sino una crisis técnica que debe abordarse con soluciones técnicas: instrucción sobre «sexo seguro», distribución de condones y disponibilidad inmediata de medicamentos como el AZT.[17] Y la batalla por la financiación para la investigación del SIDA y por el acceso barato a medicamentos como el AZT, que fue directamente al corazón de la administración de Reagan, hizo que los hombres homosexuales fueran víctimas.[18] Las imágenes televisivas de individuos demacrados que mueren dolorosamente

---

16. Por ejemplo, en este marco la violación es errónea porque no incluye el consentimiento mutuo de las partes involucradas y, por lo tanto, representa la negación de la identidad de la víctima. El acto físico en sí, considerado desde una perspectiva puramente fisiológica, no tiene contenido moral, bueno o malo.

17. El AZT (azidotimidina o zidovudina) fue el primer medicamento autorizado para el tratamiento del SIDA.

18. C. Everett Koop, un cristiano evangélico y cirujano general de Reagan, rompió con la administración al enviar un folleto educativo sobre el SIDA a todos los hogares de los Estados Unidos, pidiendo compasión por las víctimas. France, *How to Survive a Plague*, 317.

siempre son poderosas, y cuando la narrativa de fondo es que esto está siendo causado por la obstrucción del gobierno y el prejuicio irracional contra los hombres homosexuales, entonces ese poder se ve enormemente mejorado.

Fue en este contexto de victimismo y opresión compartidos a manos de un establecimiento heterosexual que las lesbianas y los gays encontraron una causa común: la historia era ahora una en la que a ambos grupos se les impedía ser quienes realmente eran; ambos fueron víctimas de un enemigo conservador común. En este entorno, el Centro Comunitario de Lesbianas y Gays en Nueva York fue fundado en 1983. Esto a su vez llevó a la fundación de la AIDS Coalition to Unleash Power (ACT UP) [Coalición contra el SIDA para liberar el poder] en 1987, después de un discurso en el centro por el activista del SIDA Larry Kramer.[19] El resto, como se suele decir, es historia.

En resumen, por lo tanto, la formación inicial de la alianza lésbica-gay no es algo que surja de afinidades intrínsecas entre los dos. Es el resultado de compartir el mismo enemigo y sufrir una marginación similar. Y el victimismo virtuoso es un poderoso catalizador para las coaliciones políticas en el mundo moderno. Todo el tenor de la sociedad terapéutica, desde su psicologización de la opresión hasta sus narrativas históricas que convierten a las víctimas de la historia en los verdaderos héroes, sirve para cultivar el poder emocional (y por lo tanto moral) que ahora manda el victimismo. Y esto quizás no sea más dramática ni significativamente evidente que en la formación de la alianza LG a principios de la década de 1980 en torno al tema del SIDA. El SIDA convirtió a los hombres homosexuales de clase media en víctimas simpatizantes, y los debates en torno a la respuesta del gobierno a la crisis dieron a las lesbianas y a los homosexuales masculinos una causa común y un enemigo común: una cultura conservadora, personificada por la administración de Reagan, que

---

19. France, *How to Survive a Plague*, 247-253.

estaba subvirtiendo efectivamente su identidad y, en muchos casos, literalmente condenándolos a muerte. También sentó las bases para la alianza posterior con las personas transgénero y, por lo tanto, sentó las bases para la actual guerra civil entre las feministas.

La T se une a la fiesta

El aumento del transgenerismo y su injerto en la alianza LGB es el segundo asunto que dije que debía abordarse en este capítulo. Si bien siempre había sido una presencia en el mundo de la sexualidad transgresora, el momento en que la mayoría de la gente probablemente se dio cuenta de que el transgenerismo estaba a punto de convertirse en un gran problema público ocurrió en abril de 2015, cuando el entonces Bruce Jenner salió como una mujer trans en una entrevista con Diane Sawyer en el programa de actualidad *20/20*.[20] Para 2017, Jenner había completado la cirugía de reasignación de género, y Bruce ahora era Caitlyn. Desde entonces, los debates sobre la política para el uso de los baños para personas transgénero en las escuelas, sobre el uso apropiado de pronombres y sobre las implicaciones para los deportes femeninos han dominado gran parte de la discusión política sexual de la plaza pública.[21]

Si bien Jenner puede haber sido la cara pública del movimiento transgénero, debería ser obvio a partir de la narrativa anterior de este libro que su declaración es consistente con las tendencias culturales que corren rápido y profundamente dentro de la sociedad occidental. Para que el transgenerismo sea coherente, la sociedad en la que se produce debe dar una prioridad decisiva a la psicología sobre la física para determinar la identidad. Para que sea coherente también implica una minimización correlativa de la autoridad externa, ya sea la de la

---

20. «Bruce Jenner: The Interview», entrevista por Diane Sawyer, *20/20*, 24 de abril de 2015, https://abcnews.go.com/2020/fullpage/bruce-jenner-the-interview-30471558.

21. La guía estándar sobre el género y sus diversas ramificaciones sociales y políticas en la sociedad contemporánea es Michael Kimmel, *The Gendered Society*, 6th ed. (Oxford: Oxford University Press, 2017).

biología de la persona o la de las expectativas sociales tradicionales. La amnesia biológica y cultural debe estar a la orden del día. Además, su credibilidad está alimentada por un poderoso individualismo y facilitada por la capacidad tecnológica de manipular las realidades biológicas. Todos estos factores están presentes en la sociedad occidental contemporánea. A estos también podríamos añadir la noción de que el género es separable del sexo, algo que notamos en la obra de Simone de Beauvoir y más tarde en el feminismo y que vuelve a ganar plausibilidad a partir de la atenuación tecnológica de la diferencia entre hombres y mujeres en el ámbito laboral, como predijo Karl Marx. En otras palabras, Jenner no apareció de la nada, ni es el resultado de una sola causa. De hecho, el acrónimo LGBT se había establecido como moneda común entre los activistas homosexuales a mediados de la década de 1990, muchos años antes de que Jenner hiciera público su cambio.[22]

La conexión entre el transgenerismo y las corrientes sociales más profundas señaladas en capítulos anteriores es evidente en la entrevista de Jenner de 2015 con Diane Sawyer. Aquí Jenner hace una declaración reveladora, es decir, sobre dónde ubicar el tema transgénero dentro de la narrativa más grande del pensamiento occidental sobre la individualidad:

> Lo veo de esta manera. Bruce siempre [estaba] diciendo una mentira. Ha vivido una mentira toda su vida sobre quién es. Y ya no puedo hacer eso. ¿Debo sacar mi cola de caballo? Sí, ¿por qué no? Estamos hablando de todas estas cosas. Sí, pongamos la cola de caballo fuera. [*Sawyer: ¿Eres mujer?*] Um, sí. A todos los efectos, soy una mujer. La gente me mira de manera diferente. Te ven como este hombre macho, pero mi corazón y mi alma y todo lo que hago en la vida, es parte de mí. Ese lado femenino es parte de mí. Es lo que soy. No nací genéticamente de esa manera. Y a partir de ahora, [yo] tengo todas las

---

22. Lisa M. Stulberg, *LGBTQ Social Movements* (Cambridge: Polity, 2018), 68.

partes masculinas, y todo ese tipo de cosas, así que en muchos sentidos somos diferentes. Pero todavía nos identificamos como mujeres. Y eso es muy difícil de decir para Bruce Jenner. ¿Por qué? No quiero decepcionar a la gente.[23]

El lenguaje es el más significativo. No es tanto la de la confusión psicológica como la del contraste entre la autenticidad interior y la hipocresía externa. Bruce Jenner «siempre estaba diciendo una mentira». De hecho, toda su vida ha sido una mentira. La imagen exterior proyectada por Bruce era solo una actuación requerida por las expectativas públicas de él como un hombre macho, una actuación mantenida porque Jenner no «quería decepcionar a la gente». Esta es una expresión de lo que es evidente en Rousseau y los románticos: la sociedad, o la cultura, lo forzó en un papel que lo ha hecho inauténtico, falso para sí mismo. El verdadero Jenner —Caitlyn, no Bruce— es similar al noble salvaje, un ser cuya identidad interior coincide con su apariencia externa, pero las demandas de la sociedad educada lo obligaron a interpretar al hipócrita, a ser Bruce.

Otro testimonio de una persona transgénero, Joanne Herman, exhibe las mismas características básicas:

Me sentí como un coche corriendo con el tipo equivocado de gasolina. No entendía completamente lo equivocado que estaba hasta que reemplacé la testosterona con estrógeno cuando hice la transición de género en 2002. Ahora tengo una increíble sensación de bienestar y armonía que nunca antes había conocido. Ahora mi cuerpo simplemente tararea.[24]

---

23. Para una transcripción parcial de la entrevista, de la que se toma esta cita, ver Kate Ward, «Transcript of Bruce Jenner Coming Out as Transgender Will Only Make You Respect Jenner Mor», *Bustled*, 24 de abril de 2015, https://www.bustle.com/articles/78832-transcript-of-bruce-jenner-coming-out-as-transgender-will-only-make-you-respect-jenner-more.
24. Joanne Herman, *Transgender Explained for Those Who Are Not* (Bloomington, IN: AuthorHouse, 2009), 51; citado en *Our Bodies, Ourselves*, 79. Una pregunta obvia en este punto se refiere a por qué el cuerpo es tan importante para la identidad de género (en términos de la administración de hormonas y cirugía), cuando el punto del transgenerismo es que el cuerpo no es importante para la identidad de género. Es decir, no soy lo que mi

En el caso de Jenner y Herman, este es el lenguaje del individualismo expresivo, conectado a la preocupación central de la sociedad terapéutica, es decir, un sentido interno de bienestar psicológico.[25] Bruce fue una construcción, una construcción no auténtica, impuesta a Caitlyn, al yo femenino interior, por la sociedad. Herman siempre sintió que «la hormona sexual primaria equivocada» estaba «corriendo a través de mi cuerpo».[26] El resultado fue toda una vida de fingir ser otra persona, alguien exigido por la sociedad en general y por los cromosomas y la fisiología en contradicción con los sentimientos psicológicos, y por lo tanto sus vidas fueron vividas como mentiras. Ahora, siguiendo sus convicciones internas y liberándose de las normas impuestas culturalmente, Caitlyn es libre de ser ella misma, de ser auténtica, de ser exteriormente quien siempre ha sido interiormente, y Joanne tiene un maravilloso sentido de felicidad interior y paz. Este es el lenguaje y el marco del individualismo expresivo trazado en este libro desde Rousseau en adelante. Lo que noté por primera vez en la noción del filósofo ginebrino de hombre en el hipotético estado de naturaleza en oposición al yo artificial e inauténtico cultivado por las demandas de la sociedad encuentra su ejemplo moderno más consistente en una figura como Caitlyn Jenner, mujer transgénero.

Sin embargo, hay una pregunta interesante aquí: ¿cómo se encuentra la T en relación positiva con la L, la G y la B en LGBT? Las lesbianas y los homosexuales masculinos tradicionalmente operaban con un binario de género: que existen biológicamente cosas como hombres y mujeres y que su identidad sexual debe entenderse dentro de ese marco. La T (y la Q, para *queer*) niega tal enfoque de forma

---

cuerpo dice que soy; soy lo que creo que soy. Para plantear la pregunta de manera más concisa, si el género es simplemente una construcción social, entonces ¿por qué la necesidad de tratamiento físico?

25. *De acuerdo con* esta anécdota, hay mucha evidencia que indica que la cirugía no alivia las molestias asociadas con la disforia de género e incluso puede conducir a más problemas mentales; ver Ryan T. Anderson, *When Harry Became Sally: Responding to the Transgender Movement* (New York: Encounter Books, 2018), 102.

26. Herman, *Transgender Explained*, citado en *Our Bodies, Ourselves*, 79.

biológica en favor de una noción de género mucho más psicológica y libre.

La respuesta corta es que, al igual que con la alianza entre la L y la G, es una coalición política forjada sobre la base de un enemigo común: una normatividad heterosexual impuesta social y políticamente. Los travestis y las personas transgénero desempeñaron un papel en el movimiento anterior por la liberación gay. Formaban parte de la clientela habitual del Stonewall Inn y estuvieron presentes el 28 de junio de 1969, cuando tuvo lugar la redada policial que desencadenó los disturbios de Stonewall.[27] Sin embargo, el resentimiento de las personas transgénero, particularmente los hombres que dicen ser mujeres, era abundante dentro de la comunidad lésbica.[28]

Todo esto, sin embargo, iba a cambiar en los primeros años del siglo XXI. En la primera década, el transgenerismo iba a dar pasos dramáticos hacia la normalización, incluso si aún no había encontrado una figura de alto perfil como Jenner para funcionar como su representante en póster. En 2008, tanto la Asociación Americana de Psicología como la Asociación Nacional de Trabajadores Sociales pidieron la plena normalización del transgenerismo por parte de la sociedad, con la Asociación Americana de Psiquiatría uniéndose en 2012.[29] Y esta normalización se refleja en la aceptación de las mujeres transgénero por parte de sectores influyentes del movimiento feminista.

Tomemos, por ejemplo, la edición de 2011 de *Nuestros cuerpos, nuestras vidas,* el manual para feministas del *Boston Women's Health Book Collective* que había comenzado tantos años antes como el samizdat escrito *Women and Their Bodies* en 1970.[30] El trabajo

---

27. Hirshman, *Victory*, 96-97.
28. Marcus, *Making Gay History*, 152.
29. Darel E. Pablo, *From Tolerance to Equality: How Elites Brought America to Same-Sex Marriage* (Waco, TX: Baylor University Press, 2018) 152.
30. Boston Women's Health Book Collective, *Our Bodies, Ourselves* (New York: Touchstone, 2011).

anterior, como señalé antes, estaba impregnado de conceptos de
la nueva izquierda de Marcusan y también puso un énfasis significativo en lo físico de ser mujer como decisivo para la experiencia femenina de la individualidad y el mundo que la rodea. El
feminismo de segunda ola, como en el pensamiento de Simone de
Beauvoir y Shulamith Firestone, separaba el sexo del género, pero
parece haber imaginado un mundo en el que las diferencias físicas
no llegaron a hacer una diferencia real entre hombres y mujeres,
no donde los hombres podrían convertirse en mujeres y viceversa.
El objetivo para ellos era más escatológico: una trascendencia de
las diferencias de género a través de la tecnología y una mayor
consciencia política.

En la edición de 2011 de *Nuestros cuerpos, nuestras vidas* hay una
sección entera dedicada a temas de sexo, género y transgénero. La
separación entre sexo y género se acepta como básica, y el transgenerismo es ahora claramente parte del feminismo dominante en el
presente, o, mejor dicho, parte de una *parte* del feminismo convencional. No todas las feministas están tan enamoradas de que las mujeres trans (hombres que se identifican como mujeres) se conviertan en
parte de la causa feminista, como discuto más adelante. Pero para los
autores de *Nuestros cuerpos, nuestras vidas,* no hay ningún problema
con incluir a las mujeres transgénero:

> Un número creciente de feministas y otras activistas están abogando
> por la expansión o eliminación de las normas de género, con el fin de
> permitir una gama completa de comportamiento y expresión humana.
> Saber que el género está separado de la anatomía sexual nos permite
> expresarnos de maneras que pueden entrar en conflicto con la forma
> en que la sociedad dicta que debemos mirar y actuar.[31]

Este es un ejemplo bastante soberbio de la afirmación central
de este libro: que los problemas que enfrentamos hoy en términos

---

31. Colectivo de libros sobre la salud de la mujer *Our Bodies, Ourselves,* 73.

de política sexual son un síntoma o manifestación de la revolución más profunda en el yo que representa el surgimiento y el triunfo del individualismo expresivo. El lenguaje de la autoexpresión y la actitud negativa hacia las normas de la sociedad en general son totalmente consistentes con Rousseau y los románticos. Ahora refractado a través de la lente de la preocupación pos-Freud por la sexualidad y el marco pos-Marx, pos-Nietzsche de poder y opresión, el espíritu de los románticos encuentra su hogar en el radicalismo del grupo de presión transgénero, y el grupo de presión transgénero encuentra su hogar con la L y la G y con el feminismo.[32]

Todo esto sirve para resaltar la naturaleza políticamente construida de la alianza LGBTQ+. Es una que surgió con el tiempo, no como resultado de afinidades intrínsecas entre los diversos grupos involucrados, sino más bien debido a un sentido compartido de victimismo, un interés común en desestabilizar las normas heterosexuales de la sociedad (o, para usar el término de Adrienne Rich, «heterosexualidad obligatoria»), y por lo tanto una coalición conveniente para la presión política y legal.

Estos elementos unificadores son corroborados por el testimonio de primera mano de un miembro de LGBTQ+. En correspondencia privada con Rosaria Butterfield, una exactivista lesbiana y profesora de teoría *queer*, sugerí que estos tres elementos eran fundamentales para la coalición LGBTQ+. Su respuesta confirmó mi análisis, pero agregó una interesante perspectiva interna:

---

32. Mientras que Herbert Marcuse no se menciona explícitamente en la edición de 2011 de *Our Bodies, Ourselves*, la obra sigue en pie dentro de la tradición de la teoría crítica que fluye de la nueva izquierda. La interseccionalidad es central en muchos de sus argumentos: las mujeres gordas *queer* y las lesbianas negras reciben un tratamiento separado, y una clase media superior «dique» blanco (su término elegido para autorreferencia) explica que su privilegio blanco le impide experimentar la comunidad *queer* como lo hacen las personas de color. Esto es sintomático de la naturaleza fisípara y profundamente desestabilizadora de las categorías políticas en un mundo en el que cualquier noción de naturaleza humana trascendente arraigada en alguna forma de realidad metafísica es rechazada, presumiblemente como una construcción hegemónica de las élites dominantes. Ver Colectivo de Libros de Salud, *Our Bodies, Ourselves*, 93-94.

Su opinión sobre el tema «T» es correcta, y su último punto [es decir, que su inclusión fue impulsada por la pragmática de formar una coalición conveniente para presionar contra la heteronormatividad] es crucial discutirlo. Realmente, el transgenerismo era la pesadilla de la existencia *queer* hasta que fue políticamente conveniente agregar esto al movimiento. El Motín de Stonewall incluyó travestis, por supuesto, pero el momento de clara inclusión fue la caída de DOMA [la Ley de Defensa del Matrimonio] en 2013. Parte de la razón detrás de esto son las diferencias de clase y cultura en guerra dentro del movimiento. La crisis del SIDA (finales de la década de 1980 hasta el uso generalizado de AZT) reunió a la L y la G, no porque el SIDA haya golpeado realmente a la comunidad lésbica, sino porque los hombres blancos, de clase media y educados que se identificaron como homosexuales de repente aparecieron como víctimas para nosotros, y eso cambió todo. Si bien hubo algunos ejemplos de amistades que cruzaron líneas, la mayoría de las perversiones sexuales distintivas que definen las diferencias dentro de este movimiento son inconmensurables: las lesbianas evitan la penetración, los hombres homosexuales se involucran en una penetración imprudente y peligrosa, las mujeres que quieren convertirse en hombres transgénero usurpan el privilegio masculino y dan la espalda al empoderamiento de las mujeres, los hombres que quieren convertirse en mujeres transgénero niegan el privilegio masculino que ha sido su derecho de nacimiento invisible y roban identificaciones falsas con la victimización. Estas fueron algunas de las cosas que nos dijimos unos a otros antes de que las cámaras estuvieran grabando. Pero en aras de crear una oleada política, una basada en el individuo autónomo y libremente elegido que no encuentra significado en nadie más que en sí mismo, todas las distinciones fueron dejadas de lado. Las leyes SOGI [Orientación Sexual e Identidad de Género] también apuntan a las líneas claras que dividen, combinadas con la coalición política.[33]

---

33. Rosaria Butterfield, mensaje de correo electrónico al autor, 23 de febrero de 2018. Reproducido con permiso.

En resumen, tan natural como la alianza LGBTQ+ ha llegado a parecer, dada su presencia constante en los medios de comunicación, sus dramáticas muestras de unidad en los desfiles del orgullo y su causa común en la presión por los derechos de las minorías sexuales, es sin embargo una construcción conveniente que ha surgido debido a circunstancias históricas y un sentido compartido de victimismo y marginación. Y la naturaleza confeccionada de esta alianza está resultando en la práctica insuficiente para desactivar las tensiones y los conflictos significativos que existen dentro del propio movimiento.

Conflicto dentro del campamento

En retrospectiva, el momento clave tanto para hacer posible la unión de las diversas minorías del movimiento LGBTQ+ como para garantizar que no sería una alianza estable y coherente fue la unión de la L y la G. En el instante en que las lesbianas decidieron hacer causa pública común con los hombres homosexuales, en efecto decidieron priorizar la oposición a la normatividad heterosexual sobre el sexo biológico. La adición de la comunidad trans a la causa es simplemente una extensión del principio entonces establecido, que la marginación por la hegemonía heterosexual era lo único que realmente importaba cuando se trataba de campañas públicas. El precio pagado por el feminismo ortodoxo, sin embargo, ha sido costoso, y el estatus de las personas transgénero es hoy un asunto de disputa agria entre aquellos que han hecho campaña por los derechos de las mujeres. La estampa del acrónimo peyorativo TERF, con referencia a feminista radical trans exclusionaria, en 2008 atestigua el hecho de que algunas feministas se niegan a aceptar que los hombres puedan transformarse quirúrgicamente en mujeres. Destacan en este contexto Janice G. Raymond y Germaine Greer.[34]

---

34. Sobre los problemas que la separación entre el género y el sexo biológico ha creado para el feminismo como movimiento, ver Mona Charen, *Sex Matters: How Modern Feminism Lost Touch with Science, Love, and Common Sense* (New York: Crown Forum, 2018).

El libro de Raymond *Transsexual Empire: The Making of the She-Male* [Imperio transexual: La creación del hombre-ella] (1979) es, como lo ha descrito un escritor (hostil a Raymond), «el texto ejemplar y fundacional de TERF».[35] Raymond no tiene ningún deseo de afirmar una especie de esencialismo, donde hay alguna conexión necesaria entre una feminidad ideal y la biología femenina. Ella es muy consciente de que los roles de las mujeres se han construido históricamente: la mujer ideal en la antigua Atenas no es lo mismo que la mujer ideal en el París medieval o la Reforma Wittenberg o un hogar victoriano de clase media o el Manhattan actual. Pero, por lo tanto, no está dispuesta a reducir el ser mujer a algún tipo de experiencia psicológica gnóstica que no tenga ninguna conexión con la biología femenina. En el prefacio de 1994, expresa el asunto de esta manera:

> Afirmar que la cirugía transexual no puede cambiar la biología básica del sexo cromosómico no quiere decir que el sexo cromosómico defina el género. Pero en algunos sentidos muy reales, la biología femenina da forma a la historia femenina, una historia que los hombres no tienen debido a su sexo, incluida la historia de la menstruación, la historia del embarazo o la capacidad de quedar embarazada, la historia del parto y el aborto, la historia de ciertos ciclos corporales y cambios en la vida, y la historia de la subordinación femenina en una sociedad masculina. Nótese que sigo diciendo historia. Negar que la historia femenina se basa, en parte, en la biología femenina es como negar que aspectos importantes de la historia negra se basan en el color de la piel. Al igual que con el color biológico de la piel, la biología femenina no confiere una

---

35. Stulberg, *LGBTQ Social Movements*, 150. Raymond reeditó la obra en 1994 con un prefacio que respondía a muchos de sus críticos: *Transsexual Empire: The Making of the She-Male*, reeditado con una nueva introducción sobre las personas transgénero (New York: Teachers College Press, 1994). El término *transexual* y sus cognados son equivalentes al término moderno *transgénero*. El libro está disponible para su descarga en formato pdf en «The Transsexual Empire», Janice Raymond, consultado el 18 de julio de 2019, https://janiceraymond.com /the-transsexual-empire/.

feminidad esencial; más bien confiere una realidad histórica sobre lo que significa nacer con cromosomas XX.[36]

Por lo tanto, Raymond permite una separación entre sexo y género, donde el género se refiere a los roles específicos que se espera que desempeñen las mujeres en circunstancias históricamente particulares, pero no permitirá que, por lo tanto, no haya importancia para la constitución corporal de las mujeres por su experiencia de lo que significa ser mujer.[37] La menstruación y el embarazo son experiencias únicas para las mujeres y son parte de su historia. La biología puede no exigir un esencialismo rígido cuando se trata de normas sociales de género, pero proporciona una experiencia de vida claramente femenina que se le niega para siempre a Caitlyn Jenner.[38]

Este punto es análogo a lo que señalé en el capítulo 7 con respecto a la interpretación de Erich Fromm de Karl Marx. El punto de Fromm era que la noción de Marx (desarrollada a partir de Hegel) de que la identidad humana es una función de las fuerzas económicas significa que la naturaleza humana no puede abstraerse de su contexto histórico: no hay para Hegel, Marx ni Fromm ningún ideal platónico de la naturaleza humana separable de la historia. Pero esto no significa que el esclavo romano, el señor medieval y el trabajador industrial moderno no tengan nada en común. Tienen una

---

36. Raymond, *Transsexual Empire*, xx.

37. Desde entonces, la analogía con la raza se ha vuelto bastante importante. En 2015, una presidenta de capítulo de la Asociación Nacional para el Avance de las Personas de Color, Rachel Dolezal, fue expuesta como no ser realmente negra. Ella afirmó, sin embargo, que, aunque era blanca, se identificaba como negra. Al menos algunos de sus partidarios encontraron que era una afirmación satisfactoria, y (a la luz de la lógica predominante del transgenerismo) es difícil ver cómo uno podría objetar su afirmación, dado que la raza tiene mucha menos base en la biología que el sexo. Ver Gisele Lamarre and Eliseo Fieldstadt, «NAACP Chapter President Rachel Dolezal Plan to Address Race Controversy Monday», NBC News, 13 de junio de 2015, https://www.nbcnews.com/news/us-news/embattled-naacp-president-rachel-dolezal-will-address-race-controversy-monday-n374986.

38. Es posible imaginar un mundo futuro en el que los trasplantes de útero harán posible que los hombres den a luz, pero Raymond sin duda (correctamente) argumentaría que tales hombres todavía no están experimentando el parto como mujeres, sino simplemente como hombres que se han sometido a un procedimiento quirúrgico.

constitución biológica compartida que es la base de su experiencia de sus mundos (aunque muy diferentes). Raymond está haciendo un argumento similar con respecto a las mujeres: aunque lo que constituye la identidad femenina (género) en diferentes tiempos y diferentes culturas puede variar mucho, estas diversas identidades están conectadas a formas comunes de experiencia corporal. Rechazar eso, como lo hace el transgenerismo, es mover el género por completo al ámbito de lo psicológico y negar, de una manera cuasignóstica, cualquier significado para el cuerpo.[39]

No es de extrañar, entonces, que Raymond ubique el aumento del transgenerismo como parte del surgimiento de la sociedad terapéutica. El capítulo 5 del *Imperio Transexual* de Raymond es particularmente relevante en este sentido. Basándose explícitamente en el trabajo de Philip Rieff, Raymond ve la respuesta medicalizada al transgenerismo como una función de la naturaleza terapéutica de la sociedad moderna:

> Si el enfoque básico del problema de la transexualidad es desde una base psicológica y médica, entonces muchas cuestiones morales, así

---

39. Judith Butler, probablemente la filósofa de género más influyente detrás del movimiento transgénero, argumenta que la división entre género y sexo (como la que hizo de Beauvoir y también más tarde la segunda ola feminista) pone inmediatamente en peligro cualquier noción de que uno podría postular una unidad de sujeto («mujer») para articular una experiencia común de lo que uno podría designar como mujer o ser mujer. Además, basándose en el trabajo de Michel Foucault, afirma que el género no debe entenderse como «simplemente la inscripción cultural del significado sobre el sexo», sino que el acto mismo de hacer tal conexión se encuentra dentro de un discurso más amplio de las relaciones de poder y está diseñado, por lo tanto, para servir a los intereses de los poderosos. Dada la influencia de Butler, el espíritu del enfoque genealógico de Nietzsche, a través del trabajo de Foucault, subyace claramente a la demolición del binario de género en el pensamiento moderno. Ver Judith Butler, *Gender Trouble: Feminism and the Subversion of Identity* (London: Routledge, 1990), 6-7. No es sorprendente que Butler esté a la cabeza de una tradición de pensamiento que descarta las afirmaciones de Raymond y aquellos como ella como esencialismo y como construidas sobre un compromiso insostenible con la metafísica. Dado el argumento que Fromm hace sobre Marx, parecería que Raymond puede ser considerado un esencialista solo en un sentido muy débil del término, a la luz de la inclinación fuertemente historicista de su pensamiento, y que el rechazo general de las feministas antitransgénero como «esencialistas» es más un tiro barato retórico que un serio desafío filosófico. Ver Butler, *Gender Trouble*, 16-25, esp. 20-21.

como problemas sociopolíticos, económicos y ambientales, se transforman en problemas técnicos.[40]

He señalado este punto numerosas veces en este libro. Donde un sentido de bienestar psicológico es el propósito de la vida, la terapia suplanta la moralidad o, mejor dicho, la terapia es la moralidad, y cualquier cosa que logre esa sensación de bienestar es buena, siempre y cuando cumpla con la condición bastante débil de que no inhibe la felicidad de los demás, o la de un mayor número de otros.

La preocupación feminista de Raymond aquí es que el transgenerismo esencialmente despolitiza la cuestión de ser mujer.[41] Ser mujer es ahora algo que puede ser producido por una técnica, literalmente prescrita por un médico. El dolor, la lucha y la historia de opresión que dan forma a lo que significa ser una mujer en la sociedad se trivializan y se vuelven irrelevantes. Más concretamente, esta despolitización se desprende claramente del hecho de que el transgenerismo todavía opera dentro de los estereotipos de género generados por la sociedad patriarcal.[42] En este contexto, es interesante observar que la portada de Jenner de 2015 para *Vanity Fair* y la sesión de fotos que la acompañaba operaban dentro de las normas estéticas de las chicas de portada estadounidenses estándar. Jenner fue presentada como el tipo de mujer que podría aparecer en una fantasía masculina. Tal exhibición perpetúa los estereotipos y parece apoyar la tesis básica de Raymond de que el hombre que piensa que es una mujer atrapada en el cuerpo de un hombre realmente quiere ser una mujer de acuerdo con las expectativas masculinas de lo que una mujer debería ser.[43]

---

40. Raymond, *Transsexual Empire*, 120.
41. Raymond afirma: «Uno de los principales efectos del modelo médico ha sido la falta de ética de problemas y comportamiento. La falta de ética ocurre cuando los problemas que tienen implicaciones morales se definen como si no tuvieran ninguna, o se redefinen o reclasifican, por ejemplo, como "consideraciones terapéuticas", o "problemas de salud" o problemas de "manejo psiquiátrico". El "triunfo de lo terapéutico" ha hecho del transexualismo el "imperativo territorial" del psicólogo, psiquiatra y/o trabajador de la salud mental». *Transsexual Empire*, 125.
42. Raymond, *Transsexual Empire*, 126-127.
43. Raymond, *Transsexual Empire*, 20.

Al igual que con Raymond, Germaine Greer no es esencialista en el sentido simplista de la palabra. En su primera obra importante, *The Female Eunuch* [La mujer eunuco], dedica el primer capítulo a afirmar que el papel de los cromosomas en la comprensión tradicional de la diferencia de género entre hombres y mujeres ha sido muy exagerado.[44] Pero en un párrafo infame y a lo que se cita en un trabajo posterior, ella declara famosamente:

> Gobiernos que están formados por muy pocas mujeres se han apresurado a reconocer como mujeres a los hombres que creen que son mujeres y se han castrado para demostrarlo, porque ven a las mujeres no como otro sexo sino como un sin sexo. Ningún llamado intercambio ha rogado por un trasplante de útero ni ovarios; si los trasplantes de útero y ovarios se hicieran obligatorios para las mujeres aspirantes, desaparecerían de la noche a la mañana.[45]

El punto de Greer es que la cirugía de cambio de sexo simplemente elimina los elementos más distintivos de la anatomía sexual masculina; no agrega los componentes críticos del útero y los ovarios que proporcionan las experiencias que constituyen la feminidad: la menstruación y el embarazo.[46] Pretender la transición de hombre a mujer, o viceversa, es que Greer se involucre en una autodecepción, un acto. En el párrafo final de su capítulo «Pantomima Damas», ella declara con intención:

> El transexual se identifica como tal únicamente en su propio guion, que puede ser tan aprendido como cualquier comportamiento

---

44. Germaine Greer, *The Female Eunuch* (New York: McGrawHill, 1971), 15-19.

45. Germaine Greer, *The Whole Woman* (New York: Random House, 1999), 70. El pasaje aparece en el capítulo «Pantomime Dames», en sí mismo una parte de la polémica de Greer, ya que se refiere a la pantomima tradicional británica en la que el personaje femenino cómico principal, la Dama, siempre es interpretado por un hombre travesti.

46. Desde que Greer escribió esto, la conveniencia de los trasplantes de útero y ovario se ha convertido en parte del pensamiento transgénero; ver Leah Samuel, «Con los trasplantes de útero como una realidad, las mujeres transgénero se atreven a soñar con embarazos», *Stat*, 7 de marzo de 2016, https://www.statnews.com/2016/03/07/uterine-transplant-transgender/.

de característica sexual y tan editorializado como suelen ser las autobiografías.[47]

De hecho, Greer cree que los hombres que hacen la transición para convertirse en mujeres simplemente están tratando de conformarse a lo que ellos, como hombres, piensan que las mujeres deberían ser. Irónicamente, por lo tanto, ella ve el transgenerismo como en cierto sentido profundamente conservador.[48] Lo que está claro es que el feminismo radical está ahora dividido sobre este tema, y esa división está estrechamente relacionada con el sacrificio filosófico de la importancia del sexo biológico que ocurrió en la unión de la L y la G.[49]

El fin de todas las categorías estables

El problema que Raymond y Greer identifican en el movimiento LGBTQ+ es de gran alcance en sus implicaciones: tan pronto como la biología se descarta como un factor decisivo de importancia para la identidad, la L, la G y la B también se desestabilizan como categorías significativas. Uno podría ver esta implicación desde varias perspectivas. Es, por ejemplo, de la naturaleza de la interseccionalidad hacer que tales categorías sean altamente volátiles e inestables, dada su afirmación básica de que las relaciones de poder son complejas en relación con las taxonomías simples. La deuda que tal teoría tiene con Michel Foucault (y por lo tanto con su propia inspiración, Friedrich Nietzsche), con su cuestionamiento radical de todas las formas

---

47. Greer, *Whole Woman*, 80.
48. Greer, *Whole Woman*, 71.
49. Greer ha sido consistente y agresivamente franco en este tema. Su posición básica se resume en los comentarios que hizo en una entrevista con la actriz transgénero Rebecca Root: «El hecho de que te despejes el pene y luego uses un vestido no te convierte en una mujer *******», dijo Greer en un comunicado dado al programa de Victoria Derbyshire. «Le he pedido a mi médico que me dé orejas largas y manchas en el hígado y voy a usar un abrigo marrón, pero eso no me convertirá en un ******* cocker spaniel» Lucy ClarkeBillings, «Germaine Greer en Transgender Rant: "Solo porque te quitas el pene [...] No te hace mujer"». *Telegraph*, 26 de octubre de 2015, https://www.telegraph.co.uk/news/health/news/1195 5891 /Germaine-Greer-in-transgender-rant-Just-because-you-lop-off-your-penis...it-doesnt-makeyou -a-woman.html.

estables de discurso como apuestas manipuladoras por el poder, es evidente en el trabajo de influyentes teóricos del género como Judith Butler.[50] Para Butler, el género es una actuación y no posee un estatus ontológico previo. Ser mujer no es tener una cierta materia biológica, sino actuar repetidamente como una mujer, y los orígenes filosóficos de la idea de Butler son claros:

> El desafío para repensar las categorías de género fuera de la metafísica de la materia tendrá que considerar la relevancia de la afirmación de Nietzsche en *Sobre la genealogía de la moral* de que «no hay "ser" detrás de hacer, efectuar, devenir; "el hacedor" es simplemente una ficción añadida a la acción, la acción lo es todo». En una aplicación que el propio Nietzsche no habría anticipado o tolerado, podríamos afirmar como corolario: no hay identidad de género detrás de las expresiones de género; esa identidad está constituida de manera performativa por las mismas «expresiones» que se dice que son sus resultados.[51]

Una respuesta obvia podría ser que la menstruación, la concepción, el embarazo y el parto son actuaciones de género que aún dependen de algún tipo de esencia biológica previa, y que el tratamiento hormonal y la cirugía de reasignación de género también parecen asumir la importancia de la biología para la identidad de género. Pero el argumento de Butler —que el género es hacer, no ser— está en línea con la filosofía antimetafísica que ahora domina la vida intelectual en las humanidades.

Sin embargo, no se necesita la teoría crítica para arrojar las categorías tradicionales a la confusión. Desde la perspectiva de la narrativa del surgimiento del hombre psicológico, yo diría que la subjetividad inherente a la construcción psicológica del yo sirve para hacer que cualquier categoría biológicamente fundamentada —de hecho,

---

50. Ver Butler, *Gender Trouble*.
51. Butler, *Gender Trouble*, 25; comp. 136-141.

cualquier categoría fija, ya sea económica, racial u otra— sea altamente inestable. Si soy quien creo que soy y si mi sentido interno de bienestar psicológico es mi único imperativo moral, entonces la imposición de categorías externas, previas o estáticas no es otra cosa que un acto de imperialismo, un intento de restringir mi libertad o de hacerme inauténtico. Nietzsche vio esto en el siglo xix. Al mismo tiempo, Karl Marx y Charles Darwin también estaban despojando a la naturaleza de su autoridad metafísica dada. En este contexto, el transgenerismo es simplemente la última iteración de la autocreación que se hace necesaria a raíz de la decreación.

Por lo tanto, no es sorprendente que esté surgiendo un movimiento que está presionando por el abandono de términos como *lesbiana, gay* y *bisexual* como demasiado rígidos para dar cuenta de la pansexualidad y la fluidez de género que se supone que caracteriza al mundo moderno. Más que eso, se argumenta que el concepto mismo de género binario es profundamente manipulador. En palabras de Judith Butler:

> El género puede denotar una *unidad* de experiencia, de sexo, género y deseo, solo cuando el sexo puede entenderse en algún sentido como un género necesario, donde el género es una designación psíquica y/o cultural del yo, y el deseo, donde el deseo es heterosexual y, por lo tanto, se diferencia a través de una relación de oposición a ese otro género que desea. La coherencia interna o la unidad de cualquier género, hombre o mujer, por lo tanto, requiere una heterosexualidad estable y de oposición. Esa heterosexualidad institucional requiere y produce la univocidad de cada uno de los términos de género que constituyen el límite de las posibilidades de género dentro de un sistema de género binario y de oposición.[52]

En un lenguaje sencillo, menos la sintaxis pretenciosa y arcana, Butler afirma que la idea de hombre y mujer como un binario natural es en

---

52. Butler, *Gender Trouble*, 22.

sí misma simplemente un medio para mantener la heterosexualidad como norma. Sobre esta base, podríamos concluir que esas sexualidades alternativas (lesbianismo, homosexualidad y bisexualidad) se definen en última instancia por la heterosexualidad y, por lo tanto, dependen de la misma. Por lo tanto, la verdadera revolución sexual requiere la abolición de todas esas categorías, basadas en el binario de género.

Si la teoría posestructuralista expresada en una prosa tan poco atractiva es quizás difícil de comprender en una primera, segunda o incluso decimoquinta lectura, todavía hay claros ejemplos prácticos de experiencia humana real que demuestran el problema de las categorías tradicionales de sexualidad en un mundo de género fluido con mucha mayor claridad y fuerza emocional. Tomemos, por ejemplo, el siguiente testimonio personal de una lesbiana que vive con una pareja que hizo la transición de mujer a hombre:

> Cuando mi pareja comenzó su transición de género, mi identidad lésbica había sido fundamental para mi vida y mi sentido de mí misma durante más de una década, y no sabía lo que su transición me hizo. Algunas personas me dijeron que «obviamente» todavía era lesbiana, pero era igual de obvio para otros que ahora era heterosexual o bisexual. No era obvio para mí en absoluto, y luché con eso durante mucho tiempo. Ahora he sido la pareja de un hombre trans durante tanto tiempo como fui lesbiana, y me he sentido cómoda simplemente sin tener un nombre para lo que creo que soy. Pienso en mí misma como parte de la familia de *queers* y personas trans.[53]

Este es un testimonio extraordinariamente instructivo del tipo de problema que enfrenta la comunidad LGBTQ+ en el contexto más amplio del individualismo expresivo y la necesidad de reconocimiento señalado en el capítulo 1. Para que esta persona continúe afirmando su propia identidad como lesbiana después de la transición de su pareja debe negar la identidad de su pareja. Para ella afirmar

---

53. Colectivo de libros sobre la salud de la mujer *Our Bodies, Ourselves*, 85.

la identidad de su pareja después de la transición significa que debe negar la suya propia, la trampa 22 de la política sexual moderna. Su resolución, abrazar una identidad «queer», esencialmente implica el repudio no solo de la conexión entre el sexo y el género, sino incluso del género mismo como una construcción binaria.[54]

Este testimonio anecdótico es también un ejemplo trágico de lo que sucede cuando la autoconsciencia individual no tiene nada sólido o firme con lo que comprometerse dialógicamente en la construcción del yo. No hay un «otro» claramente definido en relación con el cual pueda definirse a sí misma. Si el género está completamente psicologizado y cortado del sexo biológico, entonces las categorías construidas sobre el viejo binario masculino-femenino dejan de ser relevantes, y los intentos de mantenerlas solo crean problemas del tipo descrito en este testimonio.[55] Si el género es una construcción, también lo son todas las categorías basadas en él: heterosexualidad, homosexualidad y bisexualidad. El mundo del hombre psicológico es un mundo en el que, tomando prestada la frase de Marx, todo lo que es sólido está constantemente en peligro de fundirse en el aire, incluso nosotros mismos.

El reconocimiento de este estado de asuntos es más obvio en la forma en que se está enmarcando la legislación con respecto a los

---

54. Andrew Sullivan, quien es gay, señala la importancia de la biología y la diferencia biológica para la comunidad gay mientras reflexiona sobre la cuestión de los derechos transgénero: «No es transfóbico que un hombre gay no se sienta atraído por un hombre trans. Está cerca de la definición. El núcleo de la afirmación gay tradicional es que de hecho hay una gran diferencia entre hombre y mujer, que la diferencia importa, y sin ella, la homosexualidad no tendría ningún sentido. Si todo es una elección libre y fluida no binaria de género y parejas sexuales, la elección de tener relaciones sexuales exclusivamente con el mismo sexo no sería una expresión de nuestra identidad, sino una forma de intolerancia sexista, ¿no es así?» «The Nature of Sex», *New York Magazine*, 1 de febrero de 2019, http://nymag.com/intelligencer/2019/02/andrew-sullivan-the-nature-of-sex.html.

55. En palabras del veterano defensor de los derechos de los homosexuales y comentarista Dennis Altman: «Si aceptamos que el género es fluido, no tiene sentido una división binaria entre hetero y homosexual. Esta puede ser la razón por la que los conservadores sociales se sienten tan amenazados por la "ideología de género"». «El término "LGBTI" confunde el Deseo, el Comportamiento y la Identidad. Es momento de reconsiderarlo». *The Conversation*, 18 de enero de 2018, https://theconversation.com/the-term-lgbti-confuses-desire-behaviour-and-identity-its-time-for-a-rethink-90175.

asuntos LGBTQ+. Ya no se presenta tanto en términos de identidades fijas que de alguna manera se remontan a la biología. Más bien, se está desarrollando en términos de orientación sexual e identidad de género.[56] Estos conceptos evitan hábilmente cualquier dependencia del viejo binario masculino-femenino y, en sus manifestaciones legales, representan el reconocimiento legal de que los seres humanos tienen identidades fluidas basadas en nada más que la convicción psicológica. Esto es evidente en el documento que ha establecido los términos de discusión para dicha legislación en todo el mundo: *Los Principios de Yogyakarta*, el tercer asunto de importancia que señalé al comienzo de este capítulo.

Los Principios de Yogyakarta

Los Principios de Yogyakarta, que llevan el nombre de la ciudad indonesia donde se formularon en 2006, es un texto fundamental para conectar los derechos LGBTQ+ con el concepto de derechos humanos en general. Los principios se presentan como el establecimiento de las bases para enmarcar las leyes SOGI (orientación sexual e identidad de género) en todo el mundo. Los grupos que formularon los principios originales fueron la Comisión Internacional de Juristas y el Servicio Internacional para los Derechos Humanos. Ninguno de los dos tiene ningún estatus gubernamental oficial. Son,

---

56. La obsesión de los teóricos críticos por refractar todo a través de la lente de las relaciones de poder es fundamental para este cambio. Al discutir los problemas que enfrentan los niños transgénero, Ann Travers (canalizando y actualizando a Wilhelm Reich) declara alegremente que «para empoderar adecuadamente a los niños trans, los sistemas binarios de sexo y género deben entenderse como parte de un conjunto más amplio de relaciones de poder». *The Trans Generation: How Trans Kids (and Their Parents) Are Creating a Gender Revolution* (New York: New York University Press, 2018), 43. Comp. Heath Fogg Davis, *Beyond Trans: Does Gender Matter?* (New York: New York University Press, 2017), 142-143: «Las políticas de clasificación por sexo son artefactos materiales que fueron concebidos y codificados por personas, y por lo tanto pueden ser reescritos y sobrescritos por las mismas personas o sus sucesores […] a menudo, el uso del sexo en formas burocráticas o para segregar físicamente a las personas es habitual en lugar del producto del pensamiento estratégico sobre por qué y cómo el sexo es relevante para los objetivos de la organización, y por qué y cómo el uso del sexo es discriminatorio». El uso de Davis del lenguaje de la segregación y la discriminación es significativo y desmiente la objetividad superficial de su observación.

en esencia, órganos independientes de expertos autonombrados. Pero numerosos países de todo el mundo han adoptado los principios de *Yogyakarta*, y es justo decir que dondequiera que la orientación sexual o la identidad de género goce de protecciones legales, allí se puede discernir su influencia subyacente. De hecho, tal ha sido el éxito del documento que se agregaron otros diez principios en una segunda reunión en 2017. *Los Principios de Yogyakarta* resumen brillantemente las implicaciones políticas del movimiento LGBTQ+ y sin duda también continuarán influyendo en las actitudes políticas y legales hacia el mismo.

El sitio web oficial de *los Principios de Yogyakarta* describe su origen y sus intenciones de esta manera:

> En 2006, en respuesta a patrones de abuso bien documentados, un distinguido grupo de expertos internacionales en derechos humanos se reunió en Yogyakarta, Indonesia, para esbozar un conjunto de principios internacionales relacionados con la orientación sexual y la identidad de género. El resultado fue los Principios de Yogyakarta: una guía universal de derechos humanos que afirma normas jurídicas internacionales vinculantes que todos los Estados deben cumplir. Prometen un futuro diferente en el que todas las personas nacidas libres e iguales en dignidad y derechos puedan cumplir ese precioso derecho de nacimiento.[57]

En el contexto de la narrativa de las partes 2 y 3 de este libro, es inmediatamente obvio que *Los Principios de Yogyakarta* operan dentro de los amplios parámetros del individualismo expresivo que caracteriza a nuestra época en general y no simplemente al mundo de las minorías sexuales. El victimismo es la causa actual; la libertad, la igualdad y la dignidad son las presuposiciones morales que llevan consigo imperativos para la acción. Esto se desprende claramente del

---

57. *The Yogyakarta Principles: Principles on the Application of International Human Rights Law in Relation to Sexual Orientation and Gender Identity* (2007), consultado el 8 de julio de 2019 https://yogyakartaprinciples.org/.

párrafo inicial de la introducción al texto oficial de *Los Principios de Yogyakarta:*

> Todos los seres humanos nacen libres e iguales en dignidad y derechos. Todos los derechos humanos son universales, interdependientes, indivisibles e interrelacionados. La orientación sexual y la identidad de género son parte integral de la dignidad y la humanidad de cada persona y no deben ser la base de la discriminación o el abuso.[58]

Este es un brillante resumen de la noción moderna del yo, poniendo el acento en categorías psicologizadas de identidad sexual y de género, en el contexto de la libertad innata y la igualdad de dignidad. Esto es seguido inmediatamente por declaraciones sobre la violencia que experimentan rutinariamente aquellos que se desvían de las normas heterosexuales en la sociedad. De hecho, *Los Principios de Yogyakarta* dejan claro que es la imposición estatal de normas sexuales y la «vigilancia de la sexualidad» por parte del estado la fuente de «la violencia de género y la desigualdad de género».[59] Esta es definitivamente la visión del mundo formada por personas como Wilhelm Reich, Herbert Marcuse y sus descendientes intelectuales, por lo que la represión sexual por parte del estado es un medio primario de opresión política. La libertad innata y un trasfondo general de opresión sexual son temas que subyacen todo el documento, y es interesante observar (nuevamente a la luz de la narrativa anterior de este libro) que no se hace una distinción significativa entre lo físico y lo psicológico en las referencias a la violencia. Esto es una vez más un reflejo de un mundo en el que la dignidad es clave para el bienestar personal y la psicología es fundamental para la identidad.[60]

---

58. *The Yogyakarta Principles*, 6.
59. *The Yogyakarta Principles*, 6.
60. Por ejemplo, un comentario resumido en el preámbulo describe el sentimiento colectivo de los autores sobre la experiencia de las minorías sexuales: «Perturbados porque la violencia, el acoso, la discriminación, la exclusión, la estigmatización y los prejuicios se dirigen contra personas en todas las regiones del mundo debido a su orientación sexual o identidad de género, que estas experiencias se ven agravadas por la discriminación por motivos de género,

Esta comprensión psicologizada de lo que significa ser humano, ser un yo, es explícita en el preámbulo:

> Entendiendo por «orientación sexual» la capacidad de cada persona para una profunda atracción emocional, afectiva y sexual hacia, y las relaciones íntimas y sexuales con, individuos de un género diferente o del mismo género o más de un género;
>
> Entendiendo por «identidad de género» la experiencia interna e individual profundamente percibida de cada persona sobre el género, que puede o no corresponder con el sexo asignado al nacer, incluido el sentido personal del cuerpo (que puede implicar, si se elige libremente, la modificación de la apariencia o función corporal por medios médicos, quirúrgicos o de otro tipo) y otras expresiones de género, incluyendo vestimenta, habla y gestos.[61]

Numerosos puntos de importancia se destacan aquí. En primer lugar, la definición de orientación sexual es esencialmente sin contenido y definida simplemente por el deseo. En teoría, podría incluir pedofilia o zoofilia. El párrafo anterior se refiere a la «conducta sexual consensuada», lo que excluiría implícitamente tales inclinaciones o actos sexuales, pero el problema es que el consentimiento de los niños o de los animales no es un imperativo trascendental reconocido por la ley o la costumbre en todo el mundo: los adultos rutinariamente hacen que los niños hagan cosas a las que no consienten, desde comer sus verduras hasta ir a la escuela, y las vacas no consienten en ser convertidas en hamburguesas. Esta no es una base sólida sobre la cual construir una ética sexual integral.

En segundo lugar, el género se divide del sexo, como es típico en el mundo pos de Beauvoir. Más interesante, sin embargo, es la forma

---

raza, edad, religión, discapacidad, salud y situación económica, y que tales violencias, acoso, discriminación, exclusión, estigmatización y los prejuicios socavan la integridad y la dignidad de las personas sometidas a estos abusos, pueden debilitar su sentido de autoestima y pertenecer a su comunidad, y llevar a muchos a ocultar o suprimir su identidad y a vivir vidas de miedo e invisibilidad». *The Yogyakarta Principles*, 8.

61. *The Yogyakarta Principles*, 8.

explícita en que la psicología triunfa sobre la biología: el «sentido» personal del cuerpo es importante, y si ese «sentido» está fuera de sintonía con la identidad «profundamente percibida» de la persona, entonces el cuerpo puede ser modificado. Así que la realidad del cuerpo no es tan real como las convicciones de la mente. Y es irrelevante para la identidad, de modo que no es una guía definitiva para quiénes somos y también es vital para la identidad en el sentido de que puede, si se desea, modificarse para adaptarse al sentido interno.

En tercer lugar, el género *se asigna* al nacer; no se *reconoce* simplemente. El lenguaje es fascinante y significativo. El reconocimiento sería un acto de mímesis, por supuesto, reconocer una autoridad inherente en la naturaleza. Ahora bien, el certificado de nacimiento implica simplemente un juicio provisional y corregible basado en la observación empírica, presumiblemente parte de la opresiva vigilancia estatal de la sexualidad que se encuentra en el centro del problema que *Los Principios de Yogyakarta* buscan abordar.[62]

La noción de autodefinición que asume el preámbulo se hace explícita en el principio 3, «El derecho al reconocimiento ante la ley»:

> Toda persona tiene derecho al reconocimiento en todas partes como persona ante la ley. Las personas de diversas orientaciones sexuales e identidades de género gozarán de capacidad jurídica en todos los aspectos de la vida. La orientación sexual e identidad de género autodefinidas de cada persona es parte integral de su personalidad y es uno de los aspectos más básicos de la autodeterminación, la dignidad y la libertad.[63]

Esta afirmación es consistente con la noción moderna de la individualidad como una construcción psicológica subjetiva y también

---

62. Comp. el lenguaje de la cirugía de «confirmación» de género que ahora se usa para referirse a las operaciones de cambio de sexo: «Gender Confirmation Surgeries», American Society of Plastic Surgeons, consultado el 8 de julio de 2019, https://www.plasticsurgery.org /reconstructive-procedures/gender-confirmation-surgeries.

63. *The Yogyakarta Principles*, 11.

profundamente problemática de varias maneras. En primer lugar, si bien pocos o ninguno estarían en desacuerdo en que todas las personas deben ser iguales ante la ley, la estrecha conexión de la personalidad con la identidad sexual autodeterminada hace que la personalidad sea tan subjetiva y plástica que los resultados en términos de formulación y aplicación de la ley parecerían vulnerables precisamente a la misma subjetividad y plasticidad.

En segundo lugar, no hay límites establecidos para lo que constituye y no constituye una orientación sexual aceptable. Aquí, por supuesto, es importante la cuestión de la naturaleza dialógica del yo y del *Sittlichkeit* de la sociedad. A pesar del énfasis de todos los principios en la autodeterminación, operan con una comprensión tácita de la identidad moldeada por el mundo en general. Esta comprensión tácita prioriza la sexualidad y el género y, al mismo tiempo, establece límites sobre cómo se pueden construir.

En esta área, *Los Principios de Yogyakarta* parecerían vulnerables a la crítica de Camille Paglia a los enfoques cristianos liberales de la sexualidad. En 1991, un comité de estudio de la Iglesia Presbiteriana (EE. UU.) produjo un informe sobre la sexualidad humana titulado *Keeping Body and Soul Together* [Manteniendo cuerpo y alma juntos].[64] Paglia, una feminista lesbiana, sometió el informe a una crítica mordaz, hilarante y devastadora, en el curso de la cual planteó la pregunta puntual de qué límites de aceptabilidad social se presuponía en el argumento del informe:

> Podemos trasladar al centro a gays y lesbianas tiernos, seguros, limpios y que se toman de la mano, pero no, por supuesto, a pederastas, prostitutas, strippers, pornógrafos o sadomasoquistas. Y si vamos a aprender de los marginados, ¿qué pasa con los traficantes de drogas,

---

64. Presbyterian Church (USA), *Keeping Body and Soul Together juntos* (Louisville, 1991), https://www.pcusa.org/sitemedia/media/uploads/resolutions/human-sexuality1991.pdf. La Asamblea General no adopta el informe, por lo que no tiene carácter oficial dentro de la denominación.

438 Parte 4: Triunfos de la Revolución

los destiladores ilegales, los imitadores de Elvis, los coleccionistas de cuerdas, los mafiosos, los fetichistas de los pies, los asesinos en serie, los caníbales, los satanistas y el Ku Klux Klan? Estoy seguro de que todos tendrán mucho que decir. El comité se pone realmente santurrón muy rápido cuando tiene que lidiar con la sexualidad fuera de su marco de referencia feminista: «El incesto es aborrecible y aborrecible», declara rotundamente. Escribí en el margen: «¡No hay presiones, supongo!».[65]

Los tiempos han cambiado desde 1991. La pornografía es hoy común, y el sadomasoquismo parecería estar moviéndose en esa dirección. La prostitución ahora se llama rutinariamente trabajo sexual. Pero el punto subyacente de Paglia sigue siendo válido: los límites de la identidad sexual aceptable, incluso la priorización del sexo como identidad sobre otras cosas, como la religión, es intrínsecamente arbitrario, incluso si es históricamente explicable. Como he argumentado, hay un camino que va desde la psicologización del yo que Rousseau defiende hasta la revolución sexual de Reich y Marcuse y otros. Sin embargo, el camino recorrido no es necesario. La identidad psicologizada podría haber tomado otras formas, y la política podría haber adoptado otras prioridades. Además, como indicó Freud, los límites de la tolerancia sexual son realmente los límites del gusto cultural. Y *Los Principios de Yogyakarta* no son una excepción a esto. Opera dentro de los gustos sexuales de nuestros días y asume claramente la estabilidad de los límites legítimos de la identidad sexual, incluso cuando no proporciona ninguna base sobre la cual se pueda basar dicha estabilidad. Refleja y refuerza acríticamente las intuiciones del imaginario social moderno.

Sin embargo, quizás el más fascinante de los Principios de *Yogyakarta*, es el principio 24, «El derecho a fundar una familia»:

---

65. Camille Paglia, «The Joy of Presbyterian Sex», in *Sex, Art, and American Culture: Essays* (New York: Vintage, 1992), 31.

Toda persona tiene derecho a fundar una familia, independientemente de su orientación sexual o identidad de género. Las familias existen en diversas formas. Ninguna familia puede ser objeto de discriminación por motivos de orientación sexual o identidad de género de ninguno de sus miembros.[66]

Aquí se unen una serie de factores. En primer lugar, toda la noción de un «derecho» a fundar una familia es interesante. No se da ninguna justificación para este derecho, pero parece seguro asumir que los autores consideran que tener una familia es un paso clave en la normalización de las identidades sexuales no heterosexuales porque presumiblemente tener una familia es un medio clave para ser reconocido dentro de la sociedad. Esto a su vez apunta a la función de la familia como principalmente terapéutica: se trata de la sensación de bienestar psicológico de los padres en lugar de cualquier función social necesaria más amplia que tales matrimonios cumplirían.

En segundo lugar, vemos la conexión entre los imperativos morales emergentes de la revolución sexual y las posibilidades creadas por la ciencia. En la propuesta contenida en el principio 24, los autores afirman que los Estados tomarán todas las medidas necesarias para garantizar el acceso a la adopción y la «procreación asistida».[67] Lo que la naturaleza ha declarado imposible, que dos hombres o dos mujeres puedan concebir un hijo juntos, la tecnología lo ha hecho posible, y la revolución sexual lo ha hecho imperativo.

En tercer lugar, vemos el juego lógico de manos que se ha convertido en estándar en los debates sobre la identidad sexual y un concepto normativo de familia. Las familias, se nos dice, existen en diversas formas. Es cierto, pero esa diversidad siempre ha sido algo limitada debido a sus profundas conexiones con la biología y con una distinción binaria básica entre hombre y mujer. Sobre la base de la

---

66. *The Yogyakarta Principles*, 27.
67. *The Yogyakarta Principles*, 27.

noción altamente subjetiva de individualidad e identidad con la que operan *Los Principios de Yogyakarta,* es difícil ver límites al uso del término «familia» y, por lo tanto, cualquier límite a las reclamaciones de derechos hechas por cualquier grupo social que un día decida que constituye una familia legítima.

Con *Los Principios de Yogyakarta,* por lo tanto, la ideología básica del transgenerismo encuentra una codificación política influyente. La comunidad LGBTQ+ puede haber celebrado el quincuagésimo aniversario de los disturbios de Stonewall en 2019, pero está muy claro que el mundo en el que ahora operamos está mucho más allá de —e incluso en puntos contrarios a— las categorías sexuales bastante tradicionales de 1969.

Reflexiones finales

Como incluso este breve capítulo deja en claro, el movimiento LGBTQ+ es complicado en términos de sus orígenes, su dinámica interna y sus ambiciones públicas. Lo que podría parecer una comunidad unificada para los de afuera es en realidad un fenómeno que es más el producto de sus diversos elementos constituyentes que comparten enemigos ideológicos y políticos comunes que de cualquier coherencia interna fuerte. También está claro que su impulso hacia la inclusión irónicamente involucra elementos significativos de exclusión, por ejemplo, aquellos que afirman la naturaleza normativa de la heterosexualidad y aquellas feministas que consideran que el cuerpo femenino es decisivo para su identidad. Pero ¿cómo encaja el movimiento LGBTQ+ en las categorías más amplias que informan mi narrativa?

Cabe destacar que la falta de coherencia interna del movimiento LGBTQ+ lo convierte en un ejemplo para la era actual. Como entidad política, es verdaderamente una anticultura: se define negativamente, por su rechazo de las normas pasadas y la destrucción y eliminación de las mismas. Dada la hostilidad pasada de la L y la G entre sí, incluso implica un acto significativo de amnesia cultural en relación con su propia historia. Y es una obra de muerte porque utiliza los modismos de las culturas pasadas basadas en el orden sagrado (más obviamente el lenguaje del matrimonio, el amor y la familia) para socavar y desestabilizar esas órdenes pasadas profanando su contenido y rompiendo su significado. Separar el género del sexo o definir el matrimonio como una unión entre dos (o más) personas del mismo sexo no es ampliar las definiciones tradicionales de estas cosas; es abolirlas en su totalidad. Y los defensores más honestos del pensamiento LGBTQ+ son muy claros al respecto.[68]

También está claro que la alianza entre la L y la G en la década de 1980 fue fundamental para la forma en que el movimiento se ha desarrollado posteriormente. Al aceptar una causa común con los homosexuales masculinos, las lesbianas relativizaron efectivamente los elementos del feminismo que previamente las habían llevado a ver a los gays como una función más de la cultura dominada por los hombres. Eso significaba que la relación entre la experiencia corporal de ser mujer y la experiencia psicológica de ser mujer se atenuó decididamente. Visto a través de la narrativa de este libro, las categorías psicológicas efectivamente superaron cualquier noción de algún tipo de naturaleza física innata. Por lo tanto, el camino estaba abierto para la adición de la T, a pesar de que las presuposiciones mismas de la T (una negación del binario masculino femenino y una afirmación del género como un concepto fluido separado de la fisiología) iban directamente en contra de las suposiciones de la L y la G. El victimismo y la desestabilización de las normas heterosexuales de la sociedad occidental proporcionaron un pegamento lo suficientemente fuerte como para unir la alianza.

Al unir movimientos tan dispares como la L, la G y la T, la comunidad LGBTQ+ repudia la importancia del cuerpo para

68. Ver, por ejemplo, el debate dentro de la comunidad LGBTQ+ sobre la inclusión de BDSM (esclavitud, disciplina / dominación, sadismo / sumisión, masoquismo) en las marchas del Orgullo: Chingy L, «Why Kink, BDSM, and Leather Should Be Included at Pride», *Them*, 17 de junio de 2019, https://www.them.us/story/kink-bdsm-leather-pride.

442 *Parte 4: Triunfos de la Revolución*

la individualidad. Para hacer espacio para la T, la experiencia femenina vinculada específicamente al cuerpo femenino debe dejarse de lado como una irrelevancia a lo que significa ser mujer. La principal víctima de esto es el feminismo tradicional, como lo indican ahora la retórica violenta que rodea a los TERF y la caída en desgracia de figuras alguna vez veneradas como Germaine Greer. Pero usando las categorías de Rieff, esto también es posiblemente otro aspecto de lo que hace que el movimiento LGBTQ+ sea una anticultura. Para Rieff, el repudio al pasado como autoridad es el elemento decisivo aquí. ¿Y qué acto más dramático de tal repudio puede alcanzar el individuo que el rechazo del significado del propio cuerpo para su identidad? Cuando Caitlyn Jenner habla de Bruce hoy, es como si estuviera hablando de otra persona, alguien desconectado de lo que ella es. Sí, ella era Bruce, pero Bruce era simplemente una máscara, un acto, una forma de ocultar quién era realmente al público. Solo al eliminar a Bruce podría Caitlyn ser quien realmente siempre ha sido.

Janice Raymond hace precisamente este punto sobre la historia y la biología en el prefacio de la edición de 1994 de *Transsexual Empire* [Imperio transexual]:

> Mi opinión es que… el transexual masculino es una «mujer fantástica», la encarnación de una fantasía masculina de sentirse como una mujer atrapada en el cuerpo de un hombre, la fantasía convertida en carne por otra fantasía médica masculina de moldear quirúrgicamente un cuerpo masculino en uno femenino. Es esta realidad femenina la que la mujer quirúrgicamente construida no posee, no porque las mujeres lleven de forma innata alguna esencia de feminidad sino porque *estos hombres no han tenido que vivir en un cuerpo femenino con toda la historia que esto conlleva. Es esa historia la que es básica para la realidad femenina, y sí, la historia se basa en cierta medida en la biología femenina.*[69]

---

69. Raymond, *Transsexual Empire*, xx; énfasis mío.

El uso de Raymond del lenguaje de la historia aquí es revelador: el transgenerismo es el repudio del significado de la historia, un acto intencional de amnesia cultural y personal. En un pasaje que recuerda a Rieff, Germaine Greer hace el mismo punto en términos más específicos:

> Hay un testigo del guion del transexual, un testigo que nunca es consultado. Ella es la persona que construyó el cuerpo del transexual de su propia carne y lo crio como su hijo o hija, el peor enemigo del transexual, su madre. Cualquier otra cosa que sea la reasignación de género es un exorcismo de la madre.[70]

Uno podría ampliar el punto de Greer para incluir a ambos padres: el transgenerismo implica el exorcismo, o borrado, de los padres en general, ya que no juegan ningún papel en la identidad de la persona transgénero en su nivel más fundamental de estar más allá de actualizar su mera existencia.

Luego está el hecho de que el movimiento afirma ser capaz de doblegar la realidad a su voluntad, o, quizás más exactamente, niega la existencia de una autoridad natural y, por lo tanto, se atribuye el derecho de crear esa realidad. Una vez más, el transgenerismo es la forma más radical de esta mentalidad: mi identidad es enteramente mi propia creación; para citar al *Boston Women's Health Book Collective* en 2011: «Reclamo el derecho a elegir mi género definitivo».[71] Aquí, el movimiento que Charles Taylor señala como característico de una corriente importante de la modernidad, la que hace del mundo un lugar de poiesis en lugar de mímesis, parece encontrar su expresión más extrema hasta la fecha. Incluso la codificación cromosómica de cada célula del cuerpo de una persona no tiene un significado final para aquellos que, para repetir, reclaman el derecho a elegir su género final. Sin embargo, el transgenerismo es solo la forma

---

70. Greer, *Whole Woman*, 80.
71. Colectivo de libros sobre la salud de la mujer *Our Bodies, Ourselves*, 78.

más reciente y extrema de este movimiento; se encuentra en evidente continuidad con el pensamiento antimetafísico del siglo XIX, sobre todo Friedrich Nietzsche. El transgenerismo es un síntoma, no una causa. No es la razón por la que las categorías de género estén ahora tan confundidas; es más bien una función de un mundo en el que el colapso de la metafísica y del discurso estable ha creado tal caos que ni siquiera el más básico de los binarios, el que existe entre lo masculino y lo femenino, puede reclamar un estatus objetivo significativo. Y las raíces de esta patología se encuentran profundamente dentro de las tradiciones intelectuales de Occidente.

Los debates contemporáneos que rodean a LGBTQ+ también ofrecen evidencia de la afirmación de Alasdair MacIntyre de que el debate ético hoy en día no se trata de razonar desde premisas comúnmente aceptadas, sino más bien de la expresión de preferencias emocionales. Llama la atención, por ejemplo, lo mucho que el *Boston Women's Health Book Collective* depende en su texto estándar, *Nuestros cuerpos, nuestras vidas,* de anécdotas personales y narrativas para establecer puntos particulares. No el razonamiento discursivo, sino las historias individuales de sufrimiento y de afirmación llevan los argumentos generales del libro. Y el verdadero póker que se cuenta aquí es la violencia del lenguaje aplicado a aquellas feministas como Raymond y Greer que rechazan la idea de que los hombres pueden convertirse en mujeres, como si simplemente lanzar las palabras *esencialismo* y *metafísica* a los oponentes ahora se considerara suficiente en un mundo pos-Nietzsche para exponerlos como fraudes manipuladores motivados simplemente por el odio.

Por ejemplo, en el artículo sobre Raymond en el sitio web RationalWiki (¿irónicamente nombrado «racional»?), se la acusa de «transfobia virulenta», «ataques a personas transexuales», «discurso de odio» y ser una «intolerante».[72] El autor no proporciona ningún argumento o

---

72. «Janice Raymond», RationalWiki, consultado el 19 de julio de 2019, https://rationalwiki.org/wiki/Janice_Raymond.

evidencia real para estas afirmaciones serias contra una intelectual sustancial. Y quizás más significativo que la maldad rutinaria del discurso web es la entrada gradual en los trabajos académicos del término despectivo TERF como un medio legítimo para describir a las feministas que defienden la importancia del sexo biológico en la opresión y liberación de las mujeres. Por ejemplo, dos artículos en *Philosophy and Phenomenological Research* [Filosofía e Investigación Fenomenológica] usan el término para describir a las personas que están siendo criticadas, un acto que provocó una protesta de varias académicas feministas que afirmaron que el término era «en el peor de los casos un insulto y, en el mejor de los casos, despectivo».[73] La respuesta del editor de la revista fue que

[La] opinión de consenso [entre los editores de la revista] fue que, aunque el término en cuestión podría evolucionar para convertirse en un insulto, los usos denigrantes que han exhibido están a la par con los usos denigrantes de «judío» y muchos otros términos, y bastante compatibles con que tenga un significado descriptivo.[74]

Uno solo puede responder diciendo que este consenso no es compartido por vastas extensiones de Internet. Y a diferencia del término judío, TERF no se usa como una forma de autodesignación por las feministas que rechazan el transgenerismo. Tampoco es un argumento que encontraría ningún favor si el debate fuera sobre un término que algunos consideraron como un insulto racial. Lo que está claro es que aquellas feministas (y otras) que niegan las afirmaciones de transgenerismo encontrarán que serán despedidas sobre la base de una supuesta animadversión, no sobre la base de argumentos. La base racional acordada para el debate ha desaparecido. Todo lo que queda es preferencia emocional.

73. Sophie Allen, Elizabeth Finneron-Burns, Jane Clare Jones, Holly Lawford-Smith, María Leng, Rebecca Reilly, Cooper, and Rebecca Simpson, «Derogatory Language in Philosophy Journal Risks Increased Hostility and Diminished Discussion», *Nous diario*, 27 de agosto de 2018, http://dailynous.com/2018/08/27/derogatory-language-philosophy-journal-hostility-discussion/.
74. Allen et al., «Derogatory Language».

Finalmente, quizás el aspecto social más significativo del transgenerismo es la forma en que proporciona la razón más reciente y potente para la disolución de la familia tradicional. A principios del siglo xxi, la psicologización del yo, la sexualización de la psicología y la politización del sexo habían jugado un papel importante en la abolición de lo prepolítico. Si el sexo es política y los niños son sexuales, entonces la sexualidad de los niños también es política. Y el transgenerismo añade una dimensión a esa realidad que va mucho más allá de la creada por el lesbianismo, la homosexualidad y la bisexualidad. Con el transgenerismo, la identidad está casi completamente internalizada, de modo que en teoría un padre no necesariamente sabe si un niño en particular es un hijo o una hija. Tal pensamiento no solo coloca una gran responsabilidad sobre los hombros del niño («Solo tú puedes decidir quién eres; ni tu padre, ni tu madre, ni siquiera tu propio cuerpo puede darte ninguna ayuda aquí...»), también pone un poder potencialmente enorme en manos del gobierno, de la profesión médica y de los diversos grupos de presión con cuya melodía tienden a bailar. El transgenerismo no es solo un asunto personal para los involucrados; no es un ejemplo de algo que, como dijo Thomas Jefferson, «ni me quita del bolsillo ni me rompe la pierna»; también es una cuestión política de consecuencias de gran alcance para la sociedad en general. *Los Principios de Yogyakarta* lo hacen patentemente obvio.

Epílogo de la parte 4

Reflexiones sobre los triunfos de la revolución

He visto todo durante mi vida de vanidad...

ECLESIASTÉS 7:15, NBLA

Hay muchos aspectos de la sociedad moderna que podría haber elegido para hacer el punto básico de la parte 4. Podría haber mirado el arte y la arquitectura, cómo el primero ahora se deleita en la burla y el repudio de las formas sagradas del pasado y los cánones tradicionales de belleza y cómo el segundo parece especializarse en edificios cuyo atractivo estético es tan efímero como los materiales a partir de los cuales se construyen, metáforas perfectas y productos de una época en la que las satisfacciones del momento presente son de importancia primordial. Podría haber destacado la crisis de confianza en el estado-nación como unidad de organización política en un mundo en el que el individualismo corroe las nociones más antiguas de identidad nacional desde dentro y la globalización hace que los gobiernos nacionales sean cada vez más impotentes para abordar los problemas económicos más apremiantes de la época. Podría haber discutido la forma en que *Twitter*, *Instagram* y *YouTube* han creado un mundo en el que la vida es arte de actuación o la forma en que los programas de telerrealidad proyectan la idea de que la expresión externa de pensamientos y sentimientos internos, por crudos que sean, es un signo de autenticidad. Si lo hubiera hecho, podría haber rastreado su influencia incluso en nuestras élites culturales, entre las cuales, por ejemplo, los políticos que hablan con blasfemias ahora se consideran evidencia de integridad, un desempeño de autenticidad, y la apertura sobre las preferencias sexuales (al menos las idolatradas por el *Sittlichkeit* de nuestra cultura) es un activo electoral. Los días en que el político ideal era alguien de reserva y disciplina externa, cuando, por ejemplo, la mera existencia de la frase «improperio eliminado» en las transcripciones de discusiones confidenciales provocaba consternación pública, han quedado atrás. La vida en el mundo del individuo expresivo ahora implica la representación pública de lo que una vez se consideraron los elementos más vergonzosos del carácter privado.

Pero en aras de la brevedad, me centré en el triunfo de lo erótico en el arte y la cultura pop, en el triunfo del individualismo expresivo y las preocupaciones terapéuticas relacionadas con la ley, la ética y la educación, y en el triunfo del transgenerismo como el último movimiento lógico en la política de la revolución sexual. Y mi punto central es este: cada uno de estos fenómenos es una parte sintomática de un todo cultural más amplio que se compone de las numerosas patologías que describí en la parte 1 y para las cuales proporcioné una historia selectiva en las partes 2 y 3. El individualismo, la visión psicologizada de la realidad, los ideales terapéuticos, la amnesia cultural y la pansexualidad de nuestra era actual están estrechamente entrelazados, y cada uno puede entenderse adecuadamente solo cuando se establece en el contexto más amplio del cual los demás son una parte significativa. No se puede, por ejemplo, abordar el tema del matrimonio gay sin entender las sentencias legales que precedieron a *Obergefell*. Y uno no puede entender a aquellos sin algún conocimiento del impacto más amplio del individualismo expresivo y las preocupaciones terapéuticas en la sociedad estadounidense. Tampoco se puede hacerlo sin tener en cuenta la forma en que el sexo y la psicología han desempeñado un papel en el encuadre de los problemas políticos desde la década de 1960. Y para hacer cualquiera de estas cosas correctamente, uno debe volver a la influencia anterior de hombres como Rousseau y los románticos, Marx y Freud.

Para abordar estas cuestiones desde una perspectiva rieffiana, lo que esta era actual representa es una anticultura, un repudio de las diversas regulaciones y prácticas regulativas que caracterizaron a la sociedad occidental hasta hace poco, particularmente, aunque no exclusivamente, en el ámbito de la ética sexual. Detrás de este repudio se esconde un rechazo más profundo, el de todos y cada uno de los órdenes sagrados en los que puedan basarse, ya sea el proporcionado por una religión formal, como el cristianismo, o un compromiso con alguna metafísica filosófica más amplia, como la que se encuentra en Immanuel Kant. El resultado es un mundo que ha aceptado el desafío del loco de Nietzsche, rehacer el valor y el significado a raíz de la muerte —o mejor dicho el asesinato— del Dios cristiano, o en efecto, de cualquier dios. El repudio no solo de la historia sino también de cualquier autoridad que pueda suponer un desafío al presente, incluso la autoridad del sexo determinado físicamente en favor de los conceptos fluidos de orientación sexual e identidad de género, es algo que marca todas las áreas que he tocado en esta última sección. Y esto no es simplemente un juego para intelectuales y artistas. Las sentencias del Tribunal Supremo afectan a todos. La pornografía está fácilmente disponible para todos y comunica una poderosa filosofía no solo del sexo, sino también de las relaciones e incluso de lo que los seres humanos están realmente destinados a ser. La ética de Peter Singer refleja y da forma al *Sittlichkeit* más amplio. Solo un mundo que ya imagina que los seres humanos no son más que otro tipo de animal encontraría plausibles sus premisas básicas. Y tal mundo está entonces abierto a su vez a ser influenciado con respecto a sus políticas de atención médica tanto para los muy jóvenes como para los muy viejos. Y el transgenerismo está listo para cambiarlo todo, desde las nociones de privacidad hasta el lenguaje que la gente común usa en su vida cotidiana. La revolución del yo es ahora la revolución de todos nosotros. El imaginario social moderno lo asegura.

Las implicaciones a largo plazo de esta revolución son significativas, ya que ninguna cultura o sociedad que haya tenido que justificarse por sí misma se ha mantenido durante mucho tiempo. Esto siempre implica entropía cultural, una degeneración de la cultura, porque, por supuesto, realmente no hay nada que valga la pena comunicar de una generación a la siguiente. Y con serios desafíos a la idea de que la sociedad occidental es el objetivo previsto de la historia, desde Rusia, desde China, desde el Islam y desde la miríada de ideologías políticas que se han arraigado en Internet, la naturaleza anticultural del Occidente contemporáneo parece inestable y poco convincente.[1]

Pero como señalé en la introducción, este libro no es ni un lamento ni una polémica. Es más bien un intento de explicar cómo la revolución del yo llegó a tomar la forma que tiene en Occidente y por qué eso es tan culturalmente significativo. Lo único que queda ahora es ofrecer algunas reflexiones sobre posibles futuros y posibles respuestas a la condición cultural en la que nos encontramos y en la que todos somos en cierta medida cómplices.

---

1. En este contexto, las palabras de Leszek Kołakowski son aleccionadores y similares al propio juicio melancólico de Phillip De Rieff sobre nuestra cultura de tercer mundo: «En la medida en que la racionalidad y la racionalización amenazan la presencia misma de tabúes de nuestra civilización, corroen su capacidad de sobrevivir. Pero es bastante improbable que los tabúes, que son barreras erigidas por el instinto y no por la planificación consciente, puedan ser salvados, o salvados selectivamente, por la técnica racional; en este ámbito solo podemos confiar en la incierta esperanza de que el impulso social de autopreservación demostrará ser lo suficientemente fuerte como para reaccionar a su evaporación, y que esta reacción no vendrá en forma bárbara». *Modernity on Endless Trial* (Chicago: University of Chicago Press, 1990), 13.

Conclusión no científica del prólogo

Una generación va y otra generación viene,
pero la tierra permanece para siempre.
El sol sale y el sol se pone,
a su lugar se apresura. De allí vuelve a salir.

ECLESIASTÉS 1:4-5, NBLA

Comencé este libro declarando que no debía leerse ni como un lamento ni como una polémica. Ciertamente, desde la perspectiva del cristianismo ortodoxo, no faltan cosas sobre las que podría lamentar o polemizar, desde la pornificación casual de la cultura hasta la fragmentación desenfrenada y la burda mundanalidad de la propia iglesia. Y el lamento y la polémica tienen su lugar: es importante saber que este mundo no es nuestro hogar, que las cosas no son como deberían ser, que somos extraños en una tierra extraña y que, para citar a Gerard Manley Hopkins: «Toda la vida la muerte termina».[1] Debería ser el estado natural del cristiano sentir que los tiempos están fuera de lugar y que realmente no pertenecemos aquí. Sin embargo, la lamentación con demasiada frecuencia puede convertirse en otra forma de lamento, y la polémica simplemente un medio para hacernos sentir justos. Hay un

---

1. Gerard Manley Hopkins, «No Worst, There Is None. Pitched Past Pitch of Grief», *Poetry Foundation*, consultado el 11 de marzo de 2020, https://www.poetryfoundation.org /poems/44398/no-worst-there-is-none-pitched-past-pitch-of-grief.

extraño placer masoquista en denunciar siempre los tiempos y las costumbres del día, y en ese sentido, el lamento y la polémica siempre corren el riesgo de ser menos proféticos y más terapéuticos en su motivación y su efecto.

Sin embargo, es una verdad básica y práctica que vivimos en este mundo en este momento y, por lo tanto, estamos obligados a responder a los problemas que enfrentamos en el contexto en el que nos encontramos. En definitiva, como sabe cualquier jugador de bridge o póker, tenemos que jugar con la mano que nos han dado. Simplemente lamentar que no estamos sosteniendo mejores cartas no tiene ningún valor práctico. En ese espíritu, quiero ofrecer algunas reflexiones finales sobre el significado de la narrativa de este libro para la iglesia de hoy. Una vez más, como señalé en la introducción, soy consciente de que este libro es (como todas las historias) una narrativa provisional, imperfecta e incompleta. Particularmente cuando se trata de nuestro sentido de individualidad, la narrativa intelectual de las ideas que han dado a luz a nuestra visión altamente plástica de la existencia humana debe complementarse con una narrativa de cómo la liquidez de nuestra época intensifica esta plasticidad: la naturaleza transitoria, temporal y efímera de las instituciones y la tecnología que dan forma a nuestra identidad. Creo que esta era, aunque tiene tantas analogías con las que han pasado, representa un momento excepcionalmente desafiante debido a la coincidencia de las personas plásticas y un mundo líquido.

Y así llego finalmente a mi capítulo final, que, como se desprende de su título, pretende no tanto la última palabra sobre los temas discutidos en este libro, como si cualquier palabra sobre el ser humano pudiera ser «final», sino más bien como un prólogo a futuras discusiones. No tengo acceso privilegiado a la forma del futuro y, por lo tanto, solo puedo ofrecer algunas sugerencias preliminares sobre cómo los argumentos de este libro podrían formar un prolegómeno para abordar diversos asuntos a medida que se manifiestan en la sociedad occidental en los próximos años.[2]

Esta era secular

El centro de mi argumento ha sido la noción de que los problemas LGBTQ+ que ahora dominan nuestra cultura y nuestra política son simplemente síntomas de una revolución más profunda en lo que significa ser un yo. El movimiento LGBTQ+ surge de la revolución sexual, y la revolución sexual surge de los tipos de ideas y tendencias filosóficas que se pueden rastrear desde Rousseau a través de los románticos hasta Freud y luego la nueva izquierda. Sin embargo, aquí está el problema: la comunidad LGBTQ+ es solo un ejemplo de esa revolución en la individualidad, aunque quizás la más vocal e influyente. El problema es que todos somos parte de esa revolución, y no hay forma de evitarla.

Charles Taylor ha hecho este punto extensamente en su obra *Una era secular,* en la que señala que «la creencia en Dios no es exactamente lo mismo en 1500 y en el 2000».[3] Hay numerosas ideas que subyacen a esta declaración, pero el tema central es uno de elección: elegimos ser cristianos hoy de una manera que un europeo occidental en 1500 no lo hizo. En ese momento, la creencia en Dios era la posición cultural por defecto, y ser miembro de la Iglesia católica era la única opción. De hecho, no era realmente una *opción* en absoluto: fuiste bautizado católico al nacer, y no había otra iglesia a la que pudieras pertenecer. Habría sido imposible incluso concebir la elección religiosa en el sentido actual en 1500.

---

2. Dos libros, de un católico romano y un ortodoxo oriental, respectivamente, que ofrecen análisis extremadamente perceptivos de nuestra condición actual y que también son útiles para los protestantes son Charles J. Chaput, *Strangers in a Strange Land: Living the Catholic Faith in a Post-Christian World* (New York: Henry Holt, 2017), y Rod Dreher, *The Benedict Option: A Strategy for Christians in a Post-Christian Nation* (New York: Sentinel, 2018).
3. Charles Taylor, *A Secular Age* (Cambridge, MA: Belknap Press de Harvard University Press, 2007), 13.

Hoy en día, no elegimos simplemente ser cristianos; también elegimos qué tipo de cristiano queremos ser: presbiteriano, anglicano, metodista, bautista. Y dentro de cada una de estas subdivisiones hay aún más sectas, más opciones, por las que podemos optar: reformado, arminiano, carismático. Luego hay estilos de adoración a considerar, así como una serie de otras variables subjetivas, donde nos sentimos cómodos, bienvenidos, apoyados. Podemos elegir nuestras iglesias como elegimos una casa o un automóvil. Puede que no tengamos infinitas opciones y aun podamos estar sujetos a algunas restricciones materiales, pero lo más probable es que tengamos más de una opción de iglesia con la que podamos elegir identificarnos.

Esto tampoco permite ningún tipo de triunfalismo católico romano u ortodoxo oriental, por el cual la continuidad histórica y la unidad de las instituciones puedan presentarse como un antídoto contra la fragmentación protestante. Ser católico romano hoy en día es tomar una decisión. Los católicos romanos reflexivos pueden objetar esta afirmación señalando el poder sacramental que atribuyen al bautismo. Pero eso no aborda realmente el asunto de la experiencia vivida: cada fiel católico de cuna todavía ha tomado la decisión de vivir su vida cristiana como católico en medio de un mundo de otras opciones posibles, desde el ateísmo hasta el Islam, las iglesias bíblicas y el pentecostalismo. Cuando se trata de cómo pensamos de nosotros mismos, todos somos individualistas expresivos ahora, y no hay forma de que podamos escapar de este hecho. Es la esencia del mundo en el que tenemos que vivir y del que formamos parte.

Reconocer esta realidad es una base importante para abordar aquellos síntomas de esta era actual que encontramos más atroces. Por ejemplo, debería reducir inmediatamente cualquier respuesta farisaica simplista que nos vea a nosotros mismos como de alguna manera separados del contexto cultural más amplio que nos ha dado el movimiento LGBTQ+. Su cultura general de individualismo expresivo y de elección de identidad también es la nuestra. No podemos escapar de ese hecho, y numerosos autores —Michael Horton, Christian Smith y David Wells, por nombrar solo tres— han narrado el impacto que esto ha tenido en la iglesia.[4]

También debería permitirnos tener una mejor comprensión de por qué la revolución sexual aparentemente se ha movido tan rápido y, en todo caso, parece estar ganando velocidad, ya que el transgenerismo parece estar avanzando tanto en la cultura y un tabú sexual uno tras otro se derrumba frente a lo que a menudo parece una ola imparable de libertinaje sexual. La razón de esta velocidad es que las causas subyacentes de estos fenómenos están profundamente arraigadas en nuestra cultura y han estado transformando lenta pero seguramente la forma en que pensamos de nosotros mismos y de nuestro mundo durante muchas, muchas generaciones.

Nada de esto es para argumentar que simplemente debemos lamentar la situación, porque el individualismo expresivo no es un mal sin paliativos. De alguna manera, marca una mejora significativa con respecto a lo que reemplazó. Uno de los aspectos de la cultura moderna del individualismo expresivo es el énfasis que pone en la dignidad inherente del individuo. La naturaleza más estrictamente jerárquica de las sociedades honoríficas, del tipo que encontramos en el Japón feudal o en la Europa medieval, contenía mucho que un cristiano podría criticar, sobre todo la noción de que algunos seres humanos valen más que otros debido a su posición dentro de la jerarquía social. Con el énfasis de Rousseau en el individuo y el estado de naturaleza como ideal, el cambio hacia la dignidad individual e intrínseca es claro. Y eso es algo con lo que los cristianos deben simpatizar. Se supone que no debemos considerar la vida de

---

4. Michael Horton, *Christless Christianity: The Alternative Gospel of the American Church* (Grand Rapids, MI: Baker, 2012); Christian Smith and Melinda Lundquist Denton, *Soul Searching: The Religious and Spiritual Lives of American Teenagers* (Oxford: Oxford University Press, 2009); David F. Wells, *No Place for Truth: Or, Whatever Happened to Evangelical Theology?* (Grand Rapids, MI: Eerdmans, 1992).

una persona pobre como de menos valor que la de una figura pública rica o importante.

Sin embargo, es aquí, en la idea de la misma dignidad de todos los seres humanos, donde se aclara uno de los problemas con el proyecto político moderno. La idea de que todos los seres humanos son de igual valor está enraizada en la idea de que todos los seres humanos están hechos a imagen de Dios. El problema con el individualismo expresivo no es su énfasis en la dignidad o el valor individual de cada ser humano. Eso es lo que sustentó la lucha contra la esclavitud en el siglo xix y el movimiento de derechos civiles de las décadas de 1950 y 1960. Más bien, es el hecho de que el individualismo expresivo ha separado estos conceptos de dignidad y valor individual de cualquier tipo de base en un orden sagrado. Esto es lo que permitió al abuelo de Philip Rieff, que pasó un tiempo como trabajador esclavo en un campo de concentración nazi, hacer su dramática y contraintuitiva afirmación de que Hitler realmente ganó en Occidente.[5] Occidente se había convertido para él en un mundo decreado, ejemplificado por su caos sexual. Había llegado a rechazar la imagen divina creada como la base de su moralidad, y no quedaba nada más que un pantano de gustos en competencia. Ya sea la iconoclasia intelectual de la teoría crítica o el impacto más banal del consumismo, la desvinculación de lo que significa ser humano de cualquier tipo de marco metafísico ha convertido la noción de dignidad individual universal en algo que amenaza con empujar a Occidente a una especie de anarquía totalitaria, para usar un oxímoron.[6]

---

5. Phillip Rieff, *My Life among the Deathworks: Illustrations of the Aesthetics of Authority,* ed. Kenneth S. Piver, vol. 1 of *Sacred Order / Social Order* (Charlottesville: University of Virginia Press, 2006), 189.

6. El fracaso del liberalismo y la democracia liberal es el tema del poderoso libro de Patrick J. Deneen, *Why Liberalism Failed* (New Haven, CT: Yale University Press, 2018).

Entendiendo la anticultura

Estrechamente relacionado con la comprensión de la naturaleza de nuestra era secular como una en la que el expresivismo y la elección han triunfado y escogido en conjunto a todos nosotros es la comprensión de que vivimos en una anticultura rieffiana. La ruptura con el pasado que representa la modernidad es decisiva, ya que nos aísla de cualquier orden metafísico trascendente acordado por el cual nuestra cultura pueda justificarse. Sin un orden superior al que podamos mirar para comprender teleológicamente la existencia humana, ambos estamos aislados del pasado, donde se asumieron fines que trascienden al individuo, y se nos deja flotando libremente en el presente. Nuestro mundo realmente está empezando a parecerse al nuevo y valiente mundo descrito por Aldous Huxley, un lugar donde la vida se vive simplemente para el presente, donde los placeres del momento inmediato, ya sea producidos por medios artificiales (drogas, consumo, realidad virtual) o por sexo estéril, son las únicas cosas que realmente importan.[7]

Este es el mundo del emotivismo y el mundo de las obras de muerte. Para tomar lo primero, la razón por la cual las discusiones éticas y políticas son tan agrias e inútiles hoy en día es que no existe una base comúnmente aceptada sobre la cual tales discusiones puedan tener lugar de manera constructiva. Que los asuntos clave en la sociedad estadounidense ahora sean decididos por los tribunales

---

7. Un momento clave en la novela de Huxley es cuando Mustapha Mond, el «Controlador», prohíbe la publicación de un artículo académico, «Una nueva teoría de la biología», porque aboga por la teleología sobre la base de la biología: «Fue un trabajo magistral. Pero una vez que comenzaste a admitir explicaciones en términos de propósito, bueno, no sabías cuál podría ser el resultado. Era el tipo de idea que podría descondiconar fácilmente a las mentes más inquietas entre las castas superiores: hacerlas perder su fe en la felicidad como el Bien Soberano y comenzar a creer, en cambio, que la meta estaba en algún lugar más allá, en algún lugar fuera de la esfera humana actual; que el propósito de la vida no era el mantenimiento del bienestar, sino cierta intensificación y refinamiento de la conciencia, alguna ampliación del conocimiento». *Brave New World and Brave New World Revisited* (New York: Harper Perennial, 2005), 162. Mustapha Mond detecta claramente la conexión entre la naturaleza de la teleología y la sociedad terapéutica.

de justicia es una función de esta desconexión: se considera que los procesos democráticos tienen cada vez menos legitimidad, dado que ganar en las urnas podría simplemente indicar al lado perdedor que la mayoría del electorado son fanáticos llenos de odio del tipo del cual los tribunales de justicia están diseñados para proteger a las personas. A esto, se podría agregar la forma en que el discurso político está marcado por las patologías, y las contrapatologías de imagen especular, de la teoría crítica: hay un aspecto profundamente terapéutico en las formas de política que operan en un binario simplista y encuentran objetivos fáciles a los que culpar de los males de este mundo, ya sean hombres heterosexuales blancos para oprimir a todos los demás o radicales LGBTQ+ comprometidos con el derrocamiento de la civilización.

Los cristianos pueden ser cómplices de este pensamiento. Las carreras se hacen, a derecha e izquierda, en los círculos cristianos a través de la adopción de posturas sobre asuntos como la raza y la sexualidad que ignoran el análisis histórico adecuado para marcos construidos sobre un simple juego de suma cero que opera con las categorías binarias de poder e impotencia. En tal contexto, todos y cada uno de los oponentes son simplemente un incitador al odio irracional, que busca presentar como natural una posición que es simplemente una preferencia personal.

En este contexto, es interesante observar cuánto del debate sobre la sexualidad en los círculos cristianos también tiende a operar en términos de narrativas personales aisladas de cualquier marco metafísico o teológico más amplio. Incluso en la iglesia, las historias personales tienen un poderoso impacto emocional que puede transformar fácilmente el fin principal de los seres humanos en la felicidad personal que se encuentra en el corazón de la cultura terapéutica.

Hay otros aspectos de la anticultura en los que los cristianos son cómplices. El uso rutinario del sarcasmo y el insulto en la polémica puede no ser un monopolio de la era actual, pero dado que ahora está profundamente asociado con una iconoclasia cultural y un cinismo más profundos que en el pasado, podríamos hacer bien como cristianos en pensar críticamente sobre la frecuencia con la que recurrimos a él, especialmente cuando debatimos con otros cristianos.

A un nivel muy práctico, la forma en que el protestantismo a menudo no ha reflejado las preocupaciones históricas de la Iglesia en su liturgia y práctica, más obviamente en el movimiento de la mega iglesia y la forma en que ha adoptado con frecuencia la estética del momento presente en su culto es posiblemente un signo de la penetración de la anticultura en el santuario de la historia cristiana. Los cristianos de hoy no son opositores de la anticultura. Con demasiada frecuencia somos un síntoma de ello.

En resumen, nuestra respuesta a los principales problemas de nuestros días, particularmente aquellos asociados con el movimiento LGBTQ+ y sus demandas, no puede aislarse del marco más amplio de la anticultura en la que vivimos. No podemos aceptar despreocupadamente el divorcio sin culpa (en el que con demasiada frecuencia somos participantes dispuestos), por ejemplo, y luego quejarnos de que *Obergefell* redefinió el matrimonio. Para abordar los síntomas adecuadamente, necesitamos detenernos a pensar firmemente sobre las causas, sus ramificaciones más amplias y nuestra relación como cristianos con ellas.

Entendiendo el debate sobre temas LGBTQ+

El argumento de este libro tiene dos implicaciones inmediatas para la discusión cristiana de los problemas LGBTQ+ en términos del contexto social y político más amplio en el que ocurren.

La primera es que estos debates no son principalmente sobre el comportamiento sexual. Ciertamente, el comportamiento sexual es algo por lo que los cristianos deberían preocuparse. La Biblia enseña que el cuerpo tiene un uso sexual apropiado, y enseña que el sexo tiene un significado particular. Usar el cuerpo sexualmente de manera inconsistente con su propósito y participar en actividades sexuales que no reflejen el propósito bíblico del sexo es incorrecto y debe ser claramente confrontado como tal por la iglesia en su enseñanza y en su aplicación de esa enseñanza. Pero la discusión LGBTQ+ es mucho más profunda que eso porque se conecta con cuestiones de identidad, de quiénes creemos que somos en el nivel más básico. Y el problema es que el individualismo expresivo, manifestado como identidad sexual, es la forma en que el mundo nos moldea a todos.

La segunda implicación es que la realidad y el poder de esta configuración no deben subestimarse, y necesitamos entendernos a nosotros mismos como profundamente sujetos a ella. Nuestros imaginarios sociales como cristianos son a menudo muy poco diferentes que los de la cultura que nos rodea. Podemos caer fácilmente en el uso de categorías que en realidad son engañosas y que militan en contra de la claridad en cuestiones clave.

Un profesor irlandés en mi escuela primaria solía contar este chiste: un rabino estaba vagando por las calles de Belfast tarde una noche y fue confrontado por un miembro armado de una de las organizaciones paramilitares locales. «¿Eres católico o protestante?», preguntó el hombre armado. «Soy judío», respondió el rabino. «Bueno, ¿eres un judío católico o un judío protestante?» fue la respuesta. Ahora, esto puede no ser tan divertido como una broma, pero establece un punto importante: las sociedades tienen categorías para pensar sobre las personas y la identidad, y un problema real ocurre cuando esas categorías simplemente no son adecuadas o apropiadas. Esa es la pregunta que la iglesia necesita hacerse sobre la identidad sexual: ¿son las categorías que la sociedad ahora prioriza en realidad las que son apropiadas? Si la taxonomía pos-Freud representada por el acrónimo LGBTQ+ se basa en un error básico de categoría (que el sexo es identidad), ¿no deberían los cristianos participar en una crítica exhaustiva de tal y negarse a definirse dentro de su marco? De hecho, hay evidencia que sugiere que la concesión de las categorías conduce a una confusión desafortunada.

Por ejemplo, en junio de 2019, la editorial cristiana Zondervan lanzó un libro con el título *Obediencia costosa: Lo que podemos aprender de la comunidad gay célibe.*[8] Dejando de lado las preguntas que actualmente se agrupan en torno a la legitimidad o no de la noción de «cristiano gay célibe», lo que es más interesante es el lenguaje del «costo» que se está utilizando. Solo en un mundo en el que los yo son típicamente reconocidos o validados por su sexualidad y su realización sexual, en el que estas cosas definen quiénes son las personas en un nivel profundo, el celibato puede considerarse realmente costoso. Además, solo en un mundo en el que las identidades sexuales, y específicamente las identidades sexuales no heterosexuales, disfrutan de un caché cultural particular, el celibato de un grupo en particular será designado como de alguna manera especialmente duro o sacrificial. La moral sexual cristiana tradicional exige el celibato para todos los que no están casados y la castidad para los que lo están. Estrictamente hablando, no es más costoso o sacrificial para una persona soltera no tener relaciones sexuales con alguien que para una persona casada ser fiel o no visitar clubes de striptease y prostitutas, o en todo caso, para una persona no robar la propiedad de otra o calumniar el buen nombre de alguien. Pero ese no parece ser el caso precisamente por cómo el *Sittlichkeit,* el marco moral, de nuestra cultura ha sido tan moldeado por el triunfo de lo erótico y el vuelco correlativo de las costumbres sexuales tradicionales. Abstenerse del sexo en el mundo de hoy es sacrificar el verdadero yo tal como lo entiende el mundo alrededor. Es pagar el precio de no poder ser quien uno realmente es. Y eso es, por lo tanto, costoso, pero solo desde una perspectiva moldeada por una aceptación acrítica e irreflexiva de las categorías de identidad sexualizada derivadas de Freud.

---

8. Mark Yarhouse and Olya Zaporozhets, *Costly Obedience: What We Can Learn from the Celibate Gay Christian Community* (Grand Rapids, MI: Zondervan, 2019).

Ahora, para ser claros, el hecho de que la revolución sexual sea históricamente única en la forma en que presiona la sexualidad como fundamental para la identidad de una manera sin precedentes en el pasado no hace que las cuestiones de identidad y deseo que plantea de alguna manera sean menos reales. En la parte 1, señalé la importante visión de Taylor, extraída de G. W. F. Hegel, de que lo que somos es un diálogo entre nuestra autoconsciencia y el mundo que nos rodea. El deseo que tienen los seres humanos de pertenecer, de ser reconocidos, de ser auténticos es informado por el *Sittlichkeit* de la sociedad en la que vivimos. El entorno externo es crítico, y los deseos que este entorno crea pueden ser novedosos y muy reales. La persona que nunca se separa de su iPhone bien podría hacer fila fuera de la tienda a una hora temprana para obtener el último modelo el día en que se lanza. La misma persona, sin duda, experimenta angustia y frustración si su teléfono se descompone o si la red no está disponible por alguna razón. Tanto el deseo de un iPhone como el sentimiento de frustración cuando se le priva del mismo, son reales, a pesar de que habrían sido desconocidos para alguien en la década de 1960, y mucho menos en la década de 1460. La naturaleza humana puede no cambiar en el sentido de que siempre estamos hechos a imagen de Dios, pero nuestros deseos y nuestro profundo sentido de nosotros mismos son, de hecho, moldeados de manera profunda por las condiciones específicas de la sociedad en la que realmente vivimos. Que los iPhones no estuvieran disponibles para Shakespeare no hace que los deseos asociados con ellos sean de alguna manera imaginarios.

Cuando aplicamos esto a la revolución sexual, debe quedar claro que en la era en la que vivimos, se nos enseña a ser auténticos de tal manera que la identidad, el reconocimiento y la pertenencia ahora están profundamente conectados con los deseos sexuales que tenemos y la forma en que los expresamos. Por ejemplo, no es una sorpresa que el número de niños y adolescentes que informan disforia de género haya crecido rápidamente en los últimos años.[9] Esto no significa necesariamente que durante siglos haya habido un número significativo de personas transgénero que no han podido expresarse, como tampoco el rápido aumento de las ventas de teléfonos inteligentes en la última década indica que un gran número de personas en generaciones anteriores vivieron vidas de inautenticidad porque no pudieron publicar trivialidades sobre sus vidas en la web mientras viajaban al trabajo o estaban sentadas en la sala de espera en el consultorio del médico. Pero no nos permite descartar estos sentimientos como irreales en la forma en que existen hoy.

Todo esto hace que la tarea de la iglesia sea extremadamente difícil en este momento porque el marco para la identidad en la sociedad en general está profundamente arraigado, es poderoso y fundamentalmente antitético al tipo de identidad promovida como básica en la Biblia. No será una respuesta suficiente o efectiva a los desafíos del día simplemente aprobar resoluciones o adoptar declaraciones sobre síntomas aislados. La iglesia tiene que abordar los asuntos que la revolución sexual y el individualismo expresivo plantean de una manera mucho más exhaustiva, un punto al que volveré. Primero, sin embargo, quiero ofrecer algunas reflexiones sobre la posible forma del futuro.

Futuros posibles

La naturaleza profunda de nuestra cultura de individualismo expresivo implica que es poco probable que se transforme radicalmente o se derroque en un futuro próximo. Es probable que demasiados factores, desde la naturaleza de la economía moderna en el consumidor hasta la prevalencia de la pornografía en Internet y las promesas quiméricas de la tecnología, sigan presionando a nuestra cultura en la misma dirección básica en la que se ha estado moviendo durante

---

9. Ver Riittakerttu Kaltiala-Heino, Hannah Bergman, Marja Työläjärvi, and Louise Frisén, «*Gender Dysphoria in Adolescence: Current Perspectives*» *Adolescent Health, Medicine and Therapeutics* 9 (2018): 31-41, https://dx.doi.org/10.2147%2FAHMT.S135432.

los últimos siglos. Además, el colapso de la autoridad de las instituciones tradicionales, sobre todo la iglesia en todas sus diversas formas, sugeriría que cualquier retorno a una sociedad construida sobre un amplio consenso religioso, o incluso un mero metafísico, es extremadamente improbable. Si el orden sagrado o metafísico es necesario para que las culturas permanezcan estables y coherentes, entonces actualmente nos enfrentamos a un futuro indefinido de flujo, inestabilidad e incoherencia. Esto hace que cualquier predicción sobre el futuro sea extremadamente provisional, pero hay cuatro áreas sobre las que quiero ofrecer un pensamiento especulativo: moralidad sexual, matrimonio gay, transgenerismo y libertad religiosa. Cada uno de estos temas es algo en lo que la iglesia occidental tiene interés.

MORALIDAD SEXUAL

Está claro que la moralidad de la revolución sexual está en problemas en el momento presente. Se basó en la noción de que el sexo era diversión recreativa y que, mientras las partes involucradas hubieran dado su consentimiento, todo era permisible. Esa filosofía se encuentra ahora en profundas dificultades. Primero, como señaló el *Boston Women's Health Book Collective* en 1970, el tipo de promiscuidad promovida por la revolución sexual tendía a favorecer a los hombres y en realidad a convertir a las mujeres en objetos de juego bajo el pretexto de liberarlas. Sobre las expectativas de disponibilidad sexual constante y promiscuidad promovidas por la revolución sexual, y trazando una analogía entre el impacto de la revolución en la liberación de las mujeres y el de la Reconstrucción en los antiguos esclavos en la América posterior a la Guerra Civil, los autores de *Women and Their Bodies* declararon:

> Estas expectativas alienantes e inhumanas no son menos destructoras
> o degradantes que el puritanismo victoriano que todos rechazamos

con tanto orgullo. Debemos destruir el mito de que todos tenemos que ser pollitos estupendos y libres.[10]

Los anticonceptivos y el acceso al aborto pueden haber liberado a las mujeres de las consecuencias de la promiscuidad, pero incluso las feministas se dieron cuenta de que la situación general era mucho más complicada que eso.

Por supuesto, la mayoría de nosotros intuitivamente sabemos que el sexo es más que una mera recreación, sin importar cuán casualmente pretendamos tratarlo. Esta es la razón por la cual la agresión sexual, incluso en la sociedad actual, donde casi todos los tabúes sexuales han sido abandonados, todavía se considera atroz. Como señalé anteriormente, si abofeteo a una persona en la cara, me he comportado de manera atroz e incluso puedo ser procesado por asalto. Pero todos sabemos que, si agredo sexualmente a alguien, he hecho algo mucho más terrible. Una bofetada viola el cuerpo; una violación viola a la persona de la manera más profunda posible. Este punto no necesita ser discutido; todos sabemos intuitivamente que ese es el caso.

En segundo lugar, el movimiento *#MeToo* ha señalado la dificultad de definir el consentimiento cuando hay disparidades de poder entre las partes involucradas y también ha destacado el hecho de que el sexo es más que una mera recreación.

De hecho, las ironías del movimiento *#MeToo* son dolorosamente obvias. Está encabezada por actrices de Hollywood, muchas de las cuales han hecho carrera representando la actividad sexual en la pantalla como nada más que una actividad divertida y recreativa. Y su propia existencia apunta al hecho de que la actividad sexual es mucho más que eso. Las telenovelas y las películas pueden retratar a individuos saltando de una pareja a otra o recuperándose de la infidelidad

---

10. Boston Women's Health Book Collective, *Women and Their Bodies* (Boston: New England Free Press, 1970), 16.

en un momento, pero la realidad tiene una manera de alcanzarnos a todos. Además, *#MeToo* claramente clama por establecer el sexo dentro de un contexto moral y, sin embargo, el único contexto moral que sus defensores parecen capaces de tolerar es uno que involucra un enfoque cada vez más complejo y confuso de lo que es y no es el consentimiento. La noción de virtud sexual personal ha sido abandonada, para ser reemplazada por dictados culturales heterónomos.

Es difícil predecir hacia dónde se moverá esto en el futuro. El consentimiento no es solo una noción muy complicada, sino que también tiene un estatus equívoco como principio moral y legal rector. Como se señaló anteriormente, en nuestra sociedad, los niños están hechos para hacer todo tipo de cosas a las que no dan su consentimiento, desde comer verduras hasta asistir a la escuela. ¿Es el principio del consentimiento, por lo tanto, suficiente para prevenir la llegada de la pedofilia como una forma aceptable de actividad sexual? Y parecería difícil argumentar en contra de las relaciones incestuosas entre adultos que consienten utilizando métodos apropiados de control de la natalidad, si el consentimiento o el riesgo de defectos congénitos de nacimiento son las únicas bases sobre las cuales uno podría objetarlos.

En resumen, la revolución sexual está en dificultad en este momento, pero hay poca evidencia de que sus contradicciones se resuelvan mediante un retorno a los códigos morales tradicionales. Si la crisis del SIDA demostró algo, es que la discusión de los problemas generados por el comportamiento sexual se ha trasladado decisivamente del ámbito de la moral personal al ámbito de las soluciones técnicas y la legislación civil. Cuando el sexo es identidad, entonces la moralidad sexual es una función del individualismo expresivo, no una realidad teológica o metafísica mayor.

MATRIMONIO HOMOSEXUAL

Parece probable que el matrimonio gay como institución haya llegado para quedarse. Queda por ver si ha abierto la puerta a un colapso general en el matrimonio como un acuerdo de dos personas. Ciertamente, en términos de su filosofía subyacente, no hay nada que detenga tal eventualidad, pero como señalé en el capítulo 8, la redefinición básica del matrimonio no tuvo lugar con *Obergefell contra Hodges* en 2015, sino cuando el gobernador Ronald Reagan firmó el divorcio sin culpa en California en 1970.

El matrimonio gay también tiene a favor de su longevidad como fenómeno social el hecho de que nuestra cultura del hombre psicológico y el individualismo expresivo pone gran énfasis en la estética para determinar qué es y qué no es aceptable. Es extraño decirlo, el cambio de actitudes hacia el aborto proporciona evidencia de esto. La marea cultural general se ha estado volviendo en contra de las políticas proabortos más radicales, y esto no es el resultado del razonamiento filosófico abstracto provida que gana el día, sino más bien el efecto de las ecografías que muestran que el bebé en el útero parece una persona pequeña. Tales imágenes tiran de las cuerdas del corazón y provocan una reacción intuitiva y emocional.

Sin embargo, si la estética y las emociones funcionan a favor de los conservadores y los cristianos en el tema del aborto, yo diría que lo contrario es el caso cuando se trata del matrimonio homosexual. El matrimonio gay tiene toda la retórica terapéutica potente y las imágenes de su lado. Se trata de amor. Se trata de la felicidad. Se trata de permitir que dos personas se comprometan entre sí. Se trata de la aceptación. Se trata de inclusión. Y oponerse a ella es estar en contra de todas esas cosas. Dadas las premisas del individualismo expresivo, ser un oponente del matrimonio gay es ser algo más que un simple aguafiestas de cara amargada; es actuar por intolerancia irracional similar a la que motiva a los racistas. Un cuerpo no menos augusto que la Suprema Corte de los Estados Unidos hizo ese punto cuando anuló la Ley de Defensa del Matrimonio. Además, el principio jeffersoniano de tolerancia, que «ni me quita del bolsillo ni me rompe la pierna» y, por lo tanto, no tengo ningún interés en oponerme a él, tiene un gran peso en una sociedad que valora la libertad individual. Sostengo a continuación que la forma en que se ha politizado el sexo significa que, en realidad, este principio está lejos de ser una forma precisa de ver el matrimonio homosexual, pero nuevamente, es la retórica y el impacto estético de la retórica lo que hace que el argumento sea poderoso. En un mundo en el que el emotivismo gobierna, aquellos cuyo lenguaje sigue más de cerca el temperamento emocional de la época inevitablemente presentan los argumentos más persuasivos, incluso si realmente no están presentando argumentos en absoluto.

TRANSGENERISMO

El tema transgénero es, sin embargo, potencialmente muy diferente del tema del matrimonio gay. Señalé en el capítulo 10 que las personas transgénero no eran candidatos obvios para la membresía de la alianza formada por lesbianas y gays debido a algunas diferencias filosóficas básicas entre los grupos. También señalé que algunos miembros de la comunidad de lesbianas y gays se oponen a la inclusión de personas transgénero en el acrónimo LGBTQ+. En resumen, la alianza LGBTQ+ no es inherentemente estable. Cuando y si el enemigo unificador, la heteronormatividad, es derrotado, es poco probable que la coalición continúe existiendo en su forma actual. Qué forma tomará solo el tiempo lo dirá.

Además, hay poderosas contracorrientes que presionan contra la normalización a largo plazo del transgenerismo. El transgenerismo está destrozando el feminismo desde adentro, nuevamente como señalé en el capítulo 10. Como argumenté allí, esto es en parte el resultado de los compromisos requeridos por las lesbianas cuando formaron una alianza con hombres homosexuales en la década de 1980. En el fenómeno de los TERF, en los ataques a feministas tradicionales como Germaine Greer, y en la extraña alianza emergente entre feministas radicales y cristianos conservadores que se oponían a la legislación de derechos de las personas transgénero, está claro que las líneas tradicionales de los partidos no se mantendrán en este asunto.

El transgenerismo también ataca los asuntos de privacidad y derechos personales de una manera que la ideología gay y lesbiana más estrechamente no lo hace. La política de la escuela, el lugar de trabajo y el baño público afectará a todos. Más agudamente, es probable que la cuestión de los derechos de los padres en relación con un niño que afirma ser transgénero resulte muy grave, poniendo de relieve el estado relativo de la familia y el estado. La abolición de lo prepolítico llega a su culminación total con la cuestión transgénero, ya que incluso el cuerpo físico relativo a la identidad individual se convierte en un área política muy disputada y, se podría agregar, altamente psicologizada y, por lo tanto, subjetiva.

Esto apunta a su vez al problema básico de la biología. Es difícil para los no científicos decir qué lado está más impulsado por compromisos ideológicos en su enfoque de la evidencia de la conexión entre la biología y el género, pero nadie tiene que ser un experto en ciencia cromosómica para ver las estadísticas relativas a los deportes masculinos y femeninos. A partir de febrero de 2020, el récord mundial de la milla masculina está en manos de Hicham El Guerrouj, con un tiempo de 3'43.13". El récord femenino está en manos de Sifan Hassan, con un tiempo de 4'12.33". En otras palabras, ninguna mujer se ha acercado a romper la barrera de los cuatro minutos por milla, algo logrado por el legendario corredor aficionado de media distancia Sir Roger Bannister en 1953. Para decirlo de manera más precisa, ningún estudiante masculino que corría tan rápido como la mujer más rápida de la historia sería remotamente competitivo en el nivel universitario de la División 1 en esa distancia. De hecho, si mi propio hijo se hubiera identificado como una mujer en la universidad, actualmente tendría el récord mundial.

El otro factor en la biología es el tratamiento médico que ahora se está implementando para permitir que las personas transgénero se den cuenta de sus identidades. Se desconoce el impacto a largo plazo del tratamiento hormonal y la cirugía, pero el estado actual de la evidencia sugiere que no serán curas simples para el problema subyacente.[11] Además, la cuestión de cuándo y cómo administrar dicho tratamiento es molesta incluso dentro de la profesión médica. Y es aquí donde es probable que se encuentre el verdadero talón de Aquiles del movimiento. Es fácil imaginar que, dentro de 30 o 40 años, los adultos que fueron utilizados como, en efecto, sujetos experimentales para la ideología de género de moda de sus padres y posteriormente tuvieron sus mentes, cuerpos y vidas traumatizados por el tratamiento médico, demandarán a sus padres, los médicos y las compañías de seguros que financiaron todo el desastre. Sin querer sonar demasiado como un marxista, es muy probable que en ese momento el capital determine la forma futura de la moralidad de la ideología de género, y el transgenerismo se convierta en un interés minoritario una vez más.

LIBERTAD RELIGIOSA

A un nivel superficial, el mundo del individualismo expresivo podría parecer un mundo que inevitablemente estaría marcado por la libertad religiosa. Charles Taylor y otros han argumentado extensamente que la Reforma fue el punto de inflexión que desató la noción de elección religiosa en Occidente y, por lo tanto, sentó las bases para el surgimiento del individuo expresivo como el yo normativo. Antes de la Reforma, la identidad religiosa en Occidente

---

11. Ver el informe del Instituto Williams de Ann Haas, Philip L. Rodgers y Jody L. Herman, «Suicide Attempts among Transgender and Gender Non-Conforming Adults: Findings of the National Transgender Discrimination Survey (Los Ángeles: Williams Institute, 2014), https://williamsinstitute.law.ucla.edu/wpcontent/uploads/AFSPWilliamsSuicideReportFinal. pdf. Ryan T. Anderson ofrece una serie de testimonios sobre el fracaso de la transición en *When Harry Became Sally: Responding to the Transgender Movement* (New York: Encounter Books, 2018), 49-76.

era un hecho: uno era miembro de la Iglesia católica desde su nacimiento (o para ser precisos, poco después del bautismo). Había, por supuesto, judíos y musulmanes en Europa, y en teoría, uno podría haber elegido abandonar la Iglesia y unirse a estos grupos, pero tal fue solo un interés minoritario e imposible incluso en teoría para la gran mayoría de la población. Solo con la Reforma la elección religiosa se convierte en una posibilidad y luego en un marcador distintivo de identidad.[12] La historia del individualismo expresivo está, por lo tanto, íntimamente conectada con la historia de la libertad religiosa. Las propias observaciones de Alexis de Tocqueville sobre el papel de la religión en la temprana república estadounidense confirman precisamente este punto, que la elección religiosa basada en la libertad religiosa es históricamente fundamental para la experiencia estadounidense.

Sin embargo, es cada vez más claro que la idea de la libertad religiosa está bajo una presión hostil en la sociedad occidental y ya no goza del estatus de un bien inequívoco en el imaginario social más amplio. Hay una serie de ejemplos obvios que indican que este es el caso. La oposición a la Ley de Restauración de la Libertad Religiosa del estado de Indiana en 2015 fue un testimonio elocuente del hecho de que donde la libertad religiosa tradicional chocó con los derechos percibidos de la comunidad LGBTQ+, esta última era más propensa a tener la simpatía de las grandes empresas y los medios de comunicación. El llamado «capitalismo despierto» ha cambiado la relación entre el conservadurismo social y religioso y las corporaciones comerciales. En los Estados Unidos, los casos judiciales relacionados con el mandato anticonceptivo en la Ley de Cuidado de Salud a Bajo Precio y que involucran la provisión de pasteles y flores para bodas homosexuales también indican que la libertad religiosa

---

12. Sobre la relación entre la libertad religiosa y el surgimiento de las nociones modernas de libertad, ver Robert Louis Wilken, *Liberty in the Things of God: The Christian Origins of Religious Freedom* (New Haven, CT: Yale University Press, 2019).

podría entenderse de manera mucho más restrictiva en el futuro. La libertad religiosa y el individualismo expresivo ahora parecerían ser cada vez más antitéticos entre sí.[13]

¿Por qué? En primer lugar, hay una disminución general en el compromiso religioso en Occidente, que es particularmente marcada en Europa occidental, pero también es ahora una característica sorprendente de la sociedad estadounidense. Parecería razonable suponer que a medida que cada vez menos personas se preocupen por sus propios compromisos religiosos, también se preocuparán cada vez menos por la libertad religiosa como un compromiso importante para la sociedad en su conjunto.[14]

En segundo lugar, el *Sittlichkeit* de Occidente ha llegado a ver la identidad sexual como la clave para la expresión de la identidad personal. Por lo tanto, cualquier religión que mantenga una visión tradicional de la actividad sexual y se niegue a reconocer identidades basadas en deseos y actividades que considere erróneas está, por definición, comprometida con la opresión de aquellos que reclaman tales identidades. Además, si la sentencia de la Suprema Corte en *Estados Unidos contra Windsor* es representativa de actitudes sociales más amplias, entonces los tradicionalistas solo mantienen sus creencias sobre el sexo y las costumbres sexuales sobre la base de intolerancia irracional. En resumen, son necios o inmorales o ambos. En un mundo así, la idea de que la libertad religiosa es un bien social no es simplemente cada vez más inverosímil, sino que también es cada vez más desagradable, inquietante e indeseable. Para decirlo de otra manera, el imaginario social de Occidente ya no es el de los fundadores estadounidenses, para quienes la libertad religiosa era considerada

---

13. El fallo en *Masterpiece Cakeshop, Ltd. v. Colorado Civil Rights Commission*, 584 U.S. ___ (2018) es particularmente interesante en este sentido. Sí, la Suprema Corte decidió que el propietario no estaba obligado a hornear un pastel para una boda gay, pero esto fue sobre la base de que infringía su derecho a la libertad de expresión artística. Por lo tanto, fue una victoria para la libertad religiosa, pero no una victoria particularmente fuerte.

14. Ver Nathaniel Peters, «The Rise of the Nones», *Public Discourse*,18 de agosto de 2019, https://www.thepublicdiscourse.com/2019/08/53246/.

como un bien que realmente ayudaba a la cohesión social; ahora se considera algo que representa una amenaza potencialmente letal para esa cohesión.

Uno podría objetar que las historias de persecución religiosa todavía golpean una fibra profunda en Occidente. Las historias de la persecución de cristianos y musulmanes uigures en China y la existencia misma del término islamofobia parecen indicar cierta preocupación por el derecho a la expresión religiosa. Sin embargo, la situación real es más complicada. En cada uno de estos casos, la percepción es que una minoría débil e impotente está siendo maltratada por un grupo más grande y poderoso. No es tanto que los cristianos chinos y los uigures sean religiosos como que sean una minoría. Lo mismo se aplica aún más claramente con el discurso de la islamofobia. Es muy dudoso que muchos de los políticos de América y Europa simpaticen con las opiniones musulmanas sobre las mujeres o la homosexualidad, pero el despliegue del término islamofobia no pretende abordar la libertad de la comunidad islámica en estas áreas; más bien, está destinado a resaltar los prejuicios irracionales y a menudo raciales contra los musulmanes.

Ninguno de estos temas —la impotencia y el estatus de minoría étnica— aparecen como parte del imaginario social dominante con referencia a la religión cristiana en Occidente. Allí, el cristianismo es abrumadoramente blanco, ha disfrutado de un enorme poder cultural y político, y generalmente se considera (a veces con precisión, a veces injustamente) que ha abusado de ese poder, desde las Cruzadas hasta los escándalos de abuso infantil más recientes. La veracidad de tales percepciones es irrelevante: estas son las cosas que informan el imaginario social, como lo demuestra una mirada a la representación de los conservadores religiosos en productos culturales, desde literatura sofisticada, como *La letra escarlata* de Nathaniel Hawthorne, hasta golpes bajos, como el video musical de *You Need to Calm Down* (Te tienes que calmar) de Taylor Swift.

Con el *Sittlichkeit* y el imaginario social moderno tal como existen actualmente en Occidente, las perspectivas de libertad religiosa en los términos más amplios de la *libre práctica* parecen sombrías. De hecho, es probable que la cuestión de qué significa exactamente la libre práctica esté determinada por la cuestión más amplia de la naturaleza y la legitimidad de la identidad sexual. En términos rieffianos, el conflicto entre la religión tradicional y las identidades sexuales modernas es un choque, tal vez el choque por excelencia, entre la cultura del segundo mundo y la anticultura del tercero, están completamente opuestos en el nivel más fundamental. No hay ningún compromiso que realmente se pueda alcanzar aquí porque no hay forma de que uno pueda ser asimilado por el otro. Descansan en premisas completamente diferentes y están dirigidas a resultados antitéticos. Dado esto, es difícil conceptualizar una cultura en la que los derechos de los conservadores religiosos y los derechos de aquellos que se identifican como minorías sexuales puedan ser acomodados. Es precisamente porque están en juego cuestiones de identidad básica y, por lo tanto, de lo que constituye la dignidad y el reconocimiento adecuado, lo que hace imposible una solución negociada. Permitir que los conservadores religiosos sean conservadores religiosos es negar que las personas se definan por su orientación sexual, y permitir que las personas se definan por su orientación sexual es afirmar que el conservadurismo religioso es una intolerancia irracional y peligrosa para la unidad de la comunidad. Eso parecería hacer que la libre práctica de la religión, en términos del derecho del individuo a aplicar sus creencias a la vida fuera del servicio de adoración dominical, sea algo que ya no se puede asumir.

Queda por ver si las categorías psicológicas y subjetivas que están incorporadas en *Los Principios de Yogyakarta* y que informan las leyes de orientación sexual e identidad de género proporcionarán una base tan sólida y duradera para la sociedad estadounidense como la libertad de ejercicio religioso garantizada en la Primera Enmienda. Dada la guerra civil entre las feministas sobre el tema transgénero, las perspectivas no se ven bien, aunque la historia parece indicar que un alto riesgo de desastre rara vez ha disuadido a los entusiastas de seguir adelante con sus esquemas. El posible futuro de la libertad religiosa es uno que parece mucho menos robusto que su pasado.

¿Dónde está la iglesia?

Dado el bastante sombrío análisis previo, ¿qué debería estar haciendo la iglesia en este momento presente? Brevemente, sugeriría tres cosas que deberían marcar a la iglesia a medida que avanza hacia el futuro.

La primera es que la iglesia debe detenerse a reflexionar firmemente sobre *la conexión entre la estética y sus creencias y prácticas centrales.* Señalé anteriormente que uno de los sellos distintivos de la discusión ética hoy en día es su dependencia de las narrativas personales. *Nuestros cuerpos, nuestras vidas,* la biblia feminista, está llena de testimonios personales presentados como indisputables precisamente porque son testimonios personales, la forma más alta de autoridad en una era de individualismo expresivo. Y esta preocupación estética refleja el poder perenne de la simpatía y la empatía en la formación de la moralidad. Denoté esta característica en Rousseau y los románticos en la parte 2, especialmente la forma en que Thomas De Quincey revela cuán traviesa puede ser la estética cuando se separa de cualquier marco de referencia más amplio. Vivimos hoy en un mundo que encarna la culminación de esta tendencia. Como lo expresa Mario Vargas Llosa, una característica central de nuestra cultura contemporánea es:

> El empobrecimiento de las ideas como motor de la vida cultural. Hoy las imágenes tienen primacía sobre las ideas. Por eso, el cine, la televisión y ahora Internet han dejado los libros a un lado.[15]

---

15. Mario Vargas Llosa, *Notes on the Death of Culture: Essays on Spectacle and Society,* trans. John King (New York: Picador, 2012), 37.

La evidencia de este cambio del discurso y el pensamiento tradicionales está a nuestro alrededor. Desde el cambio masivo en la opinión popular a favor del matrimonio gay hasta las trivialidades simplistas en ambos lados del pasillo político que ahora caracterizan los puntos de vista sobre temas complicados como la inmigración y la nacionalidad, el papel de la estética a través de imágenes creadas por ángulos de cámara y tramas en películas, comedias y telenovelas es poderoso.

La iglesia necesita responder a esta lógica estética, pero antes que nada necesita ser consciente de ello. Y eso significa que ella misma debe renunciar a entregarse, y por lo tanto legitimar, el tipo de estrategia estética de la cultura en general. El debate sobre temas LGBTQ+ dentro de la iglesia debe decidirse sobre la base de principios morales, no sobre el atractivo de las narrativas de las personas involucradas. Si el sexo como identidad es en sí mismo un error de categoría, entonces las narrativas de sufrimiento, exclusión y rechazo del reconocimiento basadas en ese error de categoría no tienen realmente importancia para determinar cuál debería ser la posición de la iglesia sobre la homosexualidad. Eso no quiere decir que las estrategias pastorales dirigidas a los individuos no deban ser compasivas, pero lo que es y no es compasivo debe descansar siempre en compromisos más profundos y trascendentes. El cristianismo, como sabían tanto Martín Lutero como John Henry Newman, es dogmático, doctrinal, asertivo. La narrativa bíblica se basa en (y solo tiene sentido a la luz de) una realidad metafísica más profunda: el ser de Dios y Su acto de creación.

Si la iglesia ha de evitar la absolutización de la estética mediante un compromiso apropiado con el cristianismo como ante todo doctrinal, entonces en segundo lugar, ella también debe ser una *comunidad*. Si la lucha por el cristianismo es la lucha por la naturaleza del ser humano, entonces vale la pena señalar que la visión básica de Hegel, tan convincentemente elaborada por Taylor, de que los yo se construyen socialmente y solo llegan a la plena autoconsciencia en diálogo con otras autoconsciencias, es de gran importancia. Cada uno de nosotros es, en cierto sentido, la suma total de la red de relaciones que tenemos con los demás y con nuestro entorno. Sí, poseemos una naturaleza humana común, pero esa naturaleza se ha expresado, y se expresa, de manera diferente en diferentes épocas y culturas.[16]

Esto hace que el cristianismo parezca altamente inverosímil en el momento actual. Si el mensaje sobre el yo es el del individualismo expresivo o el psicologismo del hombre, y si ese mensaje se predica desde cada comercial, cada sitio web, cada noticiero y cada valla publicitaria a la que las personas están expuestas a diario, la tarea de la iglesia de cultivar una comprensión diferente del yo, humanamente hablando, es probable que provoque desesperación. Sin embargo, hay esperanza: el mundo en el que vivimos es ahora testigo de comunidades en constante cambio. El estado-nación ya no proporciona identidad, ya que el mundo globalizado lo hace parecer impotente e ineficaz y décadas de que se diga en Occidente que el patriotismo es malo han pasado factura al imaginario social. Muchas ciudades son lugares anónimos, y los suburbios funcionan como moteles gigantes para viajeros. La pérdida de centros urbanos comerciales y el auge de Internet han separado a las personas de las comunidades reales. Ahora, frases extrañas como «comunidad en línea» y «prometió lealtad a ISIS en línea» en realidad tienen sentido porque sabemos cómo la idea misma de comunidad ha sido evacuada de la noción de proximidad y presencia corporal.

---

16. En este contexto, es importante resistirse a caer en el error opuesto del libre relativismo historicista que sustenta la comprensión radical del yo presionada más obviamente por los revolucionarios sexuales. Esto es particularmente importante en los debates actuales sobre sexualidad y género. La tentación que plantea el transgenerismo es afirmar un esencialismo duro por el cual absolutizamos una forma cultural particular de masculinidad y feminidad (por ejemplo, la de la clase media blanca de Estados Unidos de la década de 1950) por temor a conceder demasiado al grupo de presión transgénero. La respuesta al relativismo libre no es la decisión arbitraria de hacer que las distintas preferencias de nuestra cultura en su conjunto sean normativas para todos los tiempos, los lugares y las personas.

De hecho, uno podría estar tentado a desesperarse en este punto si no fuera por el hecho de que los seres humanos todavía necesitan pertenecer, ser reconocidos y tener comunión. Tal vez aquí es donde la iglesia puede aprender de la comunidad LGBTQ+, porque, cualquiera que sea la desaprobación moral que debamos tener hacia ella, era y es una comunidad real donde las personas reales se cuidan entre sí en términos de satisfacer necesidades muy reales. Y las comunidades dan forma a la conciencia. Hay una razón por la cual Pablo comenta en 1 Corintios 15:33 que la mala compañía corrompe la moral. Nuestra conciencia moral está muy moldeada por nuestra comunidad. Y por esta razón, la iglesia necesita ser una comunidad fuerte. Sí, esto puede ser difícil en una era en la que la proliferación de denominaciones e iglesias ha hecho que el compromiso eclesiástico sea potencialmente solo una forma más de elección del consumidor. Pero no tenemos poder para cambiar ese contexto general, y no podemos permitir que nos excuse de comportarnos como una comunidad.

Eso me lleva a mi tercer punto: *los protestantes necesitan recuperar tanto la ley natural como una visión elevada del cuerpo físico.* Algunos objetarán inmediatamente que la ley natural no persuadirá al mundo en general para que cambie sus opiniones sobre nada. Lo reconozco. Mi preocupación aquí no es principalmente por el mundo exterior, sino por la iglesia misma. La iglesia necesita ser capaz de enseñar a su pueblo coherentemente sobre los principios morales. Es poco probable que un pastor individual pueda dar forma a un fallo de la Suprema Corte sobre el aborto (aunque ciertamente debería intentarlo como pueda), pero es muy probable que se enfrente a feligreses que hacen preguntas sobre asuntos que van desde la subrogación hasta el transgenerismo. Y en tales circunstancias, una buena comprensión de la posición bíblica sobre la ley natural y el orden del mundo creado resultará invaluable.

Conectado a esto, por supuesto, está la importancia del cuerpo. El protestantismo, con su énfasis en la Palabra predicada captada por la fe, es quizás peculiarmente vulnerable a minimizar la importancia de lo físico. Pero arrancar la identidad de la encarnación física y arraigarla completamente en lo psicológico sería operar a lo largo de la misma trayectoria que el transgenerismo. Una recuperación de una comprensión bíblica de la encarnación es vital.[17] Y estrechamente relacionado con eso está el hecho de que la iglesia debe mantener su compromiso con la moralidad sexual bíblica, cualquiera que sea el costo social. Si, como afirma Rieff, los códigos sexuales son definitivos de las culturas, entonces un abandono de la moral sexual cristiana por parte de la iglesia solo puede hacerse sobre la base de un rechazo del marco sagrado del cristianismo y a costa de la pérdida del cristianismo como un fenómeno significativo.[18]

Un último comentario se refiere a la cuestión de los precedentes históricos. Es apropiado que los cristianos que reconocen que tienen una religión arraigada en los acontecimientos históricos y transmitida a través de la historia por medio de la iglesia se pregunten si hay una época que proporcione un precedente para la época en la que vivimos. Los católicos romanos nostálgicos podrían señalar el período altomedieval, cuando el papado era poderoso y el pensamiento de Tomás de Aquino ofrecía una síntesis completa de la doctrina cristiana. Los protestantes podrían mirar hacia atrás a la Reforma, cuando el principio de la Escritura galvanizó la Reforma de la iglesia. Pero ninguno de los dos períodos es realmente un modelo

---

17. El mejor trabajo sobre el cuerpo desde una perspectiva cristiana es Juan Pablo II, *Man and Woman He Created Them: A Theology of the Body* (Boston: Pauline Books and Media, 2006). Una introducción útil es Christopher West, *Theology of the Body for Beginners: A Basic Introduction to Pope John Paul II's Sexual Revolution* (West Chester, PA: Ascensión, 2004). Un buen enfoque protestante de los problemas es Nancy R. Pearcey, *Love Thy Body: Answering Hard Questions about Life and Sexuality* (Grand Rapids, MI: Baker, 2018).

18. Sobre este tema, las estadísticas sobre los hábitos sexuales de los adolescentes y jóvenes cristianos son muy desalentadoras; ver David J. Ayers, *Sex and the Single Evangelical*, Institute for Family Studies, 14 de agosto de 2019, https://ifstudies.org/blog/sex-and-the-single-evangelical.

plausible para el presente. El papa no está a punto de convertirse en la cabeza incuestionable de alguna iglesia mundial unida en la que todos los príncipes seculares buscan autoridad espiritual; el tomismo no está a punto de unificar el campo del conocimiento; y la Reforma desató la elección religiosa en el mundo de una manera que significaba que la Reforma misma nunca más podría ocurrir en tal forma. Si hay un precedente, es antes: el siglo II.

En el siglo II, la iglesia era una secta marginal dentro de una sociedad dominante y pluralista. Ella estaba bajo sospecha no porque sus dogmas centrales fueran sobrenaturales, sino más bien porque parecía subversiva al reclamar a Jesús como Rey y era vista como inmoral en su discurso de comer y beber carne y sangre humana y expresar amor incestuoso entre hermanos y hermanas.

Aquí es donde estamos hoy. La historia contada en las partes 2 a 4 de este libro indica cómo una sociedad pluralista ha adoptado lenta pero seguramente creencias, particularmente creencias sobre sexualidad e identidad, que hacen que el cristianismo sea inmoral y contrario a la estabilidad cívica de la sociedad tal como se entiende ahora. El mundo del siglo II es, en cierto sentido, nuestro mundo, donde el cristianismo es una elección, y una elección que probablemente en algún momento entre en conflicto con las autoridades.

Fue ese mundo del siglo II, por supuesto, el que sentó las bases para los éxitos posteriores de los siglos III y IV. ¿Y lo hizo por qué medios? Al existir como una comunidad unida y doctrinalmente limitada que requería que sus miembros actuaran de manera consistente con su fe y fueran buenos ciudadanos de la ciudad terrenal en la medida en que la buena ciudadanía fuera compatible con la fidelidad a Cristo. El cómo hacemos eso hoy y dónde están los límites, son las cuestiones apremiantes de este momento presente y más allá del alcance de este volumen. Pero es una discusión a la que espero que las narrativas y análisis que he ofrecido aquí puedan formar un prolegómeno útil.